儒學與人生

——《四書》解讀及教學設計

國立臺灣師範大學國文系
四書教學研討會　編

三民書局

國家圖書館出版品預行編目資料

儒學與人生:《四書》解讀及教學設計 / 國立臺灣
師範大學國文系四書教學研討會編著.－－三版
一刷.－－臺北市：三民，2006
　　面；　　公分

　參考書目：面
　ISBN 957-14-4640-8　（平裝）

　1.四書－研究與考訂

121.217　　　　　　　　　　　　　95019775

© 　儒學與人生
　　　——《四書》解讀及教學設計

編 著 者	國立臺灣師範大學國文系四書教學研討會
責任編輯	李惠勤
美術設計	葉佩菱
發 行 人	劉振強
著作財產權人	三民書局股份有限公司
發 行 所	三民書局股份有限公司
	地址　臺北市復興北路386號
	電話　(02)25006600
	郵撥帳號　0009998-5
門 市 部	（復北店）臺北市復興北路386號
	（重南店）臺北市重慶南路一段61號
出版日期	初版一刷　1993年10月
	增訂二版一刷　1999年3月
	三版一刷　2006年11月
編　　號	S120870
基本定價	陸元貳角

行政院新聞局登記證局版臺業字第○二○○號

有著作權，不准侵害

ISBN　957-14-4640-8　（平裝）

http : // www.sanmin.com.tw　三民網路書店

再版說明

　　《四書》是中國文化的瑰寶，多數大學中文系將其列為必修課程。但其文字表達方式與思想內容，皆是二千多年前的產物，與現代社會有相當大的差距，以致學生對這門學問無明顯的學習動機。因此，如何消除文字、思想上的隔閡，如何讓「四書」課程達到實際的教學效果，如何照應學生的需求及既有經驗，以及如何活用《四書》的智慧，都是本書所關注的課題。為了妥善規劃「四書」課程，本書以單元教學的方式編排，將《四書》重新歸納整合，介紹其重要內容，並輔以教學活動及參考資料，俾能兼顧教學及研究。本書的編撰者皆曾在臺灣師範大學國文系教授「四書」及相關課程，學識與教學經驗俱豐，相信經由他們深入淺出的闡釋，讀者能對《四書》有更深一層的體會。

　　本書再版除了重新設計版面之外，並校正錯別字、統一前後文的慣用語詞，使閱讀更為流暢，其餘部分則維持原有之行文與架構，期能以全新的面貌，提供教學、學習及研究的參考。

三民書局編輯部　謹誌

序

邱燮友

一

《四書》是儒家思想重要的典籍，也是儒家學說的精華錄。我國自漢代（西元前206～西元220年）以來，便尊崇孔子哲學與儒家思想。自此以後，歷代都將儒家思想，視為立國的傳統精神。

二

孔子是儒家思想集大成者，他追溯周公的憂患意識和人文精神，推崇周公的制禮作樂的禮法制度。

孔子（西元前551～前479年），名丘，字仲尼，春秋末魯國陬邑（今山東省曲阜縣）人。自小貧賤，曾做過倉廩的小吏。年五十，任魯國司寇，並攝行相事，有政績，魯人「夜不閉戶，路不拾遺」。後魯君無心行仁政，孔子便去魯，周遊列國，希望實現他的政治理想。但遍歷宋、衛、陳、蔡、齊、楚等國後，終不見用。晚年回到魯國，編訂《詩》、《書》、《禮》、《樂》、《易》、《春秋》等《六經》，以教授弟子，成為中國第一位民間教育家。據說他教過的弟子有三千，通「六藝」的有七十二人，其中較著名的有顏回、子路、仲弓、子貢、曾參、子游、子夏、原憲、子張等。

儒家的要籍在《四書》、《六經》，這些書都與孔子思想有關。但《六經》中的《樂經》毀於秦火，今所能見的只有《五經》。至於《四書》，是南宋朱熹將曾子所傳的《大學》、孔子的孫子子思所傳的《中庸》，以及孔子與弟子時人言談的紀錄《論語》和孟子編撰的《孟子》，合成一部書，名為《四子書》，簡稱為《四書》。

《四書》之中，以《論語》一書最為中國人所熟悉，對中國人立身處世

的影響最為深遠。其中記述孔子的政治主張、教育原則、倫理觀念和人格修養等方面，語言淳樸平易，含蓄深厚，是一部語錄體的作品。錢穆在《論語新解》曾說：「《論語》自西漢以來，為中國識字人一部人人必讀的書。」又說：「一般人總愛說儒家思想或孔子哲學，當然，《論語》是關於此方面一部最重要的書。」

其次，《孟子》一書，是戰國時代孟軻（西元前 372? ～前 389? 年）提倡仁義，主張行仁政，發揚孔子哲學使之光大的著述，從此，仁義學說成為儒家思想的主幹。由於《孟子》提到：「民為貴，社稷次之，君為輕。」使後代君王畏懼孟子的民本思想，不敢重視，直到宋代的理學興盛，才把《孟子》尊為經書。

至於《大學》和《中庸》，各為《禮記》中的一篇，程氏兄弟講理學，特別推崇，到朱熹時，才與《論語》、《孟子》，合為《四書》。《大學》的三綱八目，說明修己治人之道，其中定、靜、安、慮、得，也是治學方法；而《中庸》二十章中說：「仁者，人也。」《說文》對仁的解釋是：「仁，親也，從人從二。」清人阮元在《論語論仁論》中說：「仁，從二從人，即人與人相與也。」《中庸》說明了依道而行的中庸之道，更進而探述心性之學。

因此，《四書》可以說是一部仁學的書，說明了人際互動時所應遵循的一些原則。儘管時代在變，儒家思想所提倡的仁愛，依然代表了東方的人文精神，而《四書》也成為歷代青年勵志修養的書籍。

國立臺灣師範大學自創校以來，大一共同必修課程，除「國文」、「國音及語音運用」外，還有「四書」一門課程，數十年來，師範大學均重視師範生的養成教育，特別重視語文能力的培養和品德的陶冶，因而「四書」課程的開設，成為師範大學學生師資養成的一大特色。

近年來，為了針對「四書」教材的充實和編撰，對「四書」教法的改進和革新，我們成立了「四書教學研討會」，定期集會研討，使先聖先哲所撰寫的經典，仍然能被現代年輕的一代所研習所喜愛，進而加以奉行實踐，使孔子哲學和儒家思想，薪火相傳，綿延光大於後世。

此次，「四書教學研討會」的召集人王開府教授，邀集講授「四書」的教授同仁，共同編撰一套「四書」新教材。我們為配應時代的變革，以及今人對古籍的研究，已將《四書》輸入電腦，使原典依然保留原貌，並便於查閱；

　　然後再採分類教法，將《四書》重新歸納組合，訂定《四書》分類專題，讓教授們各選一題，撰寫成書。我們在此衷心感謝教授們教學的辛勞，以及為千秋的傳薪大業而付出的心力。

　　《四書》是一部中國人的聖經，只要隨時翻閱，便可從中取得智慧和啟示。孔子曾自述：「我非生而知之者，好古敏以求之者也。」孔子的聖智，不是天生的，而是由好古好學而求得的。因此，後代人更應珍惜此書，作為古代留傳下來給我們的智慧財產。

　　　　　　　　　　　　　　民國八十二年九月教師節前夕於香港

弁 言

編　者

一

　　曾經有西方的學者認為亞洲四小龍的經濟發展，與儒家思想有密切的關係。而西方人在討論日本經濟力量的強大，探索造成「日本第一」的種種因素時，也多認為日本的成功，一方面是因為吸取了西方科技和市場經濟的精髓，而後來居上；一方面也因為接受了儒家思想的影響，並且將儒家思想與現代企業巧妙地結合所致。

　　1973 年諾貝爾物理獎得主江崎玲於奈博士曾指出：「日本民族創造性或許不足，但透過合作研究以及對組織的忠誠，成就反而超越西方。」他認為日本的教育重視培養國民的團體意識和團隊精神，西方則重視個性和個人發展。日本民族組織嚴密，向心力極強，內在的互動和溝通順暢；而西方因重視個人表現，變成一盤散沙。日本社會重視制度，個人分享團體的榮耀；西方則突出個人，崇尚競爭。因此日本的學術研究「有將帶兵」；西方則是「有兵無將」❶。

　　導致上述日本社會文化特徵的原因很多，但是從德川幕府以來日本對儒家思想的重視，是極為重要的因素。儒家思想的忠、信、孝、勇、禮、勤、儉等美德，以及樂觀進取的精神，對於塑造日本的文化氣質，貢獻很大。在德川幕府時代甚至後來明治維新時代，以儒學為思想主流的傳統，對政治、社會和經濟的穩定與發展，都提供了一定的作用。對於這點，顏子魁先生在〈儒家思想對日本經濟的影響〉❷一文中，有很好的說明。

　　不過，我們不免要問：同樣地是標榜儒家思想的中國，為什麼在近代以至當代，成就不如日本？這自然涉及許多歷史和文化的條件，但最重要的恐

❶　參見八十二年四月十四日《中國時報》第七版報導。

❷　見《國文天地》六卷六期。

怕在於日本地小物薄，容易養成務實、踐履的態度；而中國地大物庶，經兩漢經學的煩瑣、魏晉玄學的蹈空，以及千餘年八股取士的桎梏，不免形成虛誇不實、輕視實踐的風氣。在中國被視為空談心性的宋明理學，反而對日本產生很好的影響，這是為什麼？日本學者高瀨武次郎曾評論王陽明思想說：「大凡陽明學含有二元素，一曰事業的，一曰枯禪的。得枯禪元素者，可以亡國；得事業元素者，可以興國。中、日兩國各得其一，可以為實例之證明。」❸陽明學其實本無「枯禪元素」，但重視「知行合一」的陽明學，何以導致空談心性的王學末流？可見是人病而非法病。由此可知，問題不在儒家思想本身，而在對儒家思想的學習態度上。

　　有一次，有位旅行社的導遊講了一個笑話，至今印象猶極深刻。他說我國剛開放出國觀光旅遊時，歐洲當地的導遊看到臺灣人和日本人長得相像，很難辨別。後來他們看出二者不同之處：日本的旅行團，到任何地方都有一個領隊舉著一面小旗子，日本旅客很有秩序地一個個跟在後面，像一群鴨子；而臺灣的旅行團，每到一個地方，團員就一哄而散，各管各的，有的採購，有的照相，有的吃起東西，到處喧嘩，找也找不回來，活像一群雞。你看過雞排隊嗎？日本人表現了群性和紀律；中國人卻表現了個性和散漫。同樣受儒家思想影響，行為表現卻南轅北轍！

　　儒家其實最強調群體的關係。孔子以君子為「群而不黨」（《論語‧衛靈公》）。日本人似乎群而近於黨；中國人因不黨又近乎不群了。歷來中國人從儒家所學到的，似乎私德多些，公德較少，偏於獨善其身、明哲保身。中國人的群性，似乎只著重在家庭、同鄉等自然形成（如血緣、地域）的具體關係上；較少表現在公共事務的抽象關係上。因為在公共事務的群性不夠，中國人不重視組織，看不起團體紀律，更不用心於合理制度的規劃。這恐怕不是儒家所造成，倒是道家末流的影響更大呢！

　　當然，日本學習儒家思想也有所偏，倫敦大學理論經濟學教授森島通夫就認為：日本儒家思想中缺少仁的觀念，而對忠的觀念卻特別強調。日本人對自己的同胞關懷有加，但對外國人卻非常現實、冷酷，甚至殘暴❹。我們希望日本在學習儒家時，不僅注意到「《論語》中有算盤」，更能學到儒家的

---

❸　轉引自張君勱先生《比較中日陽明學》。

❹　參見同❷。

仁恕之道！

　　而今日的中國人也必須好好思考，改正五四運動以來反對讀經、打倒孔家店的歪風，重新領略《四書》中蘊涵的智慧。我們不要誤解儒家思想，以為它是煩瑣空談甚或是「枯禪」，其實它更重視經世致用的「事業」。我們今天讀經，並非為了考古以求淵博，而是為了每天的生活實踐與活用。我們學習儒家，在學習態度上必須更重視群己互動與知行合一；在學習方法上，必須更求靈活與變化。為此，我們應在儒家的教材與教法上，作必要的改進。這樣的改進，最好由《四書》的教學開始。

二

　　要將《四書》中的智慧，實踐與活用在現代生活中，本非容易之事。

　　《四書》不論就文字表達方式，或思想內容來說，都是二千多年前的產物，它產生的時代與社會，與當今的時代與社會大不相同。我們的生活經驗和古人的經驗相去太遠，更何況還有一層文字的隔閡。《四書》所宣示的思想和理想，也與現代人個人的、社會的和知識的一般需求，並無明顯的交集。尤其在知識導向以及升學主義盛行的教育制度與風氣下，倡言道德的聖賢古訓，如何能符合一般學生與社會的現實需求？因此，學生對《四書》缺乏明顯而主動的學習動機，不難理解。

　　為了照應現代學生的需求、特性和原有的經驗，以引起學習動機，正確了解並能活用所學，實在有必要將《四書》的內容，以更有利於現代人學習的方式來呈現。

　　美國聖經學會已經計劃把全本八十萬言的《聖經》內容攝製成錄影帶，也就是要將艱深的經典文字，「翻譯」成影像，供現代人「閱讀」。這是何等的創意和壯舉啊！美國有位出版商所印的《聖經》，把所有重要的字彙用黑體大字印出，據說為讀者省下三分之一的閱讀時間。休士頓的教會，正計劃興建一座現代的聖經劇場。而名叫「校園十字軍」的機構，拍了一部「耶穌傳記」，已有四億六千一百萬人看過。至於以搖滾歌曲演唱會來宣揚《聖經》福音的，更是有長久的歷史了❺。所有這類的努力，其目的就是要以現代人能

❺　參見八十一年三月十九日《中國時報》第廿七版報導。

接受的方式來傳布《聖經》思想與文化。

　　《四書》不是宗教典籍，目前我們也不太可能像美國宗教人士那樣，動員大量的人力、物力來幫助經典的教學。不過教材、教法的改進，所費不多，卻也能得到相當的成效，實在是可以長期而有計畫地努力的事。而教材的改進，是帶動教法改進最有效而直接的途徑，尤其值得優先進行。

　　師範院校的「四書」課程已行之有年，歷來大多以朱熹《四書集註》為教材，唯此書以文言撰寫之章句註釋為主，未能切合一般學系學生學習之實際需要，頗影響教學效果。而且一般學系的「四書」為兩學期之課程，勢必無法將《論》、《孟》、《學》、《庸》全部教完，故宜作妥善之規劃。因此，我們在教育部的協助下，著手編撰這本《儒學與人生》教材。

三

　　為配合以上之需要，本書以單元教學之設計，將《四書》重要內容編入。每單元之編撰分五部分：引言、原典及註釋、解讀、教學活動、參考資料。以下分別說明：

（一）引言

　　「引言」的目的，在引起學生學習動機，勾畫本單元探討主題的輪廓，使學習時不致茫無頭緒。一段精要的引言，可以將教材中重要訊息的特徵明顯化，使學生注意力集中在有關的教材內容上。

　　引言中設計了一些「附加問題」，其目的即在引導學生，對問題中所提到的訊息作選擇性的注意，以促進有意義的學習。

（二）原典及註釋

【原典】

　　引用《四書》原文，以朱熹《四書集註》為準。引文按《論語》、《孟子》、《大學》、《中庸》四部分分別編列。有前賢主張治《四書》之次第，宜由《大學》入手，次《論語》、《孟子》而後《中庸》，如此才能盡窺儒家思想之精微。唯本書以單元主題之方式詮釋，各依主題引述原典，《論》、《孟》在前，《學》、

《庸》在後，是依照一般認為的成篇時代之先後而定。各部分所引章節並非按原書之次序排列，而大體按後面解讀之先後排列。

【註釋】

文言文並非現代的日常使用語文，所以文言文的解釋，往往成為學習原典的一大負荷。於是學生把文言文的學習視為重點，而文化、思想的學習反成附庸。學生記了許多解釋，卻對儒家思想的精義無暇多顧，以至不甚了了。因此本書在章句的註釋方面，使用學生容易了解的語體文，並力求精簡，僅註出辭義、不常見的讀音及必要的說明，避免考證或引文。如一辭有多種解釋，原則上只採用一種。簡易的註釋，使學習的負荷減輕，可以有餘裕來從事義理的思考。

（三）解讀

根據前節所引原典，對本單元主題範圍之內容，作系統之解讀。必要時涉及先秦時代背景、文化發展之概況說明。這樣一方面提供教師若干詮釋的方向，一方面也提示學生一些具體的思考線索。每一個時代對既有的典籍，都應作最妥適的詮釋，但是誰也無法說他的詮釋是完全符合原典本有的義蘊。因此本書所提供的解讀，並非標準答案，僅代表編撰者的一些觀點，希望儘量接近《四書》原有的思想，提供大家研討時之方便參考。

（四）教學活動

「教學活動」之目的在引起學習興趣，增加師生互動，培養群性，結合學生生活經驗，深入探討問題，鼓勵主動學習，激發創造性，適應個別差異，有助評估教學成效。

教學活動有課前的、課中的和課後的；指定學生預習與複習的作業，併入其中。好的教學活動，能協助學生注意或回顧所學的內容，訓練學生把所學組成一個系統結構，並培養學生應用所學以處理新情境的能力。

一般常用的教學活動如：問題研討、分組討論、綜合座談、腦力激盪、生活檢討、自我省察、辯論、專訪、問卷、角色扮演、短劇、啞劇、相聲、數來寶、廣播劇、團體遊戲、競賽、課外閱讀、個案研究、社會調查、資料搜集、製作資料卡、使用工具書、展示、報告、集體寫作、編輯刊物、致函、

讀者投書、寫標語、座右銘、對聯製作、壁報製作、畫海報、畫漫畫、參觀、作文、寫日記、編製教材綱要或提要、筆記整理補充、指定作業、課堂背誦、測驗等。

　　本書每單元設計幾則活動，以供教師選用。教師也可以自行設計一些活動，甚至可以要求學生選一段教材內容，自行設計教學活動。

（五）參考資料

　　每單元最後的「參考資料」，係兼顧編寫本單元時所參考的主要資料，與提供學生進一步研究時的重要資料。資料包含著述及論文，書目先列，論文目後列。大體是易讀者先列，難讀者後列。

四

　　本書的單元教學設計，在教學時需要較寬裕的教學時間。一般「四書」課程每週只有二小時，也許有些單元要花兩週或三週才能完成。

　　為了節省教學時間，促成有意義的教學，本書中引言、原典及註釋、解讀、參考資料等部分都可指定學生課前閱讀，有問題再由教師協助解決。如果有課外的「教學活動」，也可指導學生自行個別或分組進行，不占用上課的時間。

　　為了引起學習的興趣，視聽媒體的輔助教學也很有用。教師可以將一些有關教材的資料或圖表，製成投影片，在上課時放映。也可以挑選放映有關《四書》或儒家思想的錄影帶，以及有關孔孟的歷史古蹟、文物的幻燈片，甚至曲阜孔廟的錄影帶，祭孔的實況影片等。放映後，還可作簡短的討論，加強學習效果。

五

　　最後，我們要感謝臺灣師大國文系前主任邱燮友先生、賴明德先生，對本書之編撰所給與的鼓勵與支持，教育部給予經費的補助，國文系同仁，特別是「四書」課的任課教授的大力協助，以及三民書局惠予印行。當然，最

感謝的還是負責編撰各單元的各位學者，他們都在本校教授「四書」或有關的課程，學驗俱豐。經由他們深入淺出的解讀，對我們研討《四書》必有很大的助益。

其他的一些單元，如「《論》、《孟》中的禮」「學問的方法」「知識與道德」「忠與恕」「言與行」「功利與道義的分野」「憂與樂」「盡心存養工夫」「如何到達至善?」「夫妻相處與齊家」「誠與自我實現」「天人之間」「談神、說鬼、論命」「小人、君子與聖人」「用人與管理」「戰爭與和平」「儒家的經濟思想」「民本與民主」等，我們也已商請一些學者再繼續編撰。

此外，我們也非常感謝國文系陳郁夫教授，為了我們檢索的方便，特別將《四書》全文輸入電腦，並編製了一套電腦全文檢索軟體，提供大家使用，對我們的幫助很大。

本書是一種新的嘗試，希望大家在使用本書後，發現任何錯誤或不妥之處，不吝給予指教，以便將來再予以修訂。

儒學與人生
——《四書》解讀及教學設計

目 次

《四書》解題及其結構布局

王更生

壹、引言

凡作為一個中國知識分子，不能不讀《四書》。《四書》之於中國，如同《阿含經》之於印度❶，《可蘭經》之於阿拉伯❷，《新舊約》之於羅馬❸。它就像我們的擎天玉柱、架海金樑，穩妥地為中國近二千多年來的思想紮下萬世不拔的根基。其氣象的宏偉、局面的壯闊、義理的充實、文字的優美、時中的精神，隨著朝代的不同、地區的差異、生活的需要而歷久彌篤、日新又新。對中國社會深邃的影響，更是無遠弗屆、無微不至。

綜觀中國學術文化的發展可分為三期：自上古以迄魏晉，為純中國文化時期。自南北朝以迄清代道光年間，和英國訂定中英江寧條約止，為中印文化交流時期❹。自鴉片戰爭後以迄今日，為中西文化交流時期。佛教自東漢

---

❶ 《阿含經》為佛成道之初，於鹿野苑所說之經。阿含，梵語，譯為無比法，又譯為法歸；法歸者，萬法悉歸趣於此的意思。〈長阿含經序〉云：「阿含者，萬法之淵府，總持之林苑也。」是佛教小乘的基本經典，義深文隱，為進德修業之門。

❷ 《可蘭經》也叫《古蘭經》，回教的經典。為穆罕默德死後，其弟子搜集其言論編輯而成，凡三十卷，一百十四章，六千六百六十六節，是中東地區阿拉伯各國人民信奉的寶典。

❸ 《新舊約全書》又叫《聖經》，基督教和天主教會的經典。書分《舊約全書》與《新約全書》兩部分；《舊約》原為希伯來文，凡二十四卷，英譯本為三十九卷；《新約》為一世紀後半期基督教徒所記述，原為希臘文，凡二十七卷。《新舊約全書》是羅馬教皇屬下的天主教和基督教信徒們的信仰依據。

❹ 清道光二十二年（西元 1842 年）七月二十四日因鴉片戰爭失敗，訂立中英修好條約十二款，此即所謂江寧條約，又叫南京條約。自此以後，傳統之「溥天之下，莫非王土；率土之濱，莫非王臣」的思想為之大變，中印文化交流已到強弩之末，代之而起的是西方文化挾其船堅砲利的威勢，沛然東來。

明帝永平十年（西元 67 年）正式東傳後❺，到南北朝而大盛。隋唐五代以來，佛教雖經三武滅法❻，受到嚴重打擊，但佛教經義和中國傳統思想於當時已達水乳交融、密不可分的地步❼。當時有識之士，為了汲取佛教的菁華，活潑我傳統文化，綿延中國優良學術的慧命，於是就拿《四書》作為中國知識分子「為天地立心，為生民立命，為往聖繼絕學，為萬世開太平」的萬法之門。

貳、原典及註釋

（因本單元論結構布局，不列原典。）

參、解讀

一、《四書》的結構布局

　　《論語》、《孟子》本來各自為書，而《大學》、《中庸》是《禮記》中的二篇，北宋司馬光始加表章❽，二程夫子詳為論說❾，南宋朱熹合編為《四

---

❺　佛教正式傳入中國的時間，如《魏書·釋老志》、《釋民稽古略》各有考證，說法不一。東漢明帝時，遣郎中蔡愔及秦景使天竺求佛經，愔、景乃與梵僧攝摩騰、竺法蘭二人，以白馬負經而歸。明帝於河南洛陽雍關西建白馬寺以處之，時為明帝永平十年，西元 67 年。

❻　三武指北魏太武帝、北周武帝和唐武宗。蓋北魏太武帝因信奉道教，惡沙門不法，遂下令誅戮。北周武帝崇尚儒術，遂斷佛道二教，罷沙門道士，迫令還俗。唐武宗信道教，排斥佛法，大秦寺、摩尼寺皆廢罷，京城女摩尼、景教僧二千餘人皆令還俗。佛教史上稱此為「三武滅法」。

❼　佛教教義與我國傳統思想的融合，見於近人蔣維喬民國十七年（西元 1928 年）六月撰的《中國佛教史》卷三（此書國史研究室印行）。

❽　《大學》、《中庸》均為《禮記》中的一篇，宋以前無別行之本，司馬光著《大學中庸廣義》，自此以後，《大學》一書，始與《中庸》並稱別出。

❾　程顥及弟程頤，世稱二程夫子，為北宋道學開山之祖，教人自致知至於知止，誠意至於平天下，灑掃至於窮理盡性，表章《大學》、《中庸》二篇，與《論語》、

書》❿，於是《四書》才成專門之學。受到教育文化界的普遍重視。至於政府把它當做功令，列為科舉考試的科目、登庸利祿的工具，那又是元、明以後的事了。

　　《四書》的編排，依照古本是先《大學》、次《論語》、次《孟子》、又次《中庸》。因為不先讀《大學》，則不能提綱挈領，盡通《論》、《孟》的精微；不參研《論》、《孟》，則無以融會《中庸》的旨趣。如果不能融會《中庸》的旨趣，又如何去建立天下之大本、經綸天下之大經，任天下難擔之艱鉅呢？現在坊間刊本，大多因為《大學》、《中庸》篇幅不多，移《中庸》於《論》《孟》之前，任教的老師不察，即依《學》、《庸》、《論》、《孟》之次序講授。殊不知如此大悖前賢編輯經營的苦心，和治學先後的次第。

　　既知《四書》成書的背景、編排的程序及其和我國族文化的密切關係，以下就依《大學》、《論語》、《孟子》、《中庸》的順序，將各書結構布局分別說明之。

二、《大學》的結構布局

　　《大學》原是《禮記》四十九篇中的第四十二篇，宋以前，沒有單篇別行之本，司馬光著《中庸大學廣義》一卷，因而《大學》一書，始和《中庸》並稱別出。程顥、程頤兄弟為道學開山，表章《大學》、《中庸》與《論語》、《孟子》，並以此為指標，作為上達六經的法門。到南宋朱熹，在孝宗淳熙年間，撰《大學章句》、《中庸章句》、《論語集註》、《孟子集註》，稱「朱熹四書」，於是始有《四書》之目，而《大學》遂為《四書》之一。

　　《大學》作者不可確考。鄭玄目錄不言作者何人。朱熹撰《大學章句》，將原本《大學》分為經一章、傳十章。以為：「經一章，蓋孔子之言，而曾子述之，其傳十章，則曾子之意而門人記之也。」清代大儒戴震，小時候從塾師讀《大學章句》，至右經一章以下，問師：「此何以知孔子之言而曾子述之？又何以知為曾子之意而門人記之？」師答：「此朱文公說。」又問：「朱文公何時人？」答：「宋朝人。」又問：「孔子、曾子何時人？」答：「周朝人。」「周朝

　　《孟子》並行，以為指標，而達於六經。

❿　宋南渡後，新安朱熹在孝宗淳熙年間，撰《大學章句》與《中庸章句》，和《論語集註》《孟子集註》並行。

宋朝相去幾何時?」師答:「幾二千年。」又問:「然則朱子在二千年後,何以知二千年前之事?」師無以答❶。所以《大學》是否為曾子與其門人之言,現在實無可考定。

　　《大學》一書的內容,不僅對倫理日用之道有詳盡的發揮,就是政治、經濟、社會、教育等方面,也都有深切著明的闡揚。過去孫中山先生在〈民族主義〉裡曾經說:「中國古時有很好的政治哲學,我們以為歐洲的國家近來很進步,但是談到他們的新文化,還不如我們政治哲學完全。中國有一段最有系統的政治哲學,在外國的大政治家,還沒有見到,還沒有說得那樣清楚的,就是《大學》中所說的格物、致知、誠意、正心、修身、齊家、治國、平天下那一段話。把一個人從內發揚到外,由一個人的內部做起,推到平天下止,像這樣精微開展的理論,無論外國什麼哲學家都沒有見到,都沒有說出,這就是我們政治哲學的智識中獨有的寶貝,是應該保存的。」❷以近代學者,用世界眼光,為此評論,可與古人後先輝映,讀者當益增信念,不僅口誦心維,尤當身體力行才是。

　　《禮記‧大學》原文,本一氣呵成,既無經傳之分,也無章節之別。經朱子考訂後,認為原文頗有錯簡,以致文義間或不明,且似乎缺少「格物」一節。於是根據自己的看法,以首章為經,次十章為傳,經傳分立,次序井然。又補作「格物」一章,以完足文意。這就是今天通行本《四書集註》中的〈大學章句〉。

　　《大學》全文雖僅有一千七百五十一字,但內容豐富、理論精深,由內而外,由己而人,由抽象概念到實際工夫,可說有根有據,有實有用,絕非紙上談兵。經,二百有五字,明明德、親民、止於至善為《大學》三綱領,格物、致知、誠意、正心、修身、齊家、治國、平天下,為《大學》八條目,定、靜、安、慮、得,既是應持的態度,又是思維的步驟。全文綱舉目張,事理賅晰,是人人成功立業的根本指標。

　　傳之首章釋「明明德」,並歷舉古聖先王的行事為證。傳之二章釋「新民」,以古人自新用力之勤,勉吾人進德修業,應從近處小處下手,遠處大處著眼,切勿好高騖遠,不切實際。傳之三章釋「止於至善」,引黃鳥比喻人,說明黃

❶　事見段玉裁〈戴東原先生年譜〉,原文經筆者稍加改寫,以求通俗。

❷　孫先生說見《三民主義‧民族主義》第六講。

鳥尚且知道止於丘隅，人也當止於仁、敬、孝、慈等至善的境界。傳之四章釋「本末」，引聽訟為例，說明當政者如能政簡刑清，使民無訟，才是根本要圖。傳之五章釋「格物致知」，本傳為朱熹所補，勉人即物窮理、累積學問，久而久之，自然豁然貫通。傳之六章釋「誠意」，誠意的工夫在於慎獨，而慎獨的要領，在於胸中坦蕩，與其事後遮遮掩掩，何若慎之於始呢？傳之七章釋「正心修身」，是說人如心無偏私，發之於外，行為自然中節，故修其身者，必先正其心。傳之八章釋「修身齊家」，傳之九章釋「齊家治國」，傳之十章釋「治國平天下」，此皆由己而人，由近而遠，由一家而一國，由一國而天下，執一馭萬，體大思精，以人為根本，以實用為主旨。像這樣的思想，真放諸四海而皆準，百世以俟聖人而不惑。我們想要福國利民，《大學》中的三綱領、八條目，便是我們立身行道的南鍼。

三、《論語》的結構布局

《論語》不是個人的專門著作，而是孔子與弟子及時人論學，以及弟子和弟子相與討論之語，編纂而成的書。班固《漢書・藝文志》說：「《論語》者，孔子應答弟子時人及弟子相與言，而接聞於夫子之也。當時弟子各有所記，夫子既卒，門人相與輯而論纂，故謂之《論語》。」劉勰《文心雕龍・論說》也說：「若仲尼微言，門人追記，故抑其經目，稱為《論語》。」足證《論語》一書，非成於一人之手。

《論語》編定成書的時間，說法不一。王充《論衡・正說》以為孔安國以授魯人扶卿，官至荊州刺史，始曰《論語》，好像《論語》之名始於漢武帝，孔安國授扶卿時。按《論語》之名，首見於《禮記・坊記》❸，《禮記》一百三十一篇，《漢書・藝文志》說是七十子後學者所記，似此，則《論語》成書更當在《禮記》之前，絕非孔安國之時。

《論語》為何人所記？自古以來就沒有一定的說法，例如《論語讖》說是「子夏六十四人共撰仲尼微言。」何晏《集解》引劉向說，以為是孔子弟子記諸善言。趙岐〈孟子題辭〉認為是七十子之傳，會集夫子所言以為《論語》❹。到了鄭玄，他序《論語》以為是仲弓、子游、子夏等撰。唐朝柳宗元作〈論

---

❸　《禮記・坊記》引《論語》曰：「三年無改於父之道。」
❹　趙岐〈孟子題辭〉云：「七十子之傳，會集夫子所言，以為《論語》。」

語辨〉，根據曾子的生卒年推算，以為曾子少孔子四十六歲，書中記載最後死，所以確定是樂正子春、子思之徒為之。宋儒程頤從《論語》行文的稱謂語，判斷書是有子、曾子門人所記 ❺。真是異說紛紜，莫衷一是。

　　《論語》的傳本，在漢時即有今文本和古文本兩種，今文本又有齊論與魯論的不同。所謂齊論，即齊人所傳的《論語》，所謂魯論，即魯人所傳的《論語》。齊《論語》二十二篇，班固《漢書・藝文志》自註：「多〈問王〉、〈知道〉。」魯《論語》二十篇，傳十九篇 ⓰。它們都是用當時通行的漢隸書寫，所以叫今文本。古文《論語》，相傳魯恭王壞孔子宅，發現於孔子宅壁中 ⓱。用古文大篆書寫，叫古文本。班固《漢書・藝文志》在「《論語》古二十一篇」下自註：「出孔子壁中，有兩子張。」不但古文本與今文本不同，就是今文本的齊論和魯論的篇目多寡也不一樣。到兩漢末年，丞相安昌侯張禹，講授《論語》，兼採齊、魯之長，除去〈問王〉、〈知道〉二篇，合而定之，號為「張侯論」 ⓲。因為禹位尊望重，於是有「欲為《論》，念張文」之說，可見「張侯論」受重視的情形。自「張侯論」出，而齊、魯、古三家便逐漸式微。後漢靈帝時所刻的《熹平石經》，用的就是「張侯論」，魏晉間，何晏作《集解》，也用「張侯論」。遂成定本，流傳於世。

　　有些研究《論語》的學者說：「禹學識淺陋，豈足以知聖人，但當謹守師傳，不敢增減，或不至大謬耳。乃擅更定《論語》，必有不當存而存，不當采而采者，況禹附會王氏，以保富貴，卒成王莽篡弒之禍。『公山』、『佛肸』兩章，安知非其有意采之以入魯論，為己解嘲地乎？」 ⓳ 說張禹學識淺陋，沒有能力編定《論語》，固然有幾分道理，但硬說「公山」、「佛肸」兩章為欲自便其私而恐人譏己，則又失之武斷 ⓴。事實上，《論語》的問題很多，例如沒有

---

❺　朱熹〈論語序說〉引程子曰：「《論語》之書，成於有子、曾子之門人，故二子獨以子稱。」

⓰　《論語》在漢初有三家，魯論為其中之一，魯《論語》二十篇，魯人伏生所傳，孔子垂教於魯，其傳當以魯為宗。

⓱　古文《論語》出孔氏壁中，分〈堯曰〉下章「子張問」為一篇，有兩子張，凡二十一篇，而無〈問王〉、〈知道〉，篇次不與齊、魯同，文異四百多字。

⓲　同一《論語》，而有齊、魯之別，今、古之殊，篇章文字又有多寡同異的不同，張禹本受魯論，兼講齊說，擇善而從，為世所貴，號稱「張侯論」。

⓳　此說見於崔述《洙泗考信餘錄》卷三 71 頁。

明確編輯的體例，只是將孔子在不同時間、不同內容、不同狀況下的言論，任意地放在一起，既沒有時間和順序，篇與篇之間，章與章之間，也沒有絕對的關聯性，重複和矛盾之處又所在多有。所以從文體、言論、事實等各方面從事考訂和質疑的學者很多。

《論語》的結構：全書分上《論》、下《論》，前十篇謂之上《論》，後十篇謂之下《論》，上下《論》合計共二十篇。《論語》之在孔門，如同宋明理學家的語錄，以記言為主。上《論》前九篇皆記言，第十篇〈鄉黨〉則以記孔子日常生活為主，在全書中最特別。宋趙普有「半部《論語》治天下」之語❷，所謂「半部」，指的就是上《論》。下《論》第九篇曰〈子張〉，所記皆孔子弟子語，也和他篇不同。第十篇曰〈堯曰〉，記古帝王之言與事，和上《論》〈鄉黨〉篇遙向呼應。有人說是編者為了湊足二十篇的整數，乃摭拾舊聞加以附益❷。依我看來，這種安排是寓有深意的。

《論語》二十篇篇題及意義：綜觀這二十篇，是各取首章第一、二句之二字或三字為題，題無意義。採二字為題者，如〈學而〉、〈為政〉、〈八佾〉、〈里仁〉、〈雍也〉、〈述而〉、〈泰伯〉、〈子罕〉、〈鄉黨〉、〈先進〉、〈顏淵〉、〈子路〉、〈憲問〉、〈季氏〉、〈陽貨〉、〈微子〉、〈子張〉、〈堯曰〉。採三字為題者，如〈公冶長〉、〈衛靈公〉。前十篇以人名為題者三，如〈公冶長〉、〈泰伯〉、〈子罕〉等，後十篇以人名為題者七，如〈顏淵〉、〈子路〉、〈衛靈公〉、〈季氏〉、〈陽貨〉、〈微子〉、〈子張〉等。

《論語》二十篇，每篇又包含若干章：如〈學而〉篇十六章，〈為政〉篇二十四章，〈八佾〉篇二十六章，〈里仁〉篇二十六章，〈公冶長〉篇二十八章，〈雍也〉篇三十章，〈述而〉篇三十八章，〈泰伯〉篇二十一章，〈子罕〉篇三

❷ 說見王滋源編著的《論語新編》〈前言〉。
❷ 宋羅大經《鶴林玉露》卷七云：「杜少陵詩云：小兒學問止《論語》，大兒結束隨商賈。蓋以《論語》為兒童之書也。趙普拜相，人言普山東人，所讀者止《論語》，蓋亦少陵之說也。太宗嘗以此論問普，普略不隱。對曰：臣平生所知，誠不出此；昔以其半輔太祖定天下，今欲以其半輔陛下致太平。普之相業，固未能無愧於《論語》，而其言則天下之至言也。朱文公曰：某少時讀《論語》便知愛，自後求一書似此者卒無有。」
❷ 此說見近人蔣伯潛著《十三經概論》第七編〈論語解題〉512頁（書為中新書局印行）。

十一章，〈鄉黨〉篇一章，〈先進〉篇三十章，〈憲問〉篇四十四章，〈衛靈公〉篇四十二章，〈季氏〉篇十四章，〈陽貨〉篇二十六章，〈微子〉篇十一章，〈子張〉篇二十五章，〈堯曰〉篇三章，全書共四百三十九章，大約一萬六千字。平均每一章不到四十個字，最短的章不到十個字，最長的「冉有、公西華侍坐」章，也只有三百一十五字。總的說來，《論語》各章只有寥寥數行，剛開頭又煞了尾。

《論語》一書，其篇章結構既無一定的體例，先後安排，也無特別意義，其內容又如班固《漢書‧藝文志》說的，只是「孔子應答弟子、時人及弟子相與言而接聞於夫子」的語錄。但孔子是集中國上古文化大成的至聖先師，德侔天地，道冠古今，《論語》就是表現孔子思想的一部傑作，如果我們捨《論語》而不讀，則我至聖先師的精神、思想、生活、言行都將如長夜漫漫，置身其中，一片模糊，不知所云了。

四、《孟子》的結構布局

趙岐敘《孟子》，以為「揆敘民物，本之性善，所以佐明六藝之文義，崇宣先聖之指務，王制拂邪之驪栝，玄德玄言之程式也。」❷❸朱熹《論孟精義》自序說：「《論語》之言無所不包，而所以示人者，莫非操存涵養之要，七篇之指，無所不包，而所以示人者，類多體驗擴充之功。」《孟子》內容包羅宏富，從人性本善的觀點出發，發明六藝，推崇仲尼，若人想要矯正不良風氣、樹立功德、建立言論，均可視此書為修養準繩。

孟子本為先秦諸子之一，班固《漢書‧藝文志》列為儒家，和晏子、曾子同列。可見《孟子》一書在劉向作《七略》、班固作《漢志》時，還認為是子書。唐宋以後，孟子的地位才逐漸提高。唐肅宗時，禮部侍郎楊綰上疏，請以《孟子》為兼經❷❹。唐懿宗時，皮日休請廢《莊子》、《列子》，以《孟子》為主，科選同明經❷❺。北宋真宗大中祥符五年（西元 1012 年），飭孫奭等校《孟子》。神宗時，王安石等議定以《論語》、《孟子》同科取士。徽宗崇寧年間，封孟子為鄒國公，並准立廟，弟子十八人皆封侯伯。南宋高宗紹興二年

❷❸　趙岐敘《孟子》即〈孟子篇敘〉，見世界書局印行之焦循《孟子正義》書末。
❷❹　說見黎明文化公司出版，高明主編《群經述要‧孟子述要》183 頁。
❷❺　參見❷❹。

（西元 1132 年），帝親寫《孟子》於屏扇，十二年（西元 1143 年），以所寫《孟子》，刻石於國子學，並頒墨本於諸路州學。孝宗時，朱熹宗程子之說，取《小戴禮記》中〈大學〉、〈中庸〉二篇，為作章句，又作《論語》、《孟子》二書集註，定為《四書》。按照朱熹的原意，以為《大學》為曾子所述，《中庸》為子思所作，此四書恰足以代表孔子、曾子、子思、孟子一脈相傳的道統。且《大學》言心，《中庸》言性，又為孟子學說淵源所自。本列於子部的《孟子》，至此遂一躍而入於經部。明清二代又以《四書》文取士，《孟子》乃成為家絃戶誦之書了。

　　《孟子》的作者說法不一。有以為是孟子自作，如司馬遷《史記·孟子荀卿列傳》、趙岐〈孟子題辭〉、應劭《風俗通·窮通》，均持相同的看法。尤其趙岐在〈孟子題辭〉中說的十分肯定：「此書，孟子之所作也，故總謂之《孟子》。」又說：「於是退而論集所與高弟弟子公孫丑、萬章之徒難疑答問，又自撰其法度之言，著書七篇。」有疑《孟子》書出於門人所記，如三國時代的姚信、唐代韓愈〈答張籍書〉、宋晁公武《郡齋讀書志》、清閻若璩〈孟子生卒年月考〉。其中韓愈〈答張籍書〉說：「孟軻之書，非軻自著，軻既沒，其徒萬章、公孫丑相與記軻所言焉。」明白指出《孟子》一書出於萬章、公孫丑之徒所記。但也有調和的說法，認為言是孟子之言，書出門人之手，是孟子與門人所共著，如林之亭〈孟子講義序〉、周廣業〈孟子出處時地考〉，他們都強調《孟子》一書當是集眾人聞見而後成。尤以萬章、公孫丑等所錄為主，因其追隨孟子左右甚久也。而從全書文字一體、筆勢一貫看來，則當為孟子晚年據弟子所記，加以整理而成。

　　《孟子》的傳本有二。一為十一篇本，一為七篇本。《史記·孟子荀卿列傳》說：「作《孟子》七篇。」應劭《風俗通·窮通》則云：「《孟子》作書中外十一篇。」中指內篇，外指外篇。七篇為中，四篇為外。東漢趙岐《孟子章句》僅註七篇，其〈題辭〉說：「又有外書四篇，性善、辨文說、孝經、為政，其文不能宏深，不與內篇相似，似非《孟子》本真，後世依放而託也。」可見這外書四篇，東漢末年時猶存，趙氏還能看到。司馬遷亦知為偽託，故作《史記》時只說七篇。因為趙岐《孟子章句》不註外書以後，傳《孟子》的，皆以趙氏《章句》為本，外書遂亡，所以現在坊間通行的就是這個七篇的本子。

　　《孟子》七篇的分章。趙岐〈題辭〉說：「述己所聞，證以經傳，為之章

句,具載其文。章別其旨,分為上下,凡十四卷。」是《孟子》七篇的分章,被趙氏各分上下,並對章節、字數詳加統計,其目次是:〈梁惠王〉上下、〈公孫丑〉上下、〈滕文公〉上下、〈離婁〉上下、〈萬章〉上下、〈告子〉上下、〈盡心〉上下,全書共二百六十一章,三萬四千六百八十五字。但根據後人對現行《孟子》七篇考證的結果,加以對照,其章節字數大多和趙氏的說法不合❷❻。且趙氏在書末〈篇敘〉中自云:「章二百六十有九。」較書前〈題辭〉所謂的「二百六十一章」,多出八章。前後同出而異辭,不知何故?最遺憾的是趙岐的《孟子章句》,每章都有章旨,而後世傳本,全將章旨刪去,章數遂不可定。再加自漢至今,兩千年來,經過註疏刊刻,舊書古簡,或脫或漏、或羼入、或改易,所以不僅全書章數的統計古今有別,字數更是大異其趣了。

　　《孟子》七篇的結構布局,其先後次序均有一定理路,絕不是雜湊成篇,漫無紀律。趙岐〈孟子篇敘〉說:「孟子以為聖王之盛,惟有堯舜,堯舜之道,仁義為上,故以梁惠王問利國,對以仁義為首篇也。仁義根心,然後可以大行其政,故次之以公孫丑問管、晏之政,答以曾西之所羞也。政莫美於反古之道,滕文公樂反古,故次以文公,為世子始有從善思禮之心也。奉禮之謂明,明莫甚於離婁,故次之以離婁之明也。明者當明其行,行莫大於孝,故次以萬章問舜往于田號泣也。孝道之本在於情性,故次以告子論情性也。情性在內,而主於心,故次以〈盡心〉也。盡己之心,與天道通,道之極者也。是以終於〈盡心〉也。」可見自〈梁惠王〉而〈公孫丑〉而〈滕文公〉而〈離婁〉而〈萬章〉而〈告子〉而〈盡心〉,各篇次第皆有重心,其先後承接,體系一貫,結構組織十分嚴密。

　　《孟子》七篇布局分章的巧妙,或設為問答,或先疑後決,或夾敘夾議,或總提分應,並助之以比喻、宣之以排句,使前呼後應,正反相比,使文勢更加生動,說理更加明暢。綜觀《孟子》七篇的文章,無不用排山倒海之氣,知己知彼之言,發為機鋒側出的論辯。儒家哲理之文到了《孟子》,不僅是詞采華贍,波瀾壯闊,且其中或嚴峻犀利,或諷刺幽默,或反覆辯嘆,主旨崇高正確,表現方法無所不備❷❼。

❷❻　見焦循《孟子正義·孟子篇敘》註。

❷❼　關於《孟子》七篇布局分章之美,見王基倫《孟子散文研究》(國立臺灣師範大學國文研究所碩士論文)。

五、《中庸》的結構布局

　　《中庸》為儒家論人生哲學的書，開大原、立大本，聖學之淵源、入德之大方。本是《禮記》四十九篇中之第三十一篇，然單篇別出，由來已久。從班固《漢書‧藝文志》載有《中庸說》兩篇看來，可知在漢時已受特別重視。《隋書‧經籍志》載有宋戴顒《中庸傳》二卷、梁武帝《中庸講疏》一卷、《私記制旨中庸義》五卷，可見南朝學術界對《中庸》也很重視。到了北宋，邢昺在景德四年（西元 1004 年）向真宗皇帝陳述《中庸》「凡為天下國家有九經」一節的大義，深為真宗所嘉納 ❷❽。仁宗更屢以《中庸》賜進士 ❷❾，二程子表章《中庸》，與《大學》、《論語》、《孟子》並行。到了南宋，朱熹根據石𡐨的《中庸集解》寫章句 ❸⓿。並以《中庸章句》與《大學章句》、《論語集註》、《孟子集註》並行，號稱《四書》。寧宗時，刻朱子《四書》於太學 ❸❶，《中庸章句》乃大行於世。到了元仁宗時，規定科場考試經義，限用朱熹章句與集註。既成了政府定制，明清兩代相沿不改，於是《中庸章句》就成為我國六百多年來文人學士人人必讀的書籍了。

　　「中庸」二字的涵義有很多解釋。鄭玄說：「中庸者，以其記中和之為用也。」 ❸❷ 程頤說：「不偏之謂中，不易之謂庸。中者，天下之正道；庸者，天下之定理。」 ❸❸ 郭忠孝以為：「中為人道之大，以之用於天下國家……極天下至正謂之中；通天下至變謂之庸。」 ❸❹ 朱熹另有新解，說：「中者，不偏不倚，無過不及之名；庸，平常也。」綜合各家的說法，可知中庸是至正而不可踰，尋常而無所易。至正不可踰，故不達道以干譽；尋常無所易，則無須譁眾以取寵，如此學者進德修業的要領，已本末兼備了。

---

❷❽　事見《宋史‧邢昺傳》。

❷❾　事見南宋王應麟《玉海》。

❸⓿　事見朱熹〈中庸章句序〉，如云：「凡石氏之所輯錄，僅出於其門人之所記，是以大義雖明，而微言未析。……」

❸❶　寧宗時，刻朱子《四書》於太學事，見章潢《圖書編》。

❸❷　鄭玄說見孔穎達《禮記正義》引鄭玄《三禮目錄》。

❸❸　程頤說見朱熹《中庸章句》引。

❸❹　郭忠恕說見朱彝尊《經義考》引黎立武說。

《中庸》的作者何人？雖然異說不少，但大多認為是孔子之孫子思的作品。首先提出這個說法的是司馬遷。《史記·孔子世家》：「伋，字子思，年六十二，嘗困於宋。子思作《中庸》。」東漢鄭玄便根據此說，在他的《三禮目錄》說：「孔子之孫子思伋作之，以昭明聖祖之德。」《孔叢子》的〈居衛〉篇、〈公儀〉篇也都說：「子思作《中庸》。」❸❺只是把作《中庸》時的年齡六十二，改成十六，因為《孔叢子》是偽書，本不可信，書中「十六」或為「六十二」之誤。朱熹〈中庸章句序〉，開宗明義就說：「《中庸》何為而作也？子思子憂道學之失其傳而作也。」不但肯定《中庸》為子思作，同時也強調了子思作《中庸》的動機，在憂道學之失其傳。至於他寫作《中庸》的過程和資料的來源，朱熹也有進一步的推論：「若吾夫子則雖不得其位，而所以繼往聖、開來學，其功反有賢於堯舜者，然當是時，見而知之者，惟顏氏、曾氏之傳得其宗，及曾氏之再傳，而復得夫子之孫子思，則去聖遠而異端起矣。子思懼夫愈久而愈失其真也，於是推本堯舜以來相傳之意，質以平日所聞父師之言，更互演繹，作為此書，以詔後世之學者，蓋其憂之也深，故其言之也切，其慮之也遠，故其說之也詳。」可見子思作《中庸》，一方面得之家學，一方面得之師承，然後加以己意，更互演繹，作為此書，並非向壁虛造。

《中庸》在《禮記》裡只是一篇，可是《漢書·藝文志》載《中庸》說，卻是二篇❸❻。《隋書·經籍志》載戴顒《禮記·中庸傳》二卷、梁武帝《中庸講疏》一卷，各說顯有不同。《孔叢子·居衛》說《中庸》有四十九篇，唐李翱〈復性書〉說：「子思述《中庸》四十七篇。」此外還有宋時王柏，謂「《中庸》古有二篇」❸❼。說法極為紛歧。

《中庸》的結構布局，全文整體一貫，本無章節之分，朱熹為章句，作〈書中庸後〉一文，對《中庸》的謀篇分章曾有一個總的說明：「右《中庸》一篇三十三章，其首章，子思推本先聖所傳之意以立言，蓋一篇之體要；而其下十章，則引先聖之所嘗言者以明之也。至十二章，又子思之言；而其下

---

❸❺ 《孔叢子·居衛》云：「子思年十六，適宋，宋大夫樂朔與之言學焉。……於是撰《中庸》之書四十九篇。」

❸❻ 見班固《漢書·藝文志·六藝略》。師古曰：「今《禮記》有〈中庸〉一篇，亦非本禮經，蓋此之流。」

❸❼ 王柏說見《宋史·王柏傳》。

八章，復以先聖之言明之也。二十一章至於卒章，則又皆子思之言，反覆推說、互相發明，以盡所傳之意者也。熹嘗伏讀其書，而妄以己意分其章句如此。」從這段說明，似可以看出朱子有意將這一篇三十三章的《中庸》分為五個段落。首章全體的總綱，自為一大段，第二章至第十一章為第二段，第十二章為第三段，第十三章至第二十章為第四段，第二十一章至末章為第五段，以下便按照所分段落，究其內容所述，其各段旨要如下：

第一段為全篇的綱領，以性善為出發點，次言大道的本源出於人類本然的善性，修道的功夫在於教育，教育的功夫在於保持情感之正，最後以中和的態度，盡一己的本分，使天地萬物各得其所，達到中和位育的人生最高境界。

第二段引孔子之言，闡揚《中庸》之義。首論《中庸》難能，蓋君子時中，故其中庸為真中庸；小人不能時中，而悍然自以為中，故其所謂中庸適為反中庸。次言知者賢者，以中庸為平凡而不屑知、不屑行，愚者不屑者，則又不及知不能行，故人之能中庸者不多。「依乎中庸」的君子，「遯世不見知而不悔」，不以世俗的毀譽而篤守中庸，此惟聖者能之。

第三段論中庸之道的體用。「君子之道」指中庸，「費而隱」是說其用廣大而本體精微，中庸之道即人道，故曰「道不遠人」。其小者粗者，雖夫婦之愚可知可行，其大者精者，雖聖人亦有所不知不能，所以「行遠必自邇，登高必自卑」，步步踏實，句句中的，這就是《大學》所謂「修身齊家」，推而至於治國平天下之道。

第四段論為政之道，所謂：「為政在人，取人以身，修身以道，修道以仁。」而仁以親親為大端，是本段的綱領，故治民以親親為本，而事親又以修身為先，推己及人，由近而遠，禮由此生，政由此立，進而論天下之達道，天下之達德，最後歸納出一個「行」字。不行則一切都是空談。至於所講的九經，雖屬細目，但亦為當政者必備的基本修養。

第五段先推論修身之道在於「誠」，誠身之道在於「明善」，自明而誠者，人之道。自誠而明者，天之道。以誠修身，可以成己。以誠治人，推而至於贊化育、參天地，皆屬成物。故人能至誠不息，則可以與天地參。人之性，天所命，能與天地參，方可謂盡其性。最後，對孔子之道備加讚揚，以為仲尼遠法堯舜，近法文武，上法天時，下法水土，故其道，廣大如天地，悠久

如四時，光明如日月，具備了聖、仁、義、禮、智五德，足以有臨、有容、有執、有別。言其大，則溥博如天，言其深，則淵泉如淵。見而民莫不敬，言而民莫不信，行而民莫不悅，是以聲名洋溢乎中國，普及於天下，此與宋儒張載所說的「為天地立心、為生民立命、為往聖繼絕學、為萬世開太平」之意相合。吾人為學治事，正應發乎至誠，效法古聖先賢的偉志。

程子說：「其書始言一理，中散為萬事，末復合為一理。」❸ 確是讀書有得的話。《中庸》作者在寫作《中庸》時，未必先立章節然後動筆，現在所說的分章別節，不過是後人訓釋《中庸》時，為了便於了解《中庸》的作意，而採用的方便法門而已。

肆、教學活動

活動一： 將你手邊的《四書》打開，看看其先後編排的順序，和本文引言中所說的情形是否相符？

活動二： 檢閱《四書》中，《論語》最長的是哪一章？有多少字？最短的是哪一章？有多少字？各在哪一篇？

活動三： 把《論語》、《孟子》打開，看看這兩部經典各有多少篇？各篇的篇名是怎麼來的？

活動四： 問題與討論

1. 為什麼叫《四書》？

2. 《四書》編輯的經過如何？

3. 《四書》的作者或編者各為何人？

4. 《大學》、《中庸》和《禮記》有何關係？在內容思想上有何不同之點？

5. 《孟子》原為子書，何時改歸經部？原因何在？試述朱熹和《四書》的關係如何？

6. 你知道《四書》的結構布局嗎？試說出《孟子》七篇，各篇先後相承的主旨為何？

7. 《四書》對中國人生活言行上的影響如何？試舉例相證。

8. 試述《四書》在現代中國人文精神上的價值如何？

---

❸ 程子說見朱熹《中庸章句》引。

伍、參考資料

《四書集註》　朱熹　世界書局

《四書補註備旨》　林退菴　文致出版社

《四書釋義》　錢穆　臺灣學生書局

《四書發微類編》　徐文珊　維新書局

《四書解題及其讀法》　錢基博　臺灣商務印書館

《大學之道》　蔣中正　陽明山莊

《大學說》　日人安井衡　新文豐出版公司

《論語會箋》　徐英　正中書局

《半部論語與政治》　趙正中　經緯書局

《論語譯注》　楊伯峻　明倫出版社

《論語──散文藝術的萌芽》　黃繩　湖南教育出版社

《論語賞析》　董連祥　中央廣播電視大學出版社

《論語新編》　王滋源　黑龍江人民出版社

《論語集說》　日人安井衡　新文豐出版公司

《孟子正義》　焦循　世界書局

《蘇批孟子》　蘇洵　遠東圖書公司

《孟子傳論》　羅根澤　臺灣商務印書館

《孟子今義類編》　許叔彪　中華叢書編審委員會

《孟子文辭今析》　陳聖勤　正中書局

《中庸今註今譯》　宋天正　臺灣商務印書館

《中庸說》　日人安井衡　新文豐出版公司

《十三經概論》　蔣伯潛　中新書局有限公司

《群經述要》　高明　黎明文化事業公司

《孔學發微》（上下）　熊公哲　正中書局

《禮學新探》　高明　香港中文大學

《中國文化史》（上中下）　柳詒徵　正中書局

《中國通史》（上下）　羅香林　正中書局

《佛教與中國文學》　孫昌武　上海人民出版社
《孟子散文研究》　王基倫　師範大學國研所碩士論文

談　孝

蔡宗陽

壹、引言

　　中國文化是很重視孝的文化，中國社會是以孝為基礎的社會，中國人最重視孝，《孝經・聖治》說：「人之行莫大於孝。」世俗也有「百善孝為先」的說法。一個人假如被大家公認為不孝，就會被人藐視、唾棄。孟子的朋友匡章，一旦戴上不孝的惡名，孟子和他交往，便引起學生質疑❶。反之，一個人倘若是孝子，就會受到大眾的尊敬，舜之所以被群臣一致推薦為天子，因為舜是著名的孝子，所以孔子說：「舜其大孝也與！德為聖人，尊為天子。」❷可見，孝自古就受重視，也是儒家所極力倡導的。

　　孝是天理，也是天倫，深植人心，落實人生，稍微反省，稍微自覺，俯拾即是。孝是行仁的根本，「弟子入則孝」，孝的哲學是必須實踐，應該力行。《四書》中有很多地方談到「孝」❸，到底儒家如何行孝呢？讓我們先來想一想下列問題：

　　1.孝的基本觀念是否一成不變呢？

　　2.行孝的原則，又當如何呢？

　　3.儒家行孝的方法有哪些？

　　4.孟子說：「不孝有三，無後為大。」不孝有三，是指哪三件事？為什麼「無後為大」呢？

　　5.「世俗所謂不孝者五」，是指哪五件事？為什麼？

　　6.「父母在，不遠遊；遊必有方」，是否合乎現代思想以及目前社會環境？

---

❶　見《孟子・離婁下》。

❷　見《中庸・十七章》。

❸　據吳延環先生《三十六孝・凡例》說：《四書》中談到「孝」字，有《論語》十七處，《孟子》二十七處，《大學》三處，《中庸》四處，共計五十一處。

7.如何將《四書》中的孝，適當地運用在目前的社會環境？

8.實行儒家的孝是否可以使社會安定，人民安康？

9.政府本著「以孝治天下」，明文規定每年四月為「教孝月」，是否舉行很多活動來倡導儒家的孝？效果如何？

這些問題都是值得我們深入思考、深入研究的課題。其他有關的問題，也可以列入研討範圍，不妨請同學也可以提出一些問題，共同來討論，以收集思廣益之效。

貳、原典及註釋

一、《論語》

1.有子①曰：「其為人也孝弟②，而好犯上者鮮③矣。……孝弟也者，其為仁之本與④？」（〈學而〉）

　　①有子：姓有，名若，魯國人，孔子弟子。　②弟：同「悌」，尊敬兄長。　③鮮：音ㄒㄧㄢˇ，少。　④與：同「歟」，句末語助詞。

2.子曰：「弟子入則孝，出則弟。」（〈學而〉）

3.子曰：「禹，吾無聞⑤然矣！菲⑥飲食，而致孝乎鬼神。」（〈泰伯〉）

　　⑤聞：音ㄐㄧㄢˋ，本義「間隙」，引申為「批評」。　⑥菲：音ㄈㄟˇ，微薄。

4.曾子有疾，召門弟子曰：「啟⑦予⑧足！啟予手！《詩》云：『戰戰兢兢，如臨深淵，如履薄冰。』⑨而今而後⑩，吾知免夫！小子⑪！」（〈泰伯〉）

　　⑦啟：開。　⑧予：我。　⑨這是《詩經‧小雅‧小旻》的詩句，比喻自己要常戒慎守身。戰戰，恐懼的樣子。兢兢，警戒謹慎的樣子。　⑩而今而後：從今以後。　⑪小子：門人。

5.子游⑫問孝。子曰：「今之孝者，是⑬謂能養。至於犬馬，皆能有養；不敬，何以別乎？」（〈為政〉）

　　⑫子游：姓言，名偃，字子游，孔子弟子。　⑬是：只。

6.子曰：「事父母幾⑭諫⑮，見志不從，又敬不違⑯，勞⑰而不怨。」（〈里仁〉）

　　⑭幾：音ㄐㄧ，委婉；婉轉。　⑮諫：規勸。　⑯違：冒犯。　⑰勞：憂愁。

7. 子夏⑱問孝。子曰:「色難⑲。有事,弟子服其勞,有酒食,先生⑳饌㉑,曾㉒是以為孝乎?」(〈為政〉)

⑱子夏: 姓卜,名商,字子夏,孔子弟子。　⑲色難: 用和顏悅色事奉父母最難。　⑳先生: 父兄。　㉑饌: 音ㄓㄨㄢˋ,飲食。　㉒曾: 竟。

8. 子曰:「父母在,不遠遊㉓;遊必有方㉔。」(〈里仁〉)

㉓遠遊: 出遠門。　㉔方: 一定的去處。

9. 孟武伯㉕問孝。子曰:「父母唯其疾之憂。」(〈為政〉)

㉕孟武伯: 孟懿子的兒子,名彘,武是他的諡號。

10. 孟懿子㉖問孝。……子曰:「生,事之以禮;死,葬之以禮,祭之以禮。」(〈為政〉)

㉖孟懿子: 魯國大夫,姓仲孫,名何忌,懿是他的諡號。

11. 子曰:「父母之年,不可不知㉗也:一則以喜,一則以懼。」(〈里仁〉)

㉗知: 記憶。

12. 曾子曰:「吾聞諸夫子:『孟莊子㉘之孝也,其他可能也,其不改父之臣與父之政,是難能也。』」(〈子張〉)

㉘孟莊子: 姓仲孫,名速,孟獻子的兒子,魯國大夫。

13. 子曰:「父在觀其志,父沒觀其行。三年無改於父之道,可謂孝矣。」(〈學而〉)

14. 子曰:「臨之以莊,則敬;孝慈,則忠。」(〈為政〉)

15. 子曰:「《書》㉙云:『孝乎,惟㉚孝友㉛于兄弟。』施㉜於有㉝政,是亦為政,奚其為為政㉞?」(〈為政〉)

㉙《書》: 指《尚書》。　㉚惟: 發語詞,無意義。　㉛友: 善。「惟孝友于兄弟」,是偽古文《尚書·君陳》的句子。　㉜施: 推行。　㉝有: 無義。　㉞奚其為為政: 何必做官才算從政。

16. 子曰:「孝哉閔子騫,人不閒㉟於其父母昆弟㊱之言。」(〈先進〉)

㉟閒: 音ㄐㄧㄢˋ,異議。　㊱昆弟: 兄弟。

17. 子貢問曰:「何如斯可謂之士矣?」……(子)曰:「宗族稱孝焉,鄉黨稱弟焉。」(〈子路〉)

18. 葉公㊲語㊳孔子曰:「吾黨有直躬者㊴,其父攘羊㊵而子證㊶之。」孔子曰:「吾黨之直者異於是,父為子隱㊷,子為父隱,直在其中矣。」(〈子

路〉〉

㊲葉公：姓沈，名諸梁，字子高，楚國大夫，食邑在梁，僭（音ㄐㄧㄢˋ）稱公。葉，音ㄕㄜˋ。　㊳語：音ㄩˋ，告訴。　㊴直躬者：直爽的人。　㊵攘羊：順手牽羊。　㊶證：告發；檢舉。　㊷隱：隱藏過錯。

二、《孟子》

1. 孟子曰：「不孝有三①，無後為大。舜不告②而娶，為無後也。君子以為猶告也。」（〈離婁上〉）

　　①不孝有三：趙岐認為不孝的罪有三項：一是阿意曲從，陷親不義；二是家貧親老，不為祿仕；三是不娶無子，絕先祖祀。　②不告：不稟告父母。

2. 孟子曰：「天下大悅而將歸己，視天下悅而歸己，猶草芥也，惟舜為然。不得乎親，不可以為人；不順乎親，不可以為子。舜盡事親之道，而瞽瞍③厎④豫⑤；瞽瞍厎豫而天下化，瞽瞍厎豫而天下之為父子者定。此之謂大孝。」（〈離婁上〉）

　　③瞽瞍：音ㄍㄨˇ ㄙㄡˇ，舜的父親。　④厎：音ㄓˇ，致。　⑤豫：樂。

3. 公都子曰：「匡章，通國皆稱不孝焉；夫子與之遊，又從而禮貌之，敢問何也？」

　　孟子曰：「世俗所謂不孝者五：惰其四肢，不顧父母之養⑥，一不孝也；博⑦弈⑧，好飲酒，不顧父母之養，二不孝也；好貨財，私妻子，不顧父母之養，三不孝也；從⑨耳目之欲，以為父母戮⑩，四不孝也；好勇鬥很⑪，以危父母，五不孝也。章子有一於是乎？夫章子，子父責善而不相遇也。責善，朋友之道也；父子責善，賊恩之大者。」（〈離婁下〉）

　　⑥養：供養。　⑦博：賭博。　⑧弈：音ㄧˋ，下棋。　⑨從：音ㄗㄨㄥˋ，通「縱」，放縱。　⑩戮：羞辱。　⑪很：今作「狠」，「很」是本字。

4. 孟子曰：「仁之實，事親是也。」（〈離婁上〉）

5. （孟子）曰：「……孝子之至，莫大乎尊親；尊親之至，莫大乎以天下養。為天子父，尊之至也；以天下養，養之至也。《詩》曰：『永言孝思，孝思維則。』⑫此之謂也。」（〈萬章上〉）

　　⑫這是《詩經・大雅・下武》的句子。則，法則。

6. 孟子曰：「不亦善乎！親喪，固所自盡也。曾子曰：『生，事之以禮；死，

葬之以禮，祭之以禮；可謂孝矣。』」（〈滕文公上〉）

7. （孟子）曰：「……謹庠序⑬之教，申之以孝悌之義，頒白者⑭不負戴於
道路矣。」（〈梁惠王上〉）

⑬庠序：都是鄉學的名稱。商朝叫序，周朝叫庠。庠，音ㄒㄧㄤˊ。　⑭頒白
者：頭髮半白半黑的老人。頒，通「斑」。

8. 孟子對曰：「……王如施仁政於民，省刑罰，薄稅斂；深耕易⑮耨⑯；壯
者以暇日修其孝悌忠信，入以事其父兄，出以事其長上，……」（〈梁惠王
上〉）

⑮易：簡易。　⑯耨：音ㄋㄡˋ，除草。

9. （孟子）曰：「於此有人焉，入則孝，出則悌，守先王之道，以待後之學，
……」（〈滕文公上〉）

10. （孟子）曰：「堯舜之道，孝弟而已矣。」（〈告子下〉）

11. 孟子曰：「君子居是國也，其君用之，則安富尊榮；其子弟從之，則孝弟
忠信。」（〈盡心上〉）

12. 齊宣王欲短喪。公孫丑曰：「為朞⑰之喪，猶愈於已⑱乎？」孟子曰：「是
猶或紾⑲其兄之臂，子謂之姑⑳徐徐云爾㉑。亦教之孝弟而已矣。」（〈盡
心上〉）

⑰朞：音ㄐㄧ，一年。　⑱已：止。　⑲紾：音ㄓㄣˇ，扭轉。　⑳姑：暫且。
㉑云爾：句末語助詞。

13. 孟子曰：「……蓋上世嘗有不葬其親者，其親死，則舉而委之於壑。他日
過之，狐狸食之，……蓋歸反虆梩㉒而掩之。掩之誠是也，則孝子仁人
之掩其親，亦必有道矣。」（〈滕文公上〉）

㉒虆：音ㄌㄟˊ，土籠。梩，音ㄌㄧˊ，木鍬。

14. 孟子曰：「……名之曰『幽』、『厲』，雖孝子慈孫，百世不能改也。」（〈離
婁上〉）

15. （孟子）曰：「……夫公明高，以孝之心，為不若是恝㉓。……大孝終身
慕父母。五十而慕者，予於大舜見之矣！」（〈萬章上〉）

㉓恝：音ㄐㄧㄚˊ，沒有憂愁的樣子。

16. （孟子）曰：「〈凱風〉㉔，親之過小者也；〈小弁〉㉕，親之過大者也。
親之過大而不怨，是愈疏也；親之過小而怨，是不可磯㉖也。愈疏，不

孝也；不可磯，亦不孝也。孔子曰：『舜其至孝矣，五十而慕。』」（〈告子下〉）

　　　　㉔〈凱風〉：《詩經・邶風》的篇名。　　㉕〈小弁〉：《詩經・小雅》的篇名。
　　　　㉖磯：音ㄐㄧ，刺激。

17.孟子曰：「……初命曰：『誅不孝，無易樹子㉗，無以妾為妻。』」（〈告子下〉）
　　　　㉗無易樹子：不更換已立的世子。

三、《大學》

1.為人子，止①於孝；為人父，止於慈。（第三章）
　　　　①止：居。

2.孝者，所以事君也；弟者，所以事長也；慈者，所以使眾也。（第九章）

3.所謂平治天下在治其國者，上老老②而民興孝；上長長③而民興弟；上恤孤而民不倍④。（第十章）
　　　　②老老：尊敬老人。上「老」字，動詞；下「老」字，名詞。　　③長長：恭敬長上。上「長」字，動詞；下「長」字，名詞。　　④倍：通「背」，背棄。

四、《中庸》

1.子曰：「舜其大孝也與！德為聖人，尊為天子，富有四海之內，宗廟①饗②之，子孫保之。」（第十七章）
　　　　①宗廟：古代天子、諸侯祭祀祖先的地方。　　②饗：音ㄒㄧㄤˇ，合祭。

2.子曰：「……父為大夫，子為士；葬以大夫，祭以士。父為士，子為大夫，葬以士，祭以大夫。期之喪，達乎大夫；三年之喪，達乎天子；父母之喪，無貴賤一也。」（第十八章）

3.子曰：「武王、周公其達孝③矣乎！夫孝，善繼人之志，善述人之事者也。……踐其位，行其禮，奏其樂；敬其所尊，愛其所親；事死如事生，事亡如事存，孝之至也。」（第十九章）
　　　　③達孝：通「孝」，天下通稱能盡孝道的人。

參、解讀

子女是父母所生，也是父母的「遺體」，所以父母對子女，愛護備至，人之常情。子女對父母有孝敬之忱，就好像慈烏有反哺之恩，羔羊有跪乳之義，這是情感的自然流露，因此古人說：「為人子，止於孝。」❹

《四書》中談到「孝」的內涵甚多，不僅闡述孝是道德的本源、倫理的核心、政教的根由，尤其是行孝的方法，析論最詳盡❺。

孝是行仁的根本，仁又是道德的總稱，也是孔子主要的學說，所以孝是道德的本源。正如《孝經》所說：「夫孝，德之本也。」

至於孝為什麼是倫理的核心？父有父道，子有子道。為人子女，必須孝順父母；為人父母，應該慈愛子女；這也是五倫之一的父子有親，因此孝是五倫之一的內涵。宗族的延續，文化的傳承，有賴於父傳子，子傳孫，但為人子女，若不結婚，哪來後代子孫？孟子說：「不孝有三，無後為大。」正是此意。結婚生子，也是行孝之一，更是五倫的核心。像舜「不告而娶」，也是為了傳宗接代，所以君子認為舜沒有稟告，和稟告是一樣的合乎禮法。

孝為什麼是政教的根由？像大禹對飲食非常節儉，可是盡心孝敬鬼神；自己平常的衣服十分粗劣，但是祭服卻極為華美；他能做到「慎終追遠」，因此可以使「民德敦厚」。大禹表現孝的美德，人民也受他感化；又像舜孝順父母，也感化了天下老百姓，這都是「上行下效」的結果。行孝可以感化人民，移風易俗，所以孝是政教的泉源。

曾子說：「孝有三：大孝尊親，其次不辱，其下能養。」❻曾子將行孝的方法，分為三等：尊親、不辱、能養。《四書》中談到行孝的方法很多，除了這三種之外，還有其他，茲歸納為愛護自己、尊親事親、不陷不義、繼志述事四類，加以解析。

（一）愛護自己

愛護自己的身體，才是孝的開始。誠如《孝經·開宗明義》所說：「身體髮膚，受之父母，不敢毀傷，孝之始也。」《禮記·祭義》也說：「身也者，父

❹　見《大學·三章》。

❺　參閱陳訓章〈孝道與中國文化〉，見《孔孟月刊》第二十四卷第十二期，頁 7 至 14。

❻　見《大戴禮記·曾子大孝》。

母之遺體也，行父母之遺體，敢不敬乎?」像曾子生病的時候，就叫學生看看他的手，看看他的腳，是否仍然健全❼；因為子女的身體，是父母的遺體，必須好好愛護。像周朝樂正子春下臺階，摔傷了腳，很難過。又像晉朝范宣割傷手指，就嚎啕大哭，以為毀傷身體是大不孝。這都是保身行孝的良好典範。若不愛護自己的身體，是不孝順。因此，假如「好勇鬥很」，跟別人打架，以致毀傷了身體髮膚，就是不孝。或者因飲酒過量，傷害身體，也是不孝。有道是：「父母全而生之，子全而歸之，可謂孝矣。不虧其體，不辱其身，可謂全矣。」❽因此，參加各種戶外活動，必須顧及安全，尤其是登山應該注意險崖峭壁，游水要留意漩渦，不能逞強，以免「一失足成千古恨，再回頭已百年身」了。像子路「暴虎馮河」，就是屬於這類。正如同《大戴禮記·曾子大孝》所說：「一舉足，不敢忘父母，故道而不徑，舟而不游，不敢以先父母之遺體行殆也。」

（二）尊親事親

尊親是態度，是內心的誠敬；事親是行為，是實際的表現。仁德的具體表現，是事奉父母，但尊親卻是精神的慰藉和名譽的顯揚。所以孟子說：「孝子之至，莫大乎尊親。」❾最高的行孝，不僅自己孝敬父母，也使自己父母受天下人尊敬。因此，子女在家裡孝順父母，不只是供養飲食而已，更要做到發自內心的孝敬，如果態度欠佳、說話語氣不溫和地供養父母飲食，這跟餵狗、餵馬有什麼差別?《大戴禮記·曾子大孝》說：「父母有過，諫而不逆。」即使父母偶爾犯錯，子女也不應該疾言厲色地指責，必須委婉地規勸。假如父母仍然不接納子女的意見，子女的態度也要恭敬，不可以違抗父母的心意，更切忌反目成仇，必須等到父母心情好的時候，再和顏悅色地進諫，這樣父母大部分都會接納，假使再不能接納，子女雖然內心憂愁，可是也不怨恨。子女用飲食供養父母或協助父母做家事，比較容易做到，但要做到和顏悅色地事奉父母，這才是真正難能可貴，所以孔子說：「色難。」《禮記·祭義》也說：「孝子之有深愛者，必有和氣；有和氣者，必有愉色；有愉色者，必有婉

---

❼　見《論語·泰伯》。

❽　見《禮記·祭義》。

❾　見《孟子·離婁上》。

容。」子女以和顏悅色事奉父母，不一定用在父母犯錯而子女進諫時，即使在平常也是如此。像周朝老萊子雖然已年屆七旬，但他為了使父母歡心，自己身穿彩衣，拿著玩具，做出小孩子戲耍的樣子。有時候，挑水到客廳，故意跌倒在地上，然後裝出小孩子的哭聲，使父母開心。老萊子的孝心值得我們敬佩，但他的孝行方式可以權變。

　　子女在家，除了事奉飲食、協助家務之外，有時難免有事要出遠門，這時必須面告父母，並說明做什麼事、到何處去。以前交通不方便，沒有電信設備，子女出遠門，父母免不了擔心、操心，因此子女沒有特別重要的事情要辦，儘量少出遠門為妙。現在交通方便，電信發達，雖然可以出遠門，但也要稟告父母，並常以電話或書信跟父母連絡，甚至於偶爾撥空回家拜望父母，免得父母擔憂、掛念。像負笈他鄉的莘莘學子，不論在國內或國外，都要常跟父母連絡，切勿像斷了線的風箏，一去杳無音訊，父母掛念不止。尤其是逢年過節而不能回家，至少要打電話或寫信稟告父母。王維說：「每逢佳節倍思親。」正是此理。此外，子女在外求學或就業，也要多照顧自己的身體，不要生病，免得父母擔心、憂愁，因為「父母唯其疾之憂」。

　　父母活著的時候，子女要彬彬有禮地事奉，即使父母去世以後，也要依照禮節來埋葬、祭祀，甚至於逢年過節或父母忌日，更要祭拜，這都是尊親的具體表現。像曾子在死之前，躺在大夫送的蓆上，他叫兒子幫他換自己的蓆了，這也是禮的體現。古代對於禮，非常講究，尤其是葬禮、祭禮，如「父為大夫，子為士；葬以大夫，祭以士。父為士，子為大夫，葬以士，祭以大夫」❿；葬禮用父親官位的禮節，祭禮用兒子官位的禮節。

　　父母的年齡必須牢記在心中，一則父母高壽，表示欣慰；再則父母年邁體衰，表示關懷、憂愁。在父母有生之年，能盡力事奉，切勿有「樹欲靜而風不止，子欲養而親不在」的憾恨，屆時再懺悔莫及。因此，父母活著的時候，儘量全力以赴地事奉，因為「祭之豐不如養之薄」。即使父母逝世之後，也要有「事死如事生，事亡如事存」的誠敬，所以《禮記·祭統》說：「孝子之事親也，有三道焉：生則養，沒則喪，喪畢則祭。養則觀其順也；喪則觀其哀也；祭則觀其敬而時也。盡此三道者，孝子之行也。」

　　《孝經》說：「立身行道，揚名於後世，以顯父母，孝之終也。」孝的最

❿　見《中庸·十八章》。

高境界，是子女努力充實自己的學識，認真修養自己的品德，有朝一日，功成名就，不但名聞遐邇，也使自己的父母受別人尊敬，這是尊親的另一層含意，也是孝的最高領域。像李遠哲博士榮獲諾貝爾化學獎，李總統登輝先生親蒞他府上向其父母表示祝賀之意，全國人民看了電視也莫不由衷地敬佩其父母，這是尊親的具體表現，也是尊親的最佳楷模。吳延環所編《三十六孝》，將孔子列入「立身行道」的孝子，也是此意。

（三）不陷不義

尊親事親固然重要，但也要顧及「義」字，因此《荀子‧子道》說：「入孝出弟，人之小行也；上順下篤，人之中行也；從道不從君，從義不從父，人之大行也。」子女事奉父母，不僅要敬愛，更要有義。天下父母不一定都是聖賢，所以「子從父令」，有時也未必是對的。像父母要女兒做雛妓，要兒子當小偷或走私販毒，這是違法的勾當。又像曾子犯錯，他的父親曾皙十分憤怒，拿棍子打他，把他打暈了。事後，孔子很感慨地說：「小棰則待過，大杖則逃走。」曾子雖然自己認為順從父親的心意，但陷父親於不義。因此，子女對父母一言一行，必須合情、合理、合法地才做，假如一味地盲從，有時淪於愚孝，並陷父母於不義。我們發現父母言行有違法亂紀或不合情理，必須做到「幾諫」，才是真正的孝子。像明朝鄭成功勸阻其父鄭芝龍勿投降敵人，是「諫親之非」的良好模範。又像漢朝的郭巨，他供養母親食物，母親卻分一些給孫子。由於家貧如洗，郭巨就想埋掉自己兒子，以免影響供養母親，幸虧孝感神明，賜給他黃金，否則郭巨的孝行，非但是愚孝，也陷母親於不義。還有晉朝的王祥，為了孝順繼母，在寒冷的嚴冬，睡臥冰上，希望求得鯉魚，以便孝敬繼母。如果王祥因臥冰而傷風感冒，不只得不償失，也陷繼母於不義。由此可知，陷父母於不義，有些是父母的言行所造成，有些是子女本身的愚孝所使然。

（四）繼志述事

善繼父志，紹述先人的事業，可以說是孝。子女將父母未竟的志趣，竭心盡力地繼續完成，像東漢班固繼承父親班彪的心志，繼續編撰《漢書》，不幸班固未完成之前也去世了，由他的妹妹班昭再賡續完成，班固、班昭兄妹

能繼承父志，可以算是善盡孝道。又像宋朝岳珂繼承父親岳霖的遺志，將祖父岳飛的忠勇事跡，翔實地記述，寫成了一部《籲天辨誣》，洗清岳飛的冤屈，使當時宋寧宗十分感動，並追封岳飛為鄂王。岳珂非但繼承父志，又能顯揚祖德，真是孝子啊！還有明朝沈雲英的父親沈至緒死守道州，結果戰死沙場，沈雲英一面服喪，一面繼承父志，繼續抗敵。當時皇帝特命她為「游擊將軍」，她化悲慟為力量，領導州人，與敵人奮力作戰，終於擊退敵人。沈雲英的忠孝雙全，傳為美談。沈雲英的故事，也正好說明「戰陳無勇，非孝也」❶❶。

　父親在世時，做子女的不能自專，只看他的志向，父親死後，該看他的行為。在守喪三年內，能不改變他父親生前所為，可說是孝了。像周朝孟莊子的孝行，有些事情別人可以做到，只有不改變他父親所任用的人和各種政事，這是別人所不容易做到的。但子傳父志，有些地方必須權變，不能一成不變，像大禹繼承父志治水，他父親鯀採用防堵方法治水，結果失敗。他若墨守成規，還是沒有辦法治好氾濫的洪水，幸虧改用疏導的辦法，才平治水患。因此，子女繼承父母的志業，必須明辨是非善惡，並非一味地盲從附和。此外，還要發揮父母的剛毅精神、勤儉美德、宏謨良策，這種意志的力量，才是孝子真正所應該承先啟後、繼往開來的志業。子女除了要完成父母未竟之事和恪遵父母的遺訓去做之外，還要弘揚父母的嘉言懿行，以彰父德母儀，才算做到繼志述事的孝行。

　行孝的方法，不僅要愛護自己，不使父母受辱；也要尊親以顯父母，事親以順父母；更要注意千萬不可以陷父母於不義；尤其是要弘揚父母的美言善行，以承先啟後、繼往開來。此外，移孝作忠，也是行孝之一。《孝經‧廣揚名》說：「君子之事親孝，故忠可移於君。」《大戴禮記‧曾子大孝》也說：「事君不忠，非孝也。」孔子也認為「孝慈，則忠。」因此，《大學》也說：「孝者，所以事君也。」古代移孝作忠者，也不乏其人，像盡忠報國的岳飛、忠孝雙全的沈雲英、忠心耿耿的鄭成功，這三位忠臣，被列入《三十六孝》之內。「忠臣出於孝子之門」，當忠孝無法兼顧時，只好移孝作忠。有人認為「移孝作忠」，才是真正的大孝，因為沒有國，哪有家，所謂「覆巢之下無完卵」是也。這是從「事親之孝」，推廣到「事君之忠」，這是以孝為忠之本。

❶❶　同❻。

肆、教學活動

活動一：

  1.請在課前查閱辭典、字典、《說文解字》等工具書，查出「孝」字的字形構造、本義、引申義。

  2.孝字的意義，有哪些不同說法？

活動二：

  1.請在課前檢視《四書》，查出有關「孝」字的文句，將它摘錄下來。

  2.請將摘錄下來有關「孝」字的文句，加以分類，看看可以分成哪幾類？

活動三： 問題與討論

  1.儒家所談的孝，哪些適合現代人？能否舉例加以說明？（若有親身經驗的具體事實更佳）

  2.儒家哪些孝，不合時代潮流、社會環境，必須加以改革？如何改革？

  3.「父為子隱，子為父隱」，是否合乎現代法治精神？為什麼？

  4.你對「不孝有三，無後為大」，有何不同看法？

活動四： 試以短劇，表演《二十四孝》或《三十六孝》的故事之一，但以合情、合理為主，切忌愚孝。

伍、參考資料

《論語思想體系》　邱鎮京　臺北　文津出版社　六十六年四月

《繪圖二十四孝》　陳瑞隆　高雄　裕文堂書局　七十一年三月初版

《三十六孝》　吳延環　臺北　國立編譯館　七十二年三月初版

《孝道》　陳向陽　臺中　聖賢雜誌社　七十七年四月再版

《繪圖孝經故事全集》　勸世老人　臺北　漢聲出版社　六十三年八月初版

《童子軍規律釋義》　陳大絡　臺北　臺灣書店　五十三年六月初版

  （童子軍規律有十二條，第二條是忠孝，作者不僅闡釋孝的意義，並且舉例說明，值得參考。）

〈孔子言孝淺釋〉　楊一峰　《孔孟月刊》　第五卷第八期

〈行孝的時代意義〉　杜松柏　《孔孟月刊》　第二十四卷第六期

〈孝道與中國文化〉　陳訓章　《孔孟月刊》　第二十四卷第十二期

〈孝的源流與新的孝道觀〉　李煥明　《孔孟月刊》　第三十卷第二期、第
　　三期

仁義之旅

廖吉郎

壹、引言

當到了某一種程度，或是某些情況，總有人會發出一個疑問或感嘆，那就是：「要怎樣做一個人？」的確，人終歸是人，不管是誰，在愛情、事業、名利、權位的追求之餘，最後總期望能過得心安理得，生活得有意義、有尊榮。那麼，在《孟子・離婁上》所謂的「居仁由義」，應該就是這個問題的最佳答案了。

仁與義為儒家思想的兩塊基石，所以在《文文山先生全集》的附錄中所載文天祥的絕筆書說：「孔曰成仁，孟曰取義。」仁、義都是做人的基準，在《論語》、《孟子》、《大學》、《中庸》四書裡便談了很多有關仁與義的道理，據陳郁夫教授的統計❶，談到「仁」的地方共有一百四十九章，在《孟子》裡所提到的，便有七十四章，比《論語》的六十三章還要多；談到「義」的地方共有八十二章，在《孟子》裡所提到的，則有五十六章，也比《論語》的二十一章多。而兼談到「仁」與「義」的，《論語》共有兩章，《孟子》共有二十九章，《大學》、《中庸》各有一章。由此可知，「仁」雖為諸德的集合體，但是，在談到「仁」的時候，也會想到「義」，「仁」與「義」應是儒家思想的兩大成分，二者應合為一體而不可分離。

那麼，到底儒家是如何看待「仁」與「義」呢？諸如：

「什麼是仁？」

「什麼是義？」

「為什麼要行仁義？」

「所謂仁內義外，對不對？」

---

❶ 見所作《四書》全文檢索電腦磁碟片。臺灣師大國文系四書教學研究小組監製。1992.2.15。

「人何以會失去仁義心?」

「從哪裡可以看出『仁』與『義』為儒家思想的中心概念?」

「為什麼說舜是由仁義行,非行仁義?」

這些問題,便都很值得我們去探討,如能弄清楚這些問題,做人就會有原則。因此,現在我們便擇取《四書》中兼及仁與義的章句,而來走一趟「仁義之旅」吧!

貳、原典及註釋

一、《論語》

1. 樊遲問知①。子曰:「務民之義②,敬鬼神而遠③之,可謂知矣。」問仁。曰:「仁者先難而後獲④,可謂仁矣。」(〈雍也〉)

　　①知:音ㄓˋ,同「智」。　②務民之義:專心致力於人民所應做的事情。　③遠:音ㄩㄢˋ,疏離。此指不迷惑於不可知的鬼神。　④先難而後獲:先勞苦而後得功。

2. 子曰:「……夫達⑤也者,質直⑥而好義,察言而觀色⑦,慮以下人⑧。在邦必達,在家必達。夫聞⑨也者,色取仁而行違⑩,居之不疑⑪。在邦必聞,在家必聞。」(〈顏淵〉)

　　⑤達:指德行通達。　⑥質直:天性正直。　⑦察言而觀色:體察他人的言語神色。　⑧慮以下人:常有謙退之志。　⑨聞:名譽著聞。　⑩色取仁而行違:表面裝得像行仁的樣子,其實卻全然違背仁道。行,音ㄒㄧㄥˋ。　⑪居之不疑:自以為仁者而不疑惑。

二、《孟子》

1. 孟子見梁惠王,王曰:「叟①,不遠千里而來,亦將有以利吾國乎?」孟子對曰:「王何必曰『利』?亦有『仁義』而已矣。王曰:『何以利吾國?』大夫曰:『何以利吾家?』士庶人曰:『何以利吾身?』上下交征②利,而國危矣。萬乘之國,弒其君者,必千乘之家;千乘之國,弒其君者,必百乘之家。萬取千焉③,千取百焉④,不為不多⑤矣。苟為後義而先利

⑥，不奪不饜⑦。未有仁而遺其親者⑧也；未有義而後其君者⑨也。王亦曰『仁義』而已矣，何必曰『利』?」(〈梁惠王上〉)

①叟：音ㄙㄡˇ，長老之稱。　②征：取。　③萬取千焉：在天子的一萬輛兵車裡，公卿已取得了一千輛。　④千取百焉：在諸侯的一千輛兵車裡，大夫已取得了一百輛。　⑤不為不多：臣之於君，每十分取其一分，這種比例，不算不多。　⑥後義而先利：以義為後，以利為先。　⑦不奪不饜：不弒君以奪利，便不能滿足。饜，音一ㄢˋ，滿足。　⑧未有仁而遺其親者：指仁者必不遺棄父母。　⑨未有義而後其君者：指義者必不將國君置之不顧。後，不急。

2. 孟子曰：「無恆產⑩而有恆心⑪者，惟士為能⑫。若民，則無恆產，因無恆心；苟無恆心，放辟⑬邪侈，無不為已。及陷於罪，然後從而刑之，是罔民⑭也。焉有仁人在位，罔民而可為也。是故明君制民之產，必使仰足以事父母，俯足以畜妻子；樂歲⑮終身飽，凶年免於死亡；然後驅而之善，故民之從之也輕⑯。今也制民之產，仰不足以事父母，俯不足以畜妻子；樂歲終身苦，凶年不免於死亡；此惟救死而恐不贍⑰，奚暇治禮義哉?」(〈梁惠王上〉)

⑩恆產：常久的產業。　⑪恆心：人所常有的善心。　⑫惟士為能：只有讀書明理的人才能如此。　⑬辟：僻。　⑭罔民：欺民不見而加網羅陷害。　⑮樂歲：豐年。　⑯輕：容易。　⑰贍：足。

3. 孟子曰：「賊⑱仁者，謂之賊⑲；賊義者，謂之殘⑳。殘賊之人，謂之一夫㉑。聞誅一夫紂矣，未聞弒君也。」(〈梁惠王下〉)

⑱賊：讀音ㄗㄜˊ，語音ㄗㄟˊ。害。動詞。　⑲賊：凶暴淫虐、滅絕天理的人。名詞。　⑳殘：顛倒錯亂、敗壞常理的人。　㉑一夫：眾叛親離的人。即獨夫。四海歸順，則為天子；天下叛離，則為獨夫。

4. 孟子曰：「惻隱㉒之心，仁之端㉓也。羞惡㉔之心，義之端也。辭讓㉕之心，禮之端也。是非之心，智之端也。人之有是四端也，猶其有四體㉖也。有是四端而自謂不能者，自賊者也；謂其君不能者，賊其君者也。凡有四端於我者，知皆擴㉗而充㉘之矣，若火之始然，泉之始達㉙。苟能充之，足以保四海；苟不充之，不足以事父母。」(〈公孫丑上〉)

㉒惻隱：傷痛憐憫。　㉓端：事物的起始。　㉔羞惡：羞恥自身的不善，也

厭惡別人的不善。羞，恥。惡，憎。　㉕辭讓：推辭謙讓。南宋、朱熹《四書集註》：「辭，解使去己也；讓，推以與人也。」　㉖四體：四肢。　㉗擴：推廣。　㉘充：滿。　㉙達：流通。

5.孟子曰：「矢人豈不仁於函人㉚哉？矢人惟恐不傷人，函人惟恐傷人。巫匠㉛亦然。故術不可不慎㉜也。孔子曰：『里㉝仁㉞為美。擇不處仁㉟，焉得智？』夫仁，天之尊爵㊱也，人之安宅㊲也。莫之禦而不仁㊳，是不智也。不仁不智，無禮無義，人役㊴也。人役而恥為役，由㊵弓人而恥為弓，矢人而恥為矢也。如恥之，莫如為仁。仁者如射；射者正己而後發；發而不中，不怨勝己者，反求諸己而已矣。」（〈公孫丑上〉）

　　㉚矢人豈不仁於函人：造箭的人難道是不仁於造盔甲的人？豈，反詰疑問詞。　㉛巫匠：祈求神明除病活人的巫醫和製作棺木利在人死的工匠。　㉜術不可不慎：習藝不可不謹慎。　㉝里：居所。　㉞仁：有仁厚的習俗。　㉟擇不處仁：選擇居所而不選在風俗仁厚的地方。　㊱尊爵：顯貴的名位。　㊲安宅：安居。宅，讀音ㄓㄜˊ，語音ㄓㄞˊ。　㊳莫之禦而不仁：無人阻止卻不行仁。　㊴人役：受人差使的人。　㊵由：猶。

6.孟子曰：「齊人無以仁義與王言者，豈以仁義為不美也？其心曰『是何足與言仁義也』云爾，則不敬莫大乎是。」「曾子曰：『晉楚之富，不可及也。彼以其富，我以吾仁；彼以其爵，我以吾義，吾何慊㊶乎哉？』」（〈公孫丑下〉）

　　㊶慊：音ㄑㄧㄢˋ，少。

7.彭更㊷問曰：「後車㊸數十乘，從者㊹數百人，以傳食於諸侯㊺，不以泰㊻乎？」孟子曰：「非其道，則一簞食不可受於人。如其道，則舜受堯之天下，不以為泰；子以為泰乎？」曰：「否。士無事而食，不可也。」曰：「子不通功易事㊼，以羨㊽補不足，則農有餘粟㊾，女有餘布㊿。子如通之，則梓匠輪輿[51]皆得食於子。於此有人焉；入則孝，出則悌[52]，守先王之道，以待後之學者[53]，而不得食於子。子何尊梓匠輪輿而輕為仁義者哉？」曰：「梓匠輪輿，其志將以求食也。君子之為道也，其志亦將以求食與？」曰：「子何以其志為哉[54]？其有功於子，可食而食之[55]矣。且子食志[56]乎？食功[57]乎？」曰：「食志。」曰：「有人於此，毀瓦畫墁[58]，其志將以求食也，則子食之乎？」曰：「否。」曰：「然則子非食志也，食

功也。」(〈滕文公下〉)

㊷彭更:孟子弟子。更,音ㄍㄥ。 ㊸後車:隨從的車子。車,讀音ㄐㄩ,語音ㄔㄜ。 ㊹從者:跟隨的人。從,音ㄗㄨㄥˋ。 ㊺傳食於諸侯:有二說:一以孟子食於諸侯,車徒又食於孟子,所食皆出於諸侯所供,故云傳食諸侯。見北宋、孫奭《孟子正義》。則傳指輾轉。一謂舍止諸侯而受其飲食。見清、焦循《孟子正義》。則傳指客館。傳,音ㄓㄨㄢˋ,見南宋、朱熹《四書集註》。 ㊻泰:過分。 ㊼通功易事:合作而分工。 ㊽羨:有餘。 ㊾餘粟:多餘的糧食。 ㊿女有餘布:織布的女人會有多出來的布。此謂女以多餘的布,交換農民多出來的糧食,相通有無,則無不足;不然,則各有所餘,而都有不足。 (51)梓匠輪輿:營造器械、宮室的木工,及製作車輪、車輛的車工。 (52)悌:尊敬兄長。 (53)以待後之學者:把前代聖王的道理傳授給後世學者。 (54)子何以其志為哉:先生為何認定他的願望是為了吃飯呢? (55)可食而食之:可以給他飯吃,就給他飯吃。食,音ㄙˋ,同「飼」。 (56)食志:因他有求食的願望就給他飯吃。食,音ㄙˋ。 (57)食功:因他有功而給他飯吃。食,音ㄙˋ。 (58)毀瓦畫墁:毀壞屋瓦,塗汙牆壁。言無功而有害。墁,音ㄇㄢˊ,南宋、朱熹《四書集註》:「牆壁之飾也。」又清、俞樾《群經平議》云:「墁、幔古字通用。《說文》:『幔,衣車蓋也。』畫幔者,劃傷其車上之幔也。毀瓦以治屋言,乃梓匠之事;畫墁以治車言,乃輪輿之事。」

8. 孟子曰:「世衰道微,邪說暴行有(59)作。臣弒其君者有之,子弒其父者有之。孔子懼,作《春秋》。《春秋》,天子之事(60)也。是故孔子曰:『知我者,其惟《春秋》乎!罪我者,其惟《春秋》乎!』(61)聖王不作,諸侯放恣,處士(62)橫議。楊朱(63)墨翟(64)之言盈天下。天下之言,不歸楊則歸墨。楊氏為我,是無君也。墨氏兼愛,是無父也。無父無君,是禽獸也。公明儀(65)曰:『庖(66)有肥肉,廄有肥馬,民有飢色,野有餓莩(67),此率獸而食人(68)也。』楊墨之道不息,孔子之道不著,是邪說誣(69)民,充塞(70)仁義也。仁義充塞,則率獸食人,人將相食(71)。吾為此懼,閑(72)先聖之道,距(73)楊墨,放(74)淫辭,邪說者(75)不得作。作於其心(76),害於其事(77),作於其事,害於其政(78)。聖人復起,不易吾言矣。」(〈滕文公下〉)

(59)有:古通「又」。 (60)《春秋》,天子之事:《春秋》這部書,寓有褒貶善惡、撥亂反正之意,這原是天子要做的事情。 (61)知我者,其惟《春秋》乎!罪

我者，其惟《春秋》乎：知孔子者，謂《春秋》之作，在遏人欲於橫流，存天理於既滅，為後世慮，至為深遠；罪孔子者，謂無其位而行天子之事。　⑫處士：平民。處，音ㄔㄨˇ。　㊿楊朱：戰國時代衛國人。　㊷墨翟：戰國時代魯國人。　㊺公明儀：春秋時代魯國人。子張的門人。　㊻庖：音ㄆㄠˊ，廚房。　㊼莩：音ㄆㄧㄠˇ，餓死的人。　㊽率獸而食人：帶領著野獸來吃人。按此句已見於〈梁惠王上〉篇，南宋、朱熹《四書集註》：「厚斂於民以養禽獸而使民飢以死，則無異於驅獸以食人矣。」　㊾誣：音ㄨ，欺惑。　㊿充塞：阻隔。塞，讀音ㄙㄜˋ，語音ㄙㄞ。　㋒人將相食：南宋、朱熹《四書集註》云：「孟子引儀之言，以明楊、墨道行，則人皆無父、無君，以陷於禽獸，而大亂將起，是亦率獸食人，而人又相食也。此又一亂也。」　㋓閑：傳習，見東漢、趙岐《孟子章句》。又，衛，護衛，見南宋、朱熹《四書集註》。　㋔距：拒。　㋕放：驅除。　㋖邪說者：妄立邪說的人。　㋗作於其心：邪說興起於人的心裡。　㋘害於其事：為害於人的行事。　㋙害於其政：為害政治。

9. 孟子曰：「惟仁者㋚宜在高位。不仁而在高位，是播其惡於眾㋛也。上無道揆㋜也，下無法守㋝也；朝不信道，工不信度㋞；君子犯義，小人犯刑，國之所存者，幸也。故曰：『城郭不完，兵甲不多，非國之災也。田野不辟㋟，貨財不聚，非國之害也。上無禮，下無學㋠，賊民興，喪㋡無日矣。』」（〈離婁上〉）

　　㋚仁者：有仁心、仁聞且能行先王之道的人。　㋛播其惡於眾：貽其禍害於眾人。　㋜上無道揆：國君不以義理度量事物而制其宜。道，義理。揆，度量。　㋝下無法守：在下位的人沒有制度可以守職奉命。法，制度。　㋞工不信度：官員不信服國家的法度。工，官。度，法。　㋟辟：闢。　㋠下無學：下不知學。　㋡喪：音ㄙㄤˋ，滅亡。

10. 孟子曰：「自暴者，不可與有言㋢也；自棄者，不可與有為㋣也。言非㋤禮義，謂之自暴也；吾身不能居仁由義，謂之自棄也。仁，人之安宅也；義㋥，人之正路也。曠安宅而弗居，舍正路而不由，哀哉！」（〈離婁上〉）

　　㋢不可與有言：不可同他談論禮義的道理。　㋣不可與有為：不可同他行仁義的事情。　㋤非：毀。　㋥義：宜。應行的天理。故下文指為「人之正路也」。

11. 孟子曰：「人不足與適㋦也，政不足與間㋧也，惟大人㋨為能格㋩君心之

非。君仁莫不仁，君義莫不義，君正莫不正，一正君而國定矣。」(〈離婁上〉)

　　⑨人不足與適：國君用人不當，不必一一譴責。適，音ㄓㄜˊ，謫。　⑨政不足與間：國君行政有了錯失，不必一一非議。間，音ㄐㄧㄢˋ，非。　⑨大人：大德之人。　⑨格：正。

12.孟子曰：「仁之實⑨，事親是也。義之實，從⑨兄是也。智之實，知斯二者⑨弗去是也。禮之實，節文⑨斯二者是也。樂⑨之實，樂⑩斯二者，樂⑪則生矣。生則惡可已也⑫？惡可已，則不知足之蹈之⑬，手之舞之。」(〈離婁上〉)

　　⑨實：事跡；具體表現。　⑨從：順從。　⑨二者：指事親、從兄。　⑨節文：節制修飾。太過則加以節制，太質而無禮敬之容則加以修飾。　⑨樂：音ㄩㄝˋ，音樂。　⑩樂：音ㄌㄜˋ，樂意。　⑪樂：音ㄌㄜˋ，歡樂。　⑫生則惡可已也：有了歡樂，又哪能遏止得住呢？惡，音ㄨ，怎麼。已，遏止。也，疑問助詞。　⑬蹈之：踏。之，助詞。

13.孟子曰：「君仁莫不仁，君義莫不義。」(〈離婁下〉)

14.孟子曰：「人之所以異於禽獸者幾希⑭。庶民去之⑮，君子存之。舜明於庶物⑯，察於人倫。由仁義行⑰，非行仁義⑱也。」(〈離婁下〉)

　　⑭幾希：幾，微。希，少。指只在一點「仁義」上有差別而已。　⑮庶民去之：眾民棄去仁義。　⑯明於庶物：明白萬物的道理。　⑰由仁義行：仁義已根於心而所行皆從此生。　⑱非行仁義：非以仁義為美而勉強行之。

15.孟子曰：「匹夫而有天下者⑲，德必若舜禹，而又有天子薦之⑳者；故仲尼不有天下㉑。繼世以有天下㉒，天之所廢㉓，必若桀紂者也；故益、伊尹、周公不有天下㉔。伊尹相湯以王㉕於天下。湯崩，太丁未立㉖，外丙二年㉗，仲壬㉘四年。太甲㉙顛覆㉚湯之典刑㉛，伊尹放之於桐㉜；三年，太甲悔過，自怨自艾㉝，於桐處仁遷義㉞，三年㉟，以聽伊尹之訓己㊱也，復歸于亳㊲。周公之不有天下，猶益之於夏，伊尹之於殷也。」(〈萬章上〉)

　　⑲匹夫而有天下者：身為平民卻能擁有天下的人。　⑳薦之：推薦他。　㉑仲尼不有天下：孔子雖有德行，卻沒有天子推薦，所以不能擁有天下。　㉒繼世以有天下：繼承先世的基業而有天下的人。　㉓天之所廢：在上天要廢

棄他時。　⑭益、伊尹、周公不有天下：佐禹治水有功的伯益、湯的賢相伊尹、輔成王制禮作樂的周公，因為禹的兒子啟、湯的孫子太甲、武王的兒子成王都能嗣守先業，天不廢棄，所以雖有舜禹的德行，也不能擁有天下。　⑮王：音ㄨㄤˋ，統治。　⑯太丁未立：湯的太子太丁未立為王即死。　⑰外丙二年：太丁的弟弟外丙為王兩年。　⑱仲王：太丁的弟弟。王，音ㄖㄣˊ。　⑲太甲：太丁的兒子，湯的嫡長孫。　⑳顛覆：壞亂。　㉑典刑：常法。　㉒桐：湯墓所在，故址在今山西省榮河縣。　㉓自怨自艾：自悔其非，自去其惡。艾，音ㄧˋ，又。除草為艾，有治理之意。此指能斬絕惡行以自新。　㉔處仁遷義：以仁自居，見義則徙。處，音ㄔㄨˇ。　㉕三年：在桐行仁修義三年。　㉖訓己：教訓自己。　㉗亳：音ㄅㄛˋ，湯都，在今河南省商邱縣。

16.告子⑱曰：「性，猶杞柳⑲也；義，猶桮棬⑳也。以人性為仁義，猶以杞柳為桮棬。」孟子曰：「子能順杞柳之性而以為桮棬乎？將戕賊㉛杞柳而後以為桮棬也？如將戕賊杞柳而以為桮棬，則亦將戕賊人以為仁義㉜與？率天下之人而禍仁義者，必子之言夫！」（〈告子上〉）

⑱告子：戰國時人，姓告，名不害，孟子弟子。兼學儒、墨，成一家言。　⑲杞柳：楊柳科植物，落葉灌木，枝條柔軟，可編製器物。杞，音ㄑㄧˇ。　⑳桮棬：音ㄅㄟ ㄑㄩㄢ。曲木而成的飲食器具。桮，同「杯」。棬，未經彫飾的杯器。　㉛戕賊：此指砍伐。戕，音ㄑㄧㄤˊ，傷。　㉜戕賊人以為仁義：傷害人性，才能行仁義。

17.告子曰：「食色㉝，性也。仁㉞，內㉟也，非外也。義，外也，非內也。」孟子曰：「何以謂仁內義外也？」曰：「彼長而我長之㊱，非有長於我㊲也。猶彼白而我白之，從其白於外㊳也，故謂之外㊴也。」曰：「異㊵於白馬之白也，無以異於白人之白㊶也！不識長馬之長㊷也，無以異於長人之長與㊸？且謂長者義乎㊹？長之者義乎㊺？」曰：「吾弟則愛之，秦人之弟則不愛也，是以我為悅㊻者也，故謂之內。長楚人之長㊼，亦長吾人之長，是以長為悅者也，故謂之外也。」曰：「耆秦人之炙㊽，無以異於耆吾炙。夫物則亦有然者也㊾。然則耆炙亦有外與？」（〈告子上〉）

㉝食色：甘於飲食，悅於美色。　㉞仁：仁心。　㉟內：生於內，非由外來。　㊱彼長而我長之：由於他年紀大，所以我便尊他為長。　㊲非有長於我：不是在我內心裡尊他為長。　㊳從其白於外：因為他的外面是白顏色的。　㊴

故謂之外：所以說義是由外來的。　⑭異：不同。此句的斷句，清、孔廣森《經學卮言》說：「先斷之曰異，而後申其所以異之處，正同他章每先曰否，而次詳其所以否之實也。」　⑭無以異於白人之白：無別於白人的白。　⑭不識長馬之長：不知看重老馬。　⑭無以異於長人之長與：是否也沒有別於尊重年紀大的人？　⑭長者義乎：以他的年長為義呢？　⑭長之者義乎：以尊敬他年長為義呢？　⑭悅：喜歡。　⑭長楚人之長：尊敬楚人的長者。　⑭耆秦人之炙：喜歡吃秦人薰烤的肉。　⑭物則亦有然者也：此指對於東西的喜歡，跟對長輩的尊敬，有同樣的情形，都是來自內心。

18.公都子曰：「告子曰：『性無善無不善也。』或曰：『性可以為善，可以為不善：是故文、武興，則民好善；幽、厲興，則民好暴。』或曰：『有性善，有性不善：是故以堯為君而有象⑮，以瞽瞍⑮為父而有舜，以紂為兄之子，且以為君，而有微子啟⑮、王子比干⑮。』今曰『性善』，然則彼皆非與？」孟子曰：「乃若⑮其情則可以為善矣，乃所謂善也。若夫為不善，非才之罪也。惻隱⑮之心，人皆有之；羞惡之心，人皆有之；恭敬之心，人皆有之；是非之心，人皆有之。惻隱之心，仁也；羞惡之心，義也；恭敬之心，禮也；是非之心，智也。仁義禮智，非由外鑠⑮我也，我固有之也，弗思耳矣。故曰：『求則得之，舍則失之。』或相倍蓰而無算⑮者，不能盡其才者也。《詩》⑮曰：『天生蒸民，有物有則⑮。民之秉夷⑯，好是懿德⑯。』孔子曰：『為此詩者，其知道乎！故有物必有則；民之秉夷也，故好是懿德。』」(〈告子上〉)

　　⑮象：舜弟。後母所生，性傲，常與瞽瞍共謀殺舜。　⑮瞽瞍：舜父。性頑，愛後妻及子象，常謀殺舜，有眼而不識賢愚，所以稱為瞽瞍。瞍，音ㄙㄡˇ，眼中無眼珠。　⑮微子啟：微，國名。子，爵位。啟，人名。紂淫亂，屢諫不聽遂去之。　⑮比干：比，國名。干，人名。因諫紂而被殺。南宋、朱熹《四書集註》：「按此文則微子、比干皆紂之叔父，而《書》稱微子為商王元子。疑此或有誤字。」按商王指紂王的父親帝乙；元子即長子。微子、比干與紂的關係有三種說法：一是以微子、比干為紂王的叔父。二是以微子為紂兄，比干為紂王叔父。三則是以微子、比干為紂王兄弟。　⑮若：順。　⑮惻隱：傷痛。　⑮鑠：音ㄕㄨㄛˋ，鎔化；美飾。　⑮倍蓰而無算：從一倍到五倍，甚至無法計算。蓰，音ㄒㄧˇ，五倍。　⑮《詩》：《詩經‧大雅‧烝民》。　⑮

有物有則：有事物必有法則。　⑯秉夷：秉持的常性。夷，《詩》作「彝」，常。　⑯好是懿德：喜愛此美德。好，音ㄏㄠˋ，喜歡。

19.孟子曰：「牛山⑯之木嘗美矣。以其郊於大國⑯也，斧斤伐之，可以為美乎？是其日夜之所息⑯，雨露之所潤，非無萌蘗⑯之生焉；牛羊又從而牧之，是以若彼濯濯⑯也。人見其濯濯也，以為未嘗有材焉，此豈山之性也哉？雖存乎人者，豈無仁義之心哉，其所以放其良心者，亦猶斧斤之於木也。旦旦而伐之，可以為美乎？其日夜之所息，平旦之氣⑯，其好惡與人相近也者幾希⑯。則其旦晝之所為，有梏亡⑯之矣。梏之反覆，則其夜氣不足以存。夜氣不足以存，則其違禽獸不遠矣。人見其禽獸也，而以為未嘗有才焉者，是豈人之情也哉？故苟得其養，無物不長；苟失其養，無物不消。孔子曰：『操則存，舍則亡。出入無時，莫知其鄉⑰。』惟心之謂與。」（〈告子上〉）

　　⑯牛山：在今山東省臨淄縣南。　⑯郊於大國：在大都市的郊外。大國，指齊都，即今山東省臨淄縣。　⑯息：生長。　⑯萌蘗：新芽。萌，芽。蘗，音ㄋㄧㄝˋ，樹木被砍伐的部分再生出來的新芽。　⑯濯濯：光潔的樣子。　⑰平旦之氣：黎明時的清明之氣。　⑯好惡與人相近也者幾希：好為善與惡為惡之心，都和賢人相接近而差別不大。南宋、朱熹《四書集註》：「幾希，不多。」東漢、趙岐《孟子章句》：「幾，豈也。豈希，言不遠也。」　⑯梏亡：擾亂亡失。梏，音ㄍㄨˋ。　⑰出入無時，莫知其鄉：出入沒有定時，也沒有定向。鄉，音ㄒㄧㄤˋ，方向。

20.孟子曰：「仁，人心⑰也。義，人路⑰也。舍其路而弗由，放⑰其心而不知求，哀哉！人有雞犬放，則知求之，有放心，而不知求。學問之道無他，求其放心而已矣。」（〈告子上〉）

　　⑰人心：人的本心。　⑰人路：人的正路。　⑰放：失。

21.孟子曰：「有天爵⑰者，有人爵⑰者。仁義忠信，樂善不倦，此天爵也；公卿大夫，此人爵也。古之人，脩其天爵而人爵從之。今之人，脩其天爵以要⑰人爵。既得人爵而棄其天爵，則惑之甚者也，終亦必亡而已矣。」（〈告子上〉）

　　⑰天爵：自然的爵位。　⑰人爵：人為的爵位。　⑰要：求。

22.孟子曰：「欲貴⑰者，人之同心也。人人有貴於己者⑰，弗思耳。人之所

貴者⑦，非良貴⑩也。趙孟之所貴⑪，趙孟能賤之。《詩》⑫云：「既醉以酒，既飽以德⑬。」言飽乎仁義也，所以不願人之膏粱⑭之味也；令聞⑮廣譽施於身，所以不願人之文繡⑯也。」（〈告子上〉）

⑦欲貴：希求尊貴。　⑧貴於己者：很尊貴的天爵在自己身上。　⑨人之所貴者：別人所給的尊貴。　⑩良貴：最尊貴的。　⑪趙孟之所貴：趙孟所給的人爵的尊貴。趙孟，晉卿。清、王夫之《孟子稗疏》：「此言趙孟云者，亦泛然之詞，猶今俗言趙甲、錢乙、張三、李四耳，不必求人以實之。」　⑫《詩》：《詩經·大雅·既醉》。　⑬既飽以德：指飽足仁義之德。　⑭膏粱：肥肉和美穀，指精美的食物。　⑮令聞：美好的名聲。聞，音ㄨㄣˋ。　⑯文繡：華美的衣服。

23. 宋牼⑰將之楚，孟子遇於石丘⑱。曰：「先生將何之？」曰：「吾聞秦楚搆兵，我將見楚王，說而罷之；楚王不悅，我將見秦王，說而罷之。二王我將有所遇焉。」曰：「軻也請無問其詳，願聞其指，說之將何如？」曰：「我將言其不利也。」曰：「先生之志則大矣，先生之號⑲則不可。先生以利說秦楚之王，秦楚之王悅於利，以罷三軍⑳之師；是三軍之士樂罷而悅於利㉑也。為人臣者，懷利以事其君，為人子者，懷利以事其父，為人弟者，懷利以事其兄，是君臣、父子、兄弟終去仁義，懷利以相接；然而不亡者，未之有也。先生以仁義說秦楚之王，秦楚之王悅於仁義，而罷三軍之師；是三軍之士樂罷而悅於仁義也。為人臣者，懷仁義以事其君，為人子者，懷仁義以事其父，為人弟者，懷仁義以事其兄，是君臣、父子、兄弟去利，懷仁義以相接也；然而不王㉒者，未之有也。何必曰利？」（〈告子下〉）

⑰宋牼：牼，音ㄎㄥ。北宋、孫奭《孟子正義》：「宋國之人，姓宋，名牼。」《荀子·非十二子篇》唐、楊倞注：「宋鈃，宋人，與孟子、尹文子、彭蒙、慎到同時。《孟子》作宋牼。」《莊子·天下篇》：「墨子真天下之好也，⋯⋯宋鈃、尹文聞其風而悅之。」　⑱石丘：宋地名，或作石邱。清、焦循《孟子正義》引清、張宗泰《孟子諸國年表》云：「秦欲伐齊，而楚與齊從親，惠王患之，乃使張儀南見楚王，王為儀絕齊，而不得秦所許，⋯⋯發兵西攻秦，⋯⋯此事恰當孟子時。⋯⋯疑孟子或有事於宋，⋯⋯因與宋牼遇於石邱。」　⑲號：名目。　⑳三軍：古代大國所擁有的軍隊數量。一萬二千五百人為一軍，三

軍共有三萬七千五百人。　⑲樂罷而悅於利：樂於罷兵而悅從於利益。　⑲
王：音ㄨㄤˋ，統治天下。

24.孟子曰：「人之所不學而能者，其良能⑲也。所不慮而知者，其良知也。
孩提之童，無不知愛其親者，及其長也，無不知敬其兄也。親親⑲，仁
也。敬長，義也。無他，達之天下也⑲。」（〈盡心上〉）

⑲良能：本有的能力。　⑲親親：親愛父母親。　⑲無他，達之天下也：指
為善的人，不必更有他求，只要通達此親親敬長的良知良能，施行於天下就
可以了。

25.孟子曰：「廣土眾民，君子欲之，所樂不存⑲焉。中天下而立⑲，定⑲四
海之民，君子樂之，所性不存焉⑲。君子所性，雖大行不加焉⑳，雖窮
居不損焉㉑，分定故也㉒。君子所性，仁義禮智根於心㉓。其生色㉔也，
睟然見於面㉕，盎於背㉖。施於四體㉗，四體不言而喻㉘。」（〈盡心上〉）

⑲所樂不存：所樂卻不在此。　⑲中天下而立：立於天下的中央以統治天下。
⑲定：安定。　⑲所性不存焉：本性卻不在此。　⑳雖大行不加焉：雖是行
道於天下，也不會有什麼增加。　㉑雖窮居不損焉：雖是困頓在家，也不會
有什麼減少。　㉒分定故也：稟受的天性有一定的緣故。分，音ㄈㄣˋ。　㉓
根於心：本於內心。　㉔生色：表露出來的形象。　㉕睟然見於面：清和潤
澤地顯現在臉上。睟，音ㄙㄨㄟˋ。　㉖盎於背：豐厚盈溢在背上。　㉗施於
四體：散布在四肢。　㉘四體不言而喻：四肢的舉止動作，不待說明注意，
都能自然合於正道。喻，曉解；明瞭。

26.王子墊㉙問曰：「士何事？」孟子曰：「尚志。」曰：「何謂尚志？」曰：「仁
義而已矣。殺一無罪，非仁也，非其有而取之，非義也。居惡在㉚？仁
是也。路惡在㉛？義是也。居仁由義㉜，大人之事備矣㉝。」（〈盡心上〉）

㉙王子墊：齊王子，名墊。　㉚居惡在：心居何處。惡，音ㄨ，何。　㉛路惡
在：正路在哪裡。　㉜居仁由義：居心在仁，行事合義。　㉝大人之事備矣：
做一個大人的條件就齊備了。南宋、朱熹《四書集註》說：「上則公卿大夫，
下則農工商賈，皆有所事，而士居其間，獨無所事，故王子問之也。」又說：
「大人，謂公卿大夫。言士雖未得大人之位，而其志如此，則大人之事，體
用已全。」

27.孟子曰：「不信㉞仁賢，則國空虛㉟。無禮義，則上下亂。無政事㊱，則

財用不足。」（〈盡心下〉）

　　⑭信：親信任用。　　⑮空虛：仁賢離去，國無賢人，則感空虛無人。　　⑯無
　　政事：沒有好的政治以教導人民生產節用。

28.孟子曰：「口之於味⑰也，目之於色也，耳之於聲也，鼻之於臭也，四肢
之於安佚⑱也，性⑲也。有命焉⑳，君子不謂性㉑也。仁之於父子也，
義之於君臣也，禮之於賓主也，智之於賢者㉒也，聖人之於天道也，命
㉓也。有性焉，君子不謂命也。」（〈盡心下〉）

　　⑰味：甘美的滋味。　　⑱四肢之於安佚：四肢喜歡安逸。　　⑲性：這是本性。
　　⑳有命焉：有天命在安排。焉，於此。指口、目、耳、鼻、四肢的慾望，並
　　不是人人都可以如願而滿足的。　　㉑不謂性：不說它是天性。　　㉒智之於賢
　　者：賢者講求智慧。　　㉓命：有天理在安排。

29.孟子曰：「人皆有所不忍㉔，達之於其所忍㉕，仁也。人皆有所不為㉖，
達之於其所為㉗，義也。人能充『無欲害人』之心，而仁不可勝用也。
人能充『無穿窬』之心㉘，而義不可勝用也。人能充『無受爾汝』之實
㉙，無所往而不為義也。士未可以言而言㉚，是以言餂之㉛也；可以言
而不言，是以不言餂之也；是皆穿踰之類也。」（〈盡心下〉）

　　㉔人皆有所不忍：人人都有不忍加害於所愛的心。　　㉕達之於其所忍：把這
　　種心推廣到所不愛的人身上。　　㉖人皆有所不為：人人都有不喜歡接受的事，
　　如貧賤等是。　　㉗達之於其所為：把這種行為推廣到所喜歡接受的事情上，
　　如富貴等是。東漢、趙岐《孟子章句》：「抑情止欲，使若所不喜，為此者，
　　義人也。」　　㉘人能充「無穿窬」之心：一個人能擴大不為盜賊的心。穿窬，
　　破牆踰屋以竊取財物。窬，音ㄩˊ，越。　　㉙「無受爾汝」之實：不甘受人輕
　　賤的心。爾汝，輕賤的稱呼。實，實情。南宋、朱熹《四書集註》：「人雖或
　　有所貪昧，隱忍而甘受之者，然其中心必有慚忿而不肯受之之實。」　　㉚士未
　　可以言而言：士人在還不可以說話的時候先說了話。　　㉛以言餂之：拿話試
　　探別人。餂，音ㄊㄧㄢˇ，以舌取物，即今「舔」字。此謂探取。

三、《大學》

未有上好仁，而下不好義者也；未有好義，其事不終①者也；未有府庫財，
非其財者也②。（第十章）

①其事不終：所掌理的事不能有始有終負責做好。　②未有府庫財，非其財者也：沒有府庫裡的財貨，不屬於國君所有的。指君若行仁，民必報義，義必終事，譬如人君有府庫之財，必還為所用。

四、《中庸》

為政在人①，取人以身②，脩身以道③，脩道以仁④。仁者，人也⑤，親親為大⑥；義者，宜⑦也，尊賢為大⑧；親親之殺⑨，尊賢之等⑩，禮所生也⑪。（第二十章）

①為政在人：治理政事，在於能得賢臣。　②取人以身：要能選用賢人，必先修養自己。指如此明君才能得人才。　③脩身以道：要修養自己，須先遵行道德。　④脩道以仁：要修道德，要能行仁。　⑤仁者，人也：仁的意思，就是能與人相親愛。　⑥親親為大：要從親愛自己的親人做起。前一「親」字作動詞用，後一「親」字為名詞。　⑦宜：行事得宜。　⑧尊賢為大：要能行事得宜，莫過於尊重賢人。　⑨親親之殺：親愛親人，因關係的不同而有等級。殺，音ㄕㄞˋ，等級。　⑩尊賢之等：尊重賢人，因程度的不同而有差別。如公卿大夫的爵位有不同等是。　⑪禮所生也：這就是禮儀制度所以產生的原因。

參、解讀

一、仁的形象

「仁」字的出現很晚，據屈萬里先生的研究❷，在西周以前的文獻中還沒看到過。東周以後，雖有「仁」字，但是含義不清。到了孔子，就《論語》所載，才成為做人的準則。

孔子說：「仁者，人也，親親為大。」孟子也說：「親親，仁也。」可見仁的意思，就是能與人相親愛，而要從孝敬自己的親人做起。這是在很多對「仁」的解釋中，最為簡明的界說。

所謂「仁者，人也。」就是教人要好好的做一個人。許慎《說文》：「仁，

❷　見所著〈仁字涵義之史的觀察〉，載《民主評論》五卷二十三期。

親也，從人二。」可知，一定要二人以上，才能表現出「仁」的意義；如果只有一個人，就顯不出「仁」的可貴。孔子曾以「愛人」兩字答覆樊遲的問仁（《論語・顏淵》），孟子也曾說過：「愛人不親，反其仁。」（《孟子・離婁上》）都在說明能做一個與人互相親愛的人就是仁者。

在群體之中，能與大家和樂相處，自然應能同情別人的遭遇，所以孟子說：「惻隱之心，仁之端也。」一個人如能發揚這種善性，自能凡事先難而後獲，也能把不忍加害於所愛的心，推廣到所不愛的人身上，終至完成他圓滿的人格。所以孟子又說：「仁，人心也。」由此可知，仁道，就是人道；仁者，就是懂得做人之道理的人啊！

在春秋時代的楚國，就有一位名叫孫叔敖的好宰相，小時候便曾傳下一段「埋蛇」的行仁故事。這個故事的大概是這樣的：有一天，孫叔敖到外面玩，看到一條兩頭蛇，就把牠打死埋了起來。回到家，很傷心的哭泣著。母親問他什麼緣故。他說：「聽說看見兩頭蛇的人會死，剛才我看到了，恐怕會因此而離開母親死去呀！」母親就問：「那條蛇現在哪裡？」孫叔敖說：「我怕別人再看見，已經把牠打死埋起來了。」母親說：「凡是積有陰德的人，上天都會降福給他，你是不會死的。」孫叔敖由於這點仁心的發揮，當上了宰相以後，果然使得上下和合，世俗盛美，這便是仁者的表現。

二、義的典範

《易經・說卦》說：「立人之道，曰仁與義。」可知正義也是人道之一。孟子說：仁的具體表現在於孝親，義的具體表現在於順從兄上。可見行仁而義在其中，所以《禮記・禮運》說：「仁者，義之本也。」

曾子所謂：晉國、楚國的富有是趕不上的，可是，他雖有他的財富和爵位，我卻有我的仁和義。那麼，我有什麼比他少的呢？由這一段話可見，世俗所重視的人爵並不是最尊貴的，所以孟子說：「有天爵者，有人爵者。仁義忠信，樂善不倦，此天爵也；公卿大夫，此人爵也。」又說：「欲貴者，人之同心也。人人有貴於己者，弗思耳。人之所貴者，非良貴也。趙孟之所貴，趙孟能賤之。《詩》云：『既醉以酒，既飽以德。』言飽乎仁義也，所以不願人之膏粱之味也；令聞廣譽施於身，所以不願人之文繡也。」如果有人以修天爵而要人爵，既得人爵而棄天爵，最後是什麼呢？那就是什麼也得不到。孟子

有見於此，所以大力宣揚「義」的重要。中國人在這種理念的薰陶下，一個講「義」的人，自然受到大家的尊重。

　　流傳民間的歷史人物關公的事跡，便是一個人人所樂道的故事。《三國志》卷三十六〈關羽傳〉說：

> 先主之襲殺徐州刺史車冑，使羽守下邳城，行太守事，而身還小沛。建安五年，曹公東征，先主奔袁紹，曹公禽羽以歸，拜為偏將軍，禮之甚厚。紹遣大將軍顏良攻東郡太守劉延於白馬，曹公使張遼及羽為先鋒擊之。羽望見良麾蓋，策馬刺良於萬眾之中，斬其首還。紹諸將莫能當者，遂解白馬圍，曹公即表封羽為漢壽亭侯。初，曹公壯羽為人，而察其心神無久留之意，謂張遼曰：「卿試以情問之。」既而遼以問羽，羽嘆曰：「吾極知曹公待我厚，然吾受劉將軍厚恩，誓以共死，不可背之。吾終不留，吾要當立效以報曹公乃去。」遼以羽言報曹公。曹公義之。及羽殺顏良，曹公知其必去，重加賞賜。羽盡封其所賜，拜書告辭而奔先主於袁軍。左右欲追之，曹公曰：「彼各為其主，勿追也。」

這一段關公被曹操所擒，劉備投向袁紹，兄弟失而復合的歷史，在《三國演義》裡，則被演成了洋洋灑灑好幾回極為動人的小說。

　　《三國演義》在第二十五回「屯土山關公約三事，救白馬曹操解重圍」中說：關公守下邳兵敗，屯於土山，曹操因愛惜他的武藝和義氣，就派遣與關公有一面之交的張遼前往說降。張遼便以「劉備不知存亡，張飛未知生死，曹操雖破下邳，軍民盡無傷害，且派人護衛劉備家眷，不許驚擾」為詞相告，可是關公卻不為所動，還很生氣地說：「此言特說我也。吾今雖處絕地，視死如歸。汝當速去，吾即下山迎戰。」張遼遂改以三罪激勸道：「當初劉使君與兄結義之時，誓同生死，今使君方敗，而兄即戰死，倘使君復出，欲求相助，而不可得，豈不負當年之盟誓乎？其罪一也。劉使君以家眷付託於兄，兄今戰死，二夫人無所依賴，負卻使君依託之重。其罪二也。兄武藝超群，兼通經史，不思共使君匡扶漢室，徒欲赴湯蹈火，以成匹夫之勇，安得為義？其罪三也。」因又道：「今四面皆曹公之兵，兄若不降，則必死；徒死無益，不

若且降，曹公卻打聽劉使臣音信，如在何處，即往投之。一者可以保二夫人，二者不背桃園之約，三者可留有用之身：有此三便，兄宜詳之。」關公不得已便提出了三個條件要曹操答應才肯卸甲屈降。這三個條件是：一、降漢不降曹。二、二嫂處供給皇叔俸祿，並嚴禁內外。三、但知劉皇叔去向，便當辭去。曹操以為可以厚恩留住關公，就答應了這些條件，於是關公在徵得二夫人同意後，便隨曹操一起到許昌去。在路上，曹操為欲使他們亂了君臣之禮，就故意讓關公和二嫂共處一室，關公便秉燭獨立門外，自夜達旦，毫無倦色。到了許昌，曹操便撥了房子給關公居住，獻帝還任命他為偏將軍。曹操又以客禮待關公，延為上座，備了綾錦金銀器皿相送，且三日一小宴，五日一大宴，並送美女十人，使侍關公。關公都送給二嫂，還常躬身施禮，動問二嫂安否。有一天，曹操見關公所穿戰袍已舊，馬上量他的身材，送給他一套新的。關公便把它穿在裡面，外面仍是舊時的戰袍，曹操笑著說：「雲長何如此之儉乎？」關公說：「舊袍乃劉皇叔所賜，某穿之如見兄面，不敢以丞相之新賜而忘兄長之舊賜。」曹操只好感嘆地說：「真義士也。」後來曹操又送給他一匹呂布所騎的赤兔馬，關公很高興，以為「此馬日行千里，今幸得之，若知兄長下落，可一日而見面矣。」曹操聽完覺得很後悔。曹操因為知道關公常懷去意，便要張遼去探問實情。關公說：「吾固知曹公待吾甚厚，奈吾受劉皇叔厚恩，誓以共死，不可背之。吾終不留此。要必立效以報曹公，然後去耳。」張遼說：「倘玄德已棄世，公何所歸乎？」關公說：「願從於地下。」曹操只好又感嘆地說：「事主不忘其本，乃天下之義士也。」當袁紹派遣顏良作先鋒，進攻白馬時，曹操連損二將，心中憂悶，又恐關公立了功便將離去，不敢派他前往抵敵。等到有人獻計，以為若使雲長破了袁兵，紹必疑而殺劉備，備死，關公便沒地方去了。於是關公才有機會施展長才，跨上赤兔馬，直衝河北軍，逕奔顏良，手起刀落，割了首級，大勝而歸。

　　在第二十六回「袁本初敗兵折將，關雲長挂印封金」、第二十七回「美髯公千里走單騎，漢壽亭侯五關斬六將」及第二十八回「斬蔡陽兄弟釋疑，會古城主臣聚義」三回中則說：袁紹失去了顏良後，又派了文醜領兵十萬前去報仇。劉備因欲一探雲長消息，分了三萬軍殿後隨行。關公因斬顏良有功，受封為漢壽亭侯。及文醜來犯，在緊急的時候，又與文醜交馬，戰不三合，關公馬快，腦後一刀，又斬了文醜。由於陣上的交鋒，關公終於探得劉備所

在，於是便有去意。因曹操再三迴避，不肯一見，關公只好留書一封，略謂：
「羽少事皇叔，誓同生死，皇天后土，實聞斯言。前者下邳失守，所請三事，
已蒙恩諾。今探知故主見在袁紹軍中，回思昔日之盟，豈容違背？新恩雖厚，
舊義難忘。茲特奉書告辭，伏惟照察。其有餘恩未報，願以俟之異日。」於是
差人投遞相府辭謝。累次所受金銀，一一封置庫中，又懸壽亭侯印於堂上，
然後請二夫人上車，關公便騎著赤兔馬，手提青龍刀，率領原跟隨人役，逕
出北門。這時，曹操只好說：「不忘故主，來去明白，真丈夫也。」又說：「彼
各為其主，勿迫也。」關公一路上，過五關，斬六將，歷盡千辛萬苦，終於會
到了劉備，也見到了張飛，還新得關平、周倉。正是所謂：「當時手足似瓜分，
信斷音稀杳不聞。今日君臣重聚義，正如龍虎會風雲。」

　　關公的義氣，由於正史上的記載，以及小說的渲染，已深植在中國人的
心目中。凡是「義」字所在，無人不敬服。關公的言行，已為中國人立下了
典範❸。

三、上下交征利而去仁義則國亡矣

　　《孟子》一書，開宗明義就先做義利之辨。他告訴梁惠王：「何必曰利，
亦有仁義而已矣。」在這裡，孟子將「仁」、「義」並舉，以為有國者但講仁義
便可以了。因為各階層的人，如都以自我為中心，只講求「何以利吾國？」「何
以利吾家？」「何以利吾身？」上下交相謀取私利，便會有弒君犯上的事情發生。
孟子認為：仁者必不遺棄父母，義者必不置國君於不顧，所以謀利並不是不
可以，但必須以義為先。如果後義而先利，則不奪不饜。

　　當然，孟子也知道，民眾如無恆產，則放僻邪侈的行為，將會層出不窮。
所以他以為：仁人在位，應使仰足以事父母，俯足以畜妻子，然後可以使民
為善，否則救死且恐不及，還管得了什麼禮義？

　　孟子以為：仁為人之安宅，義乃人之正路。而且君仁則民莫不仁，君義
則民莫不義，君正則一國安定。所以，仁義之事，不可不尊重。他說：「不信
仁賢，則國空虛。無禮義，則上下亂。」他很害怕邪說誣民而阻隔了仁義，所
以曾大聲疾呼：「君子犯義，小人犯刑，國之所存者，幸也。」因此，他認為：
「賊仁者，謂之賊；賊義者，謂之殘。殘賊之人，謂之一夫。聞誅一夫紂矣，

❸　見拙著《中華文化講義》第七講。

未聞弒君也。」一個人的行止，如果不能合於仁義的規範，即使是國君，人人也可得而除之。因為四海歸順，則為天子；天下叛離，即為獨夫。「不仁而在高位，是播其惡於眾」，對於這種人，全國人民為了救亡圖存，怎能不推翻他呢？

孟子曾以商湯的嫡長孫太甲為例，提到即使像伊尹這樣的賢相，也會放逐悖亂的國君。必使太甲悔過了，而且能處仁遷義了，才讓他復位。當孟子聽到宋牼將以「利」說秦、楚兩國罷兵時，也曾告誡他：「為人臣者，懷利以事其君；為人子者，懷利以事其父；為人弟者，懷利以事其兄。是君臣、父子、兄弟終去仁義，懷利以相接。然而不亡者，未之有也。」依孟子的想法，如果為人臣者，能懷仁義以事君；為人子者，能懷仁義以事父；為人弟者，能懷仁義以事兄，大家都以仁義相接，則自能使天下和平。由此可見，爭利也必須以仁義為先，如真能行仁義，「利」便在其中了。

四、仁義都出自內心而根於人性

孟子認為：仁義非由外鑠，乃人所固有。他曾糾正告子以為仁內義外的錯誤，也曾不厭其煩地告訴告子性善的道理。

告子說：「仁，內也，非外也；義，外也，非內也。」告子以為，一個人，由於對方年紀大，所以我們才尊敬他，可見「義」是生於外而非出自內心。他又說：「性，猶杞柳也；義，猶桮棬也。以人性為仁義，猶以杞柳為桮棬。」告子覺得，一個人所以會有仁義的涵養，就如同將杞柳製成飲食器具一樣。所以他迷惑在「性無善無不善」、「性可以為善，可以為不善」及「有性善，有性不善」的種種說法裡，而不解孟子何以說「性善」。他認為：文、武興，則民好善；幽、厲興，則民好暴。以瞽瞍為父而有舜，以紂為兄之子，而有微子啟、王子比干。那麼，為什麼會說是性善呢？

孟子對於告子的說法，當然大不以為然。他指出告子以為性猶杞柳、義猶桮棬的錯誤。孟子說：「子能順杞柳之性而以為桮棬乎？將戕賊杞柳而後以為桮棬也？」杞柳是要經過砍伐才能製成器具，難道人性也要經過「戕賊」才能修成仁義之德？所以孟子很生氣地說：「率天下之人而禍仁義者，必子之言夫！」

孟子針對告子所謂「彼長而我長之」，「猶彼白而我白之」，所以說是「義

外」的見解，舉了一個例子批駁他。孟子說：「不識長馬之長也，無以異於長人之長與？」我們尊重年長的人，當然不同於看重老馬。對於長者，我們內心因為有一分敬意，所以尊重他；對於老馬，我們雖然看重它，心裡卻無敬意可言。可見所謂「義」，乃出自內在，不由外鑠。

孟子所以認為性善，理由是：「惻隱之心，人皆有之；羞惡之心，人皆有之；恭敬之心，人皆有之；是非之心，人皆有之。」由於這些惻隱、羞惡、恭敬、是非之心，都是人性所固有，所以順著這些人性去做，就能為善。一個人所以會失去仁義之心，就像牛山一樣。由於這座山位在大都市的郊外，原本茂美的草木便因此被砍伐光了。當然，山上由於受到雨露的滋潤，也還是會長出些新芽來，可是又有牛羊的放牧，因此就變得如此光溜溜了。那麼，當我們看到它那光禿禿的樣子時，能說這座山原本就不長草木嗎？可知，一個人的行為，如果離禽獸不遠，那並不是他的本性啊！所以孔子說：「操則存，舍則亡。」孟子也說：「苟得其養，無物不長；苟失其養，無物不消。」對於所謂的仁義，真是「求則得之，舍則失之」啊！

孔、孟學說，常在論仁說義。就《論語》一書來看，據董季棠先生的研究，「仁」字便有一○六個，「義」字也有二十個❹。在二十篇的《論語》裡，論到「仁」的，便有十六篇❺。可見「仁」字是孔子及弟子們所常宣揚及請問的，它可以包含眾德而為中華文化的精髓。至於「義」字，則是「德」的一部分，而受到孟子的特別重視。因此，孟子不但以為治國須講仁義，為人處世也須以仁為「安宅」，義為「正路」。他認為能把不忍加害於所愛的心，擴大到所不愛的人身上，是一種仁的表現，那麼，人人都有不喜歡接受的事，能把這種行為擴大到所喜歡的事情上，那當然就是義了。所以讀書人最重要的，就是對於仁義的追求。韓愈在〈原道〉裡說：「凡吾所謂道德云者，合仁與義言之也。」這「仁」、「義」二字，真是居於今的我們所應慎思明辨的。

五、人人都可由仁義行而非行仁義

孟子謂：「舜明於庶物，察於人倫，由仁義行，非行仁義也。」這是說：仁義既已根於舜的心裡，所行又都能從此生，所以舜是由仁義行，非以仁義

───────────────

❹　見《論語論仁新述》第三章。
❺　見《論語論仁新述》第一章。

為美而勉強行之。那麼，舜是人，人都有善性，所以人人應都可和舜一樣。

　　凡不學而能的，叫做良能；不思而知的，叫做良知。這良知良能是與生俱來，人人所固有的。所以孟子說：孩童都知道要愛其親，長大了也知道要敬其兄。為善的人，不必更有他求，只要通達此親親敬長的良知良能，施行於天下便可以了。可見仁義之道應是人人可為的。

　　孟子又以為：「仁義禮智根於心。其生色也，睟然見於面，盎於背，施於四體，四體不言而喻。」一個人果能本此仁義善性，自能和潤豐盈地顯現於形象之中，而一切舉止動作都能自然合於正道，這也就是君子的本性。所以孟子認為：廣土眾民，固然也是君子所想要的，所樂卻不在此；能統治天下，固為君子所喜樂，本性也不在此。他強調：「仁，人心也；義，人路也。」仁既為人的本心，義既為人的正路，如有所迷失，怎能不及時追回呢？

　　至於那些表面裝得像行仁的樣子，其實全然違背仁道，卻自以為是仁者而不疑惑的人，也許能博得一時的名譽著聞，當然不會是一位德行通達眾所敬仰的人。而所謂「為政在人」，治理政事，固在於能得賢臣，但是要能選用賢臣，也必須是能遵行道德的明君才能辦得到啊！

　　仁義的重要如此，有關仁義的道理是不是很值得我們深思呢？

肆、教學活動

活動一：

　　1.請在課前探討「仁」、「義」的意義。

　　2.請利用工具書及參考書預先查明本篇第二部分所引原典的意義。

活動二：

　　1.請在課前翻檢《四書》，查出單出現「仁」字或「義」字的章句，並加以摘錄。

　　2.請就上述所摘錄的章句，取與本篇第二部分所引原典作一比較，並就有關「仁」、「義」的義理作一補充。

活動三：

　　1.請在課前翻查書籍，摘錄古聖先賢居仁由義的事跡若干則。

　　2.請從日常生活中探討有關處仁遷義的事跡若干則。

活動四：問題與討論

　　　1.仁與義有什麼關係？

　　　2.由「仁義行」與「行仁義」，在境界上有何不同？

　　　3.所謂「性無善無不善」、「性可以為善，可以為不善」、「有性善，有性
　　　　　不善」、「性善」等說法，你的意見如何？

　　　4.居今之世，如何行仁徙義？

活動五：

　　　1.請用短劇表演孫叔敖埋蛇的行仁故事。

　　　2.請用短劇表演關公所表現的義氣。

伍、參考資料

《論語要略》　　錢穆　臺灣商務印書館

《論語辨證》　　胡志奎　聯經出版事業公司

《論語論仁新述》　董季棠　益智書局

《孔子的人格世界》　曾昭旭　漢光文化事業公司

《孟子分類選注》　孫雲遐　正中書局

《孟子探微》　　林漢仕　文史哲出版社

《四書道貫》　　陳立夫　世界書局

《四書通義》　　金體乾　臺灣商務印書館

《四書人物》　　仇德哉　臺灣商務印書館

《中華文化講義》　廖吉郎　僑務委員會　中華函授學校

教育的理念與方法

王開府

壹、引言

孔子弟子有三千人，孟子也是「後車數十乘，從者數百人，以傳食於諸侯。」（〈滕文公下〉）可見他們在當時已經是偉大的教育家。《四書》中記載了不少他們教育學生的生動實錄。他們的春風化雨，不僅澤及親炙的弟子，兩千多年來更有多少人間接得其教益，以至於聞風興起，頑廉懦立。作為百世的師範，孔、孟不但教育精神感人，他們的教育理念與方法，也給後人無窮的啟發。在探索《四書》所留下的教育智慧時，讓我們也思考一些問題，如：

——孔子認為教育的目的何在？

——孔子拿什麼科目教學生？

——孔子為什麼不肯教樊遲農耕？

——性和天道，為什麼子貢沒有聽過？顏回聽過了嗎？

——孟子和孔子的教學有沒有不同？

——什麼叫「不屑之教誨」？

——「易子而教」有什麼好處？

——經濟和教育，哪一個優先？

——有沒有「生而知之」的人？儒家說「生而知之」是什麼意思？

——儒家的教育理念與方法，在今天還有用處嗎？怎麼用？

——儒家的教育有沒有不科學的地方？它對科學教育有妨礙嗎？

——儒家的教育對民主教育有利嗎？

貳、原典及註釋

一、《論語》

1. 子適①衛。冉有僕②。子曰：「庶③矣哉！」冉有曰：「既庶矣，又何加焉？」曰：「富之。」曰：「既富矣，又何加焉？」曰：「教之。」（〈子路〉）

　　①適：往。　②僕：駕車。　③庶：人口眾多。

2. 子曰：「性相近也，習相遠也。」（〈陽貨〉）

3. 子曰：「唯上知與下愚不移。」（〈陽貨〉）

4. 子曰：「有教無類④。」（〈衛靈公〉）

　　④類：指階級、品格、天賦、氣質等的類別差異。

5. 子曰：「自行束脩⑤以上，吾未嘗無誨焉！」（〈述而〉）

　　⑤束脩：即束修，指行為上約束修飭。「自行束脩以上」與「人潔己以進」（〈述而〉）文義近似。或以「脩」為肉脯，「束」指成一束，於義不妥。

6. 互鄉⑥難與言，童子見，門人惑。子曰：「與⑦其進也，不與其退也。唯何甚！人潔⑧己以進，與其潔也，不保其往⑨也。」（〈述而〉）

　　⑥互鄉：鄉名。　⑦與：稱許。　⑧潔：修治。　⑨往：過去的行為。

7. 子曰：「吾有知乎哉？無知也。有鄙夫問於我，空空如⑩也；我叩⑪其兩端而竭⑫焉。」（〈子罕〉）

　　⑩空空如：空空，即悾悾，誠懇的。如，然。　⑪叩：發問。　⑫竭：盡。

8. 子曰：「默而識⑬之，學而不厭，誨人不倦，何有於我哉？」（〈述而〉）

　　⑬識：音ㄓˋ，記誌。

9. 子曰：「若聖與仁，則吾豈敢！抑⑭為之不厭，誨之不倦，則可謂云爾⑮已矣！」（〈述而〉）

　　⑭抑：但。　⑮云爾：如此。

10. 子曰：「二三子⑯以我為隱乎？吾無隱乎爾⑰。吾無行而不與二三子者，是丘也。」（〈述而〉）

　　⑯二三子：指弟子們。　⑰乎爾：句末語助詞，無義。

11. 子所雅⑱言：《詩》、《書》、執禮，皆雅言也。（〈述而〉）

　　⑱雅：日常。

12. 子以四教：文⑲、行、忠、信。（〈述而〉）

　　⑲文：指先王遺留的典籍，如《詩》、《書》、《禮》、《樂》等。

13.子貢曰:「夫子之文章⑳,可得而聞也;夫子之言性與天道,不可得而聞也。」(〈公冶長〉)

　　⑳文章:指威儀、文辭。一說指《詩》、《書》、《禮》、《樂》。

14.子曰:「不憤㉑不啟㉒,不悱㉓不發㉔;舉一隅㉕,不以三隅反,則不復也。」(〈述而〉)

　　㉑憤:心裡努力想也想不通。　㉒啟:解開困難。　㉓悱:想說卻說不出來。

　　㉔發:揭發義理。　㉕隅:四角形物體的角。

15.子曰:「君子博學於文,約㉖之以禮,亦可以弗畔㉗矣夫。」(〈雍也〉)

　　㉖約:約束。　㉗畔:違背。

16.顏淵喟㉘然嘆曰:「仰之彌㉙高,鑽之彌堅,瞻之在前,忽焉在後!夫子循循㉚然善誘人,博我以文,約我以禮。欲罷不能。既竭吾才,如有所立卓爾㉛。雖欲從之,末由㉜也已!」(〈子罕〉)

　　㉘喟:音ㄎㄨㄟˋ,嘆息聲。　㉙彌:愈加。　㉚循循:有次序的。　㉛卓爾:
　　卓然豎立。　㉜末由:無法跟隨。末,無。

17.孔子曰:「生而知之者,上也;學而知之者,次也;困而學之,又其次也。困而不學,民斯為下矣!」(〈季氏〉)

18.子曰:「中人以上,可以語㉝上也;中人以下,不可以語上也。」(〈雍也〉)

　　㉝語:音ㄩˋ,告訴。

19.德行:顏淵、閔子騫、冉伯牛、仲弓;言語:宰我、子貢;政事:冉有、季路;文學:子游、子夏。(〈先進〉)

20.子曰:「學而不思則罔㉞,思而不學則殆㉟。」(〈為政〉)

　　㉞罔:茫然無所得。　㉟殆:危懼不安。

21.子曰:「溫故㊱而知新,可以為師矣。」(〈為政〉)

　　㊱故:舊有的知識。

22.子曰:「不曰如之何、如之何者,吾末如之何也已矣。」(〈衛靈公〉)

23.子絕四:毋意㊲,毋必㊳,毋固㊴,毋我㊵。(〈子罕〉)

　　㊲意:臆測。　㊳必:期求某事必然發生。　㊴固:固執成見。　㊵我:私
　　心。

24.子曰:「由,誨女知之乎?知之為知之,不知為不知,是知也。」(〈為政〉)

25.子不語:怪、力、亂、神。(〈述而〉)

26.子曰:「知之者不如好之者;好之者不如樂之者。」(〈雍也〉)

27.子曰:「三人行必有我師,擇其善者而從之,其不善者而改之。」(〈述而〉)

28.子曰:「當仁不讓於師。」(〈衛靈公〉)

二、《孟子》

1.孟子曰:「……設為庠①序學校以教之。庠者,養也;校者,教也;序者,射也。夏曰校,殷曰序,周曰庠,學則三代共之,皆所以明人倫也。人倫明於上,小民親於下。」(〈滕文公上〉)

　　①庠:音ㄒㄧㄤˊ,學校名,也是敬養耆老的地方。

2.孟子曰:「仁言,不如仁聲②之入人深也。善政,不如善教之得民也。善政民畏之;善教民愛之。善政得民財;善教得民心。」(〈盡心上〉)

　　②仁聲:因為行仁而有聲譽。

3.「人之有③道也,飽食煖衣,逸居而無教,則近於禽獸。聖人有憂之,使契④為司徒⑤,教以人倫。」(〈滕文公上〉)

　　③有:為。　④契:音ㄒㄧㄝˋ,舜的臣子。　⑤司徒:官名,主管禮教。

4.孟子曰:「聖人,百世之師也。」(〈盡心下〉)

5.孟子曰:「耳目之官不思,而蔽於物,物交物則引之而已矣。心之官則思,思則得之,不思則不得也。此天所與我者。先立乎其大者,則其小者不能奪也。此為大人而已矣。」(〈告子上〉)

6.孟子曰:「學問之道無他,求其放⑥心而已矣。」(〈告子上〉)

　　⑥放:失去的。

7.孟子曰:「原⑦泉混混⑧,不舍晝夜,盈科⑨而後進,放⑩乎四海;有本者如是。」(〈離婁下〉)

　　⑦原:同「源」。　⑧混混:音ㄍㄨㄣˇ ㄍㄨㄣˇ,湧出。　⑨科:坑坎。　⑩放:到達。

8.孟子曰:「流水之為物也,不盈科不行;君子之志於道也,不成章不達。」(〈盡心上〉)

9.孟子曰:「大匠不為拙工改廢繩墨;羿⑪不為拙射變其彀率⑫。君子引⑬而不發,躍⑭如也。中道而立,能者從之。」(〈盡心上〉)

　　⑪羿:音ㄧˋ,古時一位善射的人。　⑫彀率:彀,音ㄍㄡˋ,張滿弓。彀率,

張滿弓的限度。　⑬引：引弓。　⑭躍：指發箭之勢，躍躍欲出。

10.孟子曰：「離婁⑮之明，公輸子⑯之巧，不以規矩⑰，不能成方員⑱；師曠⑲之聰，不以六律⑳，不能正五音㉑。」（〈離婁上〉）

　　　⑮離婁：古時一位目力過人的人。　⑯公輸子：春秋時魯人，名班，為巧匠。⑰規矩：規，圓規。矩，畫方的器具。　⑱員：同「圓」。　⑲師曠：春秋時晉國樂師，聽力過人。　⑳六律：古代正樂律的器具，有黃鐘、大簇、姑洗、蕤賓、夷則、無射六律。　㉑五音：宮、商、角、徵、羽。

11.孟子曰：「羿之教人射，必志於彀；學者亦必志於彀。大匠誨人，必以規矩；學者亦必以規矩。」（〈告子上〉）

12.「夫道若大路然，豈難知哉！人病不求耳。子歸而求之，有餘師。」（〈告子下〉）

13.孟子曰：「人病舍其田而芸人之田。所求於人者重，而所以自任者輕。」（〈盡心下〉）

14.孟子曰：「君子深造㉒之以道，欲其自得之也。自得之，則居之安；居之安，則資之深；資之深，則取之左右逢其原。故君子欲其自得之也。」（〈離婁下〉）

　　　㉒造：到達。

15.放勳㉓曰：「『勞㉔之、來㉕之、匡之、直之、輔之、翼之、使自得之；又從而振德㉖之。』」（〈滕文公上〉）

　　　㉓放勳：堯的號。　㉔勞：音ㄌㄠˋ，慰勞。　㉕來：音ㄌㄞˋ，同「徠」，慰勞。㉖振德：振作而且施予恩惠。德，恩惠。

16.孟子曰：「自暴㉗者，不可與有言也；自棄者，不可與有為也。言非禮義，謂之自暴也；吾身不能居仁由義，謂之自棄也。」（〈離婁上〉）

　　　㉗暴：害。

17.孟子曰：「梓匠輪輿㉘，能與人規矩，不能使人巧。」（〈盡心下〉）

　　　㉘梓匠輪輿：梓匠，木工。輪輿，造輪、造車的工匠。

18.孟子曰：「五穀者，種之美者也。苟為不熟，不如荑稗㉙。夫仁，亦在乎熟之而已矣。」（〈告子上〉）

　　　㉙荑稗：音ㄊㄧˊ ㄅㄞˋ。荑、稗，似穀的草，所結的實也可食用，但味不如五穀。

19. 孟子曰：「無或㉚乎王之不智也。雖有天下易生之物也，一日暴㉛之，十日寒之，未有能生者也。吾見亦罕矣，吾退而寒之者至矣。吾如有萌㉜焉何哉！今夫弈㉝之為數㉞，小數也，不專心致志，則不得也。弈秋㉟，通國之善弈者也。使弈秋誨二人弈：其一人專心致志，惟弈秋之為聽；一人雖聽之，一心以為有鴻鵠將至，思援弓繳㊱而射之，雖與之俱學，弗若之矣。為是其智弗若與？曰：非然也。」〈〈告子上〉〉

　　㉚或：同「惑」。　㉛暴：音ㄆㄨˋ，同「曝」。　㉜萌：芽。　㉝弈：圍棋。
　　㉞數：技能。　㉟弈秋：古代一位擅長棋藝的人，名秋。　㊱繳：音ㄓㄨㄛˊ，
　　用繩繫住箭矢來射。

20. 孟子曰：「博學而詳說之，將以反說約㊲也。」〈〈離婁下〉〉

　　㊲約：簡要的實踐原則。

21. 孟子曰：「言近而指㊳遠者，善言也。守約而施博者，善道也。君子之言也，不下帶㊴而道存焉。君子之守，脩其身而天下平。」〈〈盡心下〉〉

　　㊳指：同「旨」。　㊴帶：腰帶。不在腰帶之下，比喻眼前常見的事物。

22. 孟子曰：「教亦多術矣。予不屑之教誨也者，是亦教誨之而已矣。」〈〈告子下〉〉

23. 孟子曰：「挾㊵貴而問，挾賢而問，挾長而問，挾有勳勞而問，挾故㊶而問，皆所不答也。」〈〈盡心上〉〉

　　㊵挾：自恃。　㊶故：舊交故友。

24. 孟子曰：「君子之所以教者五：有如時雨㊷化之者，有成德者，有達財㊸者，有問答者，有私淑艾㊹者。此五者，君子之所以教也。」〈〈盡心上〉〉

　　㊷時雨：及時雨。　㊸財：同「材」。　㊹私淑艾：私，私自。淑，善。艾，
　　音一ˋ，治。沒有及門受業，但私下學得善道，來自我修養。

25. 孟子自范㊺之㊻齊，望見齊王之子，喟然嘆曰：「居移氣㊼，養移體，大哉居乎！夫㊽非盡人之子與？」孟子曰：「王子宮室、車馬、衣服多與人同，而王子若彼者，其居使之然也。況居天下之廣居者乎？魯君之宋，呼於垤澤㊾之門。守者曰：『此非吾君也，何其聲之似我君也？』此無他，居相似也。」〈〈盡心上〉〉

　　㊺范：齊國邑名。　㊻之：到達。　㊼居移氣：居，所處的地位環境。移，
　　改變。氣，氣度。　㊽夫：他，代名詞。　㊾垤澤：宋國城門名。垤，音ㄉㄧㄝˊ。

26. 孟子曰：「富歲⑩，子弟多賴⑪；凶歲⑫，子弟多暴。非天之降才爾⑬殊也，其所以陷溺其心者然也。今夫麰麥⑭播種而耰⑮之，其地同，樹之時又同；浡然⑯而生，至於日至⑰之時，皆熟矣。雖有不同，則地有肥磽，雨露之養，人事之不齊也。」(〈告子上〉)

　　⑩富歲：豐年。　⑪賴：懈怠依賴。　⑫凶歲：荒年。　⑬爾：如此。　⑭麰麥：大麥。麰，音ㄇㄡˊ。　⑮耰：音ㄧㄡ，覆土於種子上。　⑯浡然：蓬勃的樣子。　⑰日至：夏至。

27. 孟子謂戴不勝⑱曰：「子欲子之王之善與？我明告子：有楚大夫於此，欲其子之齊語也，則使齊人傅⑲諸？使楚人傅諸？」曰：「使齊人傅之。」曰：「一齊人傅之，眾楚人咻⑳之，雖日撻㉑而求其齊也，不可得矣。引而置之莊嶽㉒之間數年，雖日撻而求其楚，亦不可得矣。子謂薛居州㉓，善士也，使之居於王所。在於王所者，長幼卑尊皆薛居州也，王誰與為不善？在王所者，長幼卑尊皆非薛居州也，王誰與為善？一薛居州，獨如宋王何？」(〈滕文公下〉)

　　⑱戴不勝：宋國臣子。　⑲傅：教。　⑳咻：喧擾。　㉑撻：音ㄊㄚˋ，打。　㉒莊嶽：齊國街里名。　㉓薛居州：宋國臣子。

28. 孟子曰：「君子有三樂，而王天下不與存㉔焉。父母俱存，兄弟無故㉕，一樂也。仰不愧於天，俯不怍㉖於人，二樂也。得天下英才而教育之，三樂也。君子有三樂，而王天下不與存焉。」(〈盡心上〉)

　　㉔與存：在其中。與，音ㄩˋ。　㉕無故：無他故，指無嫌隙之事而能相親愛。　㉖怍：愧。

29. 孟子曰：「人之易㉗其言也，無責耳矣。」(〈離婁上〉)

　　㉗易：輕易。

30. 孟子曰：「人之患，在好為人師。」(〈離婁上〉)

31. 孟子曰：「中也養不中，才也養不才，故人樂有賢父兄也。如中也棄不中，才也棄不才，則賢不肖之相去，其間不能以寸。」(〈離婁下〉)

32. 公孫丑曰：「君子之不教子，何也？」孟子曰：「勢不行也。教者必以正；以正不行，繼之以怒；繼之以怒，則反夷㉘矣。『夫子教我以正；夫子未出於正也。』則是父子相夷也。父子相夷則惡矣。古者易子而教之。父子之間不責善；責善則離，離則不祥莫大焉。」(〈離婁上〉)

　　　　⑱夷：傷。

33.「責善而不相遇⑲也。責善，朋友之道也。父子責善，賊恩之大者。」（〈離
　　婁下〉）

　　　　⑲遇：合。

三、《大學》

1. 大學之道在明明德，在親民，在止於至善。知止而后有定，定而后能靜，
　　靜而后能安，安而后能慮，慮而后能得。（經一章）

2. 自天子以至於庶人，壹是①皆以脩身為本。（經一章）

　　　　①壹是：一切。

3. 是故君子有諸己而后求諸人，無諸己而后非諸人。所藏乎身不恕，而能
　　喻諸人者，未之有也。（傳九章）

4. 宜②其家人，而后可以教國人。《詩》云：「宜兄宜弟。」宜兄宜弟，而后
　　可以教國人。《詩》云：「其儀不忒③，正是四國。」其為父子兄弟足法，
　　而后民法之也。（傳十章）

　　　　②宜：和睦。　　③忒：音ㄊㄜˋ，差錯。

四、《中庸》

1. 天命之謂性，率①性之謂道，修道之謂教。（第一章）

　　　　①率：循。

2. 自②誠明，謂之性；自明誠，謂之教。誠則明矣，明則誠矣。（第二十一
　　章）

　　　　②自：由。

3. 或生而知之，或學而知之，或困而知之，及其知之一也；或安而行之，
　　或利而行之，或勉強而行之，及其成功一也。（第二十章）

參、解讀

一、先秦教育概述

　　人類有了社會性的群體生活，便有了傳授生活經驗的需要，而這樣的需要促成了教育的活動。

　　依據考古的研究所知，四、五十萬年前的「北京人」，已經是結合幾十人一起生活的原始群體。他們在長期艱苦生活中，逐漸改造自然的生活，開始了我國遠古的文化和教育。

　　大約在四萬年前「山頂洞人」時期，形成了氏族社會。生產工具的改進，裝飾品的製造，社會的分工，記事符號的使用，以及原始宗教和藝術的活動，都需要經驗的傳承和發展，教育在社會中扮演愈來愈重要的角色。而教育與經濟、政治、宗教、藝術活動的關係非常密切，可謂教育即生活，生活即教育。

　　階級分化後，貴族階級脫離生產工作，有能力辦教育，其子弟也有閒暇接受較多的教育。文字的產生，文化知識積累日益豐富，而國家也需要專門人員與機構來培養政治人才，於是有了專門負責教育的官員，而公立的學校也應運而生。

　　我國最早關於教育的記載，見之於《尚書・堯典》，其中曾述及帝舜指示契、伯夷、夔分別主持有關人倫和禮、樂的教育工作：

> 帝曰：「契！百姓不親，五品不遜，汝作司徒，敬敷五教，在寬。」……
> 帝曰：「咨，四岳！有能典朕三禮？」僉曰：「伯夷。」帝曰：「俞咨！伯，
> 汝作秩宗，夙夜惟寅，直哉惟清。」……帝曰：「夔！命汝典樂，教冑
> 子。直而溫，寬而栗，剛而無虐，簡而無傲。詩言志，歌永言，聲依
> 永，律和聲。八音克諧，無相奪倫，神人以和。」

　　這裡的司徒、秩宗、樂，都是最早的教育官職。司徒負責「五教」的宣導，所謂「五教」應指五倫之教，屬道德教育，所以《孟子・滕文公上》說：

「使契為司徒，教以人倫：父子有親，君臣有義，夫婦有別，長幼有序，朋友有信。」秩宗負責「三禮」，「三禮」指祭祀天神、地祇、人鬼之禮，屬宗教教育。樂官負責教詩、歌、音樂，以陶冶品格，屬音樂或藝術教育。

　　由《禮記‧王制》的記載，最早學校制度是虞舜時的上庠、下庠，大約相當於大學、小學的區分。如根據卜辭的記載，可推證商代已有學校❶。西周的學校分國學和鄉學，國學以教育貴族子弟為主。國學又分小學和大學二階段，設在王都及諸侯都城。地方各級組織所設的，稱為鄉學。學生八歲入小學；十五歲入大學。《孟子‧滕文公上》說：「夏曰校，殷曰序，周曰庠，學則三代共之，皆所以明人倫也。」由此可知，三代的教育都重視人倫的教育。當時的學校的主要功能，是養老、習射和學禮、樂。

　　依據《周禮》，周代的教育內容以「六藝」為主，即禮、樂、射、御、書、數，可見當時教育課程文武並重，相當均衡齊備。到了春秋時代，《詩》、《書》、禮、樂更成為各國公卿大夫通修的課程，由《左傳》記當時君臣或貴族間應對酬答，多賦《詩》、引《書》，暢論禮、樂，可以得證。這裡的「書」指《尚書》，與上述「六藝」之「書」指「六書」不同。

　　周室東遷之後，王權低落，封建解體，社會結構及經濟活動都產生急遽的變化。鐵製生產工具和牛耕的普及，生產力提高，私有財產萌芽，手工業發達，商業興起，都市形成，都促成了這樣的變化。貴族沒落，庶民形成了新的「士」階層。而對「天」的信仰之動搖，也導致「重民」思想代興。於是以貴族為主體的官學逐漸衰微，私學代之而起。孔子便是在這樣的時代中，發展他的平民教育而卓然有成，影響極為深遠。

二、孔子的教育理念與方法

　　孔子是我國第一位以從事私人講學而聞名的教育家，他適應了當時社會轉型、士階層興起的需要，提倡「有教無類」（〈衛靈公〉）。他認為「性相近也，習相遠也」（〈陽貨〉），因而強調教育的重要。他一生熱心教育，弟子多達三千人，身通六藝的也有七十幾人。他的教育思想對後代的影響隨處可見。

---

❶　甲骨文中出現「教」、「學」、「師」字多次。如有一片卜辭說：「丁酉卜，其呼以多方小子、小臣其教戒。」可見殷的鄰國多遣子弟到殷入學受教。請參毛禮銳等著《中國教育史》，18～19頁。

如果我們說中國的教育是以孔子的儒家為中心的教育，並不為過。

(一) 教育理想與目標

孔子的教育理想與目標，在成就完美的人格。所謂完美的人格，在孔子來說就是「仁人」「君子」或「聖人」。什麼是「仁」呢？孔子對子貢說：「夫仁者，己欲立而立人，己欲達而達人。」(〈雍也〉) 什麼是「君子」呢？孔子回答子路說：「脩己以敬」、「脩己以安人」、「脩己以安百姓」(〈憲問〉)。而「脩己以安百姓」已進入聖人的層次。總括來說，孔子的教育理想與目標，在成就完美人格以幫助別人。

完美的人格，即是「成人」。孔子的教育理想與目標，即在幫助人「成人」。而「成人」的具體條件是什麼呢？孔子回答子路說：「若臧武仲之知，公綽之不欲，卞莊子之勇，冉求之藝，文之以禮樂，亦可以為成人矣。」(〈憲問〉) 朱子《集註》引程子曰：「公綽，仁也。」因此，孔子「成人」教育的具體內涵是：知、仁、勇、藝與禮樂之文。在周代的教育中，「藝」指禮、樂、射、御、書、數六藝，則「藝」即已包含了禮樂。而知、仁、勇三德，其實又可以一「仁」總括之。所以孔子教育目標的具體內涵，又可約歸為仁與藝。因此，孔子說：「志於道，據於德，依於仁，游於藝。」(〈述而〉)

(二) 教育精神

1. 重視教育

在人民富庶之後，孔子認為就應接受教育，所謂「庶矣」、「富之」、「教之」(〈子路〉)。所以教育是國家的大政，孔子非常重視。季康子問孔子：「使民敬忠以勸，如之何？」孔子說：「臨之以莊則敬；孝慈則忠；舉善而教不能則勸。」(〈為政〉) 子游也曾引孔子說：「君子學道則愛人；小人學道則易使也。」(〈陽貨〉) 所以，僅就政治的立場來說，教育也有很大的功用。

孔子說：「性相近也，習相遠也。」(〈陽貨〉) 因為「性相近」，所以大多數人都有可以受教育的先天能力；因為「習相遠」，所以後天的教育對大多數人都有用。不過孔子也承認教育並非萬能，教育對極少數的人也許沒有用，所以說：「唯上知與下愚不移。」(〈陽貨〉) 但能力不足的下愚之人，孔子自己也沒見過，他說：「⋯⋯有能一日用其力於仁矣乎？我未見力不足者。蓋有之

矣，我未之見也。」（〈里仁〉）

孔子非常重視學習，他以「學而不厭」作為自己人格的特徵或人生的寫照。他說：「十室之邑，必有忠信如丘者焉，不如丘之好學也。」（〈公冶長〉）又說：「好仁不好學，其蔽也愚；好知不好學，其蔽也蕩；好信不好學，其蔽也賊；好直不好學，其蔽也絞；好勇不好學，其蔽也亂；好剛不好學，其蔽也狂。」（〈陽貨〉）從這段話可以看出，孔子是如何肯定教育的功用了。

2.有教無類

「有教無類」（〈衛靈公〉）是孔子的名言。孔子教育的對象，是沒有任何資格限制的，只要肯自我修養的，都可以做他的學生，得到他的教誨，所以他說：「自行束脩以上，吾未嘗無誨焉！」（〈述而〉）

孔子教育學生，不論學生家世的貴賤，如仲弓的父親地位卑賤而且品行不善，孔子不因為仲弓出身卑微而看輕他，仍然盡心教導。仲弓名列孔門十大弟子，常得孔子的讚美，孔子說：「犁牛之子，騂且角；雖欲勿用，山川其舍諸？」（〈雍也〉）

互鄉的人難以教化，有一位互鄉的孩子求見，孔子也予以接見，門人感到十分不解，孔子便說：「與其進也，不與其退也。唯何甚！人潔己以進，與其潔也，不保其往也。」（〈述而〉）孔子也不拒絕接見「空空如也」（〈子罕〉）的鄙夫，並且盡力地教他。

孔子教育學生，也不論學生資質的缺陷，孔子對學生的資質非常清楚，如孔子說：「柴也愚，參也魯，師也辟，由也喭。」（〈先進〉）孔子對這些資質不齊的學生，都予以裁成。也因為孔子有教無類，孔門弟子品類駁雜，有一次南郭惠子問子貢說：「夫子之門，何其雜也？」子貢說：「君子正身以俟，欲來者不距（同『拒』），欲去者不止。且夫，良醫之門多病人，檃栝之側多枉木，是以雜也。」（《荀子‧法行》）

3.誨人不倦

孔子對學生有無限的愛心，使他具有「誨人不倦」的敬業精神（忠）。他說：「愛之能勿勞乎？忠焉能勿誨乎？」（〈雍也〉）孔子的教育，既是無人不可以受教，也是無時無地不可以施教，他運用各種教育的機會和方法，熱心且嚴正地教學，從不感到厭倦。

孔子在教學上，不僅教不倦，且傾囊相授，毫無保留和隱藏。孔子說：

「二三子以我為隱乎？吾無隱乎爾。吾無行而不與二三子者，是丘也。」（〈述而〉）也因為有教無類與誨人不倦，孔子培養了許多傑出的學生。

（三）教學內容

孔子的教育，並沒有明確劃分的學科，他教導的是一種博雅、通識的人文教育。《論語》：「子所雅言：《詩》、《書》、執禮，皆雅言也。」（〈述而〉）由此可知，孔子經常講授的是《詩》、《書》和禮。《詩》包含了樂，所以孔門的基本課程應是以《詩》、《書》、禮、樂為主，這和上文提及春秋時代各國公卿大夫的通修課程是一致的。所以《史記・孔子世家》說：「孔子以《詩》、《書》、禮、樂教弟子，蓋三千焉。身通六藝者，七十有二人。」又說：「自天子王侯，中國言六藝者，折中於夫子。」這裡所說的「六藝」，學者多認為係指「六經」。孔子晚年喜讀《易經》，又作《春秋》，《史記・孔子世家》並說：「弟子受《春秋》。」則孔子可能在晚年以「六經」作教材。

在《詩》、《書》、禮、樂之中，孔子似乎比較強調《詩》、禮、樂，他說：「興於《詩》，立於禮，成於樂。」（〈泰伯〉）尤其是《詩》與禮，他說：「不學《詩》，無以言。」「不學禮，無以立。」（〈季氏〉）他不僅要學生學《詩》與禮，也督促自己的兒子伯魚學。

《論語》說：「子以四教：文、行、忠、信。」（〈述而〉）「文」是指人文，包括上述的《詩》、《書》、禮、樂或六藝；行指人文的基礎——道德實踐；忠、信指道德實踐的基礎——忠信的人格品質。

孔子將隨從於陳蔡的弟子分為德行、言語、政事、文學四類，這也就是後人所謂的孔門四科。依此來說，孔子的教育課程應包含這四個領域。「德行」是指忠信的品格與實踐；「言語」以信為原則；「政事」以忠為首要；「文學」包含詩書禮樂或六藝之文。所以四科可視為「文、行、忠、信」四教在教學上的具體化。

孔子的教育目標是在教修己以安人之道，對科學和專業的知識與技能，比較少涉及。因此，在課程中也未安排這方面的內容。所以，當樊遲請學稼、學為圃時，孔子答說：「吾不如老農」、「吾不如老圃」（〈子路〉）。

錢穆先生說：「孔子所教，人人可學，而孔子所學，也人人可教。」❷這

---

❷　見錢穆《孔子與論語》，102 頁。

指出了孔子教育的內容，是極為平實而切近日常生活的。這種特色顯示在課程內容上，即是客觀的態度和實踐的精神。孔子主張「下學而上達」，傳授「文章」而不高談「性與天道」。關於這一點，在下文談「客觀原則」「知行合一原則」時，有更進一步的說明。

（四）教學原則

孔子不但熱心教育，他也掌握了許多正確的教學原則，並且善於運用各種有效的教學方法與技巧。顏回稱讚孔子「循循然善誘人」使他「欲罷不能」（〈子罕〉），應非虛言。以下我們先介紹孔子的教學原則。

1.身教和潛移默化原則

孔子的教育，首重人格感化，也就是在日常生活中，以身教達到潛移默化的效果。孔子的待人接物、出處進退，都是學生的表率。孔子說：「吾無行而不與二三子者，是丘也。」（〈述而〉）孔子正是以「行」來示教，不徒託空言。有一次孔子直接宣示：「予欲無言。」子貢問說：「子如不言，則小子何述焉？」孔子說：「天何言哉？四時行焉，百物生焉，天何言哉？」（〈陽貨〉）由此可見，孔子的教育有在言教之外者。孔子說：「其身正，不令而行，其身不正，雖令不從。」（〈子路〉）這顯示了身教的力量之偉大。孔子正是以其崇高的人格，使學生欣然向學，欲罷不能。我們由顏回、子貢對孔子的讚嘆與欽仰，可以看出孔子教育的感人之深。

孔子日常生活的言行舉止，在《論語》中頗多記載，尤其〈鄉黨〉一篇記述極為親切。孔子的待人接物，處處都值得我們師法。如《論語》曾記載他如何對待瞎眼的樂師：

> 師冕見，及階，子曰：「階也。」及席，子曰：「席也。」皆坐，子告之曰：「某在斯，某在斯。」師冕出。子張問曰：「與師言之道與？」子曰：「然。固相師之道也。」（〈衛靈公〉）

孔子在生活中最為特殊的，即是他「好學不厭」的精神。他正是以自己的「好學」來現身說法，在潛移默化中使學生也能好學。錢穆先生說得好：「孔子即把他自己的全部人生來作教，孔子也即以他的好學作為他全部的人

生。」❸

　　《論語》首章說：「學而時習之，不亦說乎？有朋自遠方來，不亦樂乎？人不知而不慍，不亦君子乎？」這是孔子勉勵學生好學的話，其實也是他自己的現身說法。「學而時習之，不亦說乎」是學不厭；「人不知而不慍，不亦君子乎」依邢昺《疏》：「君子易事不求備於一人，故為教誨之道，若有人鈍根不能知解者，君子恕之而不慍怒也。」則「人不知而不慍」是教不倦了。

　　2. **自動原則**

　　「自動原則」即教師引導學生自己去做、去經驗、去看、去想，即杜威所謂「從做中學」(Learning by doing)。孔子說：「不憤不啟，不悱不發；舉一隅，不以三隅反，則不復也。」(〈述而〉) 這就是希望學生能有自動學習的態度。〈學記〉說：「君子之教喻也。道而弗牽，強而弗抑，開而弗達。道而弗牽則和，強而弗抑則易，開而弗達則思。和易以思，可謂善喻矣。」這便是主張自動原則，而為啟發教學法的最好說明。

　　自動態度之建立，取決於「立志」。如果不是立志為學，在學習態度上必然是被動的。孔子好學是因為他立志為學，他自述「十有五而志於學」(〈為政〉)，他自己對「道」便是懷著堅定的志願，所謂「朝聞道，則夕死可矣！」(〈里仁〉) 他鼓勵學生立志，他說：「三軍可奪帥也，匹夫不可奪志也。」(〈子罕〉)「苟志於仁矣，無惡也。」(〈里仁〉)「士志於道，而恥惡衣惡食者，未足與議也。」(〈里仁〉)《論語》記錄了兩次孔子與弟子「各言其志」之事。而他的學生子夏也強調「篤志」，他說：「博學而篤志，切問而近思，仁在其中矣。」(〈子張〉)

　　在下文提及的啟發教學法、自學輔導法、發表教學法都是自動原則的一種應用。

　　3. **知行合一原則**

　　孔子認為教育的目標不在教學生巧言善辯，而在躬行實踐，知過必改，見善則遷。「行」是孔子四教之一，可見其重要性。《論語》全書的第一句話就是「學而時習之」。「學」是求知；「時習」則是力行。《中庸》引孔子說：「好學近乎知；力行近乎仁；知恥近乎勇。」都是強調知行合一的重要。孔子說：「君子義以為質，禮以行之，孫以出之，信以成之，君子哉！」(〈衛靈公〉)

---

❸　同❷，99頁。

這裡所列君子的條件：義、禮、孫、信，無一不與「行」有關。「行」而有成，關鍵在「信」，「信」是真實而有恆地努力，也就是「力行」。

孔子四教「文、行、忠、信」，雖以「文」居首，但這是就教學的次第說，如就人格教育目標的優先次序說，「行」無疑比「文」居先。所以孔子說：「行有餘力，則以學文。」（〈學而〉）孔子對「行」非常看重，自我要求也更高，他說：「文莫，吾猶人也。躬行君子，則吾未之有得。」（〈述而〉）

孔子重視「行」，表現在他的教學中。他勸學生學「詩」，但更強調必須將其用在行事之中，他說：「誦《詩》三百，授之以政，不達；使於四方，不能專對；雖多，亦奚以為？」（〈子路〉）孔子鼓勵學生博學多聞，但更重視學生的改過向善，他說：「法語之言，能無從乎？改之為貴。巽與之言，能無說乎？繹之為貴。說而不繹，從而不改，吾末如之何也已矣！」（〈子罕〉）

好學、力行、勇於改過，是知行合一的具體表現。在弟子中最能即知即行的，要數最好學，能「不貳過」又「三月不違仁」的顏回，孔子稱讚他說：「吾與回言終日，不違如愚。退而省其私，亦足以發，回也不愚。」（〈為政〉）其次是子路，所謂：「子路有聞，未之能行，唯恐又聞。」（〈公冶長〉）孔子最疼愛這兩個學生，不是沒有道理的。

「知」是以「言」來表示的，所以「知行合一」的具體落實，即是「言行一致」。孔子的教育，非常重視言行一致，《論語》中一再地強調，本書另有一單元論及此義，在這裡就不再重複了。

4.先博後約原則

與「知行合一」相關的，就是孔子由博而約的主張。孔子說：「君子博學於文，約之以禮，亦可以弗畔矣夫。」（〈雍也〉）顏回讚嘆孔子的教學，也說：「夫子循循然善誘人，博我以文，約我以禮。」（〈子罕〉）「博文」是「知」；「約禮」是「行」。就教學次第說，「知」在「行」之先。「知」務求「博」；「行」則須「約」。達巷黨人稱讚孔子「博學而無所成名。」（〈子罕〉）孔子自己也說：「蓋有不知而作之者，我無是也。多聞，擇其善者而從之；多見，而識之，知之次也。」（〈述而〉）孔子也要學生「多聞」「多見」，「多識於鳥獸草木之名」（〈陽貨〉），並以「友多聞」為「益者三友」（〈季氏〉）之一。

但「博學」之後，應「一以貫之」以求實踐。孔子頗擔心學生只貪多務博，不能貫通實踐。有一次孔子就問子貢：「賜也，女以予為多學而識之者與？」

子貢說：「然，非與?」孔子說：「非也。予一以貫之。」(〈衛靈公〉) 所謂「一以貫之」，曾子說是「忠恕」(〈里仁〉)，可見是屬於「行」的層次。

孔門弟子中，比較強調博學的是子夏，他曾說：「博學而篤志，切問而近思，仁在其中矣。」而以「好學」是：「日知其所亡，月無忘其所能。」(〈子張〉) 但孔子怕他只求博學，也曾警惕他：「女為君子儒，無為小人儒。」(〈雍也〉)

5. 心理適應原則

「心理適應原則」是指教學須適應學生的心理特性，而得到最好的效果。〈學記〉所謂「當其可之謂時」、「時過然後學，則勤苦而難成」，便是重視教學應配合學生身心發展的時機，否則教學效果必不彰。

孔子雖然沒有現代心理學的素養，但他已經注意到學生的心理因素和教育之間的關係。如他歸納出四種學習型態的學生：生而知之者、學而知之者、困而學之者、困而不學者。他也注意到在不同的人生階段，會表現出不同的心理特徵，而各有對治之方，如：「少之時，血氣未定，戒之在色；及其壯也，血氣方剛，戒之在鬥；及其老也，血氣既衰，戒之在得。」(〈季氏〉) 孔子勸人為學要趁年少，他說：「後生可畏。焉知來者之不如今也。四十、五十而無聞焉，斯亦不足畏也已。」(〈子罕〉)

孔子有一套觀察人格心理的方法，他說：「視其所以，觀其所由，察其所安，人焉廋哉? 人焉廋哉?」(〈為政〉) 又說：「聽其言而觀其行。」(〈季氏〉) 後來孟子也精於觀人之術，他說：「存乎人者，莫良於眸子，眸子不能掩其惡。胸中正，則眸子瞭焉；胸中不正，則眸子眊焉。聽其言也，觀其眸子，人焉廋哉?」(〈離婁上〉)

孔子甚至由人所犯過失的類型，可以判斷其道德人格的特徵，他說：「人之過也，各於其黨，觀過，斯知仁矣。」(〈里仁〉) 他還常常藉著和學生談話的方法，來了解學生的志趣或性向。

《論語》中記載許多孔子對學生人格心理的評鑑，如：申棖多慾，未能剛；子羔愚直；曾子魯鈍；閔子騫和悅中正；顏回安貧樂道；子貢有才幹、通達事理，卻不受命；子張重視外表，虛誇不實，缺失在「過」；子夏小心謹守，規模狹隘，缺失在「不及」；冉求多才藝，但柔弱畏縮，缺失在「退」；子路剛強、果敢而粗俗，缺失在「兼人」。

6. 個別適應原則

由於孔子對學生人格心理的觀察入微，他才能適應學生的天資、性向、興趣、年齡和需要，予以因材施教，有所裁成。冉求個性退縮不前，孔子鼓勵他進取；子路個性剛強好勝，孔子勸誡他退讓，這是個別適應的例子，請見下文：

> 子路問：「聞斯行諸？」子曰：「有父兄在，如之何其聞斯行之？」冉有問：「聞斯行諸？」子曰：「聞斯行之！」公西華曰：「由也問：『聞斯行諸？』子曰：『有父兄在。』求也問：『聞斯行諸？』子曰：『聞斯行之！』赤也惑，敢問？」子曰：「求也退，故進之；由也兼人，故退之。」（〈先進〉）

　　不同的學生雖然問同樣的問題，孔子能因學生的個別資質，給予不同的回應。即使同一位學生，在不同的時間問同樣的問題，孔子也會因學生發問的情況，給予不同的回答。如不同的弟子問孝、問仁、問政、問士、問君子，孔子回答都不同。而樊遲問仁三次，孔子的回答更是先後互異：

> 樊遲問仁。子曰：「愛人。」問知。子曰：「知人。」樊遲未達。子曰：「舉直錯諸枉，能使枉者直。」樊遲退。見子夏曰：「鄉也，吾見於夫子而問知。子曰：『舉直錯諸枉，能使枉者直。』何謂也？」子夏曰：「……」（〈顏淵〉）

> 樊遲……問仁。曰：「仁者先難而後獲，可謂仁矣。」（〈雍也〉）❹

> 樊遲問仁。子曰：「居處恭，執事敬，與人忠，雖之夷狄，不可棄也。」（〈子路〉）

　　孔子說：「中人以上，可以語上也；中人以下，不可以語上也。」（〈雍也〉）又說：「可與言，而不與之言，失人；不可與言，而與之言，失言。知者不失

---

❹　樊遲另外有一次問「崇德」，孔子的回答與此章近似，子曰：「善哉問，先事後得，非崇德與？」（〈雍也〉）

人，亦不失言。」(〈衛靈公〉)該對哪些人在哪些情況下說怎樣的話，孔子是很謹慎的，他的這種待人處世之道，似乎也用在教學上了。孔子對學生有時甚至以不教教之。如：「孺悲欲見孔子，孔子辭以疾。將命者出戶，取瑟而歌，使之聞之。」(〈陽貨〉)後來孟子也說：「教亦多術矣。予不屑之教誨也者，是亦教誨之而已矣。」(〈告子下〉)孟子自己有時也故意不回答問題，如：「公都子曰：『滕更之在門也，若在所禮，而不答，何也?』孟子曰：『挾貴而問，挾賢而問，挾長而問，挾有勳勞而問，挾故而問，皆所不答也。滕更有二焉。』」(〈盡心上〉)所謂「不教教之」只是暫時不教，並非永遠不教，所以〈學記〉也說：「力不能問，然後語之；語之而不知，雖舍之可也。」

因孔子能個別適應，因材施教，所以他的學生隨著才性的不同，成就也是多方面的，因此孔門有所謂四科：「德行：顏淵、閔子騫、冉伯牛、仲弓；言語：宰我、子貢；政事：冉有、季路；文學：子游、子夏。」(〈先進〉)

7.機會教學原則

孔子在因材施教時，也會配合適當的時機作機會教學。有一次，魯大夫孟懿子問孝，孔子說：「無違。」後來樊遲為孔子駕車，孔子就提起這事說：「孟孫問孝於我，我對曰：『無違。』」果然樊遲不懂什麼叫「無違」，問說：「何謂也?」孔子說：「生事之以禮，死葬之以禮，祭之以禮。」(〈為政〉)這是孔子知道樊遲不了解孝，主動利用機會教他。又有一次，孔子對顏回說：「用之則行，舍之則藏，惟我與爾有是夫。」子路見孔子稱讚顏回，似乎不太服氣，就問孔子：「子行三軍則誰與?」孔子乃針對子路毛躁自專的個性說：「暴虎馮河，死而無悔者，吾不與也。必也臨事而懼，好謀而成者也。」(〈述而〉)

另外有一次，因為有小孩子唱道：「滄浪之水清兮，可以濯我纓；滄浪之水濁兮，可以濯我足。」孔子利用這機會教學生們說：「小子聽之：清斯濯纓，濁斯濯足矣，自取之也。」(《孟子‧離婁上》)

8.學思並重原則

學習已有的知識、技能、道德規範等，固然重要；但還要對所學的事物，認真思考，這樣才能真正了解、融貫、消化、活用所學，並發展出新的知識、技能、道德規範，以適應時代的需要。所以孔子認為「學」「思」同樣重要，所謂：「學而不思則罔，思而不學則殆。」(〈為政〉)而且「溫故而知新，可以

為師矣。」（〈為政〉）

孔子主張「多聞闕疑」、「多見闕殆」（〈為政〉）就是一方面重視多聞多見的學習，一方面重視存疑的思考態度。孔子說：「君子有九思：視思明，聽思聰，色思溫，貌思恭，言思忠，事思敬，疑思問，忿思難，見得思義。」（〈季氏〉）這「九思」便是在為學與做人上，強調「思」的重要，可見學與思不能偏廢。

孔子自己曾經只思不學，他發現這樣做毫無益處，他說：「吾嘗終日不食，終夜不寢，以思；無益，不如學也。」（〈衛靈公〉）他也注意到太多的思慮，對行為實踐可能產生的害處，因此對季文子的「三思而後行」提出「再，斯可矣！」（〈公冶長〉）的糾正。當然，對那些不肯用心思考的人，孔子也提出告誡說：「不曰如之何、如之何者，吾末如之何也已矣。」（〈衛靈公〉）

9.客觀原則

孔子的為人有四種態度：毋意、毋必、毋固、毋我（〈子罕〉）。這也可以視作孔子教學的基本原則──客觀原則。孔子反對「道聽而塗說」（〈陽貨〉），主張「知之為知之，不知為不知，是知也。」（〈為政〉）他告訴子張要「多聞闕疑，慎言其餘」「多見闕殆，慎行其餘」（〈為政〉）。他自己「入太廟，每事問」（〈八佾〉），「焉不學，亦何常師之有」（〈子張〉），正是客觀原則的一種實踐。

也因為孔子的客觀態度，他對「怪、力、亂、神」絕口不談（〈述而〉）。他說：「務民之義，敬鬼神而遠之，可謂知矣。」（〈雍也〉）「祭神如神在。」（〈八佾〉）他拒絕和子路談「事鬼神」與「死」的問題（〈先進〉）。他也很少談「命」（〈子罕〉）與「天道」（〈公冶長〉），他也不向神祈禱（〈述而〉）。這些都與他「知之為知之，不知為不知」的客觀精神是一致的。

孔子自己在為學與做人上，都採取謙虛和篤實的態度，並以此來勉勵學生，他告誡學生說：「亡而為有，虛而為盈，約而為泰，難乎有恆矣。」（〈述而〉）這些都顯示孔子重視客觀的精神。

10.興趣原則

有趣的教學，可使學生全神貫注，專心致志以達成目的。興趣可集中注意，並激勵努力。有興趣就越努力，越努力就越有興趣。興趣和努力，是互為因果的。如果不肯努力，那麼興趣也維持不了多久。學生能立定志向且持

之以恆，必能對所學產生長久的興趣。

孔子很重視學習所帶來的樂趣，《論語》的第一章就指出：「學而時習之，不亦說乎！有朋自遠方來，不亦樂乎！」他自己是「發憤忘食，樂以忘憂，不知老之將至」（〈述而〉）。正是因為學習的樂趣，才使他「學而不厭」（〈述而〉）。他也讚揚好學的顏回「人不堪其憂，回也不改其樂」（〈雍也〉）。他認為學習到達「樂」才是最高境界，他說：「知之者不如好之者；好之者不如樂之者。」（〈雍也〉）孔子的學生像顏回這樣「好學」、「樂學」的不多，但孔子總是儘量勉勵學生「好學」。「好」已表示有興趣為學了。

11. **類化原則**

「類化」是使所學的新事物，能與學生舊的經驗或知識相銜接，使得學習容易而且有效。這樣產生的學習效果，又叫「學習遷移」。能善用類化原理來教育學生，可謂「循循善誘」了。而孔子正是這樣的老師。孔子主張「溫故而知新」（〈為政〉），就是希望學生能透過重溫舊事物，從而有利於新事物的發現與學習。子夏所謂「切問而近思」（〈子張〉），「近思」是指由自己切身的經驗，去進行思考與學習。這就是把「類化原則」運用在學習過程中。

下文提及的教學技巧「比喻」，在比喻中結合了新舊的事物與經驗，使學生對所學容易了解，即是類化原則的一種應用。

12. **循序漸進原則**

類化原則有助於依學生的程度循序漸進地教學，所以也符合「循序漸進原則」。循序漸進除了為配合學生的舊經驗、舊知識外，也因應學生的心理、能力和人格的發展，在不同的時機，施予由淺入深、由易入難的教育。所以循序漸進原則和心理適應原則、個別適應原則、先博後約原則有密切的關係，必須配合起來運用。〈學記〉說：「不陵節而施之謂孫。」「雜施而不孫，則壞亂而不修。」即是主張循序漸進原則。

孔子也曾自述為學循序漸進的次序說：「吾十有五而志於學，三十而立，四十而不惑，五十而知天命，六十而耳順，七十而從心所欲，不踰矩。」（〈為政〉）

13. **同時學習原則**

「同時學習原則」是指在一種學習活動中，可以同時學到許多不同的事物，如知識、技能、態度、理想、觀念、興趣、情感等。如孔子說：「小子！

何莫學夫《詩》?《詩》可以興，可以觀，可以群，可以怨；邇之事父，遠之事君；多識於鳥、獸、草、木之名。」(〈陽貨〉) 這就是說，學詩可以同時學到許多事物，達到各種不同的教育成果。

14.環境原則

「環境原則」是重視環境對教學的正負影響，使教學能在適當的情境中進行，以達到教學的最好效果。孔子說：「性相近也，習相遠也。」(〈陽貨〉) 他認為人的天性是相近的，而後天的環境（習）才使人有很大的差別。可見孔子非常重視環境的影響。所以他說：「里仁為美，擇不處仁，焉得知?」(〈里仁〉) ❺孔子的教學是在日常生活中，因材施教，隨機指導，是生活化的教學。他不僅重視教學環境，並且能善加利用，獲得很好的教學效果。在教學中，他很重視同學、朋友切磋之益，而有「益者三友，損者三友」之說：「益者三友，損者三友：友直，友諒，友多聞，益矣；友便辟，友善柔，友便佞，損矣。」(〈季氏〉) 孔子很重視擇善友。如子路問「士」，孔子回答：「朋友切切、偲偲，兄弟怡怡。」(〈子路〉) 子貢問「為仁」，孔子回答：「事其大夫之賢者，友其士之仁者。」(〈衛靈公〉) 孔子認為君子必須「以文會友，以友輔仁。」(〈顏淵〉) 他且以「有朋自遠方來」(〈學而〉) 為人生悅事。孔子以為不僅朋友的優點值得我們學習，即使朋友的缺點也可以作為我們自我反省、改進的借鏡，所以他說：「三人行必有我師，擇其善者而從之，其不善者而改之。」(〈述而〉)〈學記〉說：「相觀而善之謂摩。」「獨學而無友，則孤陋而寡聞。」即是重視師友觀摩切磋之益。

至於交友的原則，孔子也多所提示，本書另有一單元詳論，茲不復贅。

15.社會化原則

與「環境原則」有關，但目的不同的是「社會化原則」，前者指教學時注意環境所造成的影響，以利教學；後者指利用教學活動，陶冶群性，使學生能化為「社會人」，以能自我實現、服務人群。這是教學的社會化。「個別適應原則」使人盡其才；「社會化原則」使材盡其用。孔子主張「以文會友」，也多少含有社會化的作用。儒家思想重視倫理教育，要求己立立人，由修身而齊家、治國、平天下，便是一種社會化的歷程。孔子的教學與學生具體生

---

❺　「里仁」一般解釋為：居住在風俗仁厚的地方。其實也可以解作：生活以「仁」為準則，即「居仁由義」之義。

活、社會禮樂制度密切結合，教育即生活，處處符合社會化原則。孔子雖然擅長因材施教，但也施行團體教學及共同討論。他周遊列國，不少學生同行，師生長期生活在一起，必然也產生很好的社會化效果。

孔子反對「群居終日，言不及義」(〈衛靈公〉)，卻非常鼓勵一種求同存異的、合理的社會化，他說：「君子和而不同，小人同而不和。」(〈子路〉)「君子矜而不爭，群而不黨。」(〈衛靈公〉) 他鼓勵學生學《詩》，因為《詩》「可以群」(〈陽貨〉)。在政治上他主張「和無寡」(〈季氏〉)。他的學生有子也說：「禮之用，和為貴。先王之道，斯為美，小大由之。有所不行，知和而和，不以禮節之，亦不可行也。」(〈學而〉) 子貢則讚美孔子如果治理國家，必致「綏之斯來，動之斯和」(〈子張〉) 的政績。

（五）教學方法

1. 啟發教學法

當學生有問題而不能解決時，教師把握學生的學習動機，啟發並誘導他學習、思考，以自行領會問題，尋求解答。孔子說：「不憤不啟，不悱不發；舉一隅，不以三隅反，則不復也。」(〈述而〉) 這種教師單舉一隅，而由學生以三隅反的方法，就是啟發教學法。啟發教學法的目的，是啟發學生的興趣、思想、能力、態度和信念等，以期產生積極的學習。下面舉一個實例來看：

> 子夏問曰：「『巧笑倩兮，美目盼兮，素以為絢兮。』何謂也？」子曰：「繪事後素。」曰：「禮後乎！」子曰：「起予者商也，始可與言《詩》已矣！」(〈八佾〉)

在這個例子中，子夏問詩句之義，孔子只簡單地提示詩句的基本含意：「繪事後素」，以啟發學生自己思考。果然子夏得此啟發，引出了「禮後」的見解。

其次，教師在學生現有的學習基礎上，更提高一層啟發他；或由一種學習，使學生觸類旁通，獲得更多的學習，也都可視為啟發教學法。如：

> 子貢問曰：「貧而無諂，富而無驕，何如？」子曰：「可也。未若貧而樂，

富而好禮者也。」子貢曰:「《詩》云:『如切如磋,如琢如磨。』其斯之謂與?」子曰:「賜也,始可與言《詩》已矣! 告諸往而知來者。」(〈學而〉)

在這個例子中,子貢提出一種人格修養,孔子則指出更進一層的修養來啟發他。子貢果然有所體會。同時,孔子的回答又啟發子貢對詩句「如切如磋,如琢如磨」的了解。這種「告諸往而知來者」的方式,就是啟發教學法。

2. 自學輔導法

「自學輔導法」是由教師把學習的目標、性質、方法和內容告訴學生,然後鼓勵學生自己自動從事學習活動,教師只是從旁協助而已。這種教學法能適應學生的性向和需要,適應個別差異,與前述「啟發教學法」精神一致,二者實相輔相成。孔子鼓勵自學的話有:

「為仁由己,而由人乎哉!」(〈顏淵〉)

「古之學者為己;今之學者為人。」(〈憲問〉)

「不曰如之何、如之何者,吾末如之何也已矣。」(〈衛靈公〉)

「譬如為山,未成一簣,止,吾止也。譬如平地,雖覆一簣,進,吾往也。」(〈子罕〉)

孔子教自己的兒子伯魚,可能就是用自學輔導法。請看下文:

陳亢問於伯魚曰:「子亦有異聞乎?」對曰:「未也。嘗獨立。鯉趨而過庭。曰:『學《詩》乎?』對曰:『未也。』『不學《詩》,無以言。』鯉退而學《詩》。他日又獨立。鯉趨而過庭。曰:『學禮乎?』對曰:『未也。』『不學禮,無以立。』鯉退而學禮。聞斯二者。」陳亢退而喜曰:「問一得三:聞《詩》、聞禮,又聞君子之遠其子也。」(〈季氏〉)

3. 問答與討論教學法

孔子的教學,最基本的方法就是問答法。《論語》其實是孔子與弟子的問答實錄。孔子能隨發問者的資質、程度和需要,配合當時的情況,作適切的

回答。〈學記〉說：「善待問者，如撞鐘，叩之以小者，則小鳴；叩之以大者，則大鳴。待其從容，然後盡其聲。不善答問者，反此。」孔子可說是善答問的老師，他藉著答問來因材施教。同一問題，不同的學生問，即有不同的回答；即使同一學生問，在不同的情況下，也有不同的回答。

　　當然，如果學生能力不夠時，孔子也會主動地施教（如前引孔子對樊遲說「孝」一事）。這就是〈學記〉所謂「力不能問，然後語之」。不過，原則上孔子對學生總是「不憤不啟，不悱不發」。孔子非常鼓勵學生發問，孔子以「疑思問」（〈季氏〉）為君子「九思」之一。他自己則是「入太廟，每事問」（〈八佾〉）。學生如果問了一個好問題，孔子也會興奮地稱讚說「大哉問」（〈八佾〉）、「善哉問」（〈顏淵〉）。有一次孔子對「文」下了一個界說：「敏而好學，不恥下問，是以謂之文也。」（〈公冶長〉）而在學生中最好學的顏回，他的長處之一就是「以能問於不能，以多問於寡」（〈泰伯〉）。

　　問答教學法的成功，除了教師循循善誘、善待問者之外，也跟學生會不會發問有關。所以《論語》有所謂「切問」，《中庸》則強調「審問」。〈學記〉說：「善問者，如攻堅木，先其易者，後其節目，及其久也，相說以解。不善問者，反此。」孔子的學生在發問時，也頗能掌握先易後難、先略後詳、層層逼進的原則❻。

　　孔子有時也用反問的方式，使學生發現自己思想或行為的錯誤、矛盾、

---

❻　孔門弟子善於發問，如：

　　子路問君子。子曰：「脩己以敬。」曰：「如斯而已乎？」曰：「脩己以安人。」曰：「如斯而已乎？」曰：「脩己以安百姓。脩己以安百姓，堯舜其猶病諸！」（〈憲問〉）

　　子適衛，冉有僕。子曰：「庶矣哉！」冉有曰：「既庶矣，又何加焉？」曰：「富之。」曰：「既富之，又何加焉？」曰：「教之。」（〈子路〉）

　　子貢問政。子曰：「足食，足兵，民信之矣。」子貢曰：「必不得已而去，於斯三者何先？」曰：「去兵。」子貢曰：「必不得已而去，於斯二者何先？」曰：「去食。自古皆有死，民無信不立。」（〈顏淵〉）

　　子貢問曰：「何如斯可謂之士矣？」子曰：「行己有恥，使於四方，不辱君命，可謂士矣。」曰：「敢問其次？」曰：「宗族稱孝焉，鄉黨稱弟焉。」曰：「敢問其次？」曰：「言必信，行必果，硜硜然小人哉，抑亦可以為次矣。」（〈子路〉）

　　子貢問曰：「鄉人皆好之，何如？」曰：「未可也。」「鄉人皆惡之，何如？」曰：「未可也。不如鄉人之善者好之，其不善者惡之。」（〈子路〉）

缺漏，或察覺事實真象、覺悟真理。如子貢方人，孔子就反問：「賜也賢乎哉？夫我則不暇。」（〈憲問〉）又如孔子說：「有鄙夫問於我，空空如也；我叩其兩端而竭焉。」（〈子罕〉）「叩其兩端」就是用反詰的方式，從正反兩端來反問，使發問的學生自己找到問題的正確答案。

在師生多人對一個問題表示意見，反覆問答時，就形成討論的活動，於是「問答教學法」變成了「討論教學法」。這種情形在孔門中屢見不鮮，就不再舉例了。

4.發表教學法

「發表教學法」是教師指導學生，用語言、文字、表演、活動等方法，表現所學的知識、技能、思想和情意等。這種教學法可以幫助學生融會貫通並應用所學，訓練學生表達的能力，增加師生間的互動與彼此的了解，也可以藉此評鑑學生的學習成就，診斷學生學習的缺失，予以糾正或補救。孔子在教學中，常常鼓勵學生發表心得或個人的見解、志願。如《論語‧先進》有一章就很生動地記載孔子要子路、曾皙、冉有、公西華四人發表個人的志向，孔子對他們的發表也都有所回應或評論。

（六）教學技巧

「教學技巧」與「教學方法」不同。「教學方法」是指教師進行教學所採用的主要方式或型式，稱「方法」是沿用一般的通稱。「教學技巧」是在各種型式的「教學方法」中皆可使用的一些基本技巧。

1.比喻

〈學記〉說：「善教者使人繼其志。其言也，約而達，微而臧，罕譬而喻，可謂繼志矣。」「比喻」是將抽象難懂的智慧，藉由具體事物的比擬，使人能很容易且親切地領會，以至印象深刻，長憶不忘。好的教師一定善用比喻，比喻不必多，但必須深入淺出，切中事理。孔子教學時常常使用比喻，在簡單的比喻中，往往蘊含豐富的人生體驗和耐人尋味的哲理。如：

子曰：「為政以德，譬如北辰，居其所，而眾星拱之。」（〈為政〉）
子曰：「歲寒，然後知松柏之後彫也。」（〈子罕〉）
子在川上。曰：「逝者如斯夫，不舍晝夜。」（〈子罕〉）

不但孔子善於比喻，就連他的學生子貢也善於用比喻來問孔子問題。如：

> 子貢曰：「有美玉於斯，韞匵而藏諸？求善賈而沽諸？」子曰：「沽之哉！沽之哉！我待賈者也。」（〈子罕〉）
> 冉有曰：「夫子為衛君乎？」子貢曰：「諾，吾將問之。」入曰：「伯夷、叔齊，何人也？」曰：「古之賢人也。」曰：「怨乎？」曰：「求仁而得仁，又何怨？」出，曰：「夫子不為也。」（〈述而〉）

2. 比較

「比較」是將兩種以上的人或事物放在一起作比較，讓學生分別其中的差異。如孔子常常把君子和小人放在一起比較，其他如比較仁與知、仁者與知者、仁者與勇者、仁者與不仁者、文與質、奢與儉、聞與達、狂與狷、貧與富、古與今、德禮與政刑、韶樂與武樂、益者三友與損者三友、益者三樂與損者三樂等。孔子也把不同的學生放在一起作比較，以指出各人的長處和特色。如：

> 子謂子貢曰：「女與回也孰愈？」對曰：「賜也何敢望回。回也聞一以知十；賜也聞一以知二。」子曰：「弗如也。吾與女弗如也。」（〈公冶長〉）

孔子的學生也常常用比較的方式問孔子問題。如：

> 子貢問：「師與商也孰賢？」子曰：「師也過；商也不及。」曰：「然則師愈與？」子曰：「過猶不及。」（〈先進〉）

3. 歸納與演繹

孔子更常把三個以上的人或事物放在一起，以互相比較，並藉此歸納出一些為學與做人的道理。孔子的教學都是他生活智慧的歸納，所以這方面的例子實在隨處都是。如他有一段勸子路好學的話：

> 子曰：「女聞六言六蔽矣乎？」對曰：「未也。」「居，吾語女：好仁不好

學，其蔽也愚；好知不好學，其蔽也蕩；好信不好學，其蔽也賊；好直不好學，其蔽也絞；好勇不好學，其蔽也亂；好剛不好學，其蔽也狂。」(〈陽貨〉)

又如：

子曰：「君子食無求飽，居無求安，敏於事而慎於言，就有道而正焉，可謂好學也已。」(〈學而〉)

「歸納」其實也是孔子教學原則「先博後約」的一種應用。他的教育希望學生能由博學之中，歸納出簡要的原則，作為道德實踐的依據（約之以禮）。

孔子有時也用演繹的方式展現一種道理以教導學生。如有一次孔子教子路「為政必先正名」的道理，用演繹的方式：

子曰：「……名不正，則言不順；言不順，則事不成；事不成，則禮樂不興；禮樂不興，則刑罰不中；刑罰不中，則民無所措手足。故君子名之必可言也，言之必可行也。君子於其言，無所苟而已矣。」(〈子路〉)

4.鼓勵與申誡

孔子教學似乎未曾用過體罰，他只有對學生行為表現的好壞，給予適時的鼓勵或申誡。他視學生有無限發展的可能性，他說：「後生可畏，焉知來者之不如今也。」(〈子罕〉)他最常稱讚的學生是顏回，偶而也稱讚子貢、子夏、公冶長、南容、子賤、仲弓、子路、冉求、閔子騫等人。《論語》所記載受過申誡的弟子，則有子路、宰予、冉求等人。孔子罵子路雖多，但也常稱許鼓勵他，有時是先褒後貶，有時是先貶後褒。如：

子曰：「衣敝縕袍，與衣狐貉者立，而不恥者，其由也與？『不忮不求，何用不臧？』」子路終身誦之。子曰：「是道也，何足以臧？」(〈子罕〉)

子曰：「由之瑟奚為於丘之門？」門人不敬子路。子曰：「由也升堂矣，

未入於室也。」（〈先進〉）

孔子對學生不論是鼓勵或申誡，都有教育的深意在。

（七）為師之道與師生關係

孔子非常重視師道，他說：「三人行，必有我師焉。擇其善者而從之，其不善者而改之。」（〈述而〉）子貢也稱讚孔子說：「……夫子焉不學，亦何常師之有。」（〈子張〉）

孔子說：「溫故而知新，可以為師矣。」（〈為政〉）所以成為教師的基本條件，是「溫故」且「知新」。教師必須不斷吸收現有的知識，而且能發展出新的知識。換句話說，教師自己必須「好學不厭」。其次，他必須能「誨人不倦」。孔子自己能做到這兩點，成為萬世師表。

學生擇師從學，是「就有道而正焉」（〈學而〉）之意，並非迷信權威。孔子鼓勵學生學思並重，多聞闕疑，並且「當仁不讓於師」（〈衛靈公〉）。孔子非常看重學生，認為「後生可畏」（〈子罕〉）。他不要學生對自己所說的話「不違如愚」（〈為政〉）。學生對孔子所教，多能勇於發問，直抒己見，反覆探究，並未盲目附和。可見孔門師生對於真理的追求，態度是這麼認真，而胸襟是這麼開放。

孔子不僅不要學生盲目服從，他更希望藉由學生的質疑而能教學相長，所以他說：「回也，非助我者也，於吾言無所不悅。」（〈先進〉）

因為孔子的好學不厭，贏得學生的敬仰；他的誨人不倦，也使學生樂於親近，如沐春風。所以孔門的師生關係極為融洽，孔子關愛學生如子，學生也敬愛孔子如父。孔子對學生的要求固然嚴格，有時甚至嚴厲地訓誡，但這正是愛之深，責之切。有人詆毀孔子，學生便嚴詞予以駁斥。孔子在時人面前，也總是稱許自己的學生，希望他們有機會用世，一展所學。孔子這樣愛護和照顧學生，難怪他死後，許多學生自動為他守喪三年。孔門師生倫理之敦厚，實在值得現代人學習。

三、孟子的教育理念與方法

孟子的教育思想是繼承孔子而發展。他以性善說為理論基礎，以「人皆

可以為堯舜」為教育最高目標，而以鼓勵自我、求其放心、擴充四端、存養善性為其特別強調的教育方針。有關性善的部分，本書另有單元論及，茲不復贅。

（一）教育的目的與功能

儒家以政治與教育合一。教育是政治的最重要憑藉，孟子說：「上無禮，下無學，賊民興，喪無日矣。」（〈離婁上〉）「善政」不如「善教」得民心（〈盡心上〉）。以道德教人民，才能「以德服人」而王天下。而政治的目的也正為教育人民，伊尹所謂「使先知覺後知，使先覺覺後覺。……以此道覺此民也」（〈萬章下〉）。孟子也說：「飽食煖衣，逸居而無教，則近於禽獸。聖人有憂之，使契為司徒，教以人倫。」（〈滕文公上〉）

儒家的政治與教育，有一個共同的目的，即是使「民日遷善」。從事政治或教育者的功能在「所過者化，所存者神，上下與天地同流，豈曰小補之哉」（〈盡心上〉）。而教化能及於百世的，可稱是「百世之師」（〈盡心下〉）的聖人了。

孟子雖以人性本善，有「良知」、「良能」，但人仍可以為不善。他認為即使是聖人如舜，在未受教育「聞一善言，見一善行」之前，與深山的野人也沒有太大的差別。而惡人如果肯接受教育，也可以為善。所以孟子非常重視教育的功能。

不過，孟子也承繼孔子「先富後教」的思想，認為必先使人民「樂歲終身飽，凶年免於死亡」（〈梁惠王上〉），才有餘暇接受道德教化。

（二）教學原則

1. 先立本心原則

人性本善，此善性就是人的本心，學生接受教育，先須確立本心，勿使喪失，一旦放失本心，即當求之，因為這本心是為學修德動力的原泉。所以孟子說：「先立乎其大者，則其小者不能奪也。」「學問之道無他，求其放心而已矣。」（〈告子上〉）「原泉混混，不舍晝夜，盈科而後進，放乎四海；有本者如是。」（〈離婁下〉）

2. 自動原則

　　確立本心之後，必須有崇高的理想，作為努力的目標，於是立定志向，奮力向理想前進，這樣才能自動地學習。理想如木匠之規矩或繩墨，目標如射箭之鵠，儒家的理想目標是仁義。王子墊問曰：「士何事？」孟子曰：「尚志。」曰：「何謂尚志？」曰：「仁義而已矣。」（〈盡心上〉）

　　朝理想努力的關鍵在自己。理想不能實現，在於自己「不為」而非「不能」。所以教師必須幫助和鼓勵學生「自求」、「自任」、「自得」，不可「自暴」、「自棄」。

3. 精熟原則

　　有了理想與志向後，必須專心致志，持恆地努力，精進熟練以達到目標為止。學習之事不能一暴十寒，或耽溺於幻想中「以為有鴻鵠將至」。孟子說：「有為者，辟若掘井。掘井九軔而不及泉，猶為棄井也。」（〈盡心上〉）又說：「君子之志於道也，不成章不達。」經由不斷地努力，使所學由熟生巧，如掘井及泉，斐然成章。孟子說：「梓匠輪輿，能與人規矩，不能使人巧。」（〈盡心下〉）又說：「五穀者，種之美者也。苟為不熟，不如荑稗。夫仁，亦在乎熟之而已矣。」（〈告子上〉）對於精熟的成效，孟子說：「居之安，則資之深；資之深，則取之左右逢其原。」（〈離婁下〉）

　　孔子說：「學而時習之。」也是強調精熟的重要。

4. 知行合一原則

　　理想屬於知；朝理想去努力與實踐，則是行。孟子說：「智，譬則巧也；聖，譬則力也；由射於百步之外也；其至，爾力也；其中，非爾力也。」（〈萬章下〉）成聖必須知道理想，又須努力以赴。譬如射箭，能對準目標是智巧之事，能到達目標是力行之功，二者缺一不可，此即知行合一。知而不行，必至荒廢無用，孟子說：「山徑之蹊間，介然用之而成路；為間不用，則茅塞之矣。」（〈盡心下〉）

5. 先博後約原則

　　教育的過程，應先求博再守約，終能使學生守約而施博。所以孟子說：「博學而詳說之，將以反說約也。」（〈離婁下〉）又說：「守約而施博者，善道也。」（〈盡心下〉）

6. 個別適應原則

　　孟子也注意到學生的個別差異，使得教育的目標與學生的成就有所不同。

他說:「君子之所以教者五:有如時雨化之者,有成德者,有達財者,有問答者,有私淑艾者。此五者,君子之所以教也。」(〈盡心上〉)

7. 客觀原則

孟子對教材的選擇,相當嚴謹,教材的內容不能有違客觀的史實。他說:「盡信書,則不如無書。吾於武成,取二三策而已矣。」(〈盡心下〉)他並且提醒說《詩》者「不以文害辭,不以辭害志;以意逆志,是為得之」(〈萬章上〉)。這是要求說《詩》時,必須細心深入地揣摩作者的原意,力求客觀,不能只憑文辭表面的意思來隨便敷衍。

8. 循序漸進原則

教育必須依學生自然的身心條件和程度,循序漸進,不能間斷,也不能求速成。孟子說:「必有事焉,而勿正,心勿忘,勿助長也。……以為無益而舍之者,不耘苗者也。助之長者,揠苗者也;非徒無益,而又害之。」(〈公孫丑上〉)又說:「其進銳者,其退速。」(〈盡心上〉)孟子認為為學應如流水「盈科而後進」(〈離婁下〉)。

9. 環境原則

人性雖本善,但仍須後天環境條件的配合,才能獲得良好的栽培與長成。孟子說:「居移氣,養移體,大哉居乎!」(〈盡心上〉)孟子相當重視環境因素對教育負面和正面的影響。在負面的影響方面,孟子說:「富歲,子弟多賴;凶歲,子弟多暴。非天之降才爾殊也,其所以陷溺其心者然也。」(〈告子上〉)又說:「一齊人傅之,眾楚人咻之,雖日撻而求其齊也,不可得矣。」(〈滕文公下〉)在正面的影響方面,孟子說:「子謂薛居州,善士也,使之居於王所。在於王所者,長幼卑尊皆薛居州也,王誰與為不善?」(〈滕文公下〉)因此孟子教學生要「友善士」,甚至「尚友」古人(〈萬章下〉)。

而惡劣的環境,也可磨鍊人的心志,「曾益其所不能」,因此說:「生於憂患,而死於安樂。」(〈告子下〉)「人之有德慧術知者,恆存乎疢疾。獨孤臣孽子,其操心也危,其慮患也深,故達。」(〈盡心上〉)

10. 社會化原則

孟子和孔子一樣重視教學的社會化。此外,他稱許柳下惠為「聖之和者」(〈萬章下〉),並在政治上主張「天時不如地利,地利不如人和。」(〈公孫丑下〉)

（三）教學方法與技巧

孟子的教學方法、技巧與孔子大體相近，比較特別的是他常用辯論的方式，闡明自己的思想，如與告子論性、與陳相論許行的農家思想。他也偶而用寓言故事的方式，諷喻人生，如「齊人有一妻一妾」章。孟子也擅長用巧妙的比喻及假設的事例，層層批駁，環環緊扣，令人無可遁匿，終至辭窮。孟子的博學和機智，使論辯意趣橫生，高潮迭起。以下我們選一篇較短的論辯為例，在這段孟子和弟子彭更的對話中，孟子的無礙辯才，可見一斑：

> 彭更問曰：「後車數十乘，從者數百人，以傳食於諸侯，不以泰乎？」孟子曰：「非其道，則一簞食不可受於人。如其道，則舜受堯之天下，不以為泰；子以為泰乎？」曰：「否。士無事而食，不可也。」曰：「子不通功易事，以羨補不足，則農有餘粟，女有餘布。子如通之，則梓匠輪輿皆得食於子。於此有人焉；入則孝，出則悌，守先王之道，以待後之學者，而不得食於子。子何尊梓匠輪輿而輕為仁義者哉？」曰：「梓匠輪輿，其志將以求食也。君子之為道也，其志亦將以求食與？」曰：「子何以其志為哉？其有功於子，可食而食之矣。且子食志乎？食功乎？」曰：「食志。」曰：「有人於此，毀瓦畫墁，其志將以求食也，則子食之乎？」曰：「否。」曰：「然則子非食志也，食功也。」（〈滕文公下〉）

（四）為師之道

孟子以「得天下英才而教育之」（〈盡心上〉）為君子之樂，他自稱設科收學生是「來者不拒」（〈盡心下〉）。但他也特別告誡說：「人之易其言也，無責耳矣。」「人之患，在好為人師。」（〈離婁上〉）這是說為人師的人，教學必須有責任感，不能隨便說話。

在家庭教育方面，孟子要求父兄負起教育的責任，所謂「中也養不中，才也養不才」（〈離婁下〉）。但他認為應「易子而教」，以免父子間因「責善」而「離」（〈離婁上〉）。

四、《大學》的教育理念

　　《大學》是儒家對古代大學教育基本理念的闡明，揭櫫了大學教育的理想和教育次第。其中包含了格物、致知的知識教育；誠意、正心、修身的道德教育；齊家的家庭教育；治國、平天下的政治與社會教育，可以說綱舉目張，體系相當完備。

　　大學教育的理想「在明明德，在親民，在止於至善」，這和孟子以三代之學「皆所以明人倫也。人倫明於上，小民親於下」（〈滕文公上〉）若合符節。大學的教育次第，是由格物到平天下循序漸進的八條目，而以修身為自天子以至於庶人的共同教育目標。由此可見儒家的大學教育，對貴族與平民一視同仁，並無差別待遇，這是符合孔子有教無類的精神。而將教育建立在格物、致知的知識基礎上，完全沒有神道設教的任何殘留色彩，尤其遵守儒家教育的客觀原則和人文精神。而將道德、政治的實踐，建立在「知」的基礎上，也正是應合儒家的知行合一原則。

　　《大學》認為君子為學自修，必須「如切如磋，如琢如磨」、「苟日新，日日新，又日新」、「無所不用其極」。這種精益求精的精神，符合精熟原則。

　　努力修學的成果是「盛德至善，民之不能忘也」，這是潛移默化原則。於是能「一家仁，一國興仁；一家讓，一國興讓」、「其儀不忒，正是四國」、「上老老而民興孝，上長長而民興弟，上恤孤而民不倍」。而潛移默化之功，是來自於身教原則，所謂：「君子有諸己而后求諸人，無諸己而后非諸人。所藏乎身不恕，而能喻諸人者，未之有也。」

　　《大學》說「自修」、「自明」、「自謙」、「毋自欺」、「慎獨」、「誠意」，是合於自動原則。「心不在焉，視而不見，聽而不聞，食而不知其味」是興趣原則。興趣和努力、精熟有關，也和立志有關。能立定志向，自動努力，意志堅定，克服困難，才能嚐到學習的趣味。如果三心兩意，敷衍塞責，心不在焉，必然是「學」而不知其味了，如何能產生興趣？

　　意志的有無，影響學習的興趣；意志的方向，也決定學習的成果。《大學》非常重視意志的問題，這就是所謂「誠意」。「意」，具體地說，就是好惡。《大學》不僅在「誠意」上說「如惡惡臭，如好好色」，也在正心、修身、齊家、治國、平天下上說「好惡」❼。這也就是強調在一切事物上，具有正確的好

惡——正確的意志方向。由此可見《大學》很重視情意方面的教育。

《大學》說：「知止而后有定，定而后能靜，靜而后能安，安而后能慮，慮而后能得。」這是符合準備原則❽。有了明確的學習目標，才能穩定、專注而自動地學習，教學才能得到成果。

此外，《大學》說：「人之其所親愛而辟焉，之其所賤惡而辟焉，之其所畏敬而辟焉，之其所哀矜而辟焉，之其所敖惰而辟焉。故好而知其惡，惡而知其美者，天下鮮矣！」「人莫知其子之惡。」這是提出了「家庭教育」的原則。

五、《中庸》的教育理念

《中庸》與孟子同樣主張性善，因而它的教育理念，也是建立在性善說的基礎上。所以《中庸》說：「天命之謂性，率性之謂道，修道之謂教。」教育便是透過修養的歷程，以實現天命的善性。教育所憑藉的善性，又叫「誠」或「中」。教育的歷程，是「盡性」、「誠之」、「自明誠」、「明善誠身」、「擇善而固執之」、「曲能有誠」，也叫「擇乎中庸」、「依乎中庸」。所以說：「自明誠，謂之教。」

教育的目標，在培養學生「知、仁、勇」三達德及「君臣、父子、夫婦、昆弟、朋友之交」五達道。而養成知、仁、勇的途徑是好學、力行、知恥，所以說：「好學近乎知，力行近乎仁，知恥近乎勇。」

教育的最高成果，是造就「率性」、「至誠」、「致中和」、「達天德」的聖人。而聖人的使命，則在「成己成物」、「執其兩端，用其中於民」、「治天下

---

❼ 如在「正心」上說：「有所好樂，則不得其正。」在「修身」、「齊家」上說：「好而知其惡，惡而知其美者，天下鮮矣！」在「治國」、「平天下」上說：「民之所好好之，民之所惡惡之。」「其所令反其所好，而民不從。」〈秦誓〉曰：「……人之彥聖，其心好之，……人之有技，媢疾以惡之，……以不能保我子孫黎民，亦曰殆哉。」」「唯仁人為能愛人，能惡人。」「好人之所惡，惡人之所好，是謂拂人之性，菑必逮夫身。」「未有上好仁而下不好義者也，未有好義其事不終者也。」「所惡於上，毋以使下；所惡於下，毋以事上；所惡於前，毋以先後；所惡於後，毋以從前；所惡於右，毋以交於左；所惡於左，毋以交於右；此之謂絜矩之道。」

❽ 準備原則，廣義的是指教學上的準備，包括教師教學前的準備，和學生學習前，對該學習所必須的能力、基本知識、技術、經驗以及心理的準備；狹義的是指學生的心理準備，特別是指引起學習動機方面。

國家」甚至「贊天地之化育」。

《中庸》把它的整個教育理想、目標和方法，融會在以下這段話中：「故君子尊德性而道問學，致廣大而盡精微，極高明而道中庸。溫故而知新，敦厚以崇禮。」

《中庸》提出了「博學之，審問之，慎思之，明辨之，篤行之」的教學步驟，把學、思、行三者貫串起來，符合孔子學思並重與知行合一原則。而它的精熟原則是：「有弗學，學之弗能弗措也；有弗問，問之弗知弗措也；有弗思，思之弗得弗措也；有弗辨，辨之弗明弗措也；有弗行，行之弗篤弗措也；人一能之己百之，人十能之己千之。果能此道矣，雖愚必明，雖柔必強。」

《中庸》對教育的成果是如此的樂觀，所以學生本身先天能力的差異，並非不可克服的教學障礙。因此《中庸》說：「或生而知之，或學而知之，或困而知之，及其知之一也；或安而行之，或利而行之，或勉強而行之，及其成功一也。」在這段引文中，《中庸》把知、行對照來說，這種知、行的對照，在《中庸》中屢次出現❾，充分顯示它對知行合一原則的重視。

《中庸》也特別強調身教與潛移默化原則，它說：「君子不動而敬，不言而信。」「君子不賞而民勸，不怒而民威於鈇鉞。」「君子篤恭而天下平。」「《詩》云：『予懷明德，不大聲以色。』子曰：『聲色之於以化民，末也。』」

因為主張性善，《中庸》也重視「自成」、「自道」、「自得」、「反求諸其身」、「遯世不見知而不悔」的自動原則。

《中庸》說：「君子之道，辟如行遠必自邇，辟如登高必自卑。」這是符合循序漸進原則。「君子遵道而行，半塗而廢，吾弗能已矣。」又說：「至誠無息。不息則久，久則徵，徵則悠遠，悠遠則博厚，博厚則高明。」這是提示精熟原則。「凡事豫則立，不豫則廢。言前定則不跲，事前定則不困，行前定則

---

❾　《中庸》其他知與行或言與行對照的章句，如：「道之不行也，我知之矣，知者過之，愚者不及也；道之不明也，我知之矣，賢者過之，不肖者不及也。」「君子之道費而隱。夫婦之愚，可以與知焉，及其至也，雖聖人亦有所不知焉；夫婦之不肖，可以能行焉，及其至也，雖聖人亦有所不能焉。」「庸德之行，庸言之謹，有所不足，不敢不勉，有餘不敢盡；言顧行，行顧言，君子胡不慥慥爾！」「好學近乎知，力行近乎仁，知恥近乎勇。」「言前定則不跲，事前定則不困，行前定則不疚。」

不疚，道前定則不窮。」這是準備原則。

　　最後，《中庸》說：「君子之道費而隱。夫婦之愚，可以與知焉，及其至也，雖聖人亦有所不知焉；夫婦之不肖，可以能行焉，及其至也，雖聖人亦有所不能焉。天地之大也，人猶有所憾，故君子語大，天下莫能載焉；語小，天下莫能破焉。《詩》云：『鳶飛戾天，魚躍于淵。』言其上下察也。君子之道，造端乎夫婦；及其至也，察乎天地。」這段話揭示了學無止境的精神，也啟示了儒家終身教育的理想，其意義極為深遠。

肆、教學活動

活動一： 請將全班分組，角色扮演一段孔子或孟子師生進行教學活動的實況。

活動二： 請分正反兩方，舉行一場辯論，題目是「常態編班比能力編班好」。

活動三： 請於課外時間，訪問一位你認為教學最成功的老師，寫一篇訪問報告，報告中須分析這位老師教學成功的原因，並比較他的教學和儒家的教學有何異同？

活動四： 問題與討論

　　1. 如何在常態編班中，兼顧因材施教的理想？

　　2. 如何將自學輔導法應用在本課程的教學中？

　　3. 在實施問答與討論教學法時，應如何提高教學效果？

　　4. 如何增進現代的師生關係？

伍、參考資料

《孔子教育學說》　程發軔　臺北　復興書局　四十四年九月二版

《孔子與論語》　錢穆　臺北　聯經出版公司　六十四年九月三版

《佛陀與孔子教育思想的比較》　陳柏達　臺北　新文豐出版公司　六十二年一月一版

《論語思想體系》　邱鎮京　臺北　文津出版社　七十年七月三版

《孟子學說體系探蹟》　駱建人　臺北　文津出版社　七十七年九月訂正版

《中國教育史》　毛禮銳等　臺北　五南圖書出版公司　八十一年二月初版

二刷

《中國教育思想史》（先秦部分）　伍振鷟　臺北　師大書苑　七十六年三月
　　一版

《中國教育思想史》　任時先　臺北　臺灣商務印書館　六十七年四月臺六
　　版

《中國古代教育文選》　孟憲承　臺北　五南圖書出版公司　七十八年九月
　　一版

《教學原理》　方炳林　臺北　教育文物出版社　六十八年三月一版

中華文化的活水源頭㈠
——《學》《庸》中的禮

邱德修

壹、引言

　　有一天，子貢主張將魯國每月初一告祭祖廟的那隻活羊牲捨棄而不再依禮使用。孔子就對子貢說道：「端木賜呀！你吝惜的只是那隻羊，而我所可惜的卻是那種傳統的禮！」(《論語・八佾》) 由此看來，孔子是個「愛禮」的學者。

　　孔子的兒子伯魚（鯉）自敘家庭教育時候說：「有一天，家父一個人站在庭中，我又恭敬地走過。他問道：『學了禮沒有？』我道：『沒有！』他便說道：『不學禮，便沒有立足社會的依據。』我又馬上去學禮。」(《論語・季氏》) 由此看來，孔子是個注重教育子女「學禮」的慈父。

　　有一次，魯國恤由死了，哀公派遣孺悲到孔子那兒，學習士喪禮的禮制和儀節。《士喪禮》從此就有文字記載了。(《禮記・雜記下》) 由此看來，孔子是個傳授「禮學」的禮學家。

　　從這些文獻資料看來，孔子是一個不折不扣的愛禮者，重視子女是否「學禮」者，並且又是傳授「禮學」的學者。仔細地分析一下，孔子為什麼要花那麼多心思在「禮」的方面呢？那就是中華文化的活水源頭完全就在「禮」的上面了。章學誠在《文史通義》中說「六經皆史」，與其這樣主張，倒不如說「六經皆禮」更為貼切。

　　總而言之，我們閱讀《四書》時，如果能夠透過「禮」的解讀，對於古聖先賢的字字珠璣，也許可以得到更深刻地體會；對於今人安身立命的機能，更是注入了活水源頭。由於才疏學淺，所知有限，其中疏漏之處，在所難免，懇請學者方家有以教之，讀者加以指正，是所企禱！

貳、原典及註釋

一、《大學》

1.湯之盤銘①曰：「苟日新，日日新，又日新。」（傳之二章）

①盤銘：鄭玄的《注》說：「盤銘，刻戒於盤也。……君子曰：新其德，常盡心力，不有餘也。」朱熹的《註》說：「盤，沐浴之盤也。銘，名其器以自警之辭也。苟，誠也。湯以人之洗濯其心以去惡，如沐浴其身以去垢，故銘其盤。言誠能一日有以滌其舊染之汙而自新，則當因其已新者，而日日新之，又日新之，不可略有間斷也。」修案：盤是在商周時期宴饗時使用之。古人在宴前飯後要行沃盥之禮，《禮記・內則》載：「進盥，少者奉槃，長者奉水，請沃盥；盥卒，授巾。」沃盥時，盤匜相需為用，即用匜澆水於手，以盤承接棄水。所以，《左傳》有「奉匜沃盥」之語，意思是執匜澆水於手洗沐。《儀禮・公食大夫禮》：「小臣具槃匜，在東堂下。」《國語・吳語》：「一個嫡男，奉槃匜以隨諸御。」古人盤匜交配成套同時使用，故傳世和出土之青銅器，如：宗仲匜、史頌匜、樊夫人龍嬴匜、奚子宿車匜、番昶伯者君匜等銅匜皆與銅「盤」同出；出土時，匜是擺在「盤」上面的。「盥洗」的「盥」字，就是古人用「匜」澆水，讓人洗手，棄水就用「盤」來承接的寫照。

青銅盤

青銅匜

2. 孟獻子②曰：「畜馬乘③不察於雞豚，伐冰之家④不畜牛羊，百乘之家⑤不畜聚斂之臣⑥。與其有聚斂之臣，寧有盜臣⑦。」此謂⑧國不以利為利，以義為利也。（傳之十章）

　　②孟獻子：鄭玄的《注》說：「孟獻子，魯大夫仲孫蔑也。」朱熹的《註》說：「孟獻子，魯之賢大夫仲孫蔑也。」修案：孟獻子，春秋時代魯宗族賢臣，又稱「仲孫蔑」、「孟孫」、「獻子」、「蔑」、「孟」；「仲孫蔑」於《春秋左氏傳》凡十二見，「孟」於《春秋左氏傳》凡三見，「孟孫」於《春秋左氏傳》凡一見，「孟獻子」於《春秋左氏傳》凡廿二見。由於他在《左傳》出現次數之繁多，可見他在當時魯國政壇具有舉足輕重的分量。　③畜馬乘：鄭玄的《注》說：「畜馬乘，謂以士初試為大夫也。」朱熹的《註》說：「畜馬乘，士初試為大夫者也。」修案：用四匹馬拉的戰車叫做「乘」。　④伐冰之家：鄭玄的《注》說：「伐冰之家，卿、大夫以上，喪、祭用冰。」朱熹的《註》說：「伐冰之家，卿、大夫以上，喪、祭用冰者也。」修案：古人用鑒盛冰塊，《周禮·天官·凌人》載：「春始治鑒，凡外內饔之膳羞，鑒焉；凡酒漿之酒，醴亦如之。祭祀共冰鑒。」《儀禮·士喪禮》：「士有冰，用夷槃可也。」據此可知，古人喪、祭皆可用冰來鎮東西。古人用冰的來源是採自大自然的冰塊，每年冬天，卿、大夫以上的人家都有權利去開採冰塊，然後埋藏在地窖之中，具有這種身分的人家就叫做「伐冰之家」。　⑤百乘之家：鄭玄的《注》說：「百乘之家，有采地者也。」朱熹的《註》說：「百乘之家，有采地者也。」修案：周代行封建制度，受封者擁有自己的采邑，依禮可以建立一支屬於自己的軍隊，該軍隊以一百輛戰車為限。兩周兵制，一輛戰車上乘員三人：中間的為御者，左

邊的是射手，右邊的是戈盾勇士；車的後面有步卒十人；凡十三人。百乘之家，換算成數目字，就是：擁有戰車一百輛，軍隊成員一千三百人的戰鬥實力。　⑥聚斂之臣：鄭玄的《注》說：「『雞豚』、『牛羊』，民之所畜養，以為財利者也。國家利義，不利財。盜臣，損財耳。聚斂之臣，乃損義。《論語》曰：『季氏富於周公，而求也為之聚斂。非吾徒也，小子鳴鼓而攻之，可也。』」修案：專門巧立名目，作為稅收依據，搜括民脂民膏的稅吏。　⑦寧有盜臣：朱熹的《註》說：「君子寧亡己之財，而不忍傷民之力；故寧有盜臣，而不畜聚斂之臣。」修案：「與其……寧有……」表示比較選擇的連接詞，相當於白話文的「與其那樣……不如這樣……」的意思。盜臣，盜用公款或其他不法行為的臣子。　⑧此謂：朱熹的《註》說：「『此謂』以下，釋獻子之言也。」

二、《中庸》

1. 子曰：「鬼神①之為德②，其盛矣乎！視之而弗見，聽之而弗聞，體物③而不可遺④。使天下之人齊明⑤盛服，以承祭祀。洋洋⑥乎！如在其上，如在其左右⑦。《詩》曰：『神之格思⑧，不可度⑨思！矧可射思⑩！』夫微之顯，誠之不可揜如此夫⑪。」（第十六章）

①鬼神：朱熹的《註》說：「程子曰：『鬼神，天地之功用，而造化之迹也。』張子曰：『鬼神者，二氣之良能也。』愚謂以『二氣』言：則鬼者，陰之靈也；神者，陽之靈也。以『一氣』言：則至而伸者，為神；反而歸者，為鬼。其實一物而已。」修案：古人對「鬼」與「神」有不同看法：鬼，古指人死後精靈不滅，稱之為鬼。《禮記·祭法》：「人死曰鬼。」神，指天神。古人以為宇宙萬物的主宰。《說文》：「神，天神，引出萬物者也。」二者合稱，則叫做「鬼神」。　②為德：朱熹的《註》說：「為德，猶言性情、功效。」　③體物：鄭玄的《注》說：「體，猶生也。」朱熹的《註》說：「其言體物，猶《易》所謂幹事。」修案：鄭氏認為「體物」就是生物；而朱子以為「體物」就是「幹事」。二說各有偏重，請讀者自行抉擇。　④不可遺：鄭玄的《注》說：「可，猶所也。不有所遺，言萬物無不以鬼神之氣生也。」朱熹的《註》說：「鬼神無形與聲，然物之終始，莫非陰陽合散之所為，是其為物之體，而物所不能遺也。」　⑤齊明：鄭玄的《注》說：「明，猶絜也。」朱熹的《註》說：「齊之為言齊也，所以齊不齊而致其齊也。明，猶潔也。」修案：齊，古「齋」字。古人在行禮

前必須齋戒，分為外齋七日，內齋三日；在這十天裡面，每天都能嚴守戒律，就是「齊明」。　⑥洋洋：鄭玄的《注》說：「洋洋，人想思其傍僾之貌。」朱熹的《註》說：「洋洋，流動充滿之意。」修案：由於人們想思傍僾，自然流動流滿，無所不在了。　⑦如在其左右：朱熹的《註》說：「能使人畏敬奉承，而發見昭著如此，乃其體物而不可遺之驗也。孔子曰：『其氣發揚于上，為昭明焄蒿悽愴。此百物之精也，神之著也。』正謂此爾。」修案：形容鬼神無所不在。　⑧神之格思：鄭玄的《注》說：「格，來也。思，皆聲之助。」朱熹的《註》說：「格，來也。思，語辭。」修案：《詩》為《詩‧大雅‧抑》之篇章。神之格，指神明的到來。　⑨度：音ㄉㄨㄛˋ，億度。　⑩矧可射思：鄭玄的《注》說：「矧，況也。射，厭也。……言神之來，其形象不可億度，而知事之盡敬而已，況可厭倦乎？」朱熹的《註》說：「矧，況也。射，厭也。言厭怠而不敬也。」修案：矧，音ㄕㄣˇ。射，音一ˋ，今《詩》作「斁」。思，為聲之助的語辭，無義。　⑪誠之不可揜如此夫：鄭玄的《注》說：「言神無形而著，不言而誠。」朱熹的《註》說：「誠者，真實無妄之謂。陰陽合散，無非實者。故其發見之不可揜如此。」修案：揜，音一ㄢˇ，遮掩。是說神明無形無影而自然顯著，不言而誠，無法遮掩得了。

2. 子曰：「舜⑫其大孝也與！德為聖人，尊為天子，富有四海之內。宗廟饗之⑬，子孫⑭保之⑮。故大德必得其位，必得其祿，必得其名⑯，必得其壽⑰。故天之生物，必因其材⑱而篤焉⑲。故栽者培之⑳，傾者覆之㉑。《詩》曰：『嘉樂君子㉒，憲憲令德㉓！宜民宜人，受祿于天；保佑命之㉔，自天申之㉕！』故大德者必受命㉖。」（第十七章）

　　⑫舜：人名，傳說中父系氏族社會後期部落聯盟領袖。姚姓，有虞氏，名重華，史稱虞舜。相傳因四岳（四方部落首領）推舉，堯命他攝政。他巡行四方，消滅鯀、共工、驩兜和三苗。　⑬宗廟饗之：之，人稱代名詞，指舜。言在宗廟祭饗他。　⑭子孫：朱熹的《註》說：「子孫，謂虞思、陳胡公之屬。」　⑮保之：鄭玄的《注》說：「保，安也。」　⑯必得其名：鄭玄的《注》說：「名，令聞也。」　⑰必得其壽：朱熹的《註》說：「舜年百有十歲。」　⑱必因其材：鄭玄的《注》說：「材，謂其質性也。」朱熹的《註》說：「材，質也。」　⑲篤焉：鄭玄的《注》說：「篤，厚也。言善者，天厚其福；惡者，天厚其毒；皆由其本而為之。」朱熹的《註》說：「篤，厚也。」修案：篤，篤厚。焉，表

示肯定的語尾助詞，無義。　⑳栽者培之：鄭玄的《注》說：「栽，讀如『文王初載』之『載』。栽，猶殖也。培，益也。今時人名草木之殖曰『栽』，築牆立板亦曰『栽』。栽，或為『茲』。」朱熹的《註》說：「栽，植也。氣至而滋息為培。」修案：言栽培它。　㉑傾者覆之：鄭玄的《注》說：「覆，敗也。」朱熹的《註》說：「氣反而遊散則覆。」　㉒嘉樂君子：陸德明的《經典釋文》說：「嘉，戶嫁反。《詩》本作『假』，音同。假，嘉也；皇音：加，善也。」朱熹的《註》說：「《詩·大雅·假樂》之篇。假，當依此作『嘉』。」修案：《詩經》這句話有兩個本子，一本寫作「假樂君子」，一本寫作「嘉樂君子」，朱子的意思《毛詩》宜作「嘉樂君子」。　㉓憲憲令德：鄭玄的《注》說：「憲憲，興盛之貌。」朱熹的《註》說：「憲，當依《詩》作『顯』。」修案：令德，善德。　㉔保佑命之：鄭玄的《注》說：「保，安也。佑，助也。」修案：上天命令舜擔任天子的職務。　㉕自天申之：朱熹的《註》說：「申，重也。」　㉖受命：朱熹的《註》說：「受命者，受天命為天子也。」

3. 子曰：「……武王㉗末㉘受命，周公成文、武之德，追王大王、王季㉙，上祀先公以天子之禮㉚。斯禮也，達乎諸侯、大夫及士、庶人㉛。父為大夫，子為士；葬以大夫，祭以士。父為士，子為大夫；葬以士，祭以大夫。期之喪，達乎大夫㉜；三年之喪㉝，達乎天子；父母之喪，無貴賤，一也㉞。」（第十八章）

㉗武王：人名，即周武王，西周王朝的建立者。姬姓，名發。繼承其父文王（姬昌）滅商遺志，乘商朝大軍遠在東南的機會，聯合庸、蜀、羌、髳、微、盧、彭、濮等氏族率大軍東攻。牧野（今河南淇縣）之戰，因商軍中的部分氏族陣前倒戈，他乘機取得大勝利，遂得滅商。然後，分封諸侯，建立西周王朝，都鎬京（今陝西西安西）。　㉘末：鄭玄的《注》說：「末，猶老也。」朱熹的《註》說：「末，猶老也。」修案：朱子的註釋採自鄭說。　㉙追王大王、王季：鄭玄的《注》說：「追王大王、王季者，以王迹起焉。」朱熹的《註》說：「『追王』之『王』，去聲。追王，蓋推文武之意，以及乎王迹之所起也。」修案：朱子依鄭說加以推闡發明。　㉚上祀先公以天子之禮：鄭玄的《注》說：「先公，組紺以上至后稷也。」朱熹的《註》說：「此言周公之事。先公，組紺以上至后稷也。上祀先公以天子之禮，又推大王、王季之意，以及於無窮也。」　㉛達乎諸侯、大夫及士、庶人：鄭玄的《注》說：「斯禮達於諸侯、

大夫、士、庶人者，謂葬之從死者之爵，祭之用生者之祿也。言大夫，葬以大夫；士，葬以士。則追王者，改葬之矣。」朱熹的《註》說：「制為禮法，以及天下，使葬用死者之爵，祭用生者之祿。」修案：朱子採用鄭說，並加以隱括而得者。　㉜期之喪，達乎大夫：鄭玄的《注》說：「期之喪達乎大夫者，謂旁親所降在大功者。其正統之期，天子、諸侯猶不降也。大夫所降，天子、諸侯絕之，不為服；所不臣，乃服之也。承葬、祭說期。」朱熹的《註》說：「喪服自期以下，諸侯絕，大夫降。」修案：關於這個問題，可參看《儀禮‧喪服》和章景明教授《先秦喪服制度考》。　㉝三年之喪：依據《儀禮‧喪服》的規定，三年之喪有三種喪服，孝子服喪的對象也各有不同，茲條舉於下，俾供參考：甲、斬衰裳、苴絰、杖、絞帶、冠繩纓、菅屨，三年者：(a) 父；(b) 諸侯為天子；(c) 君；(d) 父為長子；(e) 為人後者；(f) 妻為夫；(g) 妾為君；(h) 女子子在室為父；乙、布總、箭笄、髽、衰，三年者：(a) 子嫁，反在父之室，為父三年；(b) 公、士、大夫之眾臣，為其君布帶、繩屨，三年；丙、疏衰裳、齊牡麻絰、冠布纓、削杖、布帶、疏屨，三年者：(a) 父卒，則為母；(b) 繼母如母；(c) 慈母如母；(d) 母為長子。《禮記‧中庸》所謂「三年之喪」，係純指父母之喪而已。　㉞父母之喪，無貴賤，一也：鄭玄的《注》說：「三年之喪者，明子事父以孝，不用其尊卑變。」朱熹的《註》說：「父母之喪，上下同之，推己以及人也。」修案：三年之喪，天下之通喪也；《論語‧陽貨》云：「子曰：『予之不仁也！子生三年，然後免於父母之懷。夫三年之喪，天下之通喪也，予也有三年之愛於其父母乎！』」（一七‧廿一）既然如此，雖貴為天子也必須為他的父母服喪三年，無論諸侯、大夫，甚至凡夫俗子也必須如此。所以，朱熹的《註》說：「上下同之。」此之謂也；鄭玄的《注》說：「不用其尊卑變。」也是同樣的主張。

4. 子曰：「……春秋脩㉟其祖廟㊱，陳其宗器㊲，設其裳衣㊳，薦其時食㊴，宗廟之禮㊵，所以序㊶昭穆㊷也；序爵㊸，所以辨貴賤㊹也；序事㊺，所以辨賢㊻也；旅酬㊼，下為上㊽，所以逮賤㊾也；燕㊿毛[51]，所以序齒[52]也。」（第十九章㈠）

㉟脩：鄭玄的《注》說：「脩，謂掃糞也。」　㊱祖廟：朱熹的《註》說：「天子七，諸侯五，大夫三，適士二，官師一。」　㊲宗器：鄭玄的《注》說：「宗器，祭器也。」朱熹的《註》說：「宗器，先世所藏之重器；若周之赤刀、大

訓、天球、河圖之屬也。」修案：宗器實指祭祀時重要的禮器，如《儀禮‧特牲‧祭日陳設章》有羹鼎、酒尊、豆、籩、鉶、俎、兩敦、水匜等禮器。至於《儀禮‧少牢》，則所陳設的宗器益為繁複。據此由知，似以鄭《注》為然。

㊳設其裳衣：鄭玄的《注》說：「裳衣，先祖之遺衣服也。設之，當以授尸也。」朱熹的《註》說：「裳衣，先祖之遺衣服；祭則設之，以授尸也。」修案：朱子的說法是根據鄭氏而來的。　㊴時食：鄭玄的《注》說：「時食，四時祭也。」朱熹的《註》說：「時食，四時之食，各有其物，如春行羔、豚、膳、膏、香之類，是也。」修案：朱子的說法是根據鄭氏而來，並加以發明的。　㊵宗廟之禮：宗廟，古代祭祀祖先的處所。有關祭祀祖先的儀節叫做宗廟之禮。　㊶序：鄭玄的《注》說：「序，猶次也。」　㊷昭穆：朱熹的《註》說：「宗廟之次：左為昭，右為穆，而子孫亦以為序。有事於太廟，則子姓、兄弟、群昭、群穆咸在，而不失其倫焉。」修案：昭穆，古代的廟次和墓次。《說文》「昭」字，段《注》：「廟有昭穆。昭取陽明，穆取陰幽，皆本無正字，假此二字為之。」揆諸昭穆之制，宗廟和墳墓的排列是這樣的：以始祖居中，左昭右穆，子為昭，孫為穆，依次排列，判然有序。始祖之下，第一、三、五、七等奇數後代為「昭」，居左；第二、四、六、八等偶數後代為「穆」，居右。　㊸序爵：鄭玄的《注》說：「爵，謂公、卿、大夫、士也。」朱熹的《註》說：「爵，公、侯、卿、大夫也。」　㊹辨貴賤：辨，《說文》：「辨，判也。」段《注》：「〈小宰〉『傅別』，故書作『傅辨』；〈朝士〉『判書』，故書『判』為『辨』，大鄭『辨』讀為『別』。古辨、判、別三字，義同也。」辨貴賤，就是判別一個人的身分是貴是賤，地位是高是低。　㊺序事：鄭玄的《注》說：「事，謂薦羞也。」朱熹的《註》說：「事，宗祝有司之職事也。」　㊻所以辨賢：鄭玄的《注》說：「以辨賢者，以其事別所能也。若司徒羞牛，宗伯共雞牲矣。〈文王世子〉曰：宗廟之中，以爵為位，崇德也。宗人授事，以官尊賢也。」　㊼旅酬：朱熹的《註》說：「旅，眾也。酬，導飲也。」　㊽下為上：鄭玄的《注》說：「旅酬下為上者，謂若『特牲饋食之禮』，賓弟子、兄弟之子，各舉觶於其長也。」朱熹的《註》說：「旅酬之禮，賓弟子、兄弟之子，各舉觶於其長而眾相酬。」修案：朱子完全根據鄭說，意思是說身分低的人舉起酒杯向長者敬酒。　㊾逮賤：鄭玄的《注》說：「逮賤者，宗廟之中，以有事為榮焉。」朱熹的《註》說：「蓋宗廟之中，以有事為榮，故逮及賤者，使亦得以申其敬

也。」修案：在宗廟祭祀時，使身分低的人也有參與其事的機會。 (50)燕：鄭玄的《注》說：「燕，謂既祭而燕也。」 (51)毛：鄭玄的《注》說：「燕，以髮色為坐。祭時，尊尊也；至燕，親親也。」朱熹的《註》說：「燕毛，祭畢而燕，則以毛髮之色別長幼，為坐次也。」 (52)序齒：鄭玄的《注》說：「齒，亦年也。」朱熹的《註》說：「齒，年數也。」

5. 踐(53)其(54)位，行其禮，奏其樂；敬其所尊，愛其所親(55)；事死(56)如事生，事亡(57)如事存(58)，孝之至也(59)。（第十九章(二)）

(53)踐：鄭玄的《注》說：「踐，猶升也。『踐』或為『纘』。」朱熹的《註》說：「踐，猶履也。」 (54)其：鄭玄的《注》說：「其者，其先祖也。」朱熹的《註》說：「其，指先王也。」 (55)敬其所尊，愛其所親：朱熹的《註》說：「所尊所親，先王之祖考、子孫、臣庶也。」 (56)事死：朱熹的《註》說：「始死，謂之死。」 (57)事亡：朱熹的《註》說：「既葬，則曰反而亡焉。」 (58)事死如事生，事亡如事存：此兩句係詮釋《論語・為政》：「死，葬之以禮，祭之以禮。」（二・五）一句的意義。 (59)孝之至也：朱熹的《註》說：「此結上文兩節，皆繼志、述事之意也。」

6. 郊(60)社(61)之禮，所以事上帝也；宗廟之禮，所以祀乎其先也。明乎郊社之禮，禘(62)、嘗(63)之義，治國其如示(64)諸掌乎(65)！」（第十九章(三)）

(60)郊：朱熹的《註》說：「郊，祀天。」 (61)社：鄭玄的《注》說：「社，祭地神。不言『后土』者，省文。」朱熹的《註》說：「社，祭地。不言『后土』者，省文也。」修案：朱子完全採用鄭說。 (62)禘：朱熹的《註》說：「禘，天子宗廟之大祭，追祭太祖之所自出於太廟，而以太祖配之也。」 (63)嘗：朱熹的《註》說：「嘗，秋祭也。四時皆祭，舉其一耳。禮必有義，對舉之，互文也。」 (64)示：鄭玄的《注》說：「示，讀如『寘諸河干』之『寘』。寘，置也。物而在掌中，易為知力者也。序爵、辨賢、尊尊、親親，治國之要。」朱熹的《註》說：「示，與『視』同。視諸掌，言易見也。」 (65)如示諸掌乎：朱熹的《註》說：「此與《論語》文意大同小異，記有詳略耳。」修案：《論語・八佾》：「或問禘之說。子曰：『不知也；知其說者之於天下也，其如示諸斯乎！』指其掌。」（三・十一）

7. 仁者，人也(66)，親親為大(67)；義者，宜也(68)，尊賢為大(69)。親親之殺(70)，尊賢之等(71)，禮所生也(72)。（第二十章(一)）

⑥仁者，人也：鄭玄的《注》說：「人也，讀如『相人偶』之『人』；以人意相存問之言。」朱熹的《註》說：「人，指人身而言。具此生理，自然便有惻怛、慈愛之意，深體味之可見。」　⑥親親為大：上字為動詞，是「親愛」的意思；下字為名詞，是動詞的受詞，指「親人」的意思。言親愛自己的親人為最重要。　⑥義者，宜也：朱熹的《註》說：「宜者，分別事理，各有所宜也。」　⑥尊賢為大：上字為動詞，是「尊重」的意思；下字為名詞，是動詞的受詞，指「賢人」的意思。言尊重有賢德的人為最重要。　⑦親親之殺：殺，等差。儒家思想主張推己及人，由近而遠的工夫。　⑦尊賢之等：等，等差。尊敬賢人係根據其能力、人品之強弱、高低而有等差的分別。　⑦禮所生也：朱熹的《註》說：「禮，則節文斯二者而已。」修案：禮係透過「親親之殺」、「尊賢之等」的區分而立中制節，約定公認而成的。

8. 修身，則道立⑦；尊賢，則不惑⑦；親親，則諸父、昆弟不怨；敬大臣，則不眩⑦；體群臣，則士之報禮重⑦；子庶民，則百姓勸；來百工⑦，則財用足；柔遠人⑦，則四方歸之；懷諸侯⑦，則天下畏之⑧。（第二十章㈡）

　　⑦道立：朱熹的《註》說：「道立，謂道成於己而可為民表，所謂皇建其有極，是也。」　⑦不惑：鄭玄的《注》說：「不惑，謀者良也。」朱熹的《註》說：「不惑，謂不迷於事。」修案：鄭、朱二註各有偏重，請讀者自己抉擇。　⑦不眩：鄭玄的《注》說：「不眩，所任明也。」朱熹的《註》說：「不眩，謂不迷於事。敬大臣，則信任專，而小臣不得以間之，故臨事而不眩也。」　⑦報禮重：報，動詞，報答。言士報答在上位者體恤群臣的恩情必定是非常隆重的。　⑦來百工：朱熹的《註》說：「來百工，則通功易事，農末相資，故財用足。」　⑦柔遠人：朱熹的《註》說：「柔遠人，則天下之旅皆悅，而願出於其塗，故四方歸。」　⑦懷諸侯：朱熹的《註》說：「懷諸侯，則德之所施者博，而威之所制者，廣矣。故曰：『天下畏之』。」　⑧天下畏之：朱熹的《註》說：「此言九經之效也。」

9. 齊明盛服，非禮不動⑧，所以修身也；去讒遠色⑧，賤貨而貴德⑧，所以勸賢也。（第二十章㈢）

　　⑧非禮不動：此語典出自《論語・顏淵》：「顏淵問仁。子曰：『克己復禮為仁。一日克己復禮，天下歸仁焉。為仁由己，而由人乎哉？』顏淵曰：『請問其目？』

子曰：『非禮勿視，非禮勿聽，非禮勿言，非禮勿動。』」　⑧去讒遠色：去、遠，都是動詞；讒、色，都是名詞，作動詞的受詞。言去除讒言，遠離美色。⑧賤貨而貴德：賤貨貴德的句型結構同⑧，也是動詞＋名詞＋動詞＋名詞的句型。而，又也。言既要輕蔑財貨，又重視道德。

10.大哉聖人之道⑧！洋洋乎！發育萬物⑧，峻極于天⑧。優優⑧大哉！禮儀⑧三百，威儀⑧三千。待其人而後行。故曰：苟不至德⑨，至道不凝⑨焉。故君子尊⑨德性⑨而道⑨問學⑨，致廣大⑨而盡精微，極高明⑨而道中庸⑨。溫⑨故而知新⑩，敦厚⑩以崇禮⑩。是故，居上不驕，為下不倍。（第二十七章）

　　⑧聖人之道：朱熹的《註》說：「包下文兩節而言。」　⑧發育萬物：鄭玄的《注》說：「育，生也。」修案：發生大地所有生物。　⑧峻極于天：鄭玄的《注》說：「峻，高大也。」朱熹的《註》說：「峻，高大也。此言道之極於至大而無外也。」修案：言至高且大，可與天齊。朱子承自鄭氏，並加以發揮而得者。　⑧優優：朱熹的《註》說：「優優，充足有餘之意。」　⑧禮儀：朱熹的《註》說：「禮儀，經禮也。」　⑧威儀：朱熹的《註》說：「威儀，曲禮也。」　⑨至德：朱熹的《註》說：「至德，謂其人。」　⑨至道不凝：鄭玄的《注》說：「言為政在人，政由禮也。凝，猶成也。」朱熹的《註》說：「至道，指上兩節而言也。凝，聚也，成也。」　⑨尊：朱熹的《註》說：「尊者，恭敬奉持之意。」　⑨德性：鄭玄的《注》說：「德性，謂性至誠者。」朱熹的《註》說：「德性者，吾所受於天之正理。」又云：「尊德性，所以存心而極乎道體之大也。」　⑨道：鄭玄的《注》說：「道，猶由也。」朱熹的《註》說：「道，由也。」　⑨問學：鄭玄的《注》說：「問學，學誠者也。」朱熹的《註》說：「道問學，所以致知而盡乎道體之細也。」又云：「二者（修案：指德性與問學）修德凝道之大端也。不以一毫私意自蔽，不以一毫私欲自累，涵泳乎其所已能，此皆『存心』之屬也。析理，則不使有毫釐之差；處事，則不使有過、不及之謬；理義，則日知其所未知；節文，則日謹其所未謹；此皆『致知』之屬也。蓋非存心無以致知，而存心者又不可以不致知。故此句，大小相資，首尾相應，聖賢所示入德之方，莫詳於此，學者宜『盡心』焉。」　⑨廣大：鄭玄的《注》說：「廣大，猶博厚也。」　⑨極高明：達到最高至明的境界。　⑨道中庸：中，不偏不倚，恰到好處。庸，經常不變，合乎規矩。

言依舊遵循著中庸的大道理。　⑨溫：鄭玄的《注》說：「溫，讀如『燖溫』之『溫』；謂故學之孰（熟）矣，後時習之，謂之『溫』。」朱熹的《註》說：「溫，猶『燖溫』之『溫』，謂故學之矣，後時習之也。」　⑩知新：這裡「知新」的「新」，就是《禮記・大學》引〈湯之盤銘〉所謂「苟日新，日日新，又日新」的「新」。知新，言追求新的知識。　⑩敦厚：朱熹的《註》說：「敦，加厚也。」修案：言存心努力，使自己心地篤厚。　⑩崇禮：言崇尚禮節。

11. 非天子不議禮⑩，不制度⑩，不考文⑩。今⑩天下，車同軌⑩，書同文，行同倫⑩。雖有其位，苟無其德，不敢作禮義焉；雖有其德，苟無其位，亦不敢作禮樂⑩焉。（第二十八章㈠）

⑩議禮：鄭玄的《注》說：「禮，謂人所服行也。」朱熹的《註》說：「禮，親、疏、貴、賤相接之體也。」又云：「此以下，子思之言。」修案：言討論禮制。　⑩制度：鄭玄的《注》說：「度，國家、宮室及車輿也。」朱熹的《註》說：「度，品制。」修案：言制訂法度。　⑩考文：鄭玄的《注》說：「文，書名也。」又云：「此天下所共行，天子乃能一之也。」《朱註》：「文，書名。」修案：《儀禮・聘禮・記》云：「百名以上，書於策；不及百名，書於方。」《鄭注》：「名，書文也，今謂之字。」據此由知，《中庸》之「文」，就是〈聘禮・記〉的「名」，也就是《鄭注》所謂的「字」，亦即今天的「文字」。考文，言考證文字。　⑩今：鄭玄的《注》說：「今，孔子謂其時。」朱熹的《註》說：「今，子思自謂當時也。」　⑩軌：朱熹的《註》說：「軌，轍迹之度。」　⑩倫：朱熹的《註》說：「倫，次序之體。三者（修案：指「軌」、「文」、「倫」）皆同，言天下一統也。」　⑩不敢作禮樂：鄭玄的《注》說：「言作禮樂者，必聖人在天子之位。」朱熹的《註》說：「鄭氏曰：『言作禮樂者，必聖人在天子之位。』」修案：朱子完全採自鄭說。

12. 子曰：「吾說夏禮，杞⑩不足徵⑩也；吾學殷禮，有宋⑩存焉；吾學周禮⑩，今用之，吾從周⑩。」（第二十八章㈡）

⑩杞：朱熹的《註》說：「杞，夏之後。」又云：「此又引孔子之言。」　⑩徵：鄭玄的《注》說：「徵，猶明也。吾能說夏禮，杞之君不足與明之也。」朱熹的《註》說：「徵，證也。」　⑩宋：朱熹的《註》說：「宋，殷之後。」　⑩周禮：夏禮、殷禮與周禮互有異同，例如：《禮記・檀弓上》孔子談到三代殯禮的時候說：「夏后氏殯於東階之上，則猶在阼也；殷人殯於兩楹之間，則與

賓主夾之也；周人殯於西階之上，則猶賓之也。」由此可知，三代對停屍在堂的「殯禮」所主張殯放的位置互有不同。　⑭吾從周：鄭玄的《注》說：「吾從周，行今之道。」朱熹的《註》說：「三代之禮，孔子皆嘗學之而能言其意；但夏禮既不可考證，殷禮雖存，又非當世之法，惟周禮乃時王之制，今日所用。孔子既不得位，則從周而已。」修案：《中庸》引孔子之語與《論語》有異，〈八佾〉云：「子曰：『夏禮，吾能言之，杞不足徵也；殷禮，吾能言之，宋不足徵也。足，則吾能徵之矣。』」（三‧九）至於《禮記‧禮運》引之又作「孔子曰：『我欲觀夏道，是故之杞，而不足徵也，吾得夏時焉；我欲觀殷道，是故之宋，而不足徵也，吾得乾坤焉。』」至於這些殊異讀者宜自己論辨之。

參、解讀

一、禮的起源

　　禮是累積習俗而成的制度，它的內容包括禮文、禮義、禮器、禮數四項。拿婚禮來說，我們為什麼叫它做「結婚（昏）」？為什麼不叫它做「結早」？為什麼不叫它做「結午」？所以叫它做結婚（昏），經過許許多多的人考證結果，我們知道那是從古代的搶婚制演變而來。關於搶婚制，在古代典籍中，於《周易》中有蛛絲馬跡可尋，例如：

　　　△屯如邅如，
　　　　乘馬班如；
　　　　匪寇，婚媾。（〈屯〉六二）
　　　△賁如皤如，
　　　　白馬翰如；
　　　　匪寇，婚媾。（〈賁〉六四）
　　　△乘馬班如，
　　　　泣血漣如。（〈屯〉上六）

這些例子裡，描寫當代的社會生活，維妙維肖，活潑如畫。一個青年男子威

風凜凜、英俊瀟灑地騎著一匹白馬，跑到女孩家裡去，人家起初以為他是強盜，等到女人被他迅速地搶走了，才明白他是為了婚姻問題而來的。女的被挾持在白馬上，還呼天搶地，泣血漣如地傷心地啼哭著。《周易》作者把那一幕搶婚的情景，活生生地呈現在我們的眼前，就像身歷其境一般。

為了搶婚的需要，所以男子必須在日入三商（一商為一刻鐘）的時分去女孩家。因為，古代田獵社會，到了黃昏是最疲憊的時刻，也是警覺性最糟的時刻。因此，那個時候去搶婚必是十拿九穩，可以輕易地搶到手。既然，有在黃昏時分搶婚的習俗，約定俗成之後就變成人們結婚之禮必須在黃昏舉行。《儀禮・士昏・親迎章》云：「主人爵弁、纁裳、緇袘，從者畢玄端，乘墨車，從車二乘，執燭前馬。」男子親迎時必須「執燭前馬」而行，那必然是在日入三商的時刻了。那麼，搶婚之習俗是在黃昏的時候發生；據俗成禮必然是「結昏」，而不可能是「結早」或是「結午」了。

又如：女子結婚的時候需要「加景」（《儀禮・士昏》），鄭玄以為是「行道禦塵」；但是，其說不然；那是在古代行搶婚之俗時的孑遺。男子搶婚，最重要的是先將女孩的頭用遮蔽物罩住，方便控制女子的行動。那麼，搶婚時用遮蔽物罩住女子頭上的這個俗，到了後來的婚禮依舊保持下來，就成為婚禮中的「景」，也就是後來俗稱的「蓋頭」或是「面紗」了。這是中原文化的表現。至於中國西北少數民族在婚娶時，目前仍然保存著用整塊毛氈裹住新娘子的俗。這種用毛氈裹住新娘子的方式，也是古代男子搶婚制所殘存的痕跡。

再如：古代婚禮中，在「婦至成禮」時，主人（新郎）與婦（新娘）必須「三酳用卺」（《儀禮・士昏》），在《禮記・昏義》也有「合卺而酳，所以合體，同尊卑，以親之也」的說解，是儒家人文化以後的詮釋，其實與原始婚禮的事實是有一段距離。古人既然行搶婚之俗，女子被搶之後自然懷有敵意，如果長此以往，如何履行夫婦生活，實踐人生的理想呢？所以，必須馬上化解這種敵對的狀態，必須化干戈為玉帛；這時，最理想的方法就是新婚夫婦「合卺而酳」（即今天所謂「喝交杯酒」）來化解敵意，重新建立互信互賴的夫婦生活秩序。古人以「酒」當作化解敵意最好的媒介，在人類學上是最常見的一種方式（可參考林惠祥著《文化人類學》一書）；同時，這種方式還保持在今天中國雲貴高原一帶的苗族，當外地人要進入苗寨時，必須一一

喝下攔路酒，才能進入他們的生活領域，被苗民所接納。從這些外圍證據，即可以證明古代新婚夫婦要喝下「交杯酒」（即「合卺而酳」）的真正理由。從搶婚制實際之俗，到了真正婚禮時，也依舊保有此俗而成為「合卺而酳」所必須的禮儀了。

　　總之，從以上三個例子，可以清楚地看出古代「俗」與「禮」之間的實質關係──那就是從俗演變成禮的具體實例。從這些實例，在在可以證明「俗」是「禮」主要的起源。如果沒有俗，哪來禮呢？如果大家還嫌不夠清楚，我們可以再舉一個實例，也許可讓人更為清楚地了解：清代一般人穿長袍馬褂是一種俗，但是到現在我們穿長袍馬褂居然變成了參與重要慶典或儀式時的「禮」了。講到這兒，大家可以有一個清晰的概念：儒家所謂的「禮」有一大部分是源自古代的「俗」而來的。

二、古人盥洗禮的研究

　　在《禮記‧大學》中提到〈湯之盤銘〉，我們在註釋中約略提到古人盥洗的習慣；但是，嚴格說起來，它是一種禮制。在討論這種禮之前，我們必須談到古人的衛生習慣，尤其是人們自身的衛生習慣。古書中，對人們自身衛生習慣記載最清楚的，首推《禮記‧內則》，它說：

　　　△子事父母：雞初鳴，咸盥漱、櫛縰、笄總、拂髦、冠緌纓、端、韠、
　　　　紳、搢笏；

又說：

　　　△婦事舅姑，如事父母：雞初鳴，咸盥漱、櫛縰、笄總、衣紳；

又說：

　　　△男女未冠、笄者：雞初鳴，咸盥漱、櫛縰、拂髦、總角、衿纓，皆
　　　　佩容臭；

又說：

　　△凡內外：雞初鳴，咸盥漱、衣服、斂枕簟，灑掃室堂及庭，布席，
　　　各從其事；

又說：

　　△孺子蚤寢，晏起，唯所欲，食無時。

以上所引五則之中，有四條是有「咸盥漱」的衛生規定，依鄭《注》說：「咸，皆也」；係為概括之詞，即白話文中「都要」的意思。至於「盥漱」一詞，鄭玄無說解，考陸德明《經典釋文》云：「盥，音『管』，洗手；漱，所救反，徐素遘反；漱，漱口也，下同。」（《禮記音義》）陸說若然，由知：「盥」是指洗手，「漱」是指漱口；前者係雙手的衛生，後者是口腔的衛生，每天一大早起床以後，第一件事就是人人必須做到的衛生習慣，因此〈內則〉規定：「雞初鳴，咸盥漱。」我們所謂「人人」，是除了孺子之外，凡是父母、舅姑、小孩（男女未冠笄者），甚至內外❶之人都必須天天一大早起來就要洗手和漱口。
　　以上是規定人們自身衛生，無論老少、長幼、內外之人必須天天洗手（盥）和漱口（漱）。
　　其次，古人衛生規則裡，人們自身衛生中必須三日一沐，五日一浴的習慣，所以《禮記・內則》說：

　　△父母……五日，則燂湯請浴；三日，具沐。其間，面垢，燂潘請靧；
　　　足垢，燂湯請洗。

----

❶　孔穎達：「此總論子婦而外卑賤之人，爰及僕、隸之等。或曰：內外，包括上下、尊卑、長幼，不限於卑賤僕隸。」王夢鷗教授云：「今從後說。」（《禮記今註今譯》，445～446頁）但，《春秋左氏傳》也有「內外」一詞，楊伯峻以為係指「國內國外」（《春秋左傳詞典》，98頁）。由此看來，「內外」該是廣義的泛指，而不限於孔穎達所說的那些人。

上列的文字中，有些必須先解釋的：燂，《經典釋文》說：「燂，詳廉反，溫也。」湯，古人稱洗澡水，今天日本澡堂的入口處還是用布簾半遮，簾上有個斗大的「湯」字，客家話、福州語依舊用「洗湯」來稱呼「洗澡」乙事。古人分「盥」、「沐」、「浴」三者，各有專指：盥，指洗手；沐，指洗頭；浴，指洗澡。潘，鄭《注》云：「潘，米瀾也。」「米瀾」是東漢語，今人還是看不懂，所以《釋文》進一步地解釋說：「潘，芳煩反，淅米汁。」所謂「淅米汁」就是白話中的「洗米水」❷。靧，鄭玄不作解釋，《釋文》說：「靧，音『悔』，洗面。」如果把這段文字翻成白話是說：「五天，燒煮一次溫湯，請父母洗澡；三天，準備溫湯請父母洗頭。在這期間，父母臉上有了汙沾，應備好淅米水請父母洗臉；腳髒了，也要備好溫湯請父母洗腳。」以上文字雖是針對父母而言，事實上，也是人們自身衛生的一種通則。換言之，人們每三天必須洗一次頭，每五天洗一次澡。但古人也有盥、沐、浴三者同時進行的，那就是「婦（新娘）見舅姑（新郎的父母親）」的時候，「夙興，婦沐浴」（見《儀禮·士昏》）；另一是人死之後，行小斂之前為死者盥、沐、浴（見《儀禮·士喪》與〈既夕·記〉）。這兩者都是特例，而在日常生活中則是：一日盥，三日沐，五日浴的衛生規則。當然，沐與浴也有重疊的時候，每月的十五日、卅日為「沐」與「浴」重疊；自然也會和「盥」相重疊，那是因為「盥」是每天必做的衛生規則。

我們把「盥」、「沐」、「浴」解釋清楚之後，再來介紹「盥洗禮」吧！關於「盥洗禮」的儀節記載最詳盡的還是在《禮記·內則》，它說：

> 進盥，少者奉槃，長者奉水；請沃盥，盥卒，授巾。

鄭《注》云：「槃，承盥水者。巾以帨手。」陸氏《釋文》云：「帨，始銳反，拭手也。本又作『挩』，同。」如果把它翻成白話就是：「（為父母舅姑）呈進盥洗器具，年輕的呈捧著槃匜，年長的呈捧著湯水；然後，請父母舅姑盥洗，洗畢，再遞上擦手的帨巾。」根據《儀禮》十七篇，古人凡是行禮之前必須先行盥洗禮。試以〈少牢饋食禮〉所載為例，說明如下，俾供參考：

---

❷ 洗米水含有豐富的維他命 B 與 E，用它來洗臉，一方面可以去除皮膚的油汙塵垢，一方面可以使皮膚光澤潤滑，並具有療效。

> 司宮設罍水于洗東，有枓；……小祝設槃匜❸與簞巾于西階東。……
> 祝盥于洗，升自西階；主人盥，升自阼階。……祝出迎尸于廟門之外。
> 主人降立于阼階東，西面，祝先，入門右，尸入門左。宗人奉槃，東
> 面于庭南；一宗人奉匜水，西面于槃東；一宗人奉簞巾，南面于槃北；
> 乃沃尸，盥于槃上。卒盥，坐，奠簞，取巾，興，振之三，以授尸；
> 坐，取簞，興，以受尸巾。

從這段文字中，可以清楚地看出古人盥洗之禮，約略而言，有兩種情形：第
一種是用罍用枓自沃盥，像《禮經》所說：「祝盥于洗」，「主人盥」的例子。
所以，鄭玄注《儀禮》時說：

> 枓，斟水器也。凡設水用罍，沃盥用枓；禮在此也。

《儀禮》的〈少牢饋食禮〉是屬於「諸侯之卿、大夫祭其祖禰於廟」（見《鄭
目錄》）的祭禮。古代在行祭祀時，比較而言，尸的身分最為尊崇❹，祝與主
人的身分較為卑下；所以，在行盥洗禮的時候，祝與主人只得自己用枓自水
罍斟水自沃盥了。第二種則是由三個宗人為尸行盥洗禮的大場面，如果將《禮
經》的原文改成用白話來描寫的話是這樣子的：「尸進入了廟門的左邊，第一
個宗人❺捧著承接沃盥後餘水的槃，面向東，站在庭院的南邊；另外一個宗
人捧著盛好水的匜，面向西，站在捧槃者的東邊；另外一個宗人捧簞巾，面
向南，站在捧槃者的北邊；（三個宗人就位之後）於是舉行沃盥尸之禮，用匜
水沃尸於槃子的上方（好讓槃子承接盥餘之水）。沃盥完畢，宗人坐下，安放

---

❸　槃匜陳設的方法，依《儀禮‧士虞禮》為「匜水錯于槃中，南流，在西階南，簞
　　巾在其東。」此不言及者，係《禮經》省文之例。

❹　《禮記‧學記》云：「凡學之道，嚴師為難；師嚴然後道尊，道尊然後民知敬學。
　　是故君之所不臣於其臣者二：當其為尸，則弗臣也；當其為師，則弗臣也。」由
　　此可見，尸的身分最為尊崇。

❺　宗人，《儀禮‧士喪‧疏》：「宗人，掌禮之官」；楊伯峻云：「宗人，官名：『召室
　　老、宗人立段，而使黜官、薄祭。』（襄《傳》二二‧四）」（《春秋左傳詞典》，384
　　頁）其說是也。

竹簞在地上，拿取簞上的帨巾，然後站立起來，將帨巾用力地振展三次，遞授給尸（尸用帨巾拭手）；宗人坐下，拿取地面上的竹簞，再站立起來，用竹簞受承尸用過的帨巾。」透過白話文的翻譯，我們對《儀禮》第二種盥洗禮的始末有了進一步地了解。它和第一種盥洗禮最大的不同是：前者是用枓在水罍中剩水自行沃盥；第二種則是尊者貴者必須有三個宗人（掌禮之官）替沃盥者服務：一宗人奉槃，一宗人奉匜水，一宗人奉簞巾；三個人彼此配合運作，才能完成盥洗禮。

從以上的一一介紹，我們可以清楚地看出古人對於自身衛生的重視：每一個人必須履行一日盥，三日沐，五日浴的衛生規則。其次，即盥洗禮有二種方式：其一，是身分低賤者，用罍用枓自行沃盥；其二，則是身分高貴者，用槃用匜用巾，由宗人服務，替他行沃盥之禮呢。

三、古人葬用死者爵祭用生者祿說

《禮記·中庸》云：

> 父為大夫，子為士，葬以大夫，祭以士；父為士，子為大夫，葬以士，祭以大夫。

鄭《注》云：

> 斯禮達於諸侯、大夫、士、庶人者，謂葬之從死者之爵，祭之用生者之祿也。言大夫葬以大夫，士葬以士。

從鄭氏的說解，由知「父為大夫，子為士，葬以大夫，祭以士」的準則是「葬之從死者之爵，祭之用生者之祿」而已。但是，純粹就《中庸》、鄭《注》來看，實在是太抽象，很難讓人了解葬大夫、士是如何葬法呢？大夫、士祭是如何祭祀呢？光就《中庸》的原文，或是鄭玄的注解，是不夠的；尤其，今天的大學生讀到這些句子，根本無法體會古人的意思，更甭說是掌握住儒家思想的精髓了。

為了突破這個困境，必須透過「科際整合」的方式來釐清今人的疑惑，

並闡明古人提出這個主張的真相。我們所謂的「科際整合」，就是透過不同的學科的研究成就或結論來解決另外一個學科本身所無法解決的難題。我們曾經做過古人使用禮器規則的研究❻，其中我們得到這樣的結論：古人使用食器時，往往「鼎」與「簋」的器數是密切配合的。例如：古人使用九個青銅鼎的話，他必須用八個青銅簋來匹配；使用七個青銅鼎的話，他必須用六個青銅簋來匹配；以此類推，我們稱這種匹配的現象叫做「鼎簋配合律」。至於，使用這個「鼎簋配合律」的人們必須是士以上的貴族。那是因為古代在封建制度之下，階級限制分明，不同的身分使用不同匹配的禮器。商周時代之禮制限制士以上的人們才能使用青銅禮器，一般的庶民是不准用青銅禮器的，只准用陶器而已。為了說解的方便，我們嘗試把前面所說的「鼎簋配合律」繪成一張簡表，或可供讀者參考：

器　數 身分 禮器名	天　子	公　卿	大　夫	士	庶　人
青銅鼎	九	七	五	三（上士）或 一（中、下士）	○
青銅簋	八	六	四	二	○
鼎實內容	牛、羊、豕、魚、腊、腸胃、膚、鮮魚、鮮腊	牛、羊、豕、魚、腊、腸胃、膚	羊、豕、魚、腊、腸胃	三鼎：豚、魚、腊；一鼎：特豚	無

從上表可以清楚看出：大夫與士的身分不同，那麼，他們使用的「鼎簋配合律」就彼此不一樣。現在，我們利用「鼎簋配合律」的事實，再來看古人「葬之從死者之爵，祭之用生者之祿」的說法，也許會更容易讓人了解古人這個主張的原意了。首先，看《中庸》所謂「父為大夫，子為士，葬以大夫，祭以士」這一條：父親是大夫的身分，兒子是士的身分；那麼，埋葬父親的時候，是依大夫之禮來埋葬他；祭祀父親的時候，則是依士之禮來祭祀他。再以「科際整合」來觀察《中庸》所陳述的理論，就可以更為清楚明白：換句話說，「父為大夫」在埋葬父親的時候父親是大夫的身分；那麼，孝子必須準備用五個青銅鼎和四個青銅簋的「鼎簋配合」規律來陪葬父親。這種行為，

❻　請參閱拙作《商周用鼎制度之理論基礎》，五南圖書出版公司，1989 年。

就是《論語‧為政》所說「死，葬之以禮」（二‧五）的禮制，也就是《中庸》所謂「事死如事生」的理念。其次，「子為士」，他在祭祀父親的時候，如果兒子的身分是上士，就必須用三個青銅鼎與二個青銅簋的「鼎簋配合」規律來祭祀他的父親。這種行為，就是《論語‧為政》所說「祭之以禮」的禮制，也就是《中庸》所謂「事亡如事有」的理念。如果兒子的身分是中士或下士，就必須用一個青銅鼎與二個青銅簋的「鼎簋配合」來祭祀他的父親。反過來說，「父為士，子為大夫」，那麼使用葬禮與祭禮的「鼎簋配合律」剛好相反。以此類推，「父為天子，子為公卿，葬以天子，祭以公卿；父為公卿，子為天子，葬以公卿，祭以天子」的禮制，同樣地，也可以透過「科際整合」，利用「鼎簋配合律」的現象來加以解說。如此一來，今人很難了解古禮的問題，透過「科際整合」的模式，豈不是很容易讓人一看就懂，一聽就會嗎？

必須一提的是，《禮記‧中庸》所說「父為大夫，子為士；葬以大夫，祭以士；……」這一段話，係針對上文「武王末受命，周公成文武之德，追王大王、王季，上祀先公以天子之禮」云云而說的。《中庸》作者詮釋周公憑藉什麼可以追封「大王」、「王季」二人為「王」，並且進而以「天子之禮」來祭祀他們呢？為了除卻後人的疑慮，所以，他在後面補充說明「父為大夫，子為士；葬以大夫，祭以士」的禮儀規範。即以此規範衡之，由知周公追王「大王」、「王季」二人為「王」，非但沒有錯誤；即使用「天子之禮」來祭祀他們，也毫無問題了。質言之，以子孫為周王的身分來追封「大王」、「王季」為王，再用「天子之禮」來祭祀他們，終於找到了法理的根據。依據這一法理，自然周公可以光明正大地追王「大王」、「王季」為「王」；自然周公也可以堂堂正正地以「天子之禮」來祭祀他們了。

四、三代禮制有異說

在《禮記‧中庸》云：

子曰：「吾說夏禮，杞不足徵也；吾學殷禮，有宋存焉；吾學周禮，今用之，吾從周。」

鄭《注》云：

徵，猶明也。吾能說夏禮，顧杞之君不足與明之。吾從周，行今之道。

從《中庸》、鄭《注》看來，三代之禮，各有不同。那麼，它們不同的地方在哪裡呢？即以《禮記》來佐證之，或可得而明白焉。例如〈檀弓上〉云：

> 有虞氏瓦棺，夏后氏堲周，殷人棺椁，周人牆置翣。周人以殷人之棺椁葬長殤，以夏后氏之堲周葬中殤、下殤，以有虞氏之瓦棺葬無服之殤。

又云：

> 夏后氏尚黑，……；殷人尚白，……；周人尚赤，……。

又云：

> 夫子曰：「賜！爾來何遲也。夏后氏殯於東階之上，則猶在阼也；殷人殯於兩楹之間，則與賓主夾之也；周人殯於西階之上，則猶賓之也。而丘也，殷人也。予疇昔之夜，夢坐奠於兩楹之間。夫明王不興，而天下其孰能宗予？予殆將死也。」蓋寢疾七日而沒。

又云：

> 仲憲言於曾子曰：「夏后氏用明器，示民無知也；殷人用祭器，示民有知也；周人兼用之，示民疑也。」

〈檀弓下〉云：

> 曰：「有虞氏未施信於民而民信之，夏后氏未施敬於民而民敬之，何施而得斯於民也。」對曰：「墟墓之間，未施哀於民而民哀，社稷宗廟之中，未施敬於民而民敬。殷人作誓而民始畔，周人作會而民始疑。苟

無禮義、忠信、誠慤之心以涖之，雖固結之，民其不解乎?」

〈王制〉云:

> 凡養老:有虞氏以燕禮，夏后氏以饗禮，殷人以食禮，周人脩而兼用之。

又云:

> 有虞氏養國老於上庠，養庶老於下庠;夏后氏養國老於東序，養庶老於西序;殷人養國老於右學，養庶老於左學;周人養國老於東膠，養庶老於虞庠。

又云:

> 有虞氏皇而祭，深衣而養老;夏后氏收而祭，燕衣而養老;殷人冔而祭，縞衣而養老;周人冕而祭，玄衣而養老。

〈禮運〉云:

> 孔子曰:「嗚呼哀哉!我觀周道，幽、厲傷之，吾舍魯何適也?魯之郊禘，非禮也，周公其衰矣!杞之郊也，禹也;宋之郊也，契也。是天子之事守也，故天子祭天地，諸侯祭社稷。」

〈禮器〉云:

> 周坐尸，詔侑武方，其禮亦然，其道一也。夏立尸而卒祭，殷坐尸，周旅酬六尸。曾子曰:「周禮其猶醵與!」

〈郊特牲〉云:

委貌，周道也；章甫，殷道也；母追，夏后氏之道也；周弁、殷冔、夏收，三王共皮弁素積，無大夫冠禮，而有其昏禮。

〈明堂位〉云：

鸞車，有虞氏之路也；鉤車，夏后氏之路也；大路，殷路也；乘路，周路也。

又云：

有虞氏之旂，夏后氏之綏，殷之大白，周之大赤。

又云：

夏后氏牲尚黑，殷白牡，周騂剛。

又云：

泰，有虞氏之尊也；山罍，夏后氏之尊也；著，殷尊也；犧象，周尊也。

又云：

有虞氏之兩敦，夏后氏之四璉，殷之六瑚，周之八簋。

〈祭義〉云：

昔者，有虞氏貴德而尚齒，夏后氏貴爵而尚齒，殷人貴富而尚齒，周人貴親而尚齒。

以上所徵引《禮記》諸篇凡十六則，有關夏、商、周三代禮制不同的例子，為了眉目清楚起見，試將它們列表如下，或可供讀者參考：

時代 名稱	有虞禮	夏后禮	殷　禮	周　禮	備　註
棺	瓦棺	塈周	棺椁	牆置翣	〈檀弓上〉
色		黑	白	赤	〈檀弓上〉
殯		殯於東階上	殯於兩楹間	殯於西階上	〈檀弓上〉
器		明器	祭器	明祭器兼用	〈檀弓上〉
施	未施信於民而 民信之	未施敬於民而 民敬之	作誓而民始畔	作會而民始疑	〈檀弓下〉
養　老	燕禮	饗禮	食禮	脩而兼用	〈王制〉
養　老	養國老於上庠 養庶老於下庠	養國老於東序 養庶老於西序	養國老於右學 養庶老於左學	養國老於東膠 養庶老於虞庠	〈王制〉
祭與養老	皇而祭 深衣養老	收而祭 燕衣養老	冔而祭 縞衣養老	冕而祭 玄衣養老	〈王制〉
郊　禘		杞之郊──禹	宋之郊──契	天子祭天地 諸侯祭社稷	〈禮運〉
尸		立尸卒祭	坐尸	旅酬六尸	〈禮器〉
冠		毋追 夏收	章甫 殷冔	委貌 周弁	〈郊特牲〉
車	鸞車	鉤車	大路	乘路	〈明堂位〉
牲　色		牲尚黑	白牡	騂剛	〈明堂位〉
尊	泰	山罍	著	犧象	〈明堂位〉
敦　簋	兩敦	四璉	六瑚	八簋	〈明堂位〉
齒　德	貴德尚齒	貴爵尚齒	貴富尚齒	貴親尚齒	〈祭義〉

　　從上表，可以清楚地看出三代之禮，彼此之間有不同的現象。這些現象，一方面體現出孔子所謂夏禮、殷禮、周禮的問題，另一方面也表現出儒家體系對三代之禮認知的問題。那是因為《禮記》這本書係儒家這個學術團體自春秋直到戰國的集體創作；當然，它所保存的內容有很多是儒家這個派系裡的人對禮的主張和理想的展現之個案。從這些個案，我們不難體會到孔子對三代之禮的看法與主張，如何被他的徒弟們吸收涵蓄，直到著書立說依舊念念不忘他們祖師爺的觀點。質言之，《禮記》是一本堅持儒家理想，甚至含括孔子理念的著作。《大學》、《中庸》是《小戴禮記》四十九篇中的兩篇，它的

內容也多多少少展現出前面所陳述的那種風貌。

肆、教學活動

活動一：

　　1.請在課前翻查李孝定教授《甲骨文字集釋》、周法高教授《金文詁林》、段玉裁《說文解字注》等工具書，考查出「禮」字的形、音、義以及其引申義、假借義。

　　2.再查出「學」、「庸」等字的結構及其字義。

　　3.查出「鼎」、「簋」、「甗」等禮器的字義和實物的資料。

活動二：

　　1.請在課前翻檢《四書》，查出出現「禮」字的篇章，用卡片把它一一摘錄下來。

　　2.請將上述所做成的卡片依類排比，擬出研究「禮」的綱目。

活動三：　於課前請班長將全班同學分組蒐集先秦的禮器資料，尤其是：水器、食器、酒器……；然後，依材質分類，如陶器、木器（包括漆器）、青銅器等；最後將這些資料輸入電腦及將圖片攝成幻燈片（或是多媒體教材）。

活動四：　問題與討論

　　1.「禮」與「俗」有何分別？試舉例說明「俗」與「禮」的關係。

　　2.夏禮、殷禮、周禮有何異同？請舉例說明之。

活動五：　利用寒暑假到臺北各地（或臺灣各地）採訪或蒐錄本土化的「禮」或「俗」的資料，越多越好。舉例來說：臺北婚禮與臺南婚禮有何不同？並利用上課時分組討論並作紀錄。

伍、參考資料

《禮記鄭注》　　鄭玄　學海出版社　　1979 年
《四書集註》　　朱熹　學海出版社　　1981 年
《禮學新探》　　高明　香港　聯合書院　　1963 年

《古史新探》　楊寬　中華書局　1965 年

《商周禮制中鼎之研究》　邱德修　自刊本　1981 年

《商周用鼎制度之理論基礎》　邱德修　五南圖書出版公司　1989 年

《說盟及其相關問題》　邱德修　香港中文大學第二屆國際中國古文字學研
　　討會論文　1993 年

詩與音樂

壹、引言

　　音樂小可陶冶性情，大可移風易俗，所以從修身養性以至於治國平天下，它都具有一定的功用。孔子深深了解這個道理，所以十分重視樂教。他常把禮樂並舉，認為樂和禮的地位是平等的。

　　孔子愛好音樂，深通樂理。他經常彈琴，每天唱歌，即使在困阨之中，身處患難，也一樣絃歌不輟。他所唱的歌詞可能就是詩，當時詩與樂是合一的。後來曲譜失傳，詩樂分途。這些詩，經過孔子的整理，成為儒家的重要典籍，被後世奉為經典。孔子非常重視《詩》的功用，認為《詩》對個人、社會、以及國家，都有極大的影響力。孔子的音樂修養、以及他對《詩》與音樂的見解，都記載在《論語》中。孔子提倡雅樂，而孟子則不論雅俗，只注重君王是否與民同樂；又由此加以引申，勸君施行仁政，保民而王。孟子認為《詩》亡而後《春秋》作，他把《詩》看作歷史。孟子引用《詩》，因為那時《詩》已成為儒家的經典了。本文只就《論語》取材，探討孔子在《詩》與音樂方面的貢獻與成就。讓我們先來想想下列問題：

　　——音樂在修己、治人方面，有些什麼功用？

　　——《詩》、音樂、與禮，有什麼關係？

　　——孔子的音樂造詣達到了什麼境界？

　　——孔子欣賞、評鑑音樂的標準是什麼？

　　——孔子會演奏哪些樂器？他會唱歌嗎？

　　——音樂是否與時政相通？為什麼？

　　——孔子刪《詩》正樂的工作是幾時完成的？內容如何？對後世有什麼影響？

　　——孔子提倡什麼音樂？反對什麼音樂？

——孔子為什麼常鼓勵弟子學《詩》？

——孔子論《詩》，提出了四個要旨，內容如何？對後世影響如何？

貳、原典及註釋

《論語》

1. 子路問成人①。子曰：「若臧武仲②之知，公綽③之不欲，卞莊子④之勇，冉求⑤之藝，文之以禮樂，亦可以為成人矣。」(〈憲問〉)

　　①成人：人格完美的人。　②臧武仲：魯大夫，名紇。　③公綽：孟公綽，魯大夫。　④卞莊子：魯卞邑大夫。　⑤冉求：孔子弟子，名有。

2. 子擊磬於衛，有荷蕢而過孔氏之門者，曰：「有心哉，擊磬乎！」既而曰：「鄙哉，硜硜乎莫己知也！斯已而已矣，『深則厲，淺則揭。』⑥」子曰：「果哉，末之難也。」(〈憲問〉)

　　⑥深則厲，淺則揭：見《詩經·衛風·匏有苦葉》，意思是水深則連衣涉水，水淺則攝衣涉水，用來譏諷孔子不能因時制宜。

3. 子曰：「禮云禮云！玉帛云乎哉！樂云樂云！鐘鼓云乎哉！」(〈陽貨〉)

4. 子在齊聞韶⑦，三月不知肉味。曰：「不圖為樂之至於斯也！」(〈述而〉)

　　⑦韶：舜樂。

5. 子謂韶：「盡美矣，又盡善也。」謂武⑧：「盡美矣，未盡善也。」(〈八佾〉)

　　⑧武：武王樂。

6. 孺悲⑨欲見孔子；孔子辭以疾。將命者⑩出戶，取瑟而歌，使之聞之。(〈陽貨〉)

　　⑨孺悲：魯人，曾向孔子學士喪禮。　⑩將命者：傳命的人。

7. 「點⑪，爾何如？」鼓瑟希⑫，鏗爾⑬，舍瑟而作。對曰：「異乎三子者之撰⑭！」子曰：「何傷乎⑮？亦各言其志也。」曰：「莫春者⑯，春服既成；冠者五六人，童子六七人，浴乎沂⑰，風⑱乎舞雩⑲，詠而歸。」夫子喟然嘆曰：「吾與點也。」(〈先進〉)

　　⑪點：曾點，字皙，曾參之父，孔子學生。　⑫鼓瑟希：彈瑟緩慢，動作稀少。　⑬鏗爾：狀聲詞，指結束彈瑟時，最後的一聲。　⑭撰：音ㄓㄨㄢˋ、

所說。　⑮何傷乎：有什麼關係呢？　⑯莫春者：暮春時節。　⑰沂：音一ˊ，水名，在魯城南。　⑱風：乘涼。　⑲舞雩：祭天求雨的地方，築有壇，種有樹木。雩，音ㄩˊ。

8. 子曰：「由之瑟奚為於丘之門？」門人不敬子路。子曰：「由也升堂矣，未入於室也⑳。」（〈先進〉）

⑳升堂入室：堂，正廳。室，內室。進門後，先升堂，再入室。用來比喻做學問的次第。

9. 子食於有喪者之側，未嘗飽也。子於是日哭，則不歌。（〈述而〉）

10. 子與人歌而善，必使反之，而後和之。（〈述而〉）

11. 子語魯太師㉑樂。曰：「樂其可知也：始作，翕如㉒也；從之㉓，純如㉔也，皦如㉕也，繹如㉖也，以成㉗。」（〈八佾〉）

㉑太師：樂官名，即師摯。　㉒翕如：五音合奏。　㉓從之：從，音ㄗㄨㄥˋ，放縱其音。　㉔純如：和諧。　㉕皦如：音節分明。　㉖繹如：連續不絕。　㉗成：樂曲的一個段落。

12. 師冕㉘見，及階，子曰：「階也。」及席，子曰：「席也。」皆坐，子告之曰：「某在斯，某在斯。」師冕出。子張問曰：「與師言之道與？」子曰：「然。固相㉙師之道也。」（〈衛靈公〉）

㉘師冕：樂師名冕。　㉙相：音ㄒㄧㄤˋ，幫助。古代樂官是瞎子，必定有人在旁邊幫助他。

13. 大師摯適齊，亞飯干適楚，三飯繚適蔡，四飯缺適秦㉚。鼓方叔㉛入於河㉜，播鼗武入於漢㉝，少師陽㉞、擊磬襄入於海㉟。（〈微子〉）

㉚亞飯干、三飯繚、四飯缺：都是奏樂勸食的樂師。干、繚、缺都是樂師之名。　㉛鼓方叔：負責擊鼓的樂師名方叔。　㉜河：河內。今河南省黃河以北之地。　㉝播：搖。鼗：音ㄊㄠˊ，小鼓，兩旁有耳，持柄左右旋轉搖動，兩耳自擊鼓。武：樂師之名。漢：漢中。　㉞少師：樂官之助理。陽：少師之名。　㉟擊磬襄：負責擊磬之樂師名襄。海：海島。

14. 子曰：「吾自衛反魯，然後樂正，雅頌各得其所㊱。」（〈子罕〉）

㊱魯哀公十一年（西元前 483 年）冬，孔子自衛反魯，這時魯國的詩樂已殘缺紊亂，孔子加以整理，使風、雅、頌各得其所。

15. 子曰：「惡紫之奪朱也，惡鄭聲之亂雅樂也，惡利口之覆邦家者㊲。」（〈陽

貨〉)

㊲朱：正色。紫：雜色。鄭聲：鄭國的音樂，是與雅樂不同的俗樂。利口：巧言善辯的人，能以是為非，以非為是，人君如果聽信他，國家就會滅亡。

16.三家者以〈雍〉徹㊳。子曰：「『相維辟公，天子穆穆』㊴，奚取於三家之堂。」(〈八佾〉)

㊳三家：魯大夫孟孫、叔孫、季孫之家。〈雍〉：《詩經・周頌》篇名。徹：祭祀完畢，收拾禮器。歌〈雍〉以徹，是天子在宗廟裡祭祀完畢時所用的樂曲，是時三家僭越使用。 ㊴相維辟公，天子穆穆：〈雍〉的詩句。相，幫助。維，語助詞。辟公，諸侯。穆穆，形容天子的容儀。這是武王祭祀文王之詩，說諸侯都來幫助天子祭祀，天子顯現出和美恭敬的容儀。

17.孔子謂季氏㊵：「八佾㊶舞於庭，是可忍也，孰不可忍也。」(〈八佾〉)

㊵季氏：魯大夫季孫氏。 ㊶佾：舞蹈的行列，天子八，諸侯六，大夫四，士二，每列人數和列數相等。季氏以大夫而僭用天子禮樂。

18.子曰：「人而不仁，如禮何？人而不仁，如樂何？」(〈八佾〉)

19.子之武城㊷，聞弦歌之聲。夫子莞爾㊸而笑曰：「割雞焉用牛刀㊹？」子游㊺對曰：「昔者，偃也聞諸夫子曰：『君子學道則愛人；小人學道則易使也。』」子曰：「二三子！偃之言是也。前言戲之耳！」(〈陽貨〉)

㊷之：往。武城：魯國的城邑，當時子游做邑宰。 ㊸莞爾：微笑的樣子。 ㊹割雞焉用牛刀：比喻治小邑何必用大道。 ㊺子游：言偃字子游。

20.顏淵問為邦。子曰：「行夏之時㊻，乘殷之輅㊼，服周之冕㊽，樂則韶舞。放㊾鄭聲，遠佞人㊿。鄭聲淫，佞人殆。」(〈衛靈公〉)

㊻行夏之時：用夏代以寅為正月之曆法。 ㊼乘殷之輅：採用殷代樸素、堅固、又能辨別等級的車子。 ㊽服周之冕：穿戴周朝華而不靡的禮服禮帽。 ㊾放：禁止。 ㊿佞人：卑鄙、諂媚、巧言善辯的人。

21.子曰：「興(51)於《詩》，立(52)於禮，成(53)於樂。」(〈泰伯〉)

(51)興：起；感動。 (52)立：使人堅定卓然自立，不被外物所搖動。 (53)成：音樂涵養人的性情，使其和順，合於道德，達到這個境界，學才完成。

22.子曰：「《詩》三百，一言以蔽(54)之。曰：『思無邪』(55)。」(〈為政〉)

(54)蔽：蓋。 (55)思無邪：見〈魯頌・駉〉。即正、誠之意。

23.子謂伯魚(56)曰：「女(57)為〈周南〉、〈召南〉(58)矣乎？人而不為〈周南〉、

〈召南〉，其猶正牆面而立也與？」（〈陽貨〉）

⑤伯魚：名鯉，孔子之子。　⑤女：同「汝」，你。　⑤〈周南〉、〈召南〉：《詩經》國風前兩部分，內容都是有關修身齊家的事。召，音ㄕㄠˋ。

24.陳亢⑤問於伯魚曰：「子亦有異聞乎？」對曰：「未也。嘗獨立，鯉趨而過庭。曰：『學《詩》乎？』對曰：『未也。』『不學《詩》，無以言！』鯉退而學《詩》。」（〈季氏〉）

⑤亢：音ㄍㄤ，孔子弟子。陳亢以私意猜測聖人，懷疑他必定暗地裡多教自己的兒子。

25.子曰：「小子⑥！何莫學夫《詩》？《詩》，可以興，可以觀，可以群，可以怨。邇⑥之事父，遠之事君。多識於鳥獸草木之名。」（〈陽貨〉）

⑥小子：弟子。　⑥邇：近。

26.子貢曰：「貧而無諂⑥，富而無驕，何如？」子曰：「未若貧而樂，富而好禮者也。」子貢曰：「《詩》云：『如切如磋，如琢如磨。』⑥其斯之謂與？」子曰：「賜也，始可與言《詩》已矣！告諸往而知來者。⑥」（〈學而〉）

⑥諂：卑躬屈膝。　⑥如切如磋，如琢如磨：見《詩經‧衛風‧淇奧》。是說做學問如治理骨角，先用刀鋸切成形，再磋平；如治理玉石，先雕琢再磨光，有循序漸進，精益求精之意。　⑥往：是他已經說過的話。來：是他還未領悟的道理。

27.子夏⑥問曰：「『巧笑倩兮，美目盼兮，素以為絢兮。』何謂也？」子曰：「繪事後素。」曰：「禮後乎！」子曰：「起予者商也，始可與言詩已矣！」（〈八佾〉）

⑥子夏：孔子弟子，姓卜名商。

28.南容⑥三復白圭，孔子以其兄之子⑥妻之。（〈先進〉）

⑥南容：孔子弟子，住在南宮，名縚，又名适，字子容，謚敬叔，孟懿子之兄。　⑥兄：孔子之兄，孟皮，字伯尼。子：女兒，名不詳。

29.子曰：「誦《詩》三百，授之以政，不達；使於四方，不能專對；雖多，亦奚以為？」（〈子路〉）

30.子曰：「〈關雎〉⑥，樂而不淫，哀而不傷。」（〈八佾〉）

⑥〈關雎〉：《詩經‧周南》篇名。

參、解讀

一、孔子的音樂修養

　　孔子教育學生，首重修己，進而治人，最終目的在治國平天下。修己要培養充實而有光輝的完美人格，完美人格的養成，除了許多必備的條件，如知、不欲、勇和藝之外，還必須經過禮的訓練，和樂的薰陶。

　　禮能整飭人的儀容，進而使社會秩序井然；樂能調和人的性情，使人與人之間情感和諧，有助於禮教的推行。《論語》中常禮樂並舉，如：「先進於禮樂，……後進於禮樂，……」（〈先進〉）「天下有道，則禮樂征伐自天子出。」（〈季氏〉）孔子深知樂教的重要，所以對音樂曾下過一番工夫。

　　他曾向師襄學彈琴。師襄是晉國的樂官。《史記‧孔子世家》裡記載了一個故事：師襄教孔子彈琴，孔子彈了十天，仍然彈奏著同一支曲子。師襄說：「已經彈得非常熟練，可以換新的曲子了。」孔子說：「我已學會這支曲子，但還不了解它蘊藏的意義。」過了幾天，師襄說：「你已懂得音符中所蘊藏的意義了，可以彈新的曲子了。」孔子說：「我還不了解樂曲的精神所在。」過了幾天，師襄又說：「你已了解樂曲的精神所在，可以換新曲了。」孔子說：「我還沒有體會出作者的人格胸襟。」過了幾天，孔子經過一番深思，一番高望遠眺，說：「我大概已體會出作者的形象了，作者皮膚有點黑，個子修長，志向遠大，眼光開闊，有天下四方；除非是文王，誰能作出這樣的曲子來？」師襄高興得站起來作揖說：「我老師曾說過，這支曲子名叫〈文王操〉啊!」

　　從這個故事可以知道，孔子學彈琴，不止學會了彈奏的技巧，他甚至深入樂曲後面，探求它蘊藏的意義，精神所在，以求和作者的人格融合為一。音由心生，音樂本是用高低、抑揚、長短、輕重的聲音，表現作者的情感的，孔子通過樂音，掌握到了作者的心意和精神所在。這是非常高的音樂修養，稱得上是「知音」。他自己彈琴，也已達到人格與音樂合一的境界。當他在衛擊磬時，他的心境和磬聲是融為一體的，所以荷蕢的人能從磬聲中聽出他懷才不遇的嘆息。音樂的精神，並不在樂器本身，而是奏樂者人格、性情、心境的流露。

　　因為他的音樂造詣極高，對音樂的欣賞也就十分深入。在齊國，孔子聽見樂師演奏〈韶〉樂，他被那盡善盡美的聲情陶醉了，說：「沒想到音樂達到了這樣完美的境界！」於是立刻向樂師學習，專心一意地學了三個月，心無旁騖。他把〈韶〉和〈武〉加以比較，〈韶〉是虞舜的樂曲，〈武〉是武王的樂曲，舜繼承唐堯以德化民，武王伐紂救民於水火，方法不同，但功績是一樣的。所以他們的音樂都一樣的具有聲容之盛，在藝術上已達到十分完美的境地。但舜的德性是生而有之，又以禪讓得天下；武王伐紂，是用征伐的手段，雖因所遇的時代不得不如此，總是一項遺憾的事，所以在倫理道德上，〈韶〉稱得上是盡善，而〈武〉卻未能達到盡善的境地。

　　在器樂方面，孔子擅長的樂器有古琴，上面說過他曾向師襄學彈琴。他會擊磬，也會鼓瑟。孺悲請見孔子，孔子以生病為由，拒絕不見；當傳命的人出去告訴孺悲的時候，孔子又一面鼓瑟一面唱歌，讓孺悲聽見，知道他沒病，他要孺悲自己去反省做錯了什麼。孔子的學生曾皙、子路也都會鼓瑟。有一次，子路鼓瑟有北鄙殺伐之聲，孔子批評說：「仲由鼓瑟的技藝，哪兒像是從我門下學的呀？」導致門人不敬子路。在聲樂方面，孔子會唱歌，他經常一面彈琴一面唱歌。如果鄰居有喪事，他弔喪哭泣，那天就不再唱歌。反過來說，如果不弔喪哭泣，他是每天唱歌的。他聽見別人歌唱得好，一定請那人再唱一遍，他和著一起唱。孔子在匡受圍困，在陳蔡絕糧，仍然絃歌不止。他的音樂修養，已使他的性情溫厚、和平，達到臨危不亂的境地。

　　孔子精通樂理。他曾和魯太師談論樂理，認為只要把握著一個原則，任何樂曲都不難創作：開始奏樂時，金聲響起，律呂相應；接著堂上堂下的各種樂器都跟著奏起，歌聲悠揚，音韻和諧；各種樂器相雜演奏，但清濁、音節都十分分明；歌聲、樂聲交替響起，連綿不絕，一直到樂曲告一段落。他把交響樂的樂理和演奏過程，分析得十分透徹。孔子常常和樂師來往，和他有來往的樂師除了上面介紹過的師襄、魯太師摯之外，還有師冕。孔子接見師冕，態度非常親切，對盲目的樂師，除了隨時提醒他走到哪裡，入座後，還將在座的人一一為他介紹。太師摯做魯國樂師之初，當時音樂十分美盛，孔子曾對〈關雎〉卒章洋洋盈耳的樂聲讚不絕口。後來，魯衰樂廢，太師摯到了齊國，亞飯干到了楚國，……對七位樂官的風流雲散，逾河蹈海而去，孔子禁不住發出深長的嘆息。音樂與國家的治亂是息息相關的啊！

孔子晚年回到魯國，曾經做過刪詩和正樂的工作。當時魯國的音樂廢缺，孔子整理它，使詩與樂得到完美的配合。古代詩有三千多篇，孔子刪去重複的，選擇合乎禮義的，共得三百零五篇，孔子把每一篇都配上音樂，使合乎韶武雅頌之音。完成這項重要的工作，使禮樂從此有了依據，六經得以完成。

　　他提倡典雅的音樂，對能夠陷溺人心，混亂雅樂的鄭聲，則力加排除。雅樂中正和平，能使人的情感自然而然地有節制與滿足；鄭聲則相反，它激蕩的樂音，會使人的情緒受到鼓蕩，快樂得過分，失去節制，以致遠離善心，違反禮教。使用音樂應合乎身分，如果不合乎身分，是違反禮制的，所以當三桓祭祀完畢歌〈雍〉以徹，季桓子八佾舞於庭，都是僭用了天子的禮樂，孔子曾大加斥責。所以禮樂都需要仁人來實行，不仁的人，已失去了天下的正理，人心已亡，雖然玉帛交錯，鐘鼓鏗鏘，又有什麼用呢？

　　弟子們受到孔子的教化，也深知樂教的重要。子游做了武城宰，就把這項政治理想在這個小小的地方加以推行；所以當孔子到武城，聽見絃歌之聲，非常高興。顏淵向孔子請教治國的方法，孔子特別舉出要推廣韶樂，排斥鄭衛之音，並把放鄭聲和遠佞人並重。

　　由上所述，可知孔子是一個偉大的音樂家，他以樂修身，推行樂教，以樂治國，有理論，有實踐。只可惜《樂經》經秦火之後完全亡佚，先秦雅樂失傳，孔子正樂的心血，沒有留下些許痕跡；但從《論語》中，我們仍然能看出孔子在音樂上的偉大成就。

二、孔子的詩教

　　詩禮樂是孔子教授學生的重要課程，是成為仁人君子不可少的條件。三百零五篇，是經過孔子刪訂的。孔子刪《詩》，有一個取捨的標準，就是「思無邪」。所謂思無邪，就是思想純正，一吟一詠，都出於詩人至情至性的流露，毫無虛偽，而又合乎禮義。因此讀《詩》可以增進人與人之間的親和力，使人性情溫柔敦厚，進而改善社會風俗。

　　孔子經常勉勵弟子學《詩》。有一次孔子問兒子伯魚說：「你學〈周南〉、〈召南〉了嗎？人如果不學〈周南〉、〈召南〉，就好像面對牆壁站著，什麼也看不見，一步也不可行。」又說：「不學《詩》，不懂得說話的技巧。」《詩》是抒情言志的文學作品，具有優美的形式，巧妙的文辭；孔子教伯魚學《詩》，

就是要他學習語言文字的使用技巧，把它運用在實際的生活上。孔子鼓勵弟子學《詩》，對《詩》的功能，提出了興、觀、群、怨四個要旨，除此之外，還能促進人倫關係，增加知識。

興、觀、群、怨，已被後世公認是孔子論《詩》的四大要旨。它概括了《詩》的功用，是作《詩》、讀《詩》的方法，也是評《詩》的準則。

（一）興

就是「興於《詩》」的興。《詩》的情感、內容使人受到感動，進而對人有所啟發。在孔門弟子中，孔子稱讚可以談《詩》的弟子有二人：一是子貢，二是子夏。子貢請教孔子貧而無諂，富而無驕，算不算是美德；孔子說不如貧而樂，富而好禮。子貢立即聯想到〈衛風‧淇奧〉讚美衛武公的話「如切如磋，如琢如磨」而得到啟發，體會到做學問，愈研究愈深入、愈精微的道理。子夏讀詩，對「巧笑倩兮，美目盼兮，素以為絢兮」不了解，請教孔子；孔子說：「繪事後素。」子夏所引詩，前兩句見〈衛風‧碩人〉，第三句已佚。意思是：人有巧笑、美目的本質，再加上彩色的裝飾，正如在素底上加彩繪，更為美麗絢爛。孔子就質和文的關係來回答，以繪畫作比喻，子夏立即受到啟發，聯想到禮的問題。禮以忠信為本質，禮之節文是否也和繪畫一樣，在忠信之後呢？這大概是連孔子都沒有想到的問題，於是對子夏大加讚賞。子貢因論學而了解《詩》，子夏因談《詩》而了解學問。

南容讀了〈大雅‧抑〉裡的「白圭之玷，尚可磨也；斯言之玷，不可為也」幾句詩，受到感動，一再反覆誦讀，不但記在心裡，還身體力行，孔子非常欣賞，便把姪女嫁給他。

（二）觀

是說從詩中可以觀察風俗之盛衰，考見政教的得失。在古代，君民上下之間缺少溝通的管道，人民對政治有所不滿，只能用詩歌來傾吐心中的憤懣，對官吏有所讚揚，也用詩歌來稱頌。君王為求民隱，而設置採詩之官，經常到各地去採集民間歌謠，從歌謠中了解人民的心聲，風俗之厚薄，政教的得失，作為施政的參考。《詩經》的十五國風，就是採詩官到各地採集的歌謠。

（三）群

是溝通人與人之間的情意，使人我之間，心靈相通，產生共鳴。詩是憑藉優美的形式，巧妙的語言來溝通彼此的情意，不論是詩人與讀者，或讀者與讀者。學詩，就是要學習怎樣使用藝術的語言來表情達意。

春秋時代，在政治、外交場合，常常賦詩誦詩以表明心志，而三百篇就是所賦所誦的藍本。當時的政治家、外交家都要學詩，要能純熟地運用詩中巧妙的語言來表達自己的心志。《左傳》裡有許多引詩賦詩的例子。人如果不能使用巧妙的語言，溝通上下的情志，政事一定辦不好；出使到四方各國，如果不能運用藝術的語言，獨當一面，折衝樽俎，辦好外交，詩讀得再多，又有什麼用呢？

（四）怨

是宣洩作者的情意。人有七情——喜怒哀懼愛惡欲，孔子用一個「怨」字概括了所有的情感。

〈關雎〉是三百篇的第一篇，內容歌頌君子應該與貞靜嫻淑的女子相匹配。孔子讚美它表現了快樂的情感而不過分，傳達了哀傷的情感而不害於和。這首詩把樂與哀的情感，宣洩得恰到好處，所以博得孔子的讚賞，並把它放在三百篇之首。

三百篇裡，有表現各種情感的作品，孔子為什麼單用「怨」字來概括呢？或者是特別看重詩的批判作用吧。人民對朝政不滿，用怨而不過分的情感，藉詩歌進行諷刺，希望在上位者能警然覺悟，改弦更張，則仁政可期。還有什麼比天下歸仁更重要呢？

「興、觀、群、怨」，其所興的是讀者的心靈；其所觀的是詩人在詩中所表現的朝政得失、風俗民情；其所群的是人倫社會、甚至國際關係；其所怨的是詩人喜怒哀樂的性情。後世的詩作，不論社會、抒情、山水田園、邊塞戰爭，都不能超越這四大要旨之外。後人讀詩、評詩，也執持著這個原則，以衡量作品的優劣，價值的高下。孔子教導弟子讀詩，簡明、扼要的舉出了四大要旨，已成為後世作詩、讀詩、評詩所奉行的金科玉律。

三、結論

　　世人對孔子的研究，大都著重在他的政治學說、教育理論和思想體系，往往忽略了他在藝術與文學上的成就。從上文的敘述，可知孔子是一位了不起的音樂家，對詩有精深的研究、高明的見解、不凡的成就，對當代和後世，都有非常遠大的影響。《詩經》因為他的刪定、配樂、傳揚、評論，而成為儒家的重要經典。在《大學》、《中庸》和《孟子》裡，或引詩來說明一個道理，或印證一個理論的，共有六十多處，這足以證明詩在當時學者的心目中，其情感之真、義理之善、文辭之美，是至高無上的，其地位之尊，也是至高無上的。

肆、教學活動

活動一：問題與討論

　　1.兩千多年前，孔子提倡雅樂，反對鄭聲，到今天，是否仍然有意義？

　　2.孔子的詩論對後世有什麼影響？

　　3.興於詩的「興」，與賦比興的「興」，有什麼不同？

活動二：試將〈關雎〉譜上樂曲，或收集樂譜，加以演唱。

伍、參考資料

《中國藝術精神》　徐復觀　臺北　學生書局　六十五年增補五版

〈孔子的樂教〉　高明　載《高明文輯》　臺北　黎明出版社　六十七年

〈孔子的詩教〉　高明　載《高明文輯》　臺北　黎明出版社　六十七年

〈孔子與音樂〉　葉龍　載《孔子研究集》　楊化之編　臺北　臺灣書局

　　四十九年

〈興、觀、群、怨——孔子的詩學〉　邢光祖　〈中央副刊〉　六十五年十

　　二月二～八日

如何交友

賴貴三

壹、引言

　　浩瀚宇宙，渺茫天地之間，人為萬物之靈，最為性情所鍾。因此，有情的人生，以「愛情、親情、友情」的熱力，點化了無垠的宇宙、活潑了不言的天地，更將人生有限的生命，賦予永恆的生機與無窮的希望！

　　而人生三情中，愛情是兩情相悅、堅貞不悔的盟誓，有其特定與專一性；親情則是以血脈為其根本，富有生命傳承的意義，非外人所能置身其中；惟獨「友情」為亙古以來，範圍最廣、對象最多、彈性最大的人生感情世界，無論男女、老少、古今、中外，透過交往、溝通、感應與媒介，都能成為肝膽相照的至交密友。因此，友情不僅豐富了我們的感情世界，更加延展了我們的生活空間。

　　友情既為人生中無私而廣泛的感情表徵，中國歷來的聖哲學者，無不特加推揚。因為，經由交友的過程，可以體驗生命的多采多姿，可以砥礪德性、提撕理想及完成體現生命內在的情操。而孔子思想所凝聚的《論語》一書，談論交友的內容，相當廣泛、精闢而深入，成為孔門教育中相當重要的一環，而且形成了中國傳統文化中人際關係的一項特色。原來，在孔門的德性修養中，師友之間的扶持提攜，全是為了培養人格的獨立自主與自我的實現。

　　除了《論語》之外，《孟子》、《中庸》亦偶有吉光片羽談論友道的內涵。因此當我們研讀《四書》此一傳統文化的寶典時，必須抉發其精蘊、把握其主題，透過詮釋與了解，賦予時代的精神，並重視其不朽的價值意義。秉持上述的基本理念，本單元彙集《四書》中有關交友的篇章，一一加以詮解，希望藉著對這些篇章的疏釋解讀，更能透顯出以德性道義相交友的精神風範。以下先行提問數個主題，以供讀者品味思考，並為學習的前奏：

　　——朋友為「五倫」之一，五倫的內涵為何？

──朋友相交，貴以「誠信」，誠信的原則為何？

──擇良朋、遠損友，而結交良朋益友的標準何在？

──交友的方法多端，其入手功夫何在？

──師友交遊，問學論道，師弟與朋友的關係為何？

──「以文會友，以友輔仁」，何謂「文」？何謂「仁」？

──「尚友古人」，如何可「尚」？因何而「尚」？

貳、原典及註釋

一、《論語》

1. 子曰：「……有朋①自遠方來，不亦樂乎？……」（〈學而〉）

　　①朋：指志同道合的人。

2. 曾子②曰：「吾日三省③吾身：為人謀，而不忠乎？與朋友交，而不信④乎？傳，不習乎？」（〈學而〉）

　　②曾子：孔子弟子，名參（ㄕㄣ），字子輿，後世尊為「宗聖」。　③三省：多次省察。省，音ㄒㄧㄥˇ。　④信：實，即「誠實信用」的意思。

3. 子夏⑤曰：「賢賢⑥易色，事父母能竭其力，事君能致其身，與朋友交，言而有信，雖曰未學，吾必謂之學矣。」（〈學而〉）

　　⑤子夏：孔子弟子，姓卜名商，字子夏。　⑥賢賢：尊重賢人。

4. 子曰：「晏平仲⑦善與人交，久而敬之。」（〈公冶長〉）

　　⑦晏平仲：齊國大夫，姓晏名嬰，字仲，諡為平。

5. 子曰：「君子不重⑧則不威，學則不固。主忠信，無友⑨不如己者，過則勿憚⑩改。」⑪（〈學而〉）

　　⑧重：厚重；莊重。　⑨無友：不要結交。無，通「毋」，禁止之辭。　⑩憚：音ㄉㄢ，害怕；畏難。　⑪此章後三句重見於〈子罕第九〉二十四章。

6. 子游⑫曰：「事君數⑬，斯辱矣。朋友數，斯疏⑭矣。」（〈里仁〉）

　　⑫子游：孔子弟子，姓言名偃，字子游。　⑬數：音ㄕㄨㄛˋ，煩數；屢屢。　⑭疏：疏遠不親近。

7. 子曰：「巧言、令色⑮、足恭⑯，左丘明恥之，丘亦恥之。匿⑰怨而友其

人，左丘明恥之，丘亦恥之。」(〈公冶長〉)

⑮令色：裝著討人喜歡的臉色。令，善；美。　⑯足恭：態度卑屈，過分恭敬。足，音ㄐㄩˋ，過度。　⑰匿：音ㄋㄧˋ，隱藏。

8. 朋友死，無所歸，曰：「於我殯⑱。」朋友之饋⑲，雖車馬；非祭肉，不拜⑳。」(〈鄉黨〉)

⑱殯：音ㄅㄧㄣˋ，指料理一切喪葬的事。　⑲饋：音ㄎㄨㄟˋ，餽贈。　⑳不拜：不拜朋友的饋贈，而拜其祭肉，所以敬其祖考，如同己親。

9. 子貢㉑問友㉒。子曰：「忠告㉓而善道㉔之，不可則止，毋自辱焉㉕。」
(〈顏淵〉)

㉑子貢：孔子弟子，姓端木名賜，字子貢。　㉒友：指交友的方法。　㉓忠告：忠心勸善。告，音ㄍㄨˋ，勸善。　㉔善道：以義善加開導。道，同「導」。㉕焉：句末語氣詞。

10. 子路㉖問曰：「何如斯可謂之士矣？」子曰：「切切㉗偲偲㉘，怡怡如㉙也，可謂士矣。朋友切切偲偲，兄弟怡怡。」(〈子路〉)

㉖子路：孔子弟子，姓仲名由，字子路，又作季路。　㉗切切：誠懇周到。㉘偲偲：音ㄙ　ㄙ，詳細勤勉。以上兩句為相互切磋、彼此責善的意思。　㉙怡怡如：態度和悅的樣子。

11. 子貢問為仁。子曰：「工欲善其事，必先利其器。居是邦也，事其大夫之賢者，友其士之仁者。」(〈衛靈公〉)

12. 孔子曰：「益者三友，損者三友：友直㉚、友諒㉛、友多聞㉜，益矣。友便辟㉝，友善柔㉞，友便佞㉟，損矣。」(〈季氏〉)

㉚友直：結交正直的朋友，可以聞過知改。　㉛友諒：結交誠信的朋友，可以進於誠。　㉜友多聞：結交見識廣博的朋友，可以達於明。　㉝友便辟：結交慣於逢迎而不正直的朋友。便辟，音ㄆㄧㄢˊ ㄆㄧˋ。　㉞友善柔：結交諂媚而不信實的朋友。　㉟友便佞：結交習於口辯而無聞見的朋友。便佞，音ㄆㄧㄢˊ ㄋㄧㄥˋ。

13. 孔子曰：「益者三樂㊱，損者三樂：樂㊲節㊳禮樂㊴，樂道人之善㊵，樂多賢友，益矣。樂驕樂㊶，樂佚遊㊷，樂宴樂㊸，損矣。」(〈季氏〉)

㊱三樂：三種愛好。樂，音ㄧㄠˋ，心有所愛好。以下除「禮樂（ㄩㄝˋ）」、「驕樂、宴樂（ㄌㄜˋ）」外，皆音ㄧㄠˋ。　㊲樂：音ㄧㄠˋ，喜愛。　㊳節：節度，

即辨其制度、聲容之節。　㊴禮樂：禮儀音樂。樂，音ㄩㄝˋ。　㊵善：好處。
㊶驕樂：指以侈肆驕縱為樂。樂，音ㄌㄜˋ。　㊷佚遊：閒散遊蕩，出入不加
節度。　㊸宴樂：指耽溺荒淫之樂。樂，音ㄌㄜˋ。

14.顏淵㊹、季路侍。子曰：「盍㊺各言爾志？」子路曰：「願車馬、衣輕裘㊻，
與朋友共，敝㊼之而無憾㊽。」顏淵曰：「願無伐善㊾，無施勞㊿。」子路
曰：「願聞子之志！」子曰：「老者安之51，朋友信之52，少者懷之53。」
（〈公冶長〉）

　　㊹顏淵：孔子弟子，姓顏名回，字子淵，後世尊為「復聖」。　㊺盍：音ㄏㄜˊ，
　　何不。　㊻衣輕裘：穿著輕軟的皮服。衣，音一。　㊼敝：損壞；破舊。　㊽
　　憾：怨恨。　㊾伐善：誇耀有才能。伐，音ㄈㄚˊ，誇耀。　㊿施勞：誇耀張
　　揚有功勞。　51安之：奉養而安樂。（養之以安）　52信之：以信實相交。（與
　　之以信）　53懷之：得到撫愛。（懷之以恩）

15.曾子曰：「以能問於不能，以多問於寡，有若無，實若虛，犯而不校54。
昔者吾友55，嘗從事於斯矣。」（〈泰伯〉）

　　54犯而不校：被侵犯而不計較。校，音ㄐㄧㄠˋ，同「較」，計較。　55吾友：
　　此指顏淵。

16.子夏之門人，問交56於子張57。子張曰：「子夏云何？」對曰：「子夏曰：
『可者與之，其不可者拒之。』」子張曰：「異乎吾所聞：『君子尊賢58而
容眾59，嘉善60而矜不能61。』我之62大賢與63，於人何所不容？我之不
賢與，人將拒我，如之何其拒人也？」（〈子張〉）

　　56問交：詢問交友之道。　57子張：孔子弟子，姓顓（ㄓㄨㄢ）孫，名師，字
　　子張。　58尊賢：尊敬賢人。　59容眾：容納普通人。　60嘉善：獎勵善良
　　的人。　61矜不能：同情無能的人。矜，音ㄐㄧㄣ，同情；憐憫。　62之：假
　　設；如果。　63與：音ㄩˊ，同「歟」，疑問語助詞。

17.子游曰：「吾友張也，為難能也，然而未仁。」（〈子張〉）

18.曾子曰：「君子以文64會友，以友輔仁。」（〈顏淵〉）

　　64文：指詩書禮樂等文化內涵。

二、《孟子》

1.孟子曰：「……后稷教民稼穡①，樹藝五穀；五穀熟，而民人育。人之有

道也。飽食、煖衣、逸居而無教，則近於禽獸。聖人有憂之，使契②為司徒③，教以人倫：父子有親，君臣有義，夫婦有別，長幼有序，朋友有信。……」（〈滕文公上〉）

①稼穡：農田耕作之事。穡，音ㄙㄜˋ，收穫穀物。　②契：音ㄒㄧㄝˋ，虞舜臣，為殷商始祖。　③司徒：官名，掌以禮樂教導百姓。

2.孟子曰：「居下位，而不獲於上④，民不可得而治也。獲於上有道：不信於友，弗獲於上矣。信於友有道：事親弗悅，弗信於友矣。悅親有道：反身⑤不誠，不悅於親矣。誠身有道：不明乎善，不誠其身矣。是故誠者⑥，天之道也；思誠者，人之道也。……」⑦（〈離婁上〉）

④不獲於上：不能得到在上位者的信任。　⑤反身：反省自身。　⑥誠者：真實無妄，為天理之本然。朱《註》曰：「理之在我者，皆實而無偽，天道之本然也。」　⑦《中庸》第二十章，重見此文，可以互參。

3.逢蒙⑧學射於羿⑨，盡羿之道；思天下惟羿為愈⑩己，於是殺羿。……鄭人使子濯孺子⑪侵衛，衛使庾公之斯⑫追之。子濯孺子曰：「今日我疾作，不可以執弓。吾死矣夫！」問其僕⑬曰：「追我者，誰也？」其僕曰：「庾公之斯也。」曰：「吾生矣！」其僕曰：「庾公之斯，衛之善射者也；夫子曰『吾生』，何謂也？」曰：「庾公之斯學射於尹公之他⑭，尹公之他學射於我。夫尹公之他，端人⑮也；其取友，必端矣。」庾公之斯至，曰：「夫子何為不執弓？」曰：「今日我疾作，不可以執弓。」曰：「小人⑯學射於尹公之他，尹公之他學射於夫子；我不忍以夫子之道，反害夫子。雖然，今日之事，君事也；我不敢廢。」抽矢扣輪，去其金⑰，發乘矢⑱而後反。（〈離婁下〉）

⑧逢蒙：后羿家眾，習射於羿。逢，音ㄆㄥˊ。　⑨羿：音ㄧˋ，有窮國君，善射，篡夏自立，後為家眾所殺。　⑩愈：勝過；超越。　⑪子濯孺子：鄭國大夫。　⑫庾公之斯：衛國大夫。　⑬僕：駕車僕從。　⑭尹公之他：衛國人名。他，音ㄊㄨㄛ。　⑮端人：端正耿直的人。　⑯小人：此為庾公之斯自稱。　⑰金：箭鏃（ㄗㄨˊ，箭頭）。　⑱乘矢：四發箭。乘，音ㄕㄥˋ，四也。

4.萬章⑲問曰：「敢問友？」孟子曰：「不挾長⑳，不挾貴㉑，不挾兄弟而友；友也者，友其德也，不可以有挾也。孟獻子㉒，百乘之家也，有友五人焉。……獻子之與此五人者友也，無獻子之家者也；此五人者，亦有獻

子之家，則不與之友矣。非惟百乘之家為然也，雖小國之君亦有之。……
非惟小國之君為然也，雖大國之君亦有之。晉平公㉓之於亥唐㉔也，入
云則入，坐云則坐，食云則食；雖疏食㉕菜羹，未嘗不飽，蓋不敢不飽
㉖也。然終於此而已矣。弗與共天位也，弗與治天職也，弗與食天祿也。
士之尊賢者也，非王公之尊賢也。舜尚㉗見帝，帝館㉘甥㉙於貳室㉚，
亦饗舜；迭為賓主。是天子而友匹夫也。用下敬上，謂之貴貴㉛；用上
敬下，謂之尊賢㉜；貴貴、尊賢，其義一也。」（〈萬章下〉）

㉙萬章：孟子弟子，戰國齊人。　㉚挾長：自恃年長。挾，有所挾持而自恃。
㉑挾貴：自恃地位高貴。　㉒孟獻子：魯之賢大夫，仲孫蔑。　㉓晉平公：
晉悼公之子，名彪。　㉔亥唐：晉國賢人，隱居不仕。　㉕疏食：粗飯。食，
音ㄙˋ。　㉖不敢不飽：所以敬賢者之命。　㉗尚：同「上」。　㉘館：舍；住
宿。　㉙甥：此指女婿。　㉚貳室：副宮。　㉛貴貴：尊敬上位的人。　㉜
尊賢：敬重下位的賢人。

5. 萬章問曰：「敢問交際㉝，何心也？」孟子曰：「恭也。」曰：「卻之卻之㉞
為不恭，何哉？」曰：「尊者賜之，曰㉟：『其所取之者，義乎？不義乎？』
而後受之，以是為不恭，故弗卻也。」曰：「請無以辭卻之，以心卻之，
曰：『其取諸民之不義也。』而以他辭無受，不可乎？」曰：「其交也以道，
其接也以禮，斯孔子受之矣。」……（〈萬章下〉）

㉝交際：人以禮儀幣帛相交接。際，交接。　㉞卻之卻之：推辭至再，表示
堅持不接受。　㉟曰：謂，表心中猜想之詞。

6. 孟子謂萬章曰：「一鄉之善士㊱，斯友一鄉之善士；一國之善士，斯友一
國之善士；天下之善士，斯友天下之善士。以友天下之善士為未足，又
尚論㊲古之人。頌㊳其詩，讀其書，不知其人，可乎？是以論其世㊴也。
是尚友㊵也。」（〈萬章下〉）

㊱一鄉之善士：才德冠於一鄉的人。朱《註》曰：「言己之善蓋於一鄉。」　㊲
尚論：向上考論。尚，上也，進而上也。　㊳頌：通「誦」，朗誦。　㊴論其
世：考論古人的身世。朱《註》曰：「論其當世行事之迹也。」　㊵尚友：上
與古人交友。

三、《中庸》

1. 哀公①問政。子曰:「……天下之達道②五,所以行之者三。曰:君臣也,父子也,夫婦也,昆弟③也,朋友之交也,五者,天下之達道也;知、仁、勇,三者,天下之達德④也;所以行之者,一⑤也。或生而知之,或學而知之,或困而知之⑥,及其知之,一也。或安而行之⑦,或利而行之⑧,或勉強而行之,及其成功,一也。」(第二十章)

①哀公:春秋魯君,名蔣,諡號哀公。 ②達道:天下古今所共由之路。此章孔子所謂五達道的內容,與《孟子》所謂五倫:「父子有親,君臣有義,夫婦有別,長幼有序,朋友有信」相類。 ③昆弟:兄弟。昆,兄也。 ④達德:人人應有的德性。朱《註》曰:「天下古今所同得之理也。」 ⑤一:朱《註》以「一」指「誠」而言,曰:「一則誠而已矣。」 ⑥困而知之:勤學苦行而後得知。 ⑦安而行之:安然自得而履行。 ⑧利而行之:為榮名利益而實行。

2. 子曰:「……君子之道四,丘未能一焉:所求⑨乎子以事父,未能也;所求乎臣以事君,未能也;所求乎弟以事兄,未能也;所求乎朋友先施之,未能也。庸⑩德之行⑪,庸言之謹⑫;有所不足,不敢不勉;有餘不敢盡。言顧行,行顧言,君子胡⑬不慥慥爾⑭。」(第十三章)

⑨求:責;要求。 ⑩庸:平常。 ⑪行:實踐。朱《註》曰:「踐其實。」 ⑫謹:謹慎。朱《註》曰:「擇其可。」 ⑬胡:怎麼;為何。 ⑭慥慥爾:篤實的樣子。慥慥,音ㄗㄠˋ ㄗㄠˋ,猶趮趮(ㄘㄨˋ ㄘㄨˋ)、汲汲,黽勉不敢緩之意。爾,疑問助詞,猶「乎」。

參、解讀

一、五倫達道 朋友其一

　　天、地向為中國思想的形上根源;透過天文的仰觀,地理的俯察,因而體驗出「致中和,天地位焉,萬物育焉」(《中庸》)的哲理,由此亦興發出中國人三才一體、內外圓融的文化傳統,具體而表現出重秩序、講倫常的人文風尚,故《詩經・大雅・烝民》曰:「天生烝民,有物有則。民之秉彝,好是懿德。」可知中國重倫理的文化思想,實在是天理的具體表現,有其普遍的意

義。

由「天人合一」的思想，則可知孟子所謂「父子有親，君臣有義，夫婦有別，長幼有序，朋友有信」的「五倫」之道，即為道體的呈現，所以《中庸》名之為「天下之達道」；以五倫之教為天下之達道，即顯示出其體用一如的流行觀點，是為中國思想中甚具光彩與創發作用的不凡貢獻，值得我們珍視並身體力行。

朋友既為五倫常道之一，又是志同道合的交往，所以孔門師弟論學中，以結交良朋益友為進德修業的重要途徑，故《論語・學而》首章即以「學而時習之，不亦說乎？有朋自遠方來，不亦樂乎？」開宗明義，良有以也。

二、交友之道　首重誠信

「朋友有信」為五倫所揭櫫的信條，因此交友的方法，莫過於「誠信」的篤守。故孔子曰：「主忠信，無友不如己者。」（〈學而〉、〈子罕〉）意即不可以忠信不如己者為友，此實為夫子以其閱歷有感而發的警語。而宗聖曾子「與朋友交而不信乎？」恆為日日念茲在茲的自省德目，具有深刻的人生意義。再者，子夏更強調地推崇說：「與朋友交，言而有信，雖曰未學，吾必謂之學矣。」尤其凸顯交友必須言而有信的重要，並且為進學的另一途徑。

《孟子・離婁上》第十二章及《中庸》第二十章，則進一步逆推至「明善誠身」，其說法大要如下：不能獲得在上位者的信任，便無法施展抱負；想要獲得在上位者的信任，必須獲得朋友的信任；而獲得朋友的信任，又必須以順悅親長為前提；然而反身而誠，方為順悅親長的要義；但是，如果不明於善，則其身不誠。由此推理可知「獲於上、信於友、悅於親」，必須本諸「明善誠身」的逆覺體證，此實為儒學體系中內在道德主體自覺的貞定。

明善，即逆覺其本心之善；誠身，則為實現其道德的本性，而當人的道德本性能完全實現時，便是生命純一無雜朗照之時，故孟子說：「誠者，天之道也；思誠者，人之道也。至誠而不動者，未之有也；不誠，未有能動者也。」（〈離婁上〉）朱子《註》曰：

> 誠者，理之在我者，皆實而無偽，天道之本然也。思誠者，欲此理之在我者，皆實而無偽，人道之當然也。

此章述《中庸》孔子之言，見思誠為修身之本，而明善又為思誠之本，乃子思所聞於曾子，而孟子所受乎子思者，亦與《大學》相表裡，學者宜潛心焉。

反求諸身，反身而誠，便能真實無妄而感動人心，故孟子說：「反身而誠，樂莫大焉。」(〈盡心上〉)。所以明善所覺之善，即是誠身本身；此逆覺之本身，便即是誠體的呈現，故即誠便是善，即善便是誠。統合而言，交友之道，或許經緯萬端，但是如能掌握倫理道德上的「誠信」原則，進而追究天道之「誠體」，從道德實踐之真實上證天道生化流行之真實，我們便可深一層體會內在於人的道德性的超越根源，於是我們可以說：天地之道，「誠」而已矣！而交友之道，亦無不在「誠」的籠罩之中。

《孟子》、《中庸》所說的「誠」，從最切近的修身、事親、信友的真誠態度上立說，使我們體會真心誠意的一念之誠，便是一切行事的根本；大而廣之，則整個宇宙的生化只是一誠道罷了！故南宋大儒陸九淵象山先生所悟道語說：「原來無窮，宇宙內事，乃己分內事；己分內事，乃宇宙內事。宇宙即吾心，吾心即宇宙。」此實為究竟話頭，意即靈明的自覺本心，實可與生化流行的宇宙，一體圓融而上下徹通，此便是「誠」境界的體現。故《中庸》、《孟子》言誠道，就當下之一念真誠上切近而入，可謂高明極了。

三、良朋益友　直諒多聞

探討過誠信的內在主觀與外在客觀的交友原則之後，我們便可以進一步落實合理而建設性的友道：以直（誠實不欺）、諒（信任不疑）、多聞（見識廣博）為結交賢友的積極標準，而此亦為進德修業的方便法門。

孔子以「樂多賢友」為「益者三樂」之一；孟子以言求交取友，必得其人，得其善者可以全身，養其凶者適足以貽患，故子濯孺子以弟子尹公之他取友必端，以庾公之斯為傳道的弟子，因而紓解了子濯的險難，可以為殷鑑。儒家二聖既皆以交友得賢為教育的目標之一，其中必有深義在焉。

「益者三友」，除了理解為「三種有益的朋友」之外，更應當提昇為「益友的三種品格特質」：直、諒是人我內在德性的真實流露，多聞則是外在文化的博涉貞定；綜合言之，一求其「質」，一修其「文」，「文質彬彬，然後君子」

（〈雍也〉），豈不就是良朋益友的絕佳理想形象嗎？

進而言之，「直」是對待自我的基本修為，簡單地說就是凡事誠實不欺；「諒」是對待他人的基本態度，也就是凡事信任不疑，直與諒相輔相成，質言之更是「忠恕」之道的具體表徵啊！然而，朋友相互的交往，除了建立在誠信互諒的基礎之上，此外更應著重於交往內容的向度，如實地說就是「多聞」，周延地說便是「文化」，如此才能陶養健全的人格、建立人生的價值與豐富生命的意義。

對反而言，損友的普遍特徵：便辟（表面僵化）、善柔（諂媚不諒）、便佞（口辯無實），正如孔子所謂：「群居終日，言不及義，好行小慧，難矣哉！」（〈衛靈公〉）其中的道理，讀者如能舉一反三，就近取譬，亦可以論學而取友矣！

四、勸善規過　交友要義

交友的意義，在於德性人格的修養、提昇，而德性人格的核心要義就是自覺、自主與自由、自尊。自我的肯定與實現，本是己分內事；但是人總有良知坎陷的時候，此時朋友便是修養中的明鏡，經由朋友適時的提點，才能衝破陰霾，回歸自我的靈明，而達到進德立業的目標。

因此，孔子回答子貢提問交友之道的時候，當下便肯定「勸善規過」是朋友當然的義務；然而「忠告而善道」之餘，也強調「不可則止」的對待原則。因為，進德修業本是己分內事，朋友的從旁輔助，只具點化導正的作用，當對待主體尚未自覺其坎陷的時候，一味或一廂情願的敦促鞭策，適足以傷害其自尊；而自尊心的不當作用，往往有演變為叛逆傾向的危險，這時反而更延誤朋友回歸合理中道的時機。所以，對朋友的尊重，可以說是避免友誼破裂、自招侮辱的良方，此亦是孔子所發的智慧見解。

勸善規過既是待友之義，切不可心急強求，以維護彼此的自尊。因此，孔子說：「朋友數，斯疏矣。」一個「數」（煩瑣、迫切）可謂此中關鍵語，而一個「數」字也充分顯示出焦慮急切的心情。原來，我們見朋友有過，便自然要主動加以規勸提醒，這實在是出於高貴的道德情操。所以孔子以「匿怨而友其人」為恥，又稱譽晏嬰「善與人交，久而敬之。」箇中巧妙，值得我們深切地玩味體會。

五、師友交遊　折衷乎道

自從孔子開創私人講學風氣之後，師弟間以道之傳承講習為要義，而發展出特殊的師生感情，孔門師生之間充滿著多采多姿、生氣蓬勃的生活氣象。然則，師弟關係與朋友常倫，可以一體同觀嗎？答案是肯定的。

事實上，「師者，所以傳道、授業、解惑也」、「道之所存，師之所存也」。誰傳道給誰，只是一時的偶然，而非一成不變；所以「弟子不必不如師，師不必賢於弟子」，在道義的講習傳承中，師弟的關係地位基本上可以是平等的，只是相折衷於道。因此，師弟、朋友本質上可以是屬於「朋友」一倫的，雖說「一日為師，終生為父」，然而「亦師亦友」也是不容忽視的事實。

我們試著透過《論語》篇章，以窺論孔門師弟與弟子之間所展現出來的「朋友」情誼，自有高格、自有境界！〈公冶長〉「盍各言爾志」章，恰可以從子路、顏淵到孔子，分成三個進境，正是人格修養歷程的三大步驟，也是朋友相與的三層進路——子路「願車馬、衣輕裘，與朋友共，敝之而無憾。」乃是子路順其勇力、愛其朋友，依氣質而行，發揮而成就的德性，畢竟只是對待而不能流通的境界；所以，子路之「與朋友共」，只在物質上互通，而未臻精神上相得的契接。至於顏淵，則已能超脫一己氣質的拘限，而幾於一體流行的境界；「願無伐善，無施勞。」不就是「內聖」的功夫嗎？經由不斷自我的省察與存養，以至於能「不遷怒、不貳過」，正是消除私心我慢的內省成聖的功夫，可以反映出莊嚴謙和的交友之道，也是仁心即顯的豁達境界。而孔子呢？其待友之道，不僅是顏淵的自我超越，更進一層顯現誠信相照，內外圓融的一體和同。所以，「老者安之，朋友信之，少者懷之。」則是既能內在地暢通、昇華一己的人格，又能推擴其精神去衣被外在世界，以至於祈願理想世界的完成，可見孔子內在情感與宇宙情懷的合一。內省的功夫，外發的願力，既清明而又博厚的人格境界，孔子能如實地表達出其人生的態度與理想，所以「至聖先師」的圓滿平實，正是弟子所不能強力而致的。由此章孔聖弟子的各言其志，各尊所聞，我們所體會的不僅只是進境的差異，更是師弟間如朋友般互相尊重、彼此欣賞的情操，不就是「直」、「諒」的友誼嗎？

曾子稱讚顏子「謙讓」求道的品格說：「以能問於不能，以多問於寡，有若無，實若虛，犯而不校。」（〈泰伯〉）顏子的謙讓為懷，不恥下問的用功，

透過曾子由衷的讚嘆與感懷，更是讓我們看到一幅朋友相處道義呈現的圖像。「昔者吾友，嘗從事於斯矣。」曾子說這段話時，顏子已逝世，其中蘊含了多少懷思之情？而且，曾子所懷念於顏子者，不僅是深厚的同門情誼，更是顏子謙德的生命典型，已然為曾子踐德自省的動力了。而孔門弟子交遊之中，又能因所聞見的差異而有不同的意見，所以子夏說：「可者與之，其不可者拒之。」子張說：「君子尊賢而容眾，嘉善而矜不能。」（〈子張〉）子夏重在親賢能，遠小人；子張則強調尊重寬容、嘉勉同情的交友原則，可以說都有「相觀而善」的價值。又如子游批評同門子張說：「為難能也，然而未仁。」（〈子張〉）「仁」為孔門是非善惡判斷的持中原則，子游能見子張的不足處，正是朋友相勉進德的良機。由以上所舉事實中，可以深刻感受到孔門師友間，因為道義所生發的情誼，以及師友交遊相感、相知、相照的人格光輝，正是人生「友道」情懷的高度表現與充分實踐。

六、以文會友　以友輔仁

曾子說：「君子以文會友，以友輔仁。」（〈顏淵〉）這一章，可以說是孔門義理中對友道最根本、扼要而創造的內涵提示。因為就進德修業上說，「以文會友，以友輔仁」正是交友的根本方法與目的啊！

那麼，「文」的意義與價值何在？真正的朋友之道，彼此以德性的修養相期勉，以仁心的愛敬相對待，如果不透過媒介，如何能使彼此間的友誼發揚光大，久而彌堅呢？「文」即是朋友交往的最佳媒介。就字義上說，「文」指詩、書、禮、樂等文化內容，也就是文章、學問。廣而言之，凡是一切的文化活動，都可以收納在此意義之下，如一起讀書就學、討論問題、休閒娛樂等，都是交往時相當重要的媒介與方式。所以孔子以「游於藝」（〈述而〉）為人文涵養教化的手段，「藝」與「文」可以說是具有相同「意義」與「價值」的文化內容。

文化活動本身深富意義，也甚具價值，此一意義與價值有其理想的指標作用；因此，以「文」（文化活動）為「會」（聚會、結交）友的媒介，必然會滌盡人生中混沌無明的渣滓，而對朋友的精神，本質起一提撕與淨化的作用，並且也能提振自我、洗鍊心靈，進而加強了朋友之間的溝通，激發了朋友之間向上的動力與向善的決志。

「以文會友」既為朋友相交的最佳方式，而其本質目的則在於「以友輔仁」，即藉著朋友的互相扶持以修養健全獨立的道德人格。輔仁以進德，須以文化活動為朋友交往時的媒介，所以二者互為表裡，內修德，外學文，一者挺立了人性的尊嚴，一者開出了道德人格、生命化成的世界，而一切的實踐與體現都須「依於仁」（〈述而〉）。那麼，「仁」又該作何解釋呢？

《論語》中，孔子對於「仁」未有所明說，更未作過定義。弟子們問仁甚多，孔子都以「指點」代替「定義」，所以每次的答覆都不相同。但是，統合言之，「仁」是諸德（恭、敬、忠、寬、信、敏、惠、恕、無怨……）的總稱，是諸德的集合體，而且總攝諸德。如果一言以蔽之，則是一「愛」字而已；分而言之，「愛己」（忠）、「愛人」（恕）。愛己才能愛人，愛人正所以愛己，愛己與愛人，實屬一事，所以「仁」的意義，一個「愛」字庶幾可以盡之。而其中分別，非熟讀《論語》無以參透。

人生可以開出理想、修養德行，其超越的根據在於人有「仁」心；仁心會體現，所以人會有自覺的道德感與價值觀，而人生的完成，便有其普遍性與必然性，所以說道德理想的超越根據為「仁」。人生的理想大道，通過每一個人主宰的德行修養的正路而開展，而其基礎在於人人內在本有的仁心發用，而仁心發用必須落實在「文」、「藝」的人文教化中。文藝可以興發心志，穩立人生，成就德行，使生命「藝術化」，所以「以文會友」，可以讓我們在詩書禮樂文化活動的潤澤陶養中，悠游自得；「以友輔仁」，可以讓我們在友誼的淳厚濡染中，潛移默化。如此，圓滿的人格可以實現，圓熟的理想可以達成，圓融的生命可以造化，這難道不是友道的極致境界嗎？

七、尚友古人　知人論世

儒學的真生命，一在道德生命，一在文化生命；道德生命由道德意識開出，文化生命由文化意識開出，道德與文化意識都源由於價值意義的自覺，而此一自覺便是文化創建的根源動力。所以，孔子有「周監於二代，郁郁乎文哉，吾從周」（〈八佾〉）的自覺，實在亦深寓傳承歷史文化傳統的意義。因此，當我們探討友道之餘，讀到《孟子・萬章下》：「頌其詩，讀其書，不知其人，可乎？是以論其世也。是尚友也。」不也有上溯文化傳統，下開文化慧命的醒悟與自覺嗎？

　　唐太宗朝魏徵以諫臣而成「貞觀之治」，嘗語太宗曰：「以銅為鏡，可以正衣冠；以人為鏡，可以明得失；以古為鏡，可以知興替。」因此，古今人物可以為我們「明得失」的借鑑，古代歷史可以為我們「知興替」的參考。所以，尚友古人，即必須透過古人的文化遺跡（文獻）──頌其詩，讀其書，而加以考查證驗；然而古人各生一時，其言各有所當；因此，必須考論其時代背景（論其世），才能不執泥古人的言論，而能順應時代精神，賦予新意，透過同情的了解與相應的體證，這才是真正「尚友古人」的意義，也具有傳承接續的文化意義。

　　歷史傳統的承續，必須經由歷史人物、時代背景與文化成果的體會呼應，因革損益，透過詮釋與理解，把代表歷史文化生命的根源，深植於人心，如此才能代代相傳、日新又新。因為，唯有這一代及下一代的世世繼承，才有成長開展；有成長開展，文化才能不斷地創造更新，也才能有「生生不已」的生命。由此而言，中國的讀書人，秉持儒家的文化使命感，一方面有天命在我的理想自覺，一方面又有承先啟後的價值認同，這便是中華文化創建生發、繼承開展、可大可久的根源所在。因此，我們不僅要結交現代朋友，更要神交古聖先賢以為心靈提昇的至友，此所以「尚友古人，知人論世」，實為友道意義的擴大、深化，不可輕覷啊！

肆、教學活動

活動一： 請同學於課前查閱辭典（如《正中形音義綜合大字典》）、字書（如《說文解字》）等工具書，分別考辨「朋」與「友」二字的字形結構、本義與引申義，並分析「朋友」此一合義複詞的真正內涵，提出說明與討論。

活動二： 請同學於課堂中，以口頭說明或筆記書寫的方式，分別詳舉有關「朋友」的成語、俗諺（如「海內存知己，天涯若比鄰」）；並於課後翻查《成語典》等工具書，查明及記錄其出處、意義與用法。

活動三： 課堂中隨機抽點數位同學，報告其交友的經過、心得及最難忘的朋友，以交換經驗。

活動四： 將班上同學分成數組，分別從《論語》中選出一至二則，有關孔門

師友交遊的篇章（如〈公冶長第二十六〉「盍各言爾志」章），挑選角色，編寫劇情，從扮演短劇中，體會孔門師弟間的至深情義。

活動五： 請同學於課後分別查閱史書，找出有關「交友」的歷史故事（如《史記‧廉頗藺相如列傳》之「刎頸之交」），除詳予記錄外，並於課中提出報告，具體說明。

伍、參考資料

《四書集註》 宋、朱熹 學海出版社 七十一年三月五版

《新譯四書讀本》 謝冰瑩等 三民書局 七十八年三月修訂再版

《論語義理疏解》 王邦雄等 鵝湖月刊雜誌社 七十二年一月初版

《與青年朋友們談孔子思想》 陳大齊 中華民國孔孟學會 七十六年三月重排再版

《孔孟學說與現代思想》 中華民國孔孟學會 六十七年三月二十九日二版

《萬世師表》 中華民國孔孟學會 六十七年九月二十八日二版

〈論語「無友不如己者」章正解〉 謝志雨 《孔孟月刊》 第十一卷第十期 頁 21～22 六十二年六月

〈從論語看孔子的交友論〉 王更生 《孔孟月刊》 第十八卷第一期 頁 8～10 六十八年九月

〈談交友〉（《談修養》） 朱光潛 康橋出版事業公司 七十五年一月初版

〈交友之道〉 傅佩榮 《中央日報》第十五版「中學國語文」第一○一期 八十二年二月十八日

談　勇

徐文助

壹、引言

　　小時候，當我們被人欺負，或遇到困難不能解決，在父母面前痛哭流涕時，父母總會告誡我們：「男子漢大丈夫勇敢點，不許哭。」於是「不哭才是勇」、「哭是弱者的表現」等等觀念，成為我們一生中最早的，對「勇」的粗淺認識，而實際上我們並沒有能力去反省「不哭」到底有沒有解決問題。長大後有了人生的體驗，慢慢的體會到「勇」已不是那麼單純，強忍眼淚的勇，和勇往直前的勇，並不一定能解決問題和獲得勝利，這時「勇」的成分開始融入「知」，使「勇」的含義進一步加強。隨著年齡的成長，性格和智慧更為沉潛和深邃，內在道德力量逐漸發展成熟，這時候「勇」又融入了「仁」。經過這幾個階段，「勇」才算達到成熟的境界，所以真正的「勇」是要具備「知」與「仁」的。孔子把知、仁、勇並稱為三達德，認為君臣、父子、兄弟、夫婦、朋友等五倫關係，都要靠三達德來維繫，五達道、三達德都做好之後，才算做好「修身」，知道怎樣「修身」，才知道怎樣「治人」，知道怎樣「治人」，才知道怎樣「治天下國家」（以上見《中庸》第二十章）；勇和知、仁配合，可以說是儒家「內聖外王」、「成己成物」的基礎，我們不能不仔細探討它。

　　本文就《四書》所搜集到的，有關「勇」的章句，歸納出兩個主題來探討：一為「勇」的內涵，二為養勇的方法。「勇」的內涵和「仁」一樣，很難數語道盡，所以第一主題主要在探討「勇」和「不懼」、「知恥」、「剛毅」、「固執」等詞義的比較，結語說明「勇」必須在「義」和「禮」的涵蓋範圍內。第二主題主要以《孟子‧公孫丑篇》所記載的「不動心」，說明正確的養勇之法。

貳、原典及註釋

一、《論語》

1. 子曰：「非其鬼①而祭之，諂②也。見義不為，無勇也。」（〈為政〉）

　　①非其鬼：不是自己的祖先、神鬼。鬼指神鬼。　②諂：諂媚。

2. 子曰：「君子無所爭，必也射乎！揖讓而升③，下而飲④，其爭也君子。」（〈八佾〉）

　　③揖讓而升：比射時，雙方打拱作禮，以示謙讓，然後升堂比射。　④下而飲：射畢雙方互揖下堂，負者飲罰酒。

3. 子曰：「『射不主皮⑤。』為力不同科⑥，古之道也。」（〈八佾〉）

　　⑤射不主皮：射箭時，不以貫穿箭靶的皮革為主。　⑥科：等級。

4. 子曰：「吾未見剛者！」或對曰：「申棖⑦。」子曰：「棖也慾，焉得剛？」（〈公冶長〉）

　　⑦申棖：棖，音ㄔㄥˊ。魯國人，字子周，孔子學生。

5. 季康子問仲由，可使從政也與？子曰：「由也果⑧，於從政乎何有？」（〈雍也〉）

　　⑧果：有決斷力。

6. 子謂顏淵曰：「用之則行，舍⑨之則藏，唯我與爾有是乎！」子路曰：「子行三軍⑩則誰與？」子曰：「暴虎⑪馮河⑫，死而無悔者，吾不與也；必也臨事而懼⑬，好謀而成者也。」（〈述而〉）

　　⑨舍：同「捨」。　⑩行三軍：統率三軍。古天子六軍，諸侯三軍。一軍一萬二千五百人。　⑪暴虎：空手打虎。　⑫馮河：無舟渡河。　⑬臨事而懼：遇事戒懼謹慎。

7. 子曰：「恭而無禮則勞，慎而無禮則葸⑭，勇而無禮則亂，直而無禮則絞⑮。」（〈泰伯〉）

　　⑭葸：音ㄒㄧˇ，害怕。　⑮絞：音ㄐㄧㄠˇ，急切。

8. 曾子曰：「士不可以不弘毅⑯，任重而道遠。仁以為己任，不亦重乎？死而後已，不亦遠乎？」（〈泰伯〉）

⑯弘毅：弘大志向，堅強不屈。

9. 子曰：「好勇疾⑰貧，亂也。人而不仁，疾之已甚⑱，亂也。」（〈泰伯〉）

　　⑰疾：恨。　⑱已甚：太過分。

10. 子曰：「三軍可奪帥⑲也，匹夫不可奪志⑳也。」（〈子罕〉）

　　⑲三軍可奪帥：三軍雖眾，其心不一，其統帥可能被劫奪。　⑳匹夫不可奪志：雖為平民，亦可意志堅強，不被劫奪。匹夫，平民。

11. 子曰：「知者不惑，仁者不憂，勇者不懼。」（〈子罕〉）

12. 子曰：「有德者必有言，有言者必有德。仁者必有勇，勇者不必有仁。」（〈憲問〉）

13. 子路曰：「君子尚勇乎？」子曰：「君子義以為上。君子有勇而無義為亂，小人有勇而無義為盜。」（〈陽貨〉）

14. 子貢曰：「君子亦有惡乎？」子曰：「有惡。惡稱人之惡㉑者，惡居下流而訕上㉒者，惡勇而無禮者，惡果敢而窒㉓者。」曰：「賜也亦有惡乎？」「惡徼以為知㉔者，惡不孫㉕以為勇者，惡訐以為直㉖者。」（〈陽貨〉）

　　㉑稱人之惡：宣揚別人的過惡。稱，宣揚。　㉒居下流而訕上：處下位而喜歡誹謗長上。　㉓窒：不通。喻不通事理。　㉔徼以為知：做事急切，自以為聰明。　㉕孫：同「遜」。謙讓。　㉖訐以為直：攻發人之陰私而自以為正直。訐，音ㄐㄧㄝˊ，攻發人之陰私。

二、《孟子》

1. 齊宣王曰：「寡人有疾①，寡人好勇。」對曰：「王請無好小勇。夫撫劍疾視②，曰：『彼惡敢③當我哉？』此匹夫之勇，敵一人者也。王請大之！《詩》云：『王赫斯怒④，爰整其旅⑤，以遏徂莒⑥，以篤周祜⑦，以對於天下。』此文王之勇也。文王亦一怒而安天下之民。《書》曰：『天降下民，作之君，作之師⑧，惟曰：其助上帝，寵之四方。有罪無罪，惟我在⑨，天下曷敢有越厥志⑩？』一人衡行⑪於天下，武王恥之；此武王之勇也。而武王亦一怒而安天下之民。今王亦一怒而安天下之民，民惟恐王之不好勇也！」（〈梁惠王下〉）

　　①疾：缺點；毛病。　②撫劍疾視：按劍怒目而視。　③惡敢：惡，音ㄨ。豈敢。　④赫斯怒：言文王赫然發怒。赫，憤怒的氣色。　⑤爰整其旅：爰，

於是。整，整頓。旅，軍隊。　⑥遏徂莒：遏，阻止。徂，前往。　⑦篤周祜：增加周的福祉。篤，增厚。祜，音ㄏㄨˋ，福祉。　⑧作之君，作之師：作，作「立」解。「之」指百姓。為百姓立君主、立師長，以治理、教導百姓。　⑨惟我在：「我」指上帝。　⑩越厥志：逾越上帝心志而作亂。厥，作「其」解。　⑪一人衡行：一人指商紂。衡同「橫」。此言紂胡作非為。

2. 公孫丑問曰：「夫子加⑫齊之卿相，得行道焉，雖由此霸王不異⑬矣。如此，則動心⑭否乎?」孟子曰：「否! 我四十不動心。」曰：「若是，則夫子過孟賁⑮遠矣!」曰：「是不難，告子⑯先我不動心。」

⑫加：居也。　⑬不異：不足為怪。異，怪也。　⑭動心：謂心搖動而不安定。　⑮孟賁：賁，音ㄅㄣ。戰國衛人，勇士。　⑯告子：戰國時人，姓告名不害。曾學於孟子，主張性無善惡。

曰：「不動心有道乎?」曰：「有。北宮黝⑰之養勇也：不膚橈⑱，不目逃;思以一毫⑲挫於人⑳，若撻㉑之於市朝㉒;不受於褐寬博㉓，亦不受於萬乘之君㉔;視刺萬乘之君，若刺褐夫㉕，無嚴㉖諸侯;惡聲至，必反之㉗。孟施舍㉘之養勇也，曰:『視不勝猶勝㉙也。量㉚敵而後進，慮勝而後會㉛，是畏三軍㉜者也。舍豈能為必勝哉? 能無懼而已矣。』孟施舍似曾子，北宮黝似子夏。夫二子之勇，未知其孰賢;然而孟施舍守約㉝也。昔者曾子謂子襄曰:『子好勇乎? 吾嘗聞大勇於夫子矣:自反而不縮㉞，雖褐寬博，吾不惴㉟焉? 自反而縮，雖千萬人，吾往矣!』孟施舍之守氣，又不如曾子之守約也。」

⑰北宮黝：戰國齊人。　⑱膚橈：肌膚被刺而撓屈。橈，屈也。　⑲一毫：一根毫毛，喻細微。　⑳挫於人：挫猶羞辱。被人羞辱。　㉑撻：鞭打。　㉒市朝：市中官治之所。　㉓褐寬博：寬博，寬大之意。寬大粗布大衣。指賤民百姓。　㉔萬乘之君：指天子。　㉕褐夫：即上文之「褐寬博」。　㉖嚴：畏懼。　㉗惡聲至，必反之：有辱罵聲入耳，必回報。　㉘孟施舍：孟施，複姓。舍，名。　㉙視不勝猶勝：勇往直前，不計勝敗。　㉚量：考量。　㉛會：會戰。　㉜三軍：軍隊的通稱。　㉝守約：守著要點。朱《註》:「言孟施舍雖似曾子，然其所守，乃一身之氣，又不如曾子之反身循理，所守尤得其要也。」　㉞縮：作「直」解。　㉟不惴：不，豈不。豈不恐懼。標點應作反詰號。

曰：「敢問夫子之不動心，與告子之不動心，可得聞與？」「告子曰：『不得於言，勿求於心；不得於心，勿求於氣㊱。』不得於心，勿求於氣，可；不得於言，勿求於心，不可㊲。夫志，氣之帥也；氣，體之充也㊳。夫志至焉，氣次焉㊴。故曰：『持其志，無暴其氣㊵。』」「既曰：『志至焉，氣次焉』，又曰：『持其志，無暴其氣』者，何也？」曰：「志壹則動氣，氣壹則動志㊶也。今夫蹶者、趨者㊷，是氣也；而反動其心㊸。」

㊱不得於言，勿求於心；不得於心，勿求於氣：朱《註》：「告子謂於言有所不達，則當舍置其言，而不必反求其理於心；於心有所不安，則當力制其心，而不必更求助於氣。」心，理之所在。氣，按朱《註》，指的是血氣、意氣。

㊲不得於心，勿求於氣，可；不得於言，勿求於心，不可：朱《註》：「孟子既誦其言而斷之曰：彼謂不得於心，而勿求諸氣者，急於本而緩其末，猶之可也。謂不得於言而不求諸心，則既失於外，而遂遺其內，其不可也必矣。」心是本，氣是末。言有所不得，應該推本溯源，反求於心，不可反求於氣。

㊳志，氣之帥也；氣，體之充也：趙岐《注》：「志，心所慮念也。氣，所以充滿形體為喜怒也。志帥氣而行之，度其可否也。」　㊴志至焉，氣次焉：志之所至，氣即隨之。　㊵持其志，無暴其氣：暴，亂也。守其心志，勿使踰軌；毋亂其氣，喜怒妄加於人。　㊶志壹則動氣，氣壹則動志：壹同「一」，專一。動，激動；引動。此言無論志、氣，若能專一不二，則可相互影響。

㊷蹶者、趨者：蹶，跌倒。趨，急走。　㊸而反動其心：謂人之跌倒或急走，氣使之也，而今反動擾其心，以為氣壹動志之例。

「敢問夫子惡乎長㊹？」曰：「我知言，我善養吾浩然之氣㊺。」「敢問何為浩然之氣？」曰：「難言也。其為氣也，至大至剛，以直養而無害㊻，則塞於天地之間。其為氣也，配義與道；無是，餒㊼也。是集義所生㊽者，非義襲而取之㊾也。行有不慊㊿於心，則餒矣。我故曰告子未嘗知義，以其外之㈤也。必有事焉而勿正，心勿忘，勿助長也㈤。無若宋人然；宋人有閔㈤其苗之不長而揠㈤之者，芒芒然㈤歸，謂其人㈤曰：『今日病㈤矣！予助苗長矣。』其子趨而往視之，苗則槁矣。天下之不助苗長者寡矣。以為無益而舍㈤之者，不耘苗者也，助之長者，揠苗者也，非徒無益，而又害之。」（〈公孫丑上〉）

㊹惡乎長：有什麼長處。惡，音ㄨ。長，長處。　㊺浩然之氣：浩蕩偉大之正

氣。㊻以直養而無害：趙岐《注》：「養之以義，不以邪事干害之。」㊼餒：飢乏而氣不充體。㊽集義所生：朱《註》：「言氣雖可配乎道義，而其養之之始乃由事皆合義，自反常直，是以無所愧怍，而此氣自然發生於中。」㊾非義襲而取之：不是行為偶合於義，即可得浩然之氣也。襲，竊取。㊿不慊：內心有所不能滿足。慊，音ㄑㄧㄝˋ，滿足。(51)外之：「之」是「義」。以義為外來，非自內心所生，即「仁內義外」之說。(52)必有事焉而勿正，心勿忘，勿助長也：朱《註》：「正，預期也。……此言養氣者，以集義為事，而勿預期其效，其或未充，則但當勿忘其所有事，而不可作為，以助其長，乃集義養氣之節度也。」(53)閔：音ㄇㄧㄣˇ，憂慮。(54)揠：音ㄧㄚˋ，拔起使高。(55)芒芒然：無知貌。(56)其人：家人。(57)病：疲倦。(58)舍：同「捨」，棄。

3. 景春(59)曰：「公孫衍、張儀(60)，豈不誠大丈夫哉？一怒而諸侯懼；安居而天下熄(61)。」孟子曰：「是焉得為大丈夫乎？子未學禮乎？丈夫之冠(62)也，父命(63)之；女子之嫁也，母命之，往送之(64)門，戒之曰：『往之女家(65)，必敬必戒，無違夫子(66)！』以順為正者，妾婦(67)之道也。居天下之廣居(68)，立天下之正位(69)，行天下之大道；得志，與民由之，不得志，獨行其道。富貴不能淫(70)，貧賤不能移(71)，威武不能屈(72)；此之謂大丈夫。」(〈滕文公下〉)

(59)景春：孟子時人，縱橫家。(60)公孫衍、張儀：均為戰國魏人，仕於秦者。(61)安居而天下熄：趙岐《注》：「安居不用辭說，則天下兵革熄也。」(62)冠：古時男子二十歲行冠禮。(63)命：教訓。(64)之：至也。(65)女家：指夫家。女，同「汝」。(66)夫子：女子丈夫。(67)妾婦：妾是姨太太，婦是正妻。統言出嫁女子。(68)廣居：指天下。(69)正位：趙岐《注》：「謂男子純乾正陽之位也。」(70)淫：蕩其心。(71)移：變其節。(72)屈：挫其志。

三、《中庸》

1. 子路問強。子曰：「南方之強與①？北方之強與？抑而②強與？寬柔以教③，不報無道④，南方之強也；君子居之。衽⑤金革，死而不厭，北方之強也；而強者居之。故君子和而不流⑥，強哉矯⑦；中立而不倚⑧，強哉矯；國有道不變塞⑨焉，強哉矯；國無道，至死不變，強哉矯。」(第十章)

①與：同「歟」。相等於白話文「呢」。　②抑而：抑，轉語詞，猶今言還是。而，你。　③寬柔以教：以寬大柔和的態度教人。　④不報無道：別人無道，己不報復。逆來順受。　⑤衽：席也。此作動詞，以武器為坐席。喻不離身。⑥和而不流：與人和睦相處而不同流合汙。　⑦矯：堅強貌。　⑧倚：偏頗。⑨塞：窮困潦倒時。

2. 天下之達道⑩五，所以行之者三：曰君臣也、父子也、夫婦也、昆弟也、朋友之交也。五者，天下之達道也；知、仁、勇三者，天下之達德⑪也，所以行之者一⑫也。（第二十章）

　　⑩達道：每個人應該遵守的道。　⑪達德：每個人都具備的德性。　⑫行之者一：此「一」朱熹作「誠」字解。王引之《經義述聞》以「一」為衍字。

3. 好學近乎知，力行近乎仁，知恥近乎勇。知斯三者⑬，則知所以修身；知所以修身，則知所以治人；知所以治人，則知所以治天下國家矣。（第二十章）

　　⑬斯三者：指好學、力行、知恥。

4. 誠者⑭，天之道也；誠之⑮者，人之道也。誠者，不勉而中⑯，不思而得，從容中道⑰，聖人也；誠之者，擇善而固執之者也。（第二十章）

　　⑭誠者：真實不妄的人。　⑮誠之：欲使己真實不妄。　⑯不勉而中：不必勉力而行，自然合理。　⑰從容中道：從容，安舒自然貌。言從容安舒而行，自然合於道理。

參、解讀

一、勇的含義

《論語》裡有兩次記載孔子談到「勇者不懼」，所以「勇」的第一含義是「不懼」。「不懼」看起來好像人人都懂，其實它有很深刻的含義，勇如子路都不見得完全了解它。一般人所知道的勇，大多是血氣之勇而已，孔子告誡子路的「暴虎馮河，死而後已」，以及孟子所說的「撫劍疾視，曰：彼惡敢當我哉？」就是這一類，孟子稱之為「小勇」或「匹夫之勇」，只能和一人對抗而已，是做不了大事的。「不懼」是要有條件的，首先要懂得「懼」的道理，

既要「不懼」，又要「懼」，看起來矛盾，其實不然。「暴虎馮河，死而後已」固然不懼死，但死有重於泰山，有輕於鴻毛，死得沒有價值，就失去勇的真正含義；反過來看，「臨事而懼，好謀而成」看起來是「懼」，其實謀定後動，心已無所懼。懂得在「懼」與「不懼」之間掌握分寸的人就是成功的人，韓信忍「胯下之辱」，終究完成不世之功業，就是最好的例證❶。

勇的第二含義是「知恥」，知恥雖然不等於勇，但是已接近勇；知恥所以能近於勇，是因為知恥的人有自尊心、榮譽感。自尊心是人類天生就具有的，孟子說的良心——仁義禮智，就是人類自尊心的根源，可惜人雖有良心，卻容易受外在物質環境影響而喪失；失去自尊心，就喪失「見義而為」的勇氣。有羞恥心、自尊心的人，可以把榮譽放在生命之上，死且不懼，何事不能勇？

勇的第三含義是「剛毅」。「剛」是「剛強」，「毅」是有毅力，孔子說：「剛、毅、木、訥，近仁。」近於仁雖不等於仁，但至少說明仁者需具有「剛」、「毅」兩個條件；孔子又說：「仁者必有勇。」（〈憲問〉）剛毅既然近於仁，當然也近於勇。由此可見剛強、有毅力是勇者另一種行為表現。分開來說，剛強的人有堅強的意志，遇困難險阻，不摧折沮喪，勇敢地解決它。要能做到真正的剛者，首先是不能有太多的物慾，因為物慾太多，容易被物慾所屈，為自我慾望的滿足，常常會犧牲原則，怎麼可能有「朝聞道，夕死可也」的勇氣？真正的剛者是不容易見到的，孔子有次感嘆未能見到真正的剛者，有人回答他說魯國的申棖就是，但孔子以為申棖慾望太多，不算是真正的剛者。毅力也是勇的一種行為表現，它是發自內心的意志力量，有毅力的人堅持理想，不成功決不停止。對知識分子來說，毅力尤其重要，因為「仁以為己任，不亦重乎！死而後已，不亦遠乎！」在春秋時代，知識分子和百姓不同，一般百姓很少受過教育，不知道「仁道」是什麼。知識分子不然，既知道「仁道」的重要性，也有發揚它的責任，而且這責任一直到死都推託不了，沒有毅力，怎能負擔得起？這種堅持到底的精神，就是勇者的具體表現。

勇的第四含義是「固執」。「固執」有正反兩方面的意義，反面的固執是拘泥成見，行事硜硜然，不知變通，孔子說：「毋意、毋必、毋固、毋我。」（〈子罕〉）教導學生時時以這四點作為警惕。固執成見、剛愎自用的人不能博採眾議，接納善言，一意孤行，在這民主時代，是相當不合時宜的；正面

---

❶　見《史記‧淮陰侯列傳》。

的「固執」具有相當的意義，《中庸》說：「擇善而固執之。」勇者最需要有這種固執的特質，才能不畏艱難，堅持到底；孟子說：「掘井九仞而不及泉，是猶棄井也。」（〈盡心上〉）孔子說：「譬如為山，未成一簣，止，吾止也；譬如平地，雖覆一簣，進，吾往也。」（〈子罕〉）「掘井」、「為山」、「平地」都要有恆才能達成，「有恆」是「固執」精神的表達；勇者做事，是絕不會半途而廢的。不過要特別注意到「固執」上面有「擇善」二字，選擇善而固執到底，才不會有反面的固執不化的缺點，而「擇善」則需要有「知」、「仁」的修為，否則選擇錯誤，就變成「亂」和「盜」（見下文），可見「勇」是要和「知」、「仁」並行的。

　　以上論勇的含義，四種含義之中，不論是「不懼」、「知恥」、「剛毅」，或「固執」，都要能完全的合乎「禮」和「義」，才能把「小勇」提升為「大勇」。禮、義是勇的最高指導，所有「勇」的解釋，都要涵蓋在這範圍之內，禮、義對於勇的重要性可想而知，孔子也常以禮、義配合勇來告誡學生，如「君子有勇而無義為亂，小人有勇而無義為盜。」（〈陽貨〉）「勇而無禮則亂。」（〈泰伯〉）「好勇疾貧，亂也。」（〈泰伯〉）「勇」和「亂」、「盜」很接近，稍不小心，好勇就會變成背叛國家、擾亂社會治安的亂臣賊子，其中尤以「疾貧」最為嚴重；子路好勇而不疾貧，孔子讚美他「衣敝縕袍，與衣狐貉者立，而不恥者。」（〈子罕〉）所以子路一生為官，始終沒有成為亂臣。

二、養勇之法

　　孔子只談到勇須配合禮、義，並沒有說明如何養勇；孟子在〈公孫丑〉篇和公孫丑論「不動心」之境界時，曾很清楚的談到養勇之法，他首先把養勇分成北宮黝、孟施舍和曾子等三種方式。北宮黝的養勇是「不膚橈，不目逃，思以一毫挫於人，若撻之於市朝；……惡聲至，必反之。」這種養勇方法，類似激進的報復手段，當然不足取；孟施舍的養勇是「視不勝猶勝」，反對「量敵而後進，慮勝而後會」，他的養勇方法是設法使勝負不掛在心上，戰前不考量敵人的虛實，其實這只能算是盲目的勇；至於曾子，他認為「自反而不縮，雖褐寬博，吾不惴焉？自反而縮，雖千萬人，吾往矣！」意思是只要合理，就爭其所該爭；不合理，就退其所該退，一切行動以理義為主，和孔子所說的「見義不為，無勇也」（〈為政〉）相同。孟子比較三人的養勇，認為北宮黝不

如孟施舍，孟施舍又不如曾子，顯然是贊同曾子之養勇的。

　　孟子認為，要培養見義而為的勇，首在培養浩然之氣，浩然之氣和一般血氣不同，它有根源，根源就在「志」；古人說：「志者，心之所之也。」❷「志」是人類心性的趨向，按人性皆有善端的理論看，這趨向是善、是義和道，所以說浩然之氣是「配義與道」，是集義而生的、心性的自然流露，不是偶一為之的「義襲」行為所可以達成的。為什麼說「志」是「氣」的根源呢？孟子說：「夫志，氣之帥也。」又說：「志至焉，氣次焉。」志直接領導氣，這是很清楚的，不過孟子也承認氣可以擾亂到志，「志」、「氣」雖類似本末、主僕之關係，但彼此也相互影響，所以說：「志壹則動氣，氣壹則動志。」我們的修為就應該雙管齊下，先使意志堅定，再使血氣平穩不擾，則由心志產生的浩然之氣自可出現。

　　以上論「志」、「氣」之說，涵蓋了儒家的整體道德思想與修為，至此我們可以知道，孟子所講的勇，就是道德之勇，所以養勇當然應該從修道的根本──「行仁」開始，因為「仁者必有勇」。從性質看，勇是「至大至剛」，充滿於天地之間；從行為看，勇可以使人「雖千萬人，吾往矣」，視死如歸，義無反顧，文天祥〈正氣歌〉裡列舉的古今豪傑烈士，就是最好的例證❸。

肆、教學活動

活動一：　請學生將過去親眼見到的勇的事跡，敘述出來，供其他同學共同討論是否為真勇。

活動二：　以文天祥〈正氣歌〉所列之節士為例，補充說明古今中外之忠臣烈士事跡，進而探求「勇」的深層含義。

活動三：　選取《四書》有關子路之言行，判斷其為小勇或大勇。

活動四：　共同討論有關勇的認知的錯誤，所帶給時代青年的影響，並尋

❷　語出子夏〈詩大序〉。

❸　文天祥〈正氣歌〉：「在齊太史簡，在晉董狐筆，在秦張良椎，在漢蘇武節，為嚴將軍頭，為嵇侍中血，為張睢陽齒，為顏常山舌。或為遼東帽，清操厲冰雪。或為〈出師表〉，鬼神泣壯烈。或為渡江楫，慷慨吞胡羯。或為擊賊笏，逆豎頭破裂。」

求解決之道。

伍、參考資料

《四書集註》　學海出版社

《論語集解》　魏、何晏

《禮記注》　東漢、鄭玄

《禮學新探》　高明　香港聯合書院

《孟子注疏》　趙岐注、孫奭疏　藝文印書館十三經注疏

《大學說》　日人安井衡　新文豐出版社

《中庸說》　日人安井衡　新文豐出版社

〈孔門大將子路評傳〉　徐文助　《孔孟月刊》　第二十二卷第二期

仕與隱

壹、引言

　　學而優則仕，是古代讀書人的願望。他們從學問思辨中，琢磨出治國平天下的方法，但只有得君王任用，登上仕途，才有機會施展抱負，把理想加以實行。「孔子三月無君，則皇皇如也，出疆必載質。」（《孟子・滕文公下》）這說明他希望得君行道的心願是多麼迫切。

　　春秋戰國時代，戰亂頻仍，民生疾苦。當時周天子權力式微，外有夷狄為患，內有諸侯交侵，強凌弱，眾暴寡，兼併盛行。在諸侯國內，諸侯又不能統御卿大夫，政出私門，甚至子弒父，臣弒君的事也時有所聞；而卿大夫的家臣也凌轢卿大夫，每每起兵造反：整個天下的政治秩序，都十分紊亂。

　　孔孟之流的儒家聖哲，他們懷抱入世的人生觀，想要撥亂反正，甚至知其不可而為之。但另有一些人，他們學問高超，德行敦厚，但不願為君王效命，為人類造福，只想避開紛亂的人世，或隱居田園，或寄身卑微的職位。他們和單純的農夫小吏不同，因為他們出世的人生觀，時時從言談中流露出來。對入世的儒者，往往有所批評，甚至想加以勸止呢！

　　孔孟的出處進退是有原則的，在《論語》中，記載了孔子對仕與隱的言行，隱者的言行，儒者與隱者的對話；《孟子》裡記載了孟子對出處進退的看法，讓我們先來想想下列問題：

　　——孔子一生做過些什麼官？

　　——孔子為什麼要周遊列國？遭遇如何？

　　——孔子對仕與隱採取什麼態度？

　　——無道之世，正需要聖賢出來撥亂反正，為什麼卻說無道則隱呢？

　　——孔子師生遇見了多少隱者？都是些誰？

　　——隱者對孔子有什麼批評？

──孔子對隱者的批評有什麼反應？

──孟子周遊列國，到過哪些國家？見過哪些君王？

──孟子為士之進退，說出了哪句名言？

──孟子的出處進退秉持著什麼原則？

──孟子為什麼仕而不受祿？

──孟子對天下有責任心嗎？他想負起什麼職責？

貳、原典及註釋

一、《論語》

1.子夏①曰：「仕而優②則學，學而優則仕。」（〈子張〉）

　　①子夏：孔子弟子，姓卜名商。　②優：有餘力。

2.陽貨③欲見孔子，孔子不見，歸孔子豚④，孔子時⑤其亡也而往拜之，遇諸途。謂孔子曰：「來，予與爾言。」曰：「懷其寶而迷其邦，可謂仁乎？」曰：「不可。」「好從事而亟失時⑥，可謂知乎？」曰：「不可。」「日月逝矣，歲不我與⑦。」孔子曰：「諾，吾將逝矣！」（〈陽貨〉）

　　③陽貨：季氏家臣，名虎，曾囚禁季桓子，執掌魯國的政權。　④歸：送。豚：小豬。　⑤時：音ㄙˋ，同「伺」，偵察。　⑥亟失時：屢次失去時機。　⑦與：等待。

3.齊人歸女樂，季桓子⑧受之三日不朝。孔子行。（〈微子〉）

　　⑧季桓子：魯大夫，名斯。

4.子曰：「……不義而富且貴，於我如浮雲。」（〈述而〉）

5.子曰：「篤信⑨好學，守死善道，危邦不入，亂邦不居，天下有道則見⑩，無道則隱；邦有道，貧且賤焉，恥也；邦無道，富且貴焉，恥也。」（〈泰伯〉）

　　⑨篤信：全心全意的相信善道。　⑩見：同「現」，出來做官。

6.憲⑪問恥。子曰：「邦有道穀⑫，邦無道穀，恥也。……」（〈憲問〉）

　　⑪憲：原憲，字思，孔子弟子。　⑫穀：享受俸祿。

7.子曰：「邦有道，危言危行；邦無道，危行言孫⑬。」（〈憲問〉）

⑬危：正。孫：音ㄒㄩㄣˋ，同「遜」，卑順。

8.子曰：「直哉史魚⑭！邦有道如矢⑮，邦無道如矢。君子哉蘧伯玉⑯！邦有道則仕，邦無道則可卷而懷之。」（〈衛靈公〉）

　　⑭史魚：衛大夫，名鰌，魚是他的字。史，官名。　⑮如矢：像箭一般正直。

　　⑯蘧伯玉：衛大夫，名瑗。

9.子曰：「甯武子⑰，邦有道則知，邦無道則愚；其知可及也，其愚不可及也。」（〈公冶長〉）

　　⑰甯武子：衛大夫，名俞。

10.微子去之，箕子為之奴，比干諫而死⑱。孔子曰：「殷有三仁焉。」（〈微子〉）

　　⑱微、箕，都是國名。子，是爵位。微子是紂的庶兄。箕子、比干都是紂的叔父。

11.公山弗擾以費畔⑲，召，子欲往。子路不說⑳，曰：「末之也已，何必公山氏之之也㉑。」子曰：「夫召我者，而豈徒哉？如有用我者，吾其為東周㉒乎！」（〈陽貨〉）

　　⑲公山弗擾以費畔：公山是姓，季氏的家臣，做費邑宰，和陽虎一同起兵造反，拘禁了季桓子。畔：同「叛」。　⑳說：音ㄩㄝˋ，同「悅」。　㉑末之也已，何必公山氏之之也：道既然不能實行，沒有地方可去，何必到公山氏那裡去呢！末，無。之，往。㉒為東周：在東方復興周道。

12.佛肸㉓召，子欲往。子路曰：「昔者由也聞諸夫子曰：『親於其身為不善者，君子不入也㉔。』佛肸以中牟畔，子之往也，如之何？」子曰：「然，有是言也。不曰堅乎，磨而不磷；不曰白乎，涅而不緇。吾豈匏瓜也哉，焉能繫而不食㉕？」（〈陽貨〉）

　　㉓佛肸：音ㄅㄧˋ ㄒㄧˋ，晉大夫趙簡子的中牟宰。　㉔親於其身為不善者，君子不入也：親自做壞事的人，君子不加入成為他的同黨。　㉕匏瓜可以吃，如果繫吊在一個地方而不吃，就成為沒有用的東西。孔子用來作比喻，他不願成為匏瓜。

13.子曰：「道不同，不相為謀。」（〈季氏〉）

14.子謂顏淵曰：「用之則行，舍之則藏，惟我與爾有是乎！」（〈述而〉）

15.子曰：「道不行，乘桴㉖浮於海。……」（〈公冶長〉）

㉖桴：音ㄈㄨˊ，筏子。

16.子欲居九夷㉗。或曰：「陋㉘，如之何？」子曰：「君子居之，何陋之有！」（〈子罕〉）

　　　　㉗九夷：東方的夷人有許多種。九，表示多數。　㉘陋：落後、沒有文化。

17.子貢㉙曰：「有美玉於斯，韞匵而藏諸？求善賈而沽諸㉚？」子曰：「沽之哉，沽之哉！我待賈者也。」（〈子罕〉）

　　　　㉙子貢：姓端木，名賜，孔子弟子。　㉚斯：此。韞：音ㄩㄣˋ，藏。匵：音ㄉㄨˊ，櫃子。賈：同「價」。沽：賣。

18.子曰：「賢者辟㉛世，其次辟地，其次辟色，其次辟言。」（〈憲問〉）

　　　　㉛辟：同「避」。

19.儀封人㉜請見曰：「君子之至於斯也，吾未嘗不得見也。」從者見之，出曰：「二三子何患於喪乎！天下之無道也久矣！天將以夫子為木鐸㉝。」（〈八佾〉）

　　　　㉜儀：衛國地名。封人：掌管封疆的官。　㉝木鐸：金口木舌，施行政教時，搖著召集眾人的鈴子。

20.子路宿於石門㉞。晨門㉟曰：「奚自？」子路曰：「自孔氏。」曰：「是知其不可而為之者與？」（〈憲問〉）

　　　　㉞子路：孔子弟子，姓仲名由，字子路。石門：地名。　㉟晨門：掌管早晨開城門的人。

21.子擊磬㊱於衛，有荷蕢而過孔氏之門者，曰：「有心哉，擊磬乎！」既而曰：「鄙哉，硜硜㊲乎莫己知也！斯已而已矣，深則厲，淺則揭㊳。」子曰：「果哉，末之難矣！」（〈憲問〉）

　　　　㊱磬：石製的敲擊樂器。　㊲硜：音ㄎㄥ，磬聲。　㊳揭：音ㄑㄧˋ。這兩句見《詩經・衛風・匏有苦葉》。連著衣服涉水叫厲，拉起衣服涉水叫揭。

22.楚狂接輿㊴歌而過孔子曰：「鳳兮，鳳兮，何德之衰！往者不可諫，來者猶可追！已而，已而，今之從政者殆而！」孔子下，欲與之言。趨而辟之，不得與之言。（〈微子〉）

　　　　㊴楚狂接輿：楚國佯狂避世的人。接，靠近。輿，車。

23.長沮、桀溺耦而耕㊵，孔子過之，使子路問津㊶焉。長沮曰：「夫執輿者為誰？」子路曰：「為孔丘。」曰：「是魯孔丘與？」曰：「是也。」曰：「是

知津矣。」問於桀溺。桀溺曰：「子為誰？」曰：「為仲由。」曰：「是魯孔丘之徒與？」對曰：「然。」曰：「滔滔⑫者天下皆是也，而誰以易之⑬？且而⑭與其從辟人之士也，豈若從辟世之士哉⑮？」耰⑯而不輟。子路行以告，夫子憮然⑰曰：「鳥獸不可與同群，吾非斯人之徒與而誰與？天下有道，丘不與易也。」（〈微子〉）

⑩長沮、桀溺：都不是人名。沮，低下潮溼之地。溺，沒入水中。這是用他們的形象來稱呼他們。耦：並耕。　⑪津：渡口。　⑫滔滔：水流浩蕩，用來比喻天下大亂。　⑬誰以易之：誰來改變它。以，與。　⑭而：你。　⑮辟人之士：指孔子。辟世之士：指長沮桀溺自己。　⑯耰：音一ㄡ，是一種農具。播種之後，用耰翻土把種子蓋上。　⑰憮然：惆悵的樣子。

24.子路從而後，遇丈人以杖荷蓧⑱。子路問曰：「子見夫子乎？」丈人曰：「四體不勤，五穀不分，孰為夫子？」植其杖而芸。子路拱而立。止子路宿，殺雞為黍而食之，見其二子焉。明日，子路行以告。子曰：「隱者也。」使子路反見之，至則行矣。子路曰：「不仕無義，長幼之節，不可廢也；君臣之義，如之何其廢之？欲潔其身而亂大倫⑲。君子之仕也，行其義也；道之不行，已知之矣。」（〈微子〉）

⑱蓧：音ㄉㄧㄠˋ，耘田器。　⑲大倫：指君臣、父子、夫婦、兄弟、朋友五種人倫關係。

二、《孟子》

1.孟子曰：「天下有道，以道殉身①；天下無道，以身殉道。未聞以道殉乎人者也。」（〈盡心上〉）

①以道殉身：自身出來做官，道必定隨著實行。殉，音ㄒㄩㄣˋ，同「徇」，順從。

2.陳子②曰：「古之君子，何如則仕？」孟子曰：「所就三，所去三：迎之致敬以有禮，言將行其言也，則就之；禮貌未衰，言弗行也，則去之。其次，雖未行其言也，迎之致敬以有禮，則就之；禮貌衰，則去之。其下，朝不食，夕不食，飢餓不能出門戶，君聞之曰：『吾大者不能行其道，又不能從其言也，使飢餓於我土地，吾恥之。』周之③，亦可受也，免死而已矣。」（〈告子下〉）

②陳子：陳臻，孟子弟子。　③周之：救濟他。

3. 孟子曰：「仕非為貧也，而有時乎為貧；娶妻非為養也，而有時乎為養。為貧者，辭尊居卑，辭富居貧。辭尊居卑，辭富居貧，惡乎宜乎？抱關擊柝④。……位卑而言高，罪也；立乎人之本朝而道不行，恥也。」（〈萬章下〉）

　　④抱關：看守城門。擊柝：打更巡夜。

4. 周霄⑤問曰：「古之君子仕乎？」孟子曰：「仕。傳曰：『孔子三月無君，則皇皇如⑥也，出疆必載質⑦。』公明儀曰：『古之人，三月無君則弔⑧。』」「三月無君則弔，不以急乎⑨？」曰：「士之失位也，猶諸侯之失國家也。……亦不足弔乎？」「出疆必載質，何也？」曰：「士之仕也，猶農夫之耕也，農夫豈為出疆舍其耒耜⑩哉？」……「丈夫生而願為之有室，女子生而願為之有家⑪，父母之心，人皆有之。不待父母之命、媒妁之言，鑽穴隙相窺⑫，逾牆相從⑬，則父母國人皆賤之。古之人未嘗不欲仕也，又惡不由其道。不由其道而往者，與鑽穴隙之類也。」（〈滕文公下〉）

　　⑤周霄：魏人，與孟子同時。　⑥皇皇如：彷徨不安，有所求而求不到的樣子。　⑦質：通「贄」，拿著去見國君的禮物。　⑧弔：慰問。　⑨不以急乎：不太著急了嗎？　⑩耒耜：耕田起土的農具。　⑪有室、有家：男以女為室，女以男為家。　⑫鑽穴隙相窺：在牆上鑽個洞偷看對方。　⑬逾牆相從：跳過牆跟隨對方私奔。

5. 孟子去齊，居休⑭，公孫丑⑮問曰：「仕而不受祿，古之道乎？」曰：「非也。於崇⑯，吾得見王，退而有去志，不欲變，故不受也。繼而有師命⑰，不可以請⑱；久於齊，非我志也。」（〈公孫丑下〉）

　　⑭休：地名。故城在今山東省滕縣北十五里。　⑮公孫丑：孟子弟子。　⑯崇：地名。位置不詳。　⑰師命：指伐燕的戰役。　⑱不可以請：齊國興兵作戰，上下忙碌，不便請求離開。

6. ……（孟子）曰：「吾聞之也，有官守⑲者，不得其職則去；有言責⑳者，不得其言則去。我無官守，我無言責也，則吾進退，豈不綽綽然㉑有餘裕哉！」（〈公孫丑下〉）

　　⑲官守：官職。　⑳言責：勸諫君王的責任。　㉑綽綽然：很寬裕的樣子。

7. 孟子曰：「無罪而殺士，則大夫可以去；無罪而戮民，則士可以徙。」（〈離

妻下》）

8.孟子致為臣㉒而歸。……王謂時子㉓曰：「我欲中國而授孟子室，養弟子以萬鍾，使諸大夫國人皆有所矜式㉔。子盍㉕為我言之?」……孟子曰：「……! 如使予欲富，辭十萬而受萬，是為欲富乎? ……」（《公孫丑下》）

　　㉒致為臣：辭去齊卿之位。　㉓時子：齊大夫。　㉔矜式：矜，尊敬。式，效法。　㉕盍：音ㄏㄜˊ，何不。

9.孟子去齊，……（孟子）曰：「……千里而見王，是予所欲也，不遇故去，豈予所欲哉? 予不得已也。予三宿而出畫㉖，於予心猶以為速，王庶幾改之。王如改諸，則必反予。夫出畫而王不予追也，予然後浩然有歸志。予雖然，豈舍王哉! 王猶足用為善，王如用予，則豈徒齊民安，天下之民舉安。王庶幾改之，予日望之。……」（《公孫丑下》）

　　㉖畫：齊西南近郊的地名。

10.孟子去齊，充虞路問㉗曰：「夫子若有不豫㉘色然。前日虞聞諸夫子曰：君子不怨天，不尤人。」曰：「此一時也，彼一時也。五百年必有王者興，其間必有名世者㉙，由周而來，七百有餘歲矣，以其數㉚則過矣，以其時㉛考之則可矣。夫天未欲平治天下也，如欲平治天下，當今之世，舍我其誰也? 吾何為不豫哉!」（《公孫丑下》）

　　㉗充虞路問：充虞在路途中問。充虞，孟子弟子。　㉘豫：愉快。　㉙名世者：德業名望聞名一世的人。　㉚數：五百年的時期。　㉛時：亂到極點而希望天下太平，可以有所作為的日子。

參、解讀

一、孔子的時代背景

　　周靈王二十一年，也就是魯襄公二十二年（西元前551年），孔子出生在魯國。魯國是周公的封地，各種禮樂制度十分完備，是周朝的第二個文化中心；但魯國的政權，從魯文公逝世（西元前609年）以後，已經掌握在權臣手裡，孟孫氏、叔孫氏和季孫氏，是魯國實際掌權的三家大夫，他們都是魯桓公的後代，史稱三桓。三家中以季孫氏權力最大，他擔任執政，控制了魯

國的軍政大權，左右魯君；又僭用天子禮樂，八佾舞於庭。到魯昭公二十五年（西元前 517 年），三桓竟然聯手把昭公趕出國境。

　　年輕時，孔子因為貧窮，曾做過魯國的委吏，管理倉庫，他把收支帳目處理得絲毫不差；又曾做過乘田，管理苑囿芻牧，他把牛羊餵得又肥又壯。以孔子的博學多能，做這種卑微的工作，只為餬口，距離他為政的理想，挽救禮崩樂壞的社會秩序，還遠得很。

　　出仕從政，是孔子的夙願，但必須有能夠實現他的政治主張的環境才行。魯國是他的父母之邦，他希望在魯國為政，恢復周公所制定的禮制，重建政治秩序，但魯國的現況已違離正道，陪臣執國政，而季孫氏也不用他。

　　他急於出仕，只有得君任用，才能行道，濟世救民。他具備了溫、良、恭、儉、讓等盛德，辨是非、別邪正的智慧，博古通今的學問，但在魯國，卻沒有從政的機會，不得已，只好到別國去尋找機會。

　　魯昭公被三桓趕出魯國，流亡到齊國，齊景公收留了他，這時魯國無君，任由季平子大權獨攬，更肆無忌憚地打擊異己，魯國大亂。於是孔子到齊國去謀發展，這時他三十五歲。

　　齊景公屢次向孔子請問為政的方法。孔子簡單的回答，已指出了齊國紊亂的根源，很得景公的稱讚，想把尼谿的田封給孔子，但遭到晏嬰的反對。後景公再見孔子，不再問政，只對他說：「我不能像魯君待季氏一樣待你為上卿，只能待你在上下之間。我老了，不能用你了。」齊大夫也毀謗孔子。孔子知道在齊國沒有從政的機會，就離開齊國回到魯國，這一年他四十二歲。

　　魯昭公流亡國外七年，終於死在晉國的乾侯（西元前 510 年）。季平子立昭公之弟公子宋為魯君，是為魯定公。定公五年（西元前 505 年），季平子去世，其子桓子嗣立，繼續柄政，他的家臣陽貨聯絡三桓的家臣，想用武力廢嫡立庶，並取代季桓子執掌魯國的政權。

　　陽貨拘囚了季桓子，為了收攬人心，想請孔子出來幫他為政。他想叫孔子來見他，孔子不去；他又不願降尊紆貴登門求見。按照禮的規定，大夫送禮物給士，士如果不能親自在家接受的話，就要到大夫家裡去拜謝。於是陽貨趁孔子不在家時，送孔子一個蒸豚，想叫孔子來拜謝；孔子也趁陽貨出門時去回拜，誰知兩人在路上遇見了。陽貨質問孔子：「一個人懷藏了道德學問，國家迷亂而不救，算得是仁人嗎？喜歡從政，而屢次失去時機，算得是智者

嗎?」孔子都回答說:「不可以。」「光陰一天天過去,歲月是不等待人的呀!」
孔子說:「是的,我將要出仕了。」陽貨用儒家的道理質問孔子,勸孔子快快
出來做官。孔子並非不願做官,只是不願在陽貨手下做官,所以直接據理回
答,不作爭辯,好像不懂他的言外之意似的。定公八年(西元前 502 年),陽
貨終於被三桓聯手打敗,次年逃到齊國。

二、孔子做官了

　　陽貨失敗後,季桓子重執國柄。大亂之後,為了收拾人心,經孟懿子的
大力勸說,季桓子終於向魯定公推薦孔子。定公任用孔子做中都宰。孔子治
理中都,改善民風土俗,為政一年,政聲遠播,使得四方各地群起仿效,因
而轉任司空,又由司空轉任司寇。

　　司寇負責管理國家的司法和社會的治安,對國家的安寧,社會的秩序,
關係非常重大。孔子做了司寇,他以德化民,以禮教民,使紊亂的魯國社會
秩序井然,商賈不欺,路不拾遺,男女分途,敬重長者,因而魯國大治。這
段時間是孔子在政治上的黃金時代,他按照他的政治理想一步步的去實行,
在內政外交方面都有輝煌的成就。

　　外交方面,定公十年(西元前 500 年),輔助定公與齊景公在夾谷會盟。
魯國的政治上軌道,使齊國感受到極大的威脅,因而要求魯君在齊地夾谷舉
行和平會盟,打算劫持魯君,答應齊國的無理要求。會上因孔子的智慧,認
為文事必須有武備,請求率軍隊前往;又因他能據理陳辭,臨危不亂,不但
保全了國家的尊嚴,而且收回失地,弄得齊國灰頭土臉。是外交上的一大勝
利。

　　魯國的內憂是三桓勢力太大,凌駕國君。孔子想從三桓手裡收回政權,
先得把軍權收回。他主張「家不藏甲,邑無百雉之城」,軍隊屬於國家,大夫
家裡不能私自養兵。大夫的采邑,城的大小要合乎規定,不能過大,因而他
建議墮三都。所謂三都就是季孫氏的費邑,叔孫氏的郈邑,和孟孫氏的郕邑。
這三座屬於三桓的城邑,修得非常堅固,城牆高,牆郭大,是三桓的軍事根
據地,三桓據以挾制魯君,而三桓的家臣也據以叛亂。尤其是季孫氏的費邑,
正由陽貨的黨羽公山弗擾盤踞著,已成為季孫氏的心腹大患,此時孔子提出
墮三都的建議,三桓都同意。這項大工程,雖只拆毀了費邑和郈邑,沒有全

部完成，總算鏟除了陽貨的餘黨公山弗擾，孔子又為魯國立了一件大功。

如果讓孔子繼續為政，實現周禮，自然可期；但是因為某些因素，在定公十三年（西元前 497 年）春天，孔子不得不辭去了司寇的職位。

到底是什麼原因，逼得孔子非辭職不可呢？一個說法是：齊國見魯國日益富強，心生畏懼，因而送了女樂八十人，駿馬一百二十匹給魯君，想讓他沉醉在聲色犬馬之中，不理朝政。女樂還在城外，季桓子就微服去看了好幾遍；又邀魯君出城遊玩，觀賞了一整天，完全怠忽政事。子路對孔子說：「夫子可以走了。」孔子還存著一線希望，說：「魯國快要舉行郊祭了，如果能按照規矩，送祭肉給大夫，我還是可以留下來。」季桓子接受了齊國的女樂，接連幾天不上朝；郊祭後，祭肉又不照規矩分送給大夫，於是孔子就離開了魯國。另一個說法是：子路當時做季氏的家臣，公伯寮對季氏說子路的壞話，使得季氏對子路不滿，連帶對孔子不滿。魯大夫子服景伯把這事告訴孔子，並表示可以去殺掉公伯寮，孔子嘆息道之不能實行，都是命，並不怪罪公伯寮。

孔子墮三都，鏟除了陽貨的餘黨，除去了季孫氏的心腹大患。這時季孫氏的權力已穩固，孔子的政治主張如實行周禮，恢復政治秩序，都和他的利益相衝突，他沒有繼續任用孔子的必要；公伯寮適時進讒言，又有三日不朝，祭肉不至的違禮情事，於是孔子痛心地離開了父母之邦，開始他周遊列國十四年的求仕生涯。

三、周遊列國

這十四年，孔子周遊在列國間，尋找行道的機會。離開魯國後，他先到衛國。衛靈公雖是無道之君，但善於用人，而且衛國也有很多賢人，如蘧伯玉、史䲡等。靈公對孔子十分禮遇，以大司寇的俸祿致贈孔子。因此孔子在衛國是懷抱著滿懷希望的。

衛靈公禮遇孔子，常常向他求教，但並沒任命他擔任朝廷的官職，這是所謂公養之仕。過了不久，有人在靈公面前說孔子的壞話，靈公派人監視孔子的行動，寸步不離；孔子怕得罪，就離開衛國準備到陳國去。經過匡，匡人以為孔子是陽虎，因為陽虎曾暴虐匡人，而孔子的相貌長得像他，所以派軍隊把孔子師徒團團圍住。圍了五天，孔子弟子已心生恐懼，而孔子卻泰然

自若，認為自己擔當了傳承先王禮樂制度的重責大任，匡人奈何不了他。他叫子路彈琴唱歌，他和著唱，才唱完第三支曲子，匡人解甲而去。解圍後，經過蒲，又折返衛國。

當時，靈公夫人南子是一個很淫蕩的女人，她召見孔子，孔子無法拒絕，只得去見她，子路很不高興。有一次，靈公與夫人同車，宦官陪坐在旁邊，叫孔子坐在另一輛車上跟隨在後，招搖過市，孔子覺得很羞恥，於是立刻離開衛國，經過曹國到宋國去。就在這一年，靈公的太子蒯聵，對南子的淫蕩非常不滿，想殺南子，結果事敗出奔。

孔子在大樹下教導弟子演習禮儀，宋司馬桓魋想殺孔子，砍掉大樹。弟子說：「可以快點走了。」孔子說：「不要著急，天叫我修養德行，桓魋能把我怎麼樣？」孔子帶著弟子到鄭國，鄭聲公不見他，於是又轉赴陳國。陳湣公對孔子十分禮遇，給予優厚的待遇，時時向他請教，還同車出城巡遊，但也只是公養之仕，沒有給予重任。孔子在陳國住了三年，又回到衛國。這時靈公已年老，怠於政事，雖向孔子請教，但並不照著他的話去實行，孔子嘆息說：「如果有人用我，只要一年就能使政教上軌道，三年必定有成就。」他想到晉國去謀發展，才走到黃河邊上，聽說趙簡子殺了兩位賢大夫竇鳴犢和舜華，於是又折返衛國。

靈公向孔子請教用兵布陣的方法，孔子回答說：「我只懂得禮儀，沒學過用兵。」第二天和孔子說話，眼睛看著天上的飛鴻，孔子又離開衛國到陳國去。

衛靈公去世了，立孫子輒，是為出公，而晉國卻幫助蒯聵回國爭奪君位。魯哀公三年（西元前 491 年），孔子年已六十，魯國的季桓子生病了，他望著巍峨的魯國城闕嘆息說：「從前魯國差一點就振興了，只因我得罪了孔子，所以不能振興。」回頭對他的後嗣康子說：「我死後，你必定做魯國的宰相；做了宰相，一定要把孔子召回來。」

孔子從陳國到蔡國，又從蔡國到楚國屬地葉縣。葉公向他請教為政的方法。離開葉回蔡，一住三年。楚國聽說孔子在陳蔡之間，派使者聘請孔子。楚國是南方的大國，國力強盛，孔子希望楚昭王能重用他，他可以幫助昭王實行仁義，恢復周禮。誰知陳蔡大夫怕楚國重用孔子，會危害到他們兩國的安全，於是派人把孔子圍住，不讓他走，甚至七天斷絕米糧；跟隨的人都餓病了，起不來，孔子仍然彈琴唱歌，講論學問。

孔子派子貢到楚國去替他安排，楚國派軍隊來迎接孔子，然後得以脫離災難。昭王將以書社七百里封孔子，遭到令尹子西的反對而作罷。直到昭王去世，孔子始終不見用，於是孔子又回到衛國，這時他已六十三歲。回衛之後，衛國任用孔子弟子子路、高柴等做官，衛君也想請孔子為政，但出公、蒯聵父子爭國的現況並未改變，孔子不願在出公手下做官。直到魯哀公以幣召孔子，孔子才回到魯國，這時他已六十八歲，離開魯國已十四年。哀公時時向孔子請教為政之道，但終不能用，孔子也不求仕，以教學著述承先啟後，繼往開來。

四、對仕與隱的看法

　　得君行道，實現政治理想，是孔子一生最大的願望，他也積極地朝這個目標努力，但必須合乎道；如果不當得而得，即使可以身居富貴也不居，可以脫離貧賤也不去。不合乎義的富貴，在他看來，就像天上的浮雲一般。他總是篤信好學，守死善道。他離開魯國，離開齊國、衛國，到晉國半途折回等，都是實踐危邦不入，亂邦不居，天下有道則現，無道則隱的信念。他認為一個士，在國家有道時不能有所作為，無道時不能獨善其身，只知道安享俸祿，是非常可恥的。君子的節操是不能改變的，在無道之世，有時不敢盡言以避禍，是可以的。他稱讚史魚能以直道事君，死以尸諫君王，當得起一個直字；更稱讚蘧伯玉是君子，在國家有道時出來做官，亂世則將才智收藏起來。當然像甯武子那樣，在成公無道失國之時，他周旋其間，盡心竭力，不避艱險，不但幫助了君王，也保全了自己，他的「愚」是別人趕不上的。愚得像比干那樣，孔子雖讚許他是仁人，微子避開亂國，也是仁人，兩相比較，或者孔子是比較欣賞微子的。

　　有時候，孔子也認為天下沒有不能改過的人，沒有不可能做到的事。所以當公山弗擾在費邑造反，召孔子，孔子想去；佛肸在中牟造反，召孔子，孔子也想去。子路很不高興。孔子認為，召我的人必定會用我，我就能幫助他實行周道；我的意志十分堅定，別人是不能改變我，汙染我的。我難道是匏瓜嗎？怎能吊著不吃！終因孔子知道公山等人是無法改變，不可能有為而沒有應召。道不同的人，是不能代他策劃的。

　　孔子雖能用行舍藏，安於所遇，無可無不可；但天下滔滔，所到之處皆

不合，有安天下之心之才，而無處著力，有時不免傷感興嘆：道不行，乾脆乘竹筏到海上隱居算了；中國混亂，乾脆住到夷狄之邦好了。這只是他一時傷感的話，不是真的要到海外隱居，他像美玉一樣，不願被藏在匱子裡，隨時都希望待善價而沽。正如伊尹之耕於有莘之野，伯夷、太公之居於北海之濱，世上如果沒有成湯、文王，他們就會在那裡待一輩子，決不肯枉道從人。

　　無道則隱，並不是避世隱居山林，再也不問世事，而是不出來做官，獨善其身，等待可以行道的時機，像伯夷、太公，就是為避亂世而隱。有的是離開亂國，到治邦居住。有的因國君禮貌衰而去，有的因國君不聽勸諫而去。孔子雖稱道伯夷、太公，但他不願避世，而避地，避色，避言，正是他去魯，去衛的原因。四者所遇不同，並沒有優劣等第之分。

五、儒者與隱者的對話

　　當時有許多隱者，他們有淵博的學識，敏捷的思辨，銳利的眼光，只因避亂世，或遁跡山林田園，或居於卑位，隱於塵寰。魯國孔丘的大名和作為，他們早已耳熟能詳，當因緣際會得以相遇，從言談中，不自覺地洩露了他們隱者的身分。而隱者通常是隱姓埋名的，《論語》中記載的隱者，常用他們的形象、舉動、或職守來命名。

（一）儀封人

　　孔子在衛國，儀邑的封人請見。見過孔子後，出來對孔門弟子說：「你們不要擔心夫子失位去國。天下無道很久了，亂極當治，天必將使夫子得君行道，教化天下。」這位封人，閱人甚多，凡是到當地的君子他都見過，才見孔子一面，就對孔子有這樣的評價，可知他對人物的觀察有獨到的眼光。是一位隱於下位，關心社會，為貧而仕的賢者。

（二）晨門

　　子路夜宿石門，早晨出城，開城門的人問他：「打哪兒來？」子路說：「從孔子那裡來。」「是那個明明知道行不通，卻偏偏要去做的人嗎？」知其不可而為之，正是孔子積極救世精神的寫照。這位晨門知道世事不可為而不為，所以這樣譏諷孔子。他十分了解孔子，可知是一位隱於抱關的賢者。

（三）荷蕢

　　在衛國，孔子有一次擊磬奏樂。有一個挑著竹簣子的人打門前經過，聽見了磬聲。從磬聲中，聽出孔子有救天下的雄心壯志，第一個反應是一聲帶著鄙夷的讚嘆：「有心哉，擊磬乎！」聽了一會兒之後，自言自語說：「鄙陋啊！敲得鏗鏗響，在怨嘆沒有人賞識。沒有人賞識就算了罷，人要能因時制宜啊！」荷蕢在孔子門前的自語，必定由孔子弟子轉達了。孔子聽了之後說：「他果真拋開人世了。人的出處進退像他這樣，就什麼困難也沒有了。」這是一位避世的賢者，音樂修養很高，能夠聽音辨志，是一位知音。

（四）楚狂接輿

　　孔子往楚國的途中，有一個瘋瘋顛顛的人打車旁經過，一邊走，一邊唱歌：「鳳鳥啊！鳳鳥！你為什麼這樣墮落不堪？過去的事已無法改變，就讓它去罷！未來的還可以追攀。快點停止罷，停止罷！當今從政的人多麼危險呀！」鳳凰在天下有道時出現，無道則隱去，這位佯狂的楚國隱士用以比喻孔子，而譏諷他亂世不隱，品德頹敗；同時勸他趕快避世隱居。孔子下車想告訴他出處之道，接輿不願聽，趕緊避開。接輿很尊敬孔子，才用鳳鳥為喻，只是他們的志趣各不相同，他甚至不願同孔子對話。

（五）長沮、桀溺

　　自楚返蔡的途中，孔子面臨大河找不到渡口，看見一高一壯兩個人，一起在水田中耕作，派子路去打聽。高個子問：「那個拉著韁繩的是誰？」本是子路駕車，下車時將韁繩交給孔子。子路說：「是孔丘。」「是魯國的孔丘嗎？」「是的。」「他知道渡口在哪裡。」

　　高個子顯然很了解孔子，知道他是魯國人，也知道他救人濟世的志向。救人濟世，與渡船渡人相似，從苦難的此岸，過渡到安樂幸福的彼岸。孔子既然以濟世為職志，他自然知道津渡所在，何必問我！子路問的是實質的津渡，而長沮說的是價值的津渡，一問一答，顯然扞格不入，子路只得又轉問另一位並耕的壯漢。在壯漢了解子路是孔子的門徒之後，說：「天下到處都是洪水橫流，誰能改變它？你與其跟隨孔子周遊列國，不如追隨我們避世隱居

更好!」依舊耕作不停，仍然沒有告訴子路渡口在哪裡。

　　孔子周遊列國，並沒有得到列國之君的重用，於是他又離開，尋找另一個安身立命的所在。在隱者看來，他是避人之士。而隱者自己隱居山林田園，完全避開紛擾的世界，脫離政治環境，過著日出而作，日入而息的生活，自認是避世之士；並勸子路離開孔子，追隨他們隱居。子路回來把與隱者的對話告訴孔子，孔子悵然若失地說：「我們不能與鳥獸同群共處，人不跟人打交道，解決人的問題，活著還有什麼意義？假如天下有道，我就用不著去改變它了。」孔子捨我其誰的救世精神，昭然若揭。

（六）荷蓧丈人

　　有一次，子路走在後頭，落了單；遇見一位老丈，荷著杖，杖上挑著耘草器。子路問他：「您看見夫子了嗎？」老丈回答說：「你四體不勤，五穀不分，誰是夫子？」拄著杖，用腳芸田去了。

　　顯然老丈知道子路口中的夫子是誰，他是了解孔子的，知道孔子周遊列國求仕，弟子跟隨。而他是隱於田園的老農，他認為勤勞四體，播種五穀，能分辨黍稷稻粱，是做人的基本責任；而孔子師生所追求的不是農耕。孔子曾對樊遲請學耕田種菜，拒不作答，並責備他是小人，沒有志氣；君子應以禮、義、信教化天下，哪裡需要去種田？如今子路追隨孔子周遊列國，在丈人眼裡是捨本逐末，他口中的誰是夫子，含有對孔子的責備，言外他沒有教你如何耕田，分辨五穀，盡到做人的基本責任，根本不配做老師。

　　子路聽出了言外之意，他不作聲，拱手恭敬地站在田邊。那天大概天晚了，丈人見子路拱手而立，孺子可教，就留子路在家過夜，殺雞做飯招待，叫兒子出來跟他見面。第二天，子路趕上孔子，告訴他昨天的奇遇，孔子說：「是隱者啊。」叫子路回去見丈人，到那裡，丈人一家已經先躲開了。

　　孔子叫子路回去見丈人，是要告訴他君臣之義的。子路住進丈人家，看到了隱者的家居生活，待客之道，正是五倫中的父子、朋友、兄弟之道。丈人不仕亂朝，但不廢長幼之節。仕是實踐君臣之義，君臣之義是人倫中的一項，雖明知道不可行，也不能廢。假如想潔身自愛而亂了大倫，是不可以的。君子之仕，在去就可否之間，一切依照義理而行，不可苟且隨便。丈人算準了子路會回來傳達孔子的話，道不同，不聽也罷，隱者既避人又避世，他帶

著一家子躲開來，不願再與儒者接觸、對話。

天將以夫子為木鐸，是儀封人對孔子正面的期許；知其不可而為之，是晨門的譏諷，卻十分傳神的表現了孔子的精神；接輿批評孔子德衰，勸他隱居；長沮、桀溺鄙薄孔子的救人濟世；荷蕢勸孔子要因時制宜，不能執一不變；荷蓧丈人重視農耕，認為孔子不配為師。孔子知道他們都是當代的高士，他很想把他入世的人生觀、知識分子的責任告訴他們，使他們了解自己的責任在人間，大家應該共同來為人世出力，但他沒有機會。有的擦肩而過，未能謀面；有的有意避開，不願交談。是否害怕被儒家的道理說服，被孔子的精神感動而改變初衷呢？

六、孟子的出處進退之道

孔子死後不到一百年，在魯國南邊不遠的鄒國，又出生一位聖賢，那就是亞聖孟子。鄒，原本是春秋時的邾國，後改稱鄒。孟子幼年承受優良的家庭教育，及長受業子思之門人，學孔子儒家之道，主張性善，言必稱堯舜。思想言行，與孔子一脈相承。

孟子在齊威王時曾遊宦齊國。離開齊國之後，曾在宋國居住，告訴宋大夫戴不勝如何幫助君王為善。離開宋國，經過薛，到魯國，因為臧倉的阻礙，沒有見到魯平公。回鄒，正遇到鄒與魯發生戰爭，見鄒穆公勸他實行仁政。到滕國，滕文公向他請教治國的方法。遊梁，勸梁惠王實行仁義，不要上下交征利。梁惠王死，子襄王立，孟子對襄王的儀表、言談都非常失望，於是離開梁國，回到齊國，這時齊威王已去世，宣王即位。孟子見齊宣王，勸他保民而王；與宣王議論齊人伐燕之事，宣王不聽。他做了齊卿，但仕而不受祿。在齊國停留了八年，致仕離開齊國時，年紀已老，退而與弟子萬章、公孫丑等，著書立說，傳揚孔子學說，作《孟子》七篇。

孟子重視出處進退之道，他認為君子以行道為己任，他所謂道，即是保民而王的仁政。在天下有政治秩序的時候，出來做官，必定能夠實行保民而王的政治理想；在天下沒有政治秩序的時候，已不可能實行政治理想，就應當退隱，堅守道義，決不枉道從人。這和孔子的「天下有道則見，無道則隱」是一致的。孟子說：「窮則獨善其身，達則兼善天下。」他更積極確切地指明士的操守，雖因窮達而有大小之別，但對天下的責任心是絕不改變的。

　　孟子為士之去就定出三種標準：第一等是國君以禮相待，表示要實行他的言論，就可以出仕；禮貌未衰，但所說的話君王不照著做，就可以走了。其次一等是，雖不能實行他的主張，但能以禮相待，也可以出仕；禮貌衰就可以走了。最下等的是，士因貧窮而朝夕不保，君王周濟他，也可以接受，但只能接受少許，能餬口免死就夠了。

　　士之出仕，本是為了行道，所以把「行其言」列為上，禮貌未衰為次，免死為下。如果家貧親老，即使不能行道，也可以為賺取俸祿而做官。為貧而仕應當遵行的原則，是辭去高官厚祿，只可以居卑賤之職位，賺取微薄的薪資而已，比如做守城門打更的小吏，否則就是貪慕祿位。居卑賤職位的人，不能出位議論朝政。居高位不能行道，叫做尸位素餐，是十分可恥的。

　　出來做官，必須經由合理的途徑，如果用不正當的方法獲得，就和男女結婚，不由父母之命，媒妁之言，逾牆鑽穴相從一般。自己立身不正，又怎能行道呢？用不正當的方法，即使是一簞食的微小之物，也不能接受別人的贈與；如果方法得當，舜可以接受堯的天下。所以合於禮，合於義，是士在進退取捨之間，必須秉持的原則。

　　仕而受祿，是合乎古禮的。孟子在齊國，居客卿之位，仕而不受祿，那是因為他初見齊王，兩人在言語之間，有所不合，退而有了去齊的念頭。不接受俸祿，不做齊王的臣子，沒有官守，沒有言責，進退只要合於理就行了。但做臣子就不同了，有官守，就有言責，沒有盡到言責，就必須辭職，這也就是孟子之所以質問齊大夫蚳鼃，為什麼請求做士師，而沒有勸諫齊王刑罰不中的理由。

　　如果君王無罪而殺士，這個國就是亂國，無道之國，大夫可以見幾而作，先行離去。如果無罪而殺民，士就可以遷居到別的地方去。亂邦不居，孔孟的看法是一致的。

　　孟子在齊國，雖然仕不受祿，仍希望能行道。住了八年而道不行，最後只得失望地辭職離去。齊王想留他，要給他高門大屋，萬鍾之粟，留下他做全國大夫和國人的模範。孟子並不是不願做國人的模範，早先齊卿之祿是十萬，孟子不接受，現在又怎會接受萬鍾之粟呢？足見齊王此舉並不是尊敬孟子，只是想以利引誘他，所以孟子還是走了。

　　孟子不得已離開齊國，走了三天才離開晝邑。他慢慢地走，希望齊王及

時悔改，派人把他追回去，他願幫助齊王安定齊國，甚至安定天下。齊王天資樸實，比如好勇、好貨、好色、好世俗之樂，這些不登大雅之堂的喜好，都直言無隱地告訴孟子，足證齊王是足以為善的。所以孟子慢慢地走，離開晝邑齊王還沒有派人來追，他才浩然有回鄉之志。

　　孟子非常有責任感，他積極地要肩負起士的責任。他自視甚高，認為每隔五百年必定有聖王出現，其間也必定有德業名望名聞一世的人，出來做聖王的輔佐，而他自己，就是那名世的人。現在齊王不用他，是老天還不想要天下太平；否則，當今之世，除了他，誰還有能力平治天下呢？

肆、教學活動

活動一：問題與討論
1. 「無道則隱」與「知其不可而為之」是否相衝突？為什麼？
2. 試將孔子的「天下有道則見，無道則隱」與孟子的「窮則獨善其身，達則兼善天下」作一比較。
3. 現代人想要從政，當如何著手？
活動二：試將儒者與隱者相遇的種種情況，編成一個短劇，並把它表演出來。

伍、參考資料

《孔子傳》　錢穆　臺北　東大圖書公司　七十六年
《孔子》　杜呈祥　臺北　協志工業叢書出版公司　五十二年一月再版
《論孟研究論集》　錢穆等　臺北　黎明　七十年一月
《孟子思想研究論集》　吳康等　臺北　黎明　七十一年十二月初版
《孟子管窺》　陳訓章　臺北　黎明　七十三年二月初版
〈儒門與隱者的對話〉(1～8)　王邦雄　《鵝湖月刊》　第十六卷第二～九
　　期　八十年

人性的論辯

郭鶴鳴

壹、引言

　　人的現象是世界上最奇妙、最神祕的一種現象。天底下的萬事萬物，最難下定義、最難了解的恐怕就是人了。即使透過人類學的研究、心理學的探討、社會學的考察，然而時至今日，我們對於環繞著人的諸多問題，所知還是極其有限，「人性」的問題可以說就是其中相當令人困擾的一個。

　　人性是什麼？從古到今，這一直是一個相當具有爭議性的問題。孔子說「性相近，習相遠」；孟子「道性善」；告子認為人性「無分於善不善」；荀子主張「人之性惡」；董仲舒主張性有三品：聖人之性、中民之性、斗筲之性；揚雄則認為「人之性也善惡混」……林林總總，五花八門。這些主張各有所據，看起來似乎都是「持之有故，言之成理」，是非對錯很難輕易地加以論斷。

　　在《論語》之中，孔子較少談性，即有所論，用語也比較渾淪概括，加上當時思想界並沒有明顯而有力的敵論出現，所以對於人性的問題實在無事於爭辯。到了孟子，其時代已是戰國的中晚期，諸子並出，百家鑫起，思想的論壇上一時熱鬧非凡，有關人性的主張紛紛出現，在《孟子》書中，孟子與告子對於人性的論辯就各抒所見，相持不下，值得我們特別注意。《中庸》裡也談到性，但是形而上的意味相當濃厚。《大學》於人性並沒有特殊立場，幾乎看不見什麼論性之語。本文既題為「人性的論辯」，自然是以《孟子》書中孟子與告子關於人性的辯論為主，其他相關章節為輔。在討論之先，我們不妨先就以下這些問題作一思考：

　　——你認為人性是善，或是惡？或者在善惡之外還有其他的看法？你有
　　　　什麼根據嗎？
　　——在孟子當時出現過哪些人性論？你能夠加以分辨嗎？
　　——人性會不會因為後天環境的影響而改變？

——以前的儒者重視「人禽之辨」，你認為人性與動物之性有區別嗎？如果有，其區別在哪裡？

——人性應該從人本質的特性上來看，還是從與其他動物同具的通性來看？

——孟子對性善說有哪些論證？你認為哪一則最具說服力？

——告子的人性論內容如何？

——道德行為是人本性的、內心的要求呢？還是外在社會規範的驅迫？

——孟子的「義內」說和告子的「義外」說，與他們的人性論有何關係？

——從告子的「性無善無不善」到荀子的「性惡」，其中有無脈絡可尋？

——孟子既主張「性善」，他如何解釋人會為惡的問題？

——對人性的主張和教育的理論、修養的工夫有什麼關係？

——你認為人性論是對人性的客觀理解還是主觀信仰？

這些問題不見得有確定的答案，但很值得我們去想一想。

貳、原典及註釋

一、《論語》

1. 子貢曰：「夫子之文章①，可得而聞也；夫子之言性②與天道③，不可得而聞也。」（〈公冶長〉）

①文章：在此指言行舉止，為德行修養所表現於外而可見可聞者。　②性：人性，包括人性的本質、內涵等等。　③天道：天意；天命。在今日相當於自然力量、環境限制所產生的對於人類吉凶禍福的影響。

2. 子曰：「性相近也，習④相遠也。」（〈陽貨〉）

④習：後天環境的習染。

二、《孟子》

1. 滕文公為世子①，將之楚，過宋而見孟子。孟子道性善，言必稱堯舜。世子自楚反，復見孟子。孟子曰：「世子疑吾言乎？夫道，一而已矣。成覸②謂齊景公曰：『彼丈夫也，我丈夫也，吾何畏彼哉？』顏淵曰：『舜何

人也？予何人也？有為者亦若是！』公明儀③曰：『文王我師也，周公豈
欺我哉？』今滕，絕長補短，將五十里也，猶可以為善國。《書》曰：『若
藥不瞑眩④，厥疾不瘳⑤。』」（〈滕文公上〉）

①世子：諸侯之子，為爵位的繼承人。　②成覵：古時勇士。覵，音ㄐㄧㄢˋ。
③公明儀：曾子弟子。　④瞑眩：音ㄇㄧㄢˋ ㄒㄩㄢˋ。頭暈目眩，看不清楚。
⑤瘳：音ㄔㄡ。病愈。

2. 孟子曰：「天下之言性也，則故⑥而已矣。故者，以利⑦為本。所惡於智
者，為其鑿⑧也。如智者若禹之行水也，則無惡於智矣。禹之行水也，
行其所無事⑨也。如智者亦行其所無事，則智亦大矣。天之高也，星辰
之遠也，苟求其故，千歲之日至⑩，可坐而致也。」（〈離婁下〉）

⑥則故：則，效法；依據。故，一定的理據。　⑦利：順。順於道理而不故
作矯激之論。　⑧鑿：穿鑿附會。　⑨行其所無事：導水使之順勢而行，此
外再無別事。　⑩日至：冬至的日期。

3. 告子曰：「性，猶杞柳⑪也；義，猶桮棬⑫也。以人性為仁義，猶以杞柳
為桮棬。」孟子曰：「子能順杞柳之性而以為桮棬乎？將戕賊⑬杞柳而後
以為桮棬也？如將戕賊杞柳而以為桮棬，則亦將戕賊人以為仁義與？率
天下之人而禍仁義者，必子之言夫！」（〈告子上〉）

⑪杞柳：為一種落葉灌木，山東、河北常見。　⑫桮棬：音ㄅㄟ ㄑㄩㄢ，用柔
韌的枝條編成器物，如杯盤之類。　⑬戕賊：戕，音ㄑㄧㄤˊ。殘害破壞。

4. 告子曰：「性，猶湍水⑭也，決⑮諸東方則東流，決諸西方則西流。人性
之無分於善不善也，猶水之無分於東西也。」孟子曰：「水信無分於東西，
無分於上下乎？人性之善也，猶水之就下也。人無有不善，水無有不下。
今夫水，搏⑯而躍之，可使過顙⑰；激而行之，可使在山。是豈水之性
哉？其勢則然也。人之可使為不善，其性亦猶是也。」（〈告子上〉）

⑭湍水：湍，音ㄊㄨㄢ。水沟湧急流叫湍水。　⑮決：打開缺口，引水使流。
⑯搏：擊水而激之。　⑰顙：音ㄙㄤˇ。額頭。

5. 告子曰：「生之謂性。」孟子曰：「生之謂性也，猶白之謂白與？」曰：「然。」
「白羽之白也，猶白雪之白；白雪之白，猶白玉之白與？」曰：「然。」「然
則犬之性，猶牛之性；牛之性，猶人之性與？」（〈告子上〉）

6. 告子曰：「食色，性也。仁，內也，非外也；義，外也，非內也。」孟子

曰：「何以謂仁內義外也？」曰：「彼長而我長之，非有長於我也；猶彼白而我白之，從其白於外也，故謂之外也。」曰：「異於白馬之白也，無以異於白人之白也；不識長馬之長也，無以異於長人之長與？且謂長者義乎？長之者義乎？」曰：「吾弟則愛之，秦人之弟則不愛也，是以我為悅者也，故謂之內。長楚人之長，亦長吾之長，是以長為悅者也，故謂之外也。」曰：「耆⑱秦人之炙，無以異於耆吾炙。夫物則亦有然者也，然則耆炙亦有外與？」（〈告子上〉）

　　⑱耆：音ㄕ丶，通「嗜」。

7. 孟季子問公都子曰：「何以謂義內也？」曰：「行吾敬，故謂之內也。」「鄉人長於伯兄⑲一歲，則誰敬？」曰：「敬兄。」「酌則誰先？」曰：「先酌鄉人。」「所敬在此，所長在彼，果在外，非由內也。」公都子不能答，以告孟子。孟子曰：「敬叔父乎？敬弟乎？彼將曰『敬叔父』。曰：『弟為尸⑳，則誰敬？』彼將曰『敬弟』。子曰：『惡㉑在其敬叔父也？』彼將曰『在位故也。』子亦曰：『在位故也。庸敬㉒在兄，斯須㉓之敬在鄉人。』」季子聞之曰：「敬叔父則敬，敬弟則敬，果在外，非由內也。」公都子曰：「冬日則飲湯㉔，夏日則飲水，然則飲食亦在外也？」（〈告子上〉）

　　⑲伯兄：長兄。　　⑳尸：古代祭祀時，以死者的臣下或晚輩代死者受祭，象徵死者的神靈，叫作尸。　　㉑惡：音ㄨ。何。　　㉒庸敬：平常的，一般情況下的敬。　　㉓斯須：暫時的，特殊情況下的。　　㉔湯：熱水。

8. 公都子曰：「告子曰：『性無善無不善也。』或曰：『性可以為善，可以為不善；是故文武興，則民好善；幽厲興，則民好暴。』或曰：『有性善，有性不善；是故以堯為君而有象；以瞽瞍為父而有舜；以紂為兄之子且以為君，而有微子啟，王子比干㉕。』今曰『性善』，然則彼皆非與？」孟子曰：「乃若其情㉖，則可以為善矣，乃所謂善也。若夫為不善，非才㉗之罪也。惻隱㉘之心，人皆有之；羞惡㉙之心，人皆有之；恭敬之心，人皆有之；是非之心，人皆有之。惻隱之心，仁也；羞惡之心，義也；恭敬之心，禮也；是非之心，智也。仁義禮智，非由外鑠㉚我也，我固有之也，弗思耳矣。故曰：『求則得之，舍則失之。』或相倍蓰㉛而無算者，不能盡其才者也。《詩》曰：『天生蒸民㉜，有物有則。民之秉夷㉝，好是懿德㉞。』孔子曰：『為此詩者，其知道乎！』故有物必有則，民之秉

夷也，故好是懿德。」（〈告子上〉）

㉕微子啟，王子比干：微子啟為紂王庶兄，王子比干為紂王叔父。孟子以為兩人同是紂的叔父，當是記憶之誤。　㉖若其情：意為順人性之實。若，順。情，實。　㉗才：指人性的本質。　㉘惻隱：憐憫傷痛。見人受苦受難則心裡不安不忍。　㉙羞惡：做錯事自己覺得可羞可恥為「羞」，別人做錯事而疾恨厭惡叫「惡」。　㉚鑠：用火熔解金屬，熱氣由外入內。　㉛倍蓰：倍，一倍。蓰，五倍。　㉜蒸民：眾民。《詩經・大雅・烝民》原文作「烝民」。　㉝秉夷：秉，執持。夷，常，《詩經》原文作「彝」。　㉞懿德：美德。

9.孟子曰：「人皆有不忍人之心。先王有不忍人之心，斯有不忍人之政矣。以不忍人之心，行不忍人之政，治天下可運之掌上㉟。所以謂人皆有不忍人之心者，今人乍㊱見孺子㊲將入於井，皆有怵惕㊳惻隱之心。非所以內交㊴於孺子之父母也，非所以要譽㊵於鄉黨㊶朋友也，非惡其聲㊷而然也。由是觀之，無惻隱之心，非人也；無羞惡之心，非人也；無辭讓之心，非人也；無是非之心，非人也。惻隱之心，仁之端也；羞惡之心，義之端也；辭讓之心，禮之端也；是非之心，智之端也。人之有是四端也，猶其有四體㊸也。有是四端而自謂不能者，自賊者也；謂其君不能者，賊其君者也。凡有四端於我者，知皆擴而充之矣，若火之始然，泉之始達。苟能充之，足以保四海；苟不充之，不足以事父母。」（〈公孫丑上〉）

㉟運之掌上：放在手掌上轉動自如，形容非常容易。　㊱乍：忽然。　㊲孺子：很幼小還不懂事、不識危險的孩子。　㊳怵惕：音ㄔㄨˋ ㄊㄧˋ。恐懼害怕。　㊴內交：內，通「納」。結交。　㊵要譽：求取聲譽。　㊶鄉黨：古時一萬兩千五百家為一鄉，五百家為一黨。鄉黨意為地方上，鄉里中。　㊷惡其聲：厭惡別人詆毀自己不仁而得到壞的聲名。　㊸四體：四肢。

10.孟子曰：「富歲㊹，子弟多賴㊺；凶歲㊻，子弟多暴。非天之降才爾殊也，其所以陷溺其心者然也。今夫麰麥㊼，播種而耰㊽之，其地同，樹之時又同，浡然㊾而生，至於日至㊿之時，皆熟矣。雖有不同，則地有肥磽51，雨露之養，人事52之不齊也。故凡同類者，舉相似也。何獨至於人而疑之？聖人與我同類者。故龍子曰：『不知足而為屨53，我知其不為蕢54也。』屨之相似，天下之足同也。口之於味，有同耆也。易牙55先得我

口之所耆者也。如使口之於味也，其性與人殊，若犬馬之與我不同類也，則天下何耆皆從易牙之於味也？至於味，天下期於易牙，是天下之口相似也。惟耳亦然。至於聲，天下期於師曠(56)，是天下之耳相似也。惟目亦然。至於子都(57)，天下莫不知其姣(58)也，不知子都之姣者，無目者也。故曰：口之於味也，有同耆焉；耳之於聲也，有同聽焉；目之於色也，有同美焉。至於心，獨無所同然乎？心之所同然者何也？謂理也，義也。聖人先得我心之所同然耳。故理義之悅我心，猶芻豢(59)之悅我口。」（〈告子上〉）

㊹富歲：豐年。㊺賴：通「懶」，偷懶怠惰。㊻凶歲：荒年。㊼麰麥：麰，音ㄇㄡˊ。大麥。㊽耰：音ㄧㄡ。播種後用土覆蓋。㊾浡然：生長蓬勃的樣子。(50)日至：估計在該成熟的日子到了。(51)肥磽：磽，音ㄑㄧㄠ。土地有肥沃的，有堅硬貧瘠的。(52)人事：指耕耘是否努力。(53)屨：音ㄐㄩˋ。草鞋。(54)蕢：音ㄎㄨㄟˋ。大草筐。(55)易牙：春秋時代齊桓公的名廚。(56)師曠：春秋時代晉平公的名樂師。(57)子都：春秋時代鄭國有名的美男子，即大夫公孫閼（ㄜˋ）。(58)姣：音ㄐㄧㄠˇ。貌美。(59)芻豢：音ㄔㄨˊ ㄏㄨㄢˋ。草食的叫芻，如牛羊；穀食的叫豢，如豬狗。在此指家常所吃的牲畜的肉。

11. 孟子曰：「牛山(60)之木嘗美矣，以其郊於大國也，斧斤(61)伐之，可以為美乎？是其日夜之所息，雨露之所潤，非無萌蘖(62)之生焉，牛羊又從而牧之，是以若彼濯濯(63)也。人見其濯濯也，以為未嘗有材焉，此豈山之性也哉？雖存乎人者，豈無仁義之心哉？其所以放其良心者，亦猶斧斤之於木也，旦旦而伐之，可以為美乎？其日夜之所息，平旦(64)之氣，其好惡與人相近也者幾希(65)，則(66)其旦晝之所為，有梏亡(67)之矣。梏之反覆，則其夜氣(68)不足以存；夜氣不足以存，則其違(69)禽獸不遠矣。人見其禽獸也，而以為未嘗有才焉者，是豈人之情也哉？故苟得其養，無物不長；苟失其養，無物不消。孔子曰：『操則存，舍則亡；出入無時，莫知其鄉(70)。』惟心之謂與？」（〈告子上〉）

(60)牛山：山名，在齊都城臨淄東南。(61)斧斤：斧頭，伐木的工具。(62)萌蘖：音ㄇㄥˊ ㄋㄧㄝˋ。剛長出來的樹芽。(63)濯濯：音ㄓㄨㄛˊ ㄓㄨㄛˊ。光潔貌。指山光禿禿的，沒有草木。(64)平旦：天剛亮時。(65)幾希：不多；很少。(66)則：而。(67)有梏亡：有，音ㄧㄡˋ。意同「又」。梏亡，擾亂喪失。(68)夜

氣：夜裡心中的清明之氣。　⑥違：離。　⑦鄉：音ㄒㄧㄤˋ。去向。

12.公都子問曰：「鈞⑦是人也，或為大人，或為小人，何也?」孟子曰：「從
　其大體為大人，從其小體為小人。」曰：「鈞是人也，或從其大體，或從
　其小體，何也?」曰：「耳目之官不思，而蔽於物，物交物，則引⑦之而
　已矣。心之官則思，思則得之，不思則不得也。此天之所與我者。先立
　乎其大者，則其小者弗能奪也。此為大人而已矣。」〈〈告子上〉〉

　　　⑦鈞：意同「均」。　⑦引：受誘惑牽引而喪失。

13.孟子曰：「人之所不學而能者，其良能也；所不慮而知者，其良知也。孩
　提⑦之童，無不知愛其親者；及其長也，無不知敬其兄也。親親，仁也；
　敬長，義也。無他，達之天下也。」〈〈盡心上〉〉

　　　⑦孩提：二、三歲的小孩，可提可抱。

14.孟子曰：「仁，人心也；義，人路也。舍其路而弗由，放其心而不知求，
　哀哉！人有雞犬放，則知求之；有放心，而不知求！學問之道無他，求
　其放心而已矣！」〈〈告子上〉〉

15.孟子曰：「養心莫善於寡欲。其為人也寡欲，雖有不存焉者寡矣；其為人
　也多欲，雖有存焉者寡矣。」〈〈盡心下〉〉

16.孟子曰：「口之於味也，目之於色也，耳之於聲也，鼻之於臭也，四肢之
　於安佚也，性⑦也，有命⑦焉，君子不謂性也。仁之於父子也，義之於
　君臣也，禮之於賓主也，智之於賢者也，聖人之於天道⑦也，命⑦也，
　有性⑦焉，君子不謂命也。」〈〈盡心下〉〉

　　　⑦性：在此指人天生的欲望與需求，孟子亦知此為人性。　⑦有命：有客觀
　環境、條件的限制，並非單憑主觀的求取就能獲得或滿足。　⑦聖人之於天
　道：按照上面四句的句法，此句當作「天道之於聖人」。天道猶大道。　⑦命：
　言能否獲得、能否實現，自有天命，自有某種客觀之限制。　⑦有性：言君
　子儘管知道此中自有命限，不一定能獲得，不一定能實現，但既生而為人，
　則人性中自有本分，不容不盡心盡力。

17.孟子曰：「求則得之，舍則失之，是求有益於得也，求在我者也。求之有
　道⑦，得之有命，是求無益於得也，求在外者也。」〈〈盡心上〉〉

　　　⑦有道：有正當的、一定的方法。

18.孟子曰：「盡其心者，知其性也。知其性，則知天⑧矣。存其心，養其性，

所以事天也。殀壽不貳⑧，脩身以俟之，所以立命⑧也。」(〈盡心上〉)

　　⑧知天：悟知、了解天所賦於人者。　⑧殀壽不貳：無論生命長短，都遵照天理人道以行事，絕不違貳改變。　⑧立命：在天的理序之下建立了人類自身面對命運應有的尊嚴。

19. 孟子曰：「形色⑧，天性也。惟聖人然後可以踐形⑧。」(〈盡心上〉)

　　⑧形色：形指人的四肢、形體。色指人的喜怒哀樂等容色。　⑧踐形：形包括色。指真正實踐人的形體、容色之理，一舉一動、一喜一怒都能合理中節，恰到好處。

三、《大學》

見賢而不能舉①，舉而不能先②，命③也；見不善而不能退④，退而不能遠⑤，過也。好人之所惡，惡人之所好，是謂拂⑥人之性，菑⑦必逮⑧夫身。

　　①舉：推舉任用。　②先：置於高位，擔當重任。　③命：「命」字於義難通，鄭玄認為當作「慢」，程頤認為當作「怠」，都是怠慢失職的意思，義較可通。④退：黜退免職。　⑤遠：疏遠而不再與他親近。　⑥拂：違逆。　⑦菑：即災，災難禍害。　⑧逮：及；降臨。

四、《中庸》

1. 天命①之謂性，率②性之謂道，脩道之謂教。

　　①天命：上天所賦予於人者。　②率：遵循。

2. 自誠明③，謂之性；自明誠④，謂之教。誠則明矣，明則誠矣。

　　③自誠明：由於修養到達至誠境界，因而德無不明，智慧通透。　④自明誠：由於明白至善之德，努力修養而真正達到此一地步。

3. 唯天下至誠，為能盡其性；能盡其性，則能盡人之性；能盡人之性，則能盡物之性；能盡物之性，則可以贊天地之化育⑤；可以贊天地之化育，則可以與天地參⑥矣。

　　⑤贊天地之化育：助天地以行其化育之功。　⑥與天地參：「參」即三，謂人與天地並立而為三。

4. 誠者自成也，而道自道也。誠者物之終始⑦，不誠無物⑧。是故君子誠

之為貴。誠者非自成己而已也，所以成物也。成己，仁也；成物，知也。性之德也，合外內之道也，故時措之宜⑨也。

　　⑦物之終始：使物成其始、成其終，換言之，使物能夠成其為物。　⑧不誠無物：人如不誠，一切外物之存在便全無意義，所以就道德實踐來說，不誠則無物。　⑨時措之宜：當機隨時而有正確合宜的行為表現。

5. 大哉聖人之道，洋洋乎發育萬物，峻極于天⑩，優優⑪大哉！禮儀三百，威儀三千⑫，待其人然後行。故曰苟不至德，至道不凝焉。故君子尊德性⑬而道問學⑭，致廣大而盡精微⑮，極高明而道中庸⑯，溫故而知新⑰，敦厚以崇禮⑱。

　　⑩峻極于天：言其道廣大充盈，使萬物生長發育，高峻極至於天。　⑪優優：充足圓滿而綽然有餘。　⑫禮儀三百，威儀三千：禮儀指冠婚喪祭等大禮；威儀指進退升降、俯仰揖讓等小節。　⑬尊德性：崇奉至善圓滿之德性，以聖人為上達之極則。　⑭道問學：在日用切近處善學善問，即在下學處努力作工夫。　⑮致廣大而盡精微：道德求其廣大博厚，體物盡其精深細微。　⑯極高明而道中庸：境界和理想極其高明，而在日用常道中努力實踐。　⑰溫故而知新：溫習舊之所學，又能努力求取新知。　⑱敦厚以崇禮：存心忠厚而又能謹守禮節法度。

參、解讀

一、孟子以前論性略述

　　就「性」字的字根來看，原為「生」字，因此，以「生」言「性」，如告子所持的立場，自有其原始的理據。在孟子以前，文獻資料上並沒有明確的論性之語，《左傳》中偶然所見，如襄十四年師曠曰：「……天生民而立之君，使司牧之，勿使失性。……天之愛民甚矣，豈其使一人肆於民上，以從其淫，而棄天地之性？必不然矣！」昭十九年沈尹戌曰：「吾聞撫民者，節用於內，而樹德於外，民樂其性，而無寇讎。」從文意上看，這些「性」字大抵指的是人自然生命的要求，並無特殊意義。孔子罕言「性」與「天道」，《論語》中的記載僅得一條，就是〈陽貨〉篇的「性相近也，習相遠也」，說是人的本性、

本質都很接近，但是由於後天環境的薰陶影響，習染既成，好壞的差別就很大了。這樣看來，對於人性是善是惡，孔子似乎預留了空間，並未有明確的判別。但是在《左傳》成公十三年，劉康公說：「吾聞之，民受天地之中以生，所謂命也；以有動作禮義威儀之則，以定命也。」意為人秉受天地中和之氣而生，因此才有動作禮義威儀等類似於道德的規範，則其言隱約含有性善之意。《論語》中孔子說：「人之生也直。」（〈雍也〉）「仁遠乎哉？我欲仁，斯仁至矣！」（〈述而〉）似乎也認為每一個人生具正直之本性，有追求仁義的自由，有完成道德的可能。然則性善之論，在孔子說過的話裡似乎也並非全無線索可尋。

就思想發展的脈絡來看，人性論在孟子時代逐漸熱門起來，而以後的思想家也寄予極大的關注，這不是沒有原因的。因為對於人的本質的認識，影響到道德修養的工夫、政治教化的措施，而人生與政治，正是我們中國哲人最大的關懷，戰國時代既然百家蠭起，各式各樣的人性論當然也就隨之出現了。

二、孟子與告子的論辯

在孟子的時代到底有哪幾種人性論？依〈告子上〉篇公都子所述共有四種，這四種人性論指實其名而為我們所知的是告子的「性無善無不善」以及孟子的「性善」，其他兩種則是「或人」的「性可以為善，可以為不善」和「有性善，有性不善」。後兩種人性論，其主張者既不知為誰，想來在當日就已經不太具有代表性，只是聊備一格罷了。

為什麼說「性可以為善，可以為不善」？其論據是「文武興，則民好善；幽厲興，則民好暴。」這是通過歷史的、經驗的觀察，發現政治教化對人民之「好善」、「好暴」有決定性的影響，好的政治教化使人民好善，壞的政治教化使人民好暴。一般說來，這是一個不容易否認的事實。問題是，不管是文武，不管是幽厲，這些政治教化畢竟是屬於後天的，和先天的人性本質是並不相干的兩個層面，換言之，此一主張並未觸及人性本質到底為如何的根源問題，它只描述了人性在後天作為之下可能的傾向與發展。

另外一種，為什麼說「有性善，有性不善」？因為他認為「以堯為君而有象；以瞽瞍為父而有舜；以紂為兄之子且以為君，而有微子啟，王子比干。」

這是說人性之善或惡是先天生成的，如象是天生的惡，所以即使聖王在位，也無法教導感化；如舜是天生的善，所以即使有瞽瞍如此凶頑的父親，也不至於對他造成任何不良的影響。這是完全從一個人天生的材質方面來看性，無可否認的，天生材質有高低，有賢愚，連孔子也說過「唯上知與下愚不移」（〈陽貨〉），但是什麼樣的人才是上知，什麼樣的人才是下愚？恐怕誰都很難說得上來。況且，孔子這話其重要的意義正在反面，上知與下愚畢竟極少，在上知與下愚以外的絕大多數的人都是「可移」的，如此，外在的教化與內在的修養就有了可能的、積極的意義；更何況，上知之似乎「生而知之」，下愚之似乎終生不覺，並不能在原則上、在本質上否定人性之可知可覺，因為以經驗中可能存在的個別事例和本質上普遍的原則來相提並論，把才氣誤為人性之本質，這正是模糊了討論的焦點，其實也和「性可以為善、為不善」一樣地不能把握重點。

因此，對於人性，真正的論辯就在於告子與孟子兩家。

告子認為「性無善無不善」，如果先從這句話來看，其實太過簡單，很難把握其真實內容，它的意思大體是「人性無所謂善，也無所謂不善」，換言之，告子認為討論人性是善是不善根本是毫無意義的。為什麼？因為告子是從「生之謂性」、「食色，性也」這個地方來看人性，他不採取價值的角度，而是以純粹中性的、不帶色彩的（牟宗三先生謂之「材料」）描述觀點來看人性。說「生之謂性」尚不明確，還不能看出告子論性的真義，因為孟子也以仁義為人天生之性。但一說「食色，性也」，告子論性的實義就清清楚楚地展現出來了。人天生有一些自然的欲求，口甘美食，目好美色，耳悅美聲……，在告子看來，這些乃是最具體最實在的人性，除了這一些軀體上的自然欲求，人性更無其他內容。人性中原本沒有仁義，沒有道德，所有的仁義道德，所有價值層面的種種事物，完全是社會的制約，是外加的規範，非從人性中自然流露，非屬人性的自然要求，「性猶杞柳，義猶桮棬」，就是在這樣的認識之下發展出來的。

告子認為人性就像杞柳，而仁義就像杯盤之類的器物。杞柳的枝條柔柔韌韌，可以彎轉，可以屈折，因此可以拿杞柳來做成或編成杯子、盤子。但是杞柳自杞柳，杯盤自杯盤，一是材料，一是製品，兩者是不可以混為一談的。而人性本來只有一些天生的自然欲求，為了聚在一起過各式各樣的社會、

團體生活，於是就訂出了各式各樣的規則矩範，約定則俗成，輾轉相傳，寖假遂造就了所謂的仁義道德，然則人性中何嘗真有什麼仁義道德在？所以「以人性為仁義，猶以杞柳為桮棬」，認為人性中先天的、內在的就有仁義道德，那就好像把杞柳直接認作杯盤一樣。

　　對於人來說，仁義道德僅僅是外加的一套社會規範或團體公約，人們既然逃不掉、離不開，只好乖乖地去接受它、適應它，仁義道德真的只是這樣而已嗎？或者它本來也是人性的要求？是人的內心希望如此，願意如此；是人的內心覺得應該如此，甚至喜歡如此？這正是告子與孟子爭論的焦點所在。毫無疑問的，孟子認為道德根本是順乎人心合乎人性的自然要求，所以說「君子所性，仁義禮智根於心」（〈盡心上〉），是人心希望如此、喜歡如此，真正的仁義道德是人心所願意去追求的，而不是不得已被強迫要接受的，所以他說「口之於味也，有同耆焉；耳之於聲也，有同聽焉；目之於色也，有同美焉。至於心，獨無所同然乎？心之所同然者何也？謂理也，義也。聖人先得我心之所同然耳。故理義之悅我心，猶芻豢之悅我口。」（〈告子上〉）所以對於告子杞柳桮棬之喻，孟子就這麼質疑：「子能順杞柳之性而以為桮棬乎？將戕賊杞柳而後以為桮棬也？」孟子以為假使按照告子的比喻，杞柳之能做成桮棬，那也完全是順著杞柳的本性，而不是對杞柳之破壞殘害。如果仁義只是對人性的「戕賊」，是一種破壞與殘害，這正是以道德為枷鎖，為桎梏，則人理當脫卸解除而後快，還要仁義道德幹什麼？所以孟子說：「率天下之人而禍仁義者，必子之言夫！」

　　其次，告子還有「湍水」之喻。他說「性猶湍水也，決諸東方則東流，決諸西方則西流。人性之無分於善不善也，猶水之無分於東西也。」湍水是急促洶湧的流水，它蓄積著一種「勢」，在水流急促洶湧的態勢之下，如果堤岸自東邊潰決，這水就借勢往東流；自西邊潰決，它也就借勢往西流。人類社會之需要仁義道德，這無關乎人性之善不善，只是情勢所逼、環境使然，或東或西，全看機遇，在此社會是此一規定，在彼社會又是彼一規定；在此時代是此一規定，在彼時代可能又是彼一規定。既然處在這個社會這個時代，人們也就姑且遵照其規定。人之行仁義踐道德，只是遵照規定，又何有於善不善？換言之，仁義道德在告子看來是形勢下的必須，並沒有價值上的善惡好壞，當然也就沒有人性的內在基礎。孟子當然不同意這樣的看法，他說：

「人性之善也，猶水之就下也。人無有不善，水無有不下。」「人無有不善」意義當指只要是人，他一定具有善的價值觀念，會知道、意識到什麼是好的、對的、善的、美的、應該的，進而喜歡這一些，追求這一些，這種人性的傾向，就如同水之往低處流一般地自然。人性的常態是如此，苟非如此即是變態；就像水在特殊狀況下也會往高處激躍，但這豈是水的常態？因此，人心的常態在求善，此如水之就下；但善之規範無妨隨時代與社會之不同而有變易，此如水之或東或西。水之或東或西不足以否定水之就下，正如同善之形態的不同不足以否定善的存在一般，孟子所爭正在此處。

再其次，討論「生之謂性」一節。告子論性，採取的是平列的觀點，所謂「平列」是指把人等同於物，在平面的觀察中只求同而不辨異。因此「生之謂性」就落在自然的、感官的欲求，不及心靈的層面。「生之謂性」指有生之物自然的生命欲求，此猶白色之物同謂之白，白羽、白雪、白玉，其白並無不同；犬與牛，這兩種動物屬於生命感官的基本欲求，與人並無不同，因此，對於孟子「犬牛之性猶人之性」的質問，告子的回答應該也是「然」。假使以物觀性，人與物何嘗有異？以人觀性，則知價值之意識內在於人的自覺，人能求真、求善、求美，求一切價值，而動物不能，其他萬物不能，這是人性異於一切物性之處。告子是「以物觀性」，從外看；孟子是「以人觀性」，從內看。了解這一點，也就可以了解為什麼孟子要強調「人之異於禽獸者幾希」了。

再談到告子「仁內義外」的論點。細看告子持論，所謂「仁」，其實就是愛悅之情，愛悅之情自我而發，所以有選擇性，是故「吾弟則愛之，秦人之弟則不愛」，據此告子說「仁內」。敬長之義，則凡屬長者，皆在所敬之列，所以「長楚人之長，亦長吾之長」，長者的標準在外，凡合於此一外在標準的都加以禮敬，據此告子說「義外」。孟子則主張「仁義內在」，對於告子所論，孟子的質疑是：「不識長馬之長也，無以異於長人之長與？且謂長者義乎？長之者義乎？」假使真的是標準在外，則馬之年長與人之年長何異？既然長人之長，照理也應當長馬之長了，如此豈不荒謬可笑？所以孟子進一步指出是「長之」為義，而不是「長」就是義，意即單純的客觀標準之存在並不具有任何道德意義，必須是此一存在的客觀標準和我這個主體之間產生了某種類型的道德聯繫，如此引發了我應當如何的道德判斷，在這種情況下才有道德的意

義。既然如此，義怎麼還能說是外呢？「孟季子問公都子曰何以謂義內也」一節，提到「庸敬在兄，斯須之敬在鄉人」，孟子意在強調，在某一種情況下我們當如何表達敬意，這仍然是一種道德意識的審度權衡。主體之「行吾敬」，必須隨各種情況作適當的調整，而不是單純據客體對象而為，這更證成了「義內」之說。

孟子認為當世之言性者，為了聳動人心，不免穿鑿附會，因此頗有一些矯激之論。孟子雖未明言，但是指的恐怕就是告子吧。然則言性又當如何？照孟子的意思是必須「則故」，必須「以利為本」，亦即應當順著便利的、一定的理據，這樣談論起來，才能像「禹之行水」，行所無事，毫不勉強。當然，這樣的話，孟子的對手也照樣可以拿來批判孟子。今天我們讀《孟子》，重要的是把各種論性的說法一一勘驗明白，了解其意義，如此要擇善而從也就不難了。例如告子所說的性，孟子並非看不到，只是覺得既然生而為人，就應當超越食色之性，而嚮往德性上之追求，所以他在〈盡心下〉說聲色之愛好固然也可以說是人的本性，但這一些聲色臭味的追求其結果並不是「操之在己」的，而是「有命」──有一定外在客觀條件的限制，所以「君子不謂性」；而仁義禮智種種德性，在倫常的踐履上有遇有不遇，有合有不合，這其中確實常常令人有深覺無可奈何之處，亦即有一定的「命限」。但是在我而言，不管如何，總要盡心盡力，盡我本分，這就使一切道德實踐成了我的性分與職責，所以「君子不謂命」。從這裡看來，我們也許不一定要說告子之論性有什麼錯誤，但一經比較，我們卻可以清楚地看出孟子之論性確實深入精微，有告子不可企及的地方。

孟子說每個人都有不學而能的「良能」，都有不慮而知的「良知」，例如孩童皆知愛親，長大皆知敬兄，這都是不待教而能知能行的。也許這樣的例子尚不足以證明人皆有良知良能，那麼我們可以看「人皆有不忍人之心」一節：當一個人突然發現小孩兒即將掉下井裡時，都有「怵惕惻隱」的心理反應，一方面震驚緊張，一方面憐憫心疼。這樣的心理反應凡是正常人都會有，這一點無可爭議。但是又為什麼會「怵惕惻隱」呢？既不是為了討好小孩兒的父母以便和他們結交，也不是為了想在地方上自己親戚朋友中營造仁愛的佳名美譽，更不是為了怕被人指責「毫無愛心」而得了個不仁的惡名。孟子雖僅列舉了三個可能的原因，但其實都不是，即使再舉十個、百個、一千個，

也都不可能是真正使他「怵惕惻隱」的原因。排除了一切功利的目的，排除了所有「有為」的動機，人的仁心，人的不忍之心在這種情況下便清澄潔淨地呈現出來。有誰教他此刻該「怵惕惻隱」嗎？沒有。他是經過思考計慮然後才決定要「怵惕惻隱」的嗎？也不是。這真正可以說是人的先天本性，斬釘截鐵是自然而有的，絕非後天人為，孟子所主張的「性善」，我們最應該在這裡領略。這樣的惻隱之心，你有我有他有，只要是正常人，人人皆有，既然如此，它就可以客觀化、普遍化而為「人性」。人性之中有仁，見人受苦受難，見生命受到傷害，便自然而然地不忍，便怵惕惻隱，由此可知，對於生命的尊重愛惜是人性的第一義，也是一切人生價值的根源，其他的義、禮、智，徹底說來，都是從這裡引申敷衍而出的。

人有惻隱之心，有羞惡之心，有辭讓（恭敬）之心，有是非之心，這是人成德的開端，是人完成仁、義、禮、智種種德性的基礎與根源，而且它是不待教而知、不待學而能的，可見「道德意識」本自存在於人心之中，它以「自覺」的方式啟發人們的道德實踐，而且唯獨人類才具有，禽獸則無，這是「人性」之特殊處，孟子所謂「人之異於禽獸者幾希」，所謂「人性之善」，就在這裡。

同樣是人，具有人的良知良能，有惻隱之心而能行仁，有羞惡之心而能行義，有辭讓之心而能行禮，有是非之心而能行智。那麼為什麼有的人能夠成聖成賢，有的人卻為惡變壞，甚至禽獸不如呢？簡言之，人性既善，那麼為什麼人會墮落為惡？這一個問題孟子常常被問到，因此在好幾個地方都作了解釋。孟子不否認環境的影響，就像麰麥的生長在不同的環境下也會有不同的收成，「地有肥磽，雨露之養，人事之不齊」，確會造成麥子成長的差異。但是孟子也提到「擴充」與「思」，說惻隱等四端之心，「苟能充之，足以保四海；苟不充之，不足以事父母」。說「從其大體為大人，從其小體為小人」。耳目之官是小體，心之官是大體，「耳目之官不思，而蔽於物，物交物，則引之而已矣。心之官則思，思則得之，不思則不得也」。這是說「心」官之「思」在我們的道德實踐上有主宰的功能與作用，如果心官放棄其主宰功能而不起作用，則耳目之官就要篡竊盜位而自我作主，其結果就是「蔽於物」，為物欲環境所蒙蔽、牽引，終至流蕩、墮落、沉溺，心本具主宰之功能，可以運物轉物，一旦不思而為物所蔽，那就反過來要為物所運、為物所轉了。從這些

地方看來，孟子雖知道環境對人有影響，但孟子認為環境的影響並不具有決定性，人之墮落究其實只是自戕自賊、自暴自棄罷了，從這裡孟子宣示了人道的貴重與莊嚴。

　　而關於人的良心為什麼會「放失」，孟子說得最生動最貼切的莫過於「牛山之木」的譬喻。牛山本來也有豐美茂盛的草木，只因位於臨淄這樣的大城近郊，天天有人去砍柴伐木，砍伐過了，接著又有成群的牛羊來此放牧，剛長的樹芽又鮮又嫩，一下子全被啃光，長久下來，牛山就變成光禿禿的了，這哪裡是它原來的樣子呢？人心人性也是如此。人原來都有仁義之心，但是人如果為物欲所誘而墮落，今天做壞事，明天做壞事，起初做得少，後來越做越多，弄到最後，不免就良心放失，人不像人了。這其間良心善性總也有甦醒清明的時候，就像夜裡靜下來時人心人性也會潛滋暗長，但這種短暫的甦醒清明與正常心性的人比較，就像萌櫱之於大樹，「其好惡與人相近也者幾希」，幾希意即不多，很少，如同小樹芽一般。一到白天，他又與物相接，為物牽引，順著罪惡的慣性而沉溺，那短暫的甦醒清明當然很快消失亡匿，就像樹木的萌櫱為牛羊所食一般。一而再，再而三，到最後似乎連從前良心發現而有的短暫甦醒與清明都沒有了，真的成了一個徹徹底底的壞人了，和禽獸一樣了。「人見其禽獸也，而以為未嘗有才焉者，是豈人之情也哉？」人類原本的、真實的心性、面目哪裡是這樣的呢？因此，天生的良心善性還得要「養」，「養心莫善於寡欲」，欲望的節制確實可以減少墮落陷溺的機會，使道德生命獲得更多的自由。

三、心性與天命

　　遠古民智未啟，面對種種自然界神奇的力量，不可知不可解，人類只有低首下心，讚嘆崇拜。等到民智漸開，人文成熟，天人之際便成為一個可以思考、可以探討而有道理可講的論題。

　　孔子罕言天道，而且認為「務民之義，敬鬼神而遠之」，才算得上是「知」，透過理性思考、揚棄鬼神崇拜來解決人間世界的問題，其傾向十分明顯。但是人力有時而盡，人智有時而窮，人總有無可如何之處，碰到這樣的處境，逢著這樣的時候，人怎麼辦呢？「天命」的觀念就在這種情況下產生。在這種情況下，就說那是天命吧！屬於客觀環境這一邊的謂之「天」，從主觀自我這

一邊來看的謂之「命」，其實天亦是命，命亦是天，有時也合起來就直接說是「天命」。說「天」的時候，隱隱還可以呼吸到宗教中神道崇拜殘留的氣息；說「命」的時候，人文的意識則是已經十分清醒了。

儒家從孔子以來，已經樹立起清明的主體自覺，以心性的自我修為凝聚人文意識。但是，鬼神崇拜的色彩雖已消褪，宗教的感情卻猶存影響，而在孔子的嘆息聲中不自覺地流露出來：「獲罪於天，無所禱也」、「天厭之」、「天生德於予，桓魋其如予何」、「天之將喪斯文也」、「吾誰欺，欺天乎」、「天喪予」、「知我者，其天乎」、「天何言哉」，這些時候，大抵是孔子遭窮處困，精神上比較痛苦，感情上比較脆弱的時候。儘管我們可以感到孔子在脆弱中有其堅強，在痛苦中充滿期待，但假使「天」真的有「意」，「天意」又在哪裡呢？誰能知道「天意」呢？正因為如此，「知天命」方才是一種人生修養與智慧清明的境界，聖人「五十而知天命」，可見得「知天命」是大不容易的。

到孟子，更是承接孔子，直揭心、性，以對應天、命。「口之於味也」一章（〈盡心下〉）便是「性」、「命」對揚：在道德的實踐上，父子之親、君臣之義、賓主之禮、賢者之具有才智、聖人之體現天道，這些在道義上固然有其應然之理，但是在實際上，那些應然之理是否能夠充分實現，則是全憑機遇運會，毫無必然的保證。客觀方面全靠機運，這就是「命」了；主觀方面呢？則不管所遇如何，在我總當盡心盡力，在篤實的踐履中克盡職分，努力使應然之理成為實然，這就是於我「有性」。所以君子不可藉口「命遇」而有所逃避。

所以在孟子看來，只有能夠真正盡心而到達極致的，才能夠了知人性之至善全部的究竟；能夠了知人性之實，這才算真知天命所限。盡心、知性談何容易？在一般人而言，存其心，勉力使其不放不失；養其性，勉力使其不移不易，這就是「事天」之道，也就是面對現實存在中客觀環境的限制，我們必須盡其所能以應有的努力來應對。孔子說朝聞夕死，孟子說夭壽不貳，這都是修身以道，居易俟命。天命縱有所限，但我亦有我當努力、可努力之地，於是面對天命，人自有其舒坦從容，是安然夷然，而不是只能卑微委屈、驚惶恐懼地匍匐於命運之前任其擺布，於是在天命之外就別立了人的「義命」，這就是「立命」了。當然，對智慧圓滿，修養到家的人來說，天命即義命，義命即天命，天人合一，是不必強為分別的。

　　最後再談到「形色天性」以及「聖人踐形」。道德總是要透過言行舉動來表現的，「形」指軀體表現出來的言行舉動，「色」指軀體表現出來的容貌態色。言行舉動是不是合宜？容貌態色是不是中節？如果都能合宜，都能中節，這才算合於天性而為至善。孟子說「形色，天性也」，這是從最高標準、最極致的境界來看的，所以接下去便要指出「惟聖人然後可以踐形」，舉「形」以包「色」，意指只有修養達到聖人一般完美圓滿的地步者，才能使自己言行舉動之細，容貌態色之微，都不偏不倚，合宜中節，使得肉體形軀完全與道德踐履體貼密合，良心善性透過肉體形軀圓滿地呈現出來，真是所謂「從心所欲不踰矩」了。

　　人為什麼會有「善性」？為什麼會有「價值自覺」、「道德意識」？孟子說「此天之所與我者」，《中庸》上說「天命之謂性」。其實說「天命」，甚至說神賜，總不免帶一些宗教的神祕氣息或形上的玄思味道，比較能為人所接受的說法是人這種族類在經過了億萬年的進化，大腦的結構終於不同於動物，能作複雜的思考與權衡，產生了道德意識與價值自覺。孟子在哲學上是成熟的心性論者，人的主體意識極強，天道論的說法不顯，宇宙論的習氣絕無，平常談人論性比較著重「是什麼」、「應如何」的問題。他主張性善，肯定人的價值自覺與道德意識，因此能夠在理論上完成孔子的成德之教。告子看人性則停留在「食色，性也」這個層級，對人的價值自覺與道德意識未能有相應的認識，因此當然把仁義道德視為一套管理人群、維繫社會秩序的必要規範，這一套規範完全是外來的，在人性本質上毫無內在的根據。因此，從道德的觀點來看，孟子的道德是「自律」，告子則必然是「他律」。其次，告子對人性只說「無善無不善」，不承認人性有價值上的意義；至荀子，亦以「天之就也……不可學、不可事，而在人者謂之性」（〈性惡〉），又說「今人之性，生而有好利焉……生而有疾惡焉……生而有耳目之欲，有好聲色焉……然則從人之性，順人之情，必出於爭奪，合乎犯分亂理，而歸於暴。」（〈性惡〉）由此可見荀子對人性的看法與告子無大差別，好利、疾惡、耳目之欲，這些並不必然是惡，惡是在從性順情而引起爭奪以致犯分亂理之後才產生的。由是可知，荀子性惡的主張完全是為了與孟子針鋒相對而來，他和告子一樣，對人的價值自覺與道德意識不能有正確的認識，仁義道德變質為人倫規範、社會約制，是以重群體而不能真正尊個人，終於發展成為法家的權威主義，

就孔子、孟子的儒家之道而言，不能不說是歧出。

四、《大學》、《中庸》裡的「性」

《大學》中只有一個地方提到「性」字，即「所謂平天下在治其國」傳中「好人之所惡，惡人之所好，是謂拂人之性，菑必逮夫身」，這裡的「性」是一般的常性、本性，並沒有特殊的人性論上的意義，似可不必多討論。

《中庸》論「性」處比較多，一開頭就說「天命之謂性，率性之謂道，脩道之謂教」，就人性的根源予以形而上的解釋，認為人性之善是上天所賦；而人能遵循此一善性來做人做事、成聖成賢，這才是人生正道；人的一生如果進德修業，走在此一大道上，才算是教育成才。

「自誠明，謂之性」，指聖人至誠至實，本體朗照，德無不明，這是人性之全幅實現；「自明誠，謂之教」，指一般人先了解至善境界，力學苦修，終於使人性之善在自己的努力之下能獲得體現，這乃是教化之功。至誠必明，能明必誠，本體與工夫其實是一而非二。

聖人至誠，是以能全幅實現人性之善，但就天賦之性來說，我之性即是人之性，即是物之性，我、人與物，原本一體，因此擴而充之，能盡其性即能盡人之性、盡物之性，如此人力上迨天工，真是可以贊天地之化育了。因而人在天性無窮無盡的實現下，其道德可以日趨廣大博厚，功參造化，德侔天地，正是頂天立地，並而為三。

就天性而言，一個人進學修德，誠之實之，這本是自成其人，自行其道，表現了主體之自由。但是宇宙天地之間，主體客體卻是相通而終為一體的，至誠之道，在主客人我之間自然有其普遍性。我能至誠，乃能使物成其始、成其終，使物成其為物，實現其意義與價值，否則一切意義就要完全失落，一切價值就要完全崩潰了。因此君子進學修德，使誠使實，這是天地間一切意義與價值的真正保障，所以說「君子誠之為貴」。在這一意義之下的誠，當然就不僅僅止於自成自道，還要化物成物。成己之仁，成物之知，都是性德所含，既仁且知，才能夠德合內外、時措而宜。

聖人之道，成己成物，以至誠而有至德。禮儀威儀，待之而行，有至德才能行至道，所以說「苟不至德，至道不凝」。因此君子「尊德性而道問學，致廣大而盡精微，極高明而道中庸，溫故而知新，敦厚以崇禮」，德性之高明

廣大，這是「上達」之境界，然而「上達」別無捷徑，只能從「下學」處好好下工夫，勤學好問，在庸言庸行上篤實踐履；崇禮守法，在日用切近處思考體會，即使是至聖如孔子，也一定是這樣子一路走過來的！

肆、教學活動

活動一： 古今中外，有各式各樣的人性論，請學生於課前試找一些，越是特殊、新奇、有趣的越好，先開開大家的眼界。

活動二： 讓學生談談自己對人性的看法，並進一步說明為什麼有這種看法。有沒有客觀的例證支持這種看法？

活動三： 此一專題研讀完畢後,請學生談談對於人性的認識有沒有什麼改變。

伍、參考資料

《四書集註》　朱熹　學海出版社

《中國人性論史先秦篇》　徐復觀　臺灣商務印書館

《中國哲學原論——原性篇》　唐君毅　學生書局

《孟子義理疏解》　楊祖漢　鵝湖出版社

《中庸義理疏解》　楊祖漢　鵝湖出版社

《圓善論》　牟宗三　學生書局

《中國哲學史（一）》　勞思光　三民書局

《孟學思想史論》　黃俊傑　東大圖書公司

《當代文化人類學》　于嘉雲等譯　巨流圖書公司

〈道性善〉　王開府　《國文天地》　九十六期　八十二年五月

〈性善與性惡〉　郭鶴鳴　《國文天地》　九十二期　八十二年一月

〈孟子言性新論〉、〈孟子性善論新釋〉　唐君毅　《哲學論集》頁3、頁127　學生書局

孟子為什麼批評楊墨與農家

王冬珍

壹、引言

　　楊朱的學說與許行的主張，果然與孟子不同，而墨子的學說則與儒家最為接近，韓非子在〈顯學篇〉中謂，孔子和墨子都稱述堯舜，取捨卻不相同。莊子在〈齊物論〉中則說，大道是被小的成就所隱蔽，言論是被浮華之詞所隱蔽，因而才有儒墨的是非爭辯。但無論儒墨也好，孔墨也好，都是在先秦簡冊中被並稱最多的，而其間的同異也是二千多年來學者所爭議和探討的對象。就墨子書中而言，凡謂聖王必稱堯舜禹湯文武，暴王則稱桀紂幽厲，與儒家無以異。孔子言仁，孟子倡義，墨子則說：「仁，體愛也。」❶「義者，正也。」❷何以孟子力闢墨子之說，墨子書中又有〈非儒〉之篇？儒墨到底有何不同？楊朱、許行的主張又是如何？讓我們先想想下列問題：

　　——墨子為什麼提出兼愛？

　　——墨子兼愛的理論根據何在？

　　——墨子兼愛的真義何在？

　　——墨子兼愛是「無父」嗎？

　　——墨子兼愛能實行嗎？

　　——墨子兼愛與儒家仁愛、耶穌博愛有何不同？

---

❶　《墨子·經上》。「體」，伍非百《墨經解故》謂衍文，應當刪去。楊寬《墨經哲學》亦採其說。因為經下二條是「義，利也。」「禮，敬也。」依照文例言應為「仁，愛也。」而且《墨子·經說下》第七十五條云：「仁，愛也。義，利也。」可證。同時《墨子·經上》有「體，分於兼也。」體謂部分，兼謂全體。《墨子·兼愛下》則云：「兼愛則仁矣，義矣。」《藝文類聚》引《墨子》云：「翟以地為仁，……民衣食於地而終不責德，故翟以地為仁。」由上可證「體」當為衍字。

❷　《墨子·天志中》。

——楊朱在道家占何種地位？

——楊朱的為我是「無君」嗎？

——古代農家究竟如何？許行的主張能推行嗎？

——孟子提出何種論證？

貳、原典及註釋

《孟子》

1. 孟子曰：「楊子①取為我②，拔一毛而利天下，不為也。墨子③兼愛④，摩頂放踵⑤利天下，為之。子莫⑥執中，執中為近之⑦；執中無權⑧，猶執一也。所惡執一者，為其賊⑨道也，舉一而廢百也。」（〈盡心上〉）

①楊子：戰國時人，名朱，或云字子居，曾與墨子弟子禽滑釐辯論。　②取為我：主張只為自己而不及為人。　③墨子：戰國魯人，名翟，終身為平民，墨家開山祖師。　④兼愛：無差別的愛、全體的愛。「兼」與「別」相對，「別」是有差別；「兼」是無差別。　⑤摩頂放踵：摩禿頭頂一直到腳跟。　⑥子莫：魯國的賢人。　⑦之：指「中正大道」。　⑧權：權衡輕重。　⑨賊：害。

2. 公都子⑩曰：「外人皆稱夫子好辯，敢問何也？」

孟子曰：「予豈好辯哉！予不得已⑪也。天下之生⑫久矣，一治一亂⑬：當堯之時，水逆行⑭，氾濫於中國，蛇龍居之⑮。民無所定⑯，下者為巢⑰，上者為營窟⑱。《書》⑲曰：『洚⑳水警余。』洚水者，洪水也。使禹治之。禹掘地㉑而注之海，驅蛇龍而放之菹㉒。水由地中㉓行，江、淮、河、漢是也。險阻㉔既遠，鳥獸之害人者消，然後人得平土而居之。堯舜既沒，聖人之道衰，暴君代作㉕，壞宮室㉖以為汙池㉗，民無所安息；棄田以為園囿，使民不得衣食。邪說暴行又作，園囿、汙池、沛澤㉘多而禽獸至。及紂㉙之身，天下又大亂，周公相㉚武王，誅紂伐奄㉛，三年討其君，驅飛廉㉜於海隅而戮之；滅國者五十㉝，驅虎、豹、犀、象而遠之，天下大悅。《書》㉞曰：『丕顯㉟哉，文王謨㊱！丕承㊲哉，武王烈㊳；佑啟㊴我後人，咸以正無缺㊵。』世衰道微，邪說暴行有作㊶，臣弒其君者有之，子弒其父者有之，孔子懼，作《春秋》。《春秋》，天子

之事也㊷。是故孔子曰：『知我者其惟《春秋》乎？罪我者其惟《春秋》乎！』聖王不作，諸侯放恣㊸，處士㊹橫議㊺，楊朱、墨翟之言盈天下。天下之言，不歸楊，則歸墨。楊氏為我，是無君㊻也；墨氏兼愛，是無父㊼也；無父無君，是禽獸也！公明儀㊽曰：『庖有肥肉，廄㊾有肥馬；民有飢色，野有餓莩㊿，此率獸而食人也。』楊墨之道不息，孔子之道不著，是邪說誣民，充塞(51)仁義也。仁義充塞，則率獸食人，人將相食，吾為此懼。閑(52)先聖之道，距(53)楊墨，放淫辭(54)，邪說者不得作(55)。作於其心，害於其事(56)；作於其事，害於其政。聖人復起，不易吾言矣。昔者禹抑(57)洪水，而天下平；周公兼(58)夷狄，驅猛獸，而百姓寧；孔子成《春秋》，而亂臣賊子懼。《詩》(59)云：『戎狄是膺(60)，荊舒是懲(61)，則莫我敢承(62)。』無父無君，是周公所膺也。我亦欲正人心，息邪說，距詖(63)行，放淫辭，以承三聖者。豈好辯哉？予不得已也。能言距楊墨者，聖人之徒也。」（〈滕文公下〉）

⑩公都子：孟子弟子。 ⑪不得已：不能不辯。已，止。 ⑫生：生民。 ⑬一治一亂：治亂反覆相尋。治，平治。亂，混亂。 ⑭水逆行：下流壅塞，致使水倒流而旁溢。 ⑮之：指「人民居住之地」。 ⑯定：定居。 ⑰巢：架巢住在樹上。 ⑱營窟：用土累成的窟穴。 ⑲《書》：《尚書》。引文見《偽古文尚書・大禹謨》。 ⑳洚：音ㄏㄨㄥ，洪水氾濫。 ㉑掘地：挖去壅塞。㉒菹：音ㄐㄩ，水澤生草的地方。 ㉓地中：低於平地的河道。 ㉔險阻：指洪水的氾濫。 ㉕暴君代作：暴虐的君主相繼興起。暴君，指夏太康、孔甲、履癸、商武乙等。代作，更代而作。 ㉖宮室：民房。 ㉗汙池：蓄水的深池。汙，音ㄨ，積水。 ㉘沛澤：生長水草的沼澤。 ㉙紂：我國商朝末代的暴君帝辛，被周所滅。 ㉚相：輔佐。 ㉛奄：東方的小國，曾助紂為虐。㉜飛廉：紂的幸臣。 ㉝滅國者五十：誅滅與紂共為亂政的五十國。 ㉞《書》：《尚書》。引文見《偽古文尚書・君牙》。 ㉟丕顯：丕，大。顯，明。或云：丕，發聲之詞。 ㊱謨：謀。 ㊲承：繼。 ㊳烈：功業。 ㊴佑啟：佑，助。啟，開。 ㊵缺：缺失；虧缺。 ㊶有作：又作。 ㊷《春秋》，天子之事也：天子有討伐亂臣賊子的責任；王綱廢墜，不能聲罪致討。孔子作《春秋》，在遏人欲，存天理，褒善貶惡，垂法後世，使亂臣賊子有所戒懼，而不敢肆行無忌，寓褒貶於賞罰，所以說是天子之事。 ㊸放恣：放，放肆。恣，

恣縱。 ㊹處士：有道德學問而未做官或不做官的人。 ㊺橫議：恣肆批評。橫，逆；肆。 ㊻無君：楊朱只知愛身為己，而不知為國為君有犧牲奉獻之義。 ㊼無父：墨子愛無差等，「視人之親，若己之親」，易陷視至親不異於眾人。 ㊽公明儀：曾子弟子。 ㊾廄：音ㄐㄧㄡˋ，馬房。 ㊿餓莩：餓死的人。莩，音ㄆㄧㄠˇ，同「殍」。 (51)充塞：阻塞。 (52)閑：捍衛。 (53)距：通「拒」。排抵。 (54)放淫辭：放，摒。淫辭，放蕩無歸的言論。 (55)作：起。(56)事：所行。 (57)抑：治；遏止。 (58)兼：摒絕。或云：併。 (59)《詩》：《詩經》。引言見《詩經．魯頌．閟宮》。 (60)膺：擊；伐。 (61)荊舒是懲：荊，楚。舒，古國名，近楚。懲，懲戒。 (62)承：當；抵擋。 (63)詖：音ㄅㄧˋ，不正；偏陂。

3. 孟子曰：「逃(64)墨必歸於楊，逃楊必歸於儒。歸，斯受之而已矣。今之與楊墨辯者，如追放豚(65)，既入其苙(66)，又從而招之(67)。」(〈盡心下〉)

(64)逃：脫離。 (65)放豚：逃出豬欄外的豬。豚，音ㄊㄨㄣˊ。 (66)苙：音ㄌㄧˋ，關閉牲畜的柵欄。此指豬欄。 (67)招之：羈縶其足。招，罥也。懸掛；糾結。

4. 墨者(68)夷之(69)，因徐辟(70)而求見孟子。孟子曰：「吾固(71)願見，今吾尚(72)病，病愈(73)，我且(74)往見。」夷子不來。他日(75)，又求見孟子，孟子曰：「吾今則可以見矣。不直(76)，則道不見(77)；我且直之。吾聞夷子墨者，墨之治喪也，以薄(78)為其道(79)也。夷子思以易(80)天下，豈以為非是而不貴(81)也？然而夷子葬其親厚，則是以所賤事親也。」徐子以告夷子，夷子曰：「儒者之道，古之人『若保赤子(82)』，此言何謂也？之則以為愛無差等，施由親始(83)。」徐子以告孟子，孟子曰：「夫夷子，信以為人之親其兄之子，為若親其鄰之赤子乎？彼有取爾(84)也。赤子匍匐將入井，非赤子之罪也。且天之生物也，使之一本(85)，而夷子二本(86)故也。蓋上世嘗有不葬其親者，其親死，則舉而委之於壑(87)。他日過之，狐狸食之，蠅蚋(88)姑嘬(89)之；其顙(90)有泚(91)，睨而不視。夫泚也，非為人泚，中心達於面目。蓋歸反虆梩(92)而掩之。掩之誠是也，則孝子仁人之掩其親，亦必有道矣。」徐子以告夷子，夷子憮然(93)，為間(94)，曰：「命(95)之矣。」(〈滕文公上〉)

(68)墨者：信仰墨子學說的人。 (69)夷之：姓夷，名之。 (70)徐辟：姓徐，名辟，孟子弟子。 (71)固：本來。 (72)尚：還在。 (73)愈：同「癒」。 (74)且：

將。　⑦他日：過了幾天。　⑦直：糾正。　⑦見：音ㄒㄧㄢˋ，顯揚；昌明。
⑦薄：薄葬。　⑦道：主張。　⑧易：改變。　⑧貴：高貴。　⑧若保赤子：
見《周書・康誥》。赤子，初生的嬰兒。　⑧施由親始：施愛先由自己父母親
開始。　⑧彼有取爾：彼有所取譬焉。彼，指「若保赤子」之言。爾，焉也。
⑧一本：樹本根核而生，人本父母而生，是天生萬物，各由一本而出。本，
根本。　⑧夷子二本：墨家主兼愛，視他人親如己親，與儒家之視己親獨親
於他人親者不同，是孟子譏夷子有二本。　⑧壑：音ㄏㄨㄛˋ，溝也；山間澗
谷也。　⑧蚋：音ㄖㄨㄟˋ，小蟲名，蚊的一類。　⑧姑嘬：姑，語助聲。或
云：通「蛄」，小蟲名。嘬，音ㄔㄨㄞˋ，攢聚在一處吮吸。　⑨顙：音ㄙㄤˇ，
額。　⑨泚：音ㄘˇ，出汗的樣子。　⑨蓋歸反虆梩：歸去取得虆梩的器具而
返。蓋，語助詞。虆，音ㄌㄟˊ，盛土的草具，土籠之類。梩，音ㄌㄧˊ，掘土
的器械，鍬也。　⑨憮然：茫然如有所失的樣子。　⑨為間：有間。間，頃。
⑨命：教。

5. 宋牼⑨將之⑨楚，孟子遇於石丘⑨。曰：「先生將何之？」曰：「吾聞秦楚
構兵⑨，我將見楚王，說而罷之；楚王不悅，我將見秦王，說而罷之。
二王我將有所遇⑩焉。」曰：「軻也請無問其詳，願聞其指⑩，說之將如
何？」曰：「我將言其不利也。」曰：「先生之志則大矣，先生之號⑩則不
可。先生以利說秦楚之王，秦楚之王悅於利，以罷三軍之師，是三軍之
士樂罷而悅於利也。為人臣者懷利以事其君，為人子者懷利以事其父，
為人弟者懷利以事其兄。是君臣、父子、兄弟終去仁義，懷利以相接，
然而不亡者，未之有也。先生以仁義說秦楚之王，秦楚之王悅於仁義，
而罷三軍之師，是三軍之士樂罷而悅於仁義也。為人臣者懷仁義以事其
君，為人子者懷仁義以事其父，為人弟者懷仁義以事其兄，是君臣、父
子、兄弟去利，懷仁義以相接也，然而不王⑩者，未之有也。何必曰利？」

（〈告子下〉）

　　⑨宋牼：姓宋，名牼。即《莊子・天下》、《荀子・非十二子》之宋鈃。牼，
　　音ㄎㄥ。　⑨之：往。　⑨石丘：地名。　⑨構兵：交戰。　⑩遇：合。　⑩
　　指：同「旨」，意向。　⑩號：用來號召的主張或名義。　⑩王：音ㄨㄤˋ，擁
　　有天下。

6. 有為⑩神農之言⑩者許行⑩，自楚至滕，踵門⑩而告文公曰：「遠方之人，

聞君行仁政，願受一廛⑩而為氓⑩。」文公與之處⑩。其徒數十人，皆衣褐⑪，捆屨⑫、織蓆以為食。陳良⑬之徒陳相與其弟辛，負耒耜⑭而自宋至滕，曰：「聞君行聖人之政，是亦聖人也，願為聖人氓。」陳相見許行而大悅，盡棄其學而學焉。陳相見孟子，道許行之言曰：「滕君則誠賢君也；雖然，未聞道也。賢者與民並耕而食，饔飧⑮而治。今也滕有倉廩府庫⑯，則是厲⑰民而以自養也，惡得賢？」

⑩為：治也；研究也。　⑩神農之言：神農，上古的帝王，始為耒耜，教民種植五穀。《漢志》農家有《神農》二十篇，實後人依託神農而為之學說，亦即班固所謂農家者流。　⑩許行：楚人。　⑩踵門：親至其門。踵，音ㄓㄨㄥˇ，至也；蹈也。　⑩廛：音ㄔㄢˊ，民宅。　⑩氓：民。　⑩處：住宅。　⑪衣褐：穿著粗毛布的衣服。衣，音ㄧˋ，穿也。褐，粗毛布，賤者所服。　⑫捆屨：捆，音ㄎㄨㄣˇ，編織。屨，音ㄐㄩˋ，麻鞋。　⑬陳良：楚之儒者。　⑭耒耜：耒，音ㄌㄟˇ。耜，音ㄙˋ，翻土用的農具。耜用於起土，耒是耜上的彎木柄。　⑮饔飧：熟食。饔，音ㄩㄥ，早飯。飧，音ㄙㄨㄣ，晚飯。　⑯倉廩府庫：積米穀的曰倉廩；藏銀錢的曰府庫。　⑰厲：病也；害也。

孟子曰：「許子必種粟而後食乎？」曰：「然。」「許子必織布而後衣乎？」曰：「否，許子衣褐。」「許子冠乎？」曰：「冠。」曰：「奚冠？」曰：「冠素⑱。」曰：「自織之與？」曰：「否。以粟易之。」曰：「許子奚為不自織？」曰：「害⑲於耕。」曰：「許子以釜甑⑳爨㉑，以鐵㉒耕乎？」曰：「然。」「自為之與？」曰：「否。以粟易之。」「以粟易械器㉓者，不為厲陶冶㉔；陶冶亦以其械器易粟者，豈為厲農夫哉？且許子何不為陶冶，舍㉕皆取諸其宮中而用之？何為紛紛然與百工交易？何許子之不憚㉖煩？」曰：「百工之事，固不可耕且為也。」「然則治天下獨可耕且為與？有大人之事㉗，有小人之事㉘，且一人之身，而百工之所為備㉙。如必自為而後用之，是率天下而路㉚也。故曰：或勞心㉛，或勞力㉜。勞心者治人，勞力者治於人㉝；治於人者食人㉞，治人者食於人㉟；天下之通義㊱也。

⑱素：白色的生絹。　⑲害：妨礙。　⑳釜甑：釜，鐵製的烹飪器具，即今之鑊或鍋。甑，音ㄗㄥˋ，陶製的烹飪器具，即今之瓦罐。　㉑爨：音ㄘㄨㄢˋ，炊。指煮飯燒菜。　㉒鐵：指用鐵製的農器。　㉓械器：指釜甑耒耜等物。　㉔陶冶：陶，製造瓦器者。冶，製造鐵器者。　㉕舍：俗作「啥」。意即「什

麼」。　⑫憚：畏懼；害怕。　⑰大人之事：指在位的君子推行教化、治理天下的大事。　⑱小人之事：指農、工、商所經營的事業。　⑲「一人之身」二句：謂一人之身，衣食住行各方面所需，備具百工之所作。　⑬路：奔走於道路，無時休息。或云：日常生活不得安也。　⑬勞心：心力精神的勞動，如從事政治教育之類的工作。　⑬勞力：體力的勞動，如耕織陶冶之類的工作。　⑬治於人：被人治理。　⑭食人：食，音ㄙˋ，以食（音ㄕˊ）與人。此指耕稼以養人。　⑬食於人：為人所養。　⑬通義：通行不變的道理、法則。

「當堯之時，天下猶未平，洪水橫流⑬，氾濫⑬於天下；草木暢茂⑬，禽獸繁殖⑭。五穀不登⑭，禽獸偪⑭人，獸蹄鳥跡之道，交於中國；堯獨憂之，舉舜而敷治⑭焉。舜使益掌火⑭，益烈⑭山澤而焚之，禽獸逃匿。禹疏九河⑭，瀹⑭濟漯⑭而注諸海；決⑭汝漢，排⑭淮泗，而注之江，然後中國可得而食也。當是時也，禹八年於外，三過其門而不入，雖欲耕，得乎？

⑬橫流：水流不由其道。　⑬氾濫：漫溢。　⑬暢茂：長盛。　⑭繁殖：生殖繁多。　⑭登：成熟。　⑭偪：同「逼」。　⑭敷治：分別治理。敷，分。　⑭使益掌火：使益主火以燒山澤而驅禽獸。益，伯益，舜臣。掌，主管。　⑭烈：熾；盛。烈而焚之，猶云燃火以燒毀。　⑭疏九河：疏，通。九河，徒駭、太史、馬頰、覆釜、胡蘇、簡、絜、鉤盤、鬲津。「疏九河」，即《尚書‧禹貢》「播為九河」。蓋其時黃河自孟津向東流，抵兗州界，再向東北行，經過降水大陸（澤名，在今河北任縣東北）之後，即陸續分枝，成為九條；至將入渤海處，復合為一，是為逆河。禹所疏治者，乃就其故道而疏通之，使其氾濫者得各順其低道而東北行。　⑭瀹：音ㄩㄝˋ，疏通。　⑭濟漯：二水名。漯，音ㄊㄚˋ。　⑭決：除去水中的淤塞。　⑮排：亦決，疏濬水中的壅塞。

「后稷⑮教民稼穡⑮，樹藝五穀；五穀熟，而民人育。人之有⑮道也，飽食、暖衣、逸居而無教，則近於禽獸。聖人有憂之，使契⑮為司徒⑮，教以人倫：父子有親，君臣有義，夫婦有別，長幼有序，朋友有信。放勳⑮曰：『勞之⑮，來之⑮，匡之⑮，直之⑯，輔之⑯，翼之⑯，使自得之⑯，又從而振德之⑯。』聖人之憂民如此，而暇耕乎？

⑮后稷：官名，掌農事，據《尚書‧堯典》，當時做后稷的人名棄，是周朝的

始祖。　⒂稼穡：農事的總稱。稼，音ㄐㄧㄚˋ，春耕。穡，音ㄙㄜˋ，秋收。
⒂有：為。　⒂契：音ㄒㄧㄝˋ，舜臣名。後封於商，賜姓子氏，為商朝的始
祖。　⒂司徒：官名，掌禮教以教民。　⒂放勳：堯號。　⒂勞之：勞苦的
要慰勉他。勞，音ㄌㄠˋ，慰勞。　⒂來之：前來的要安撫他。來，音ㄌㄞˋ，
撫其至。字亦作倈，或勑。　⒂匡之：不正的要糾正他。匡，正。　⒃直之：
枉曲的要扶直他。　⒃輔之：輔佐其有所立。　⒃翼之：翼助其有所行。　⒃
使自得之：使能自得其本善之性。　⒃振德之：振，提撕。德，加惠。提撕
驚覺以加惠，不使其放逸怠惰而失其本善之性。或云：振，救。謂加德惠於
窮民，救其困乏。

「堯以不得舜為己憂，舜以不得禹、皋陶⒃為己憂。夫以百畝之不易⒃
為己憂者，農夫也。分人以財謂之惠，教人以善謂之忠，為天下得人者
謂之仁。是故以天下與人易，為天下得人難。……堯舜之治天下，豈無
所用其心哉？亦不用於耕耳。

　⒃皋陶：舜臣，為士，掌司法。皋，音ㄍㄠ。陶，音一ㄠˊ。　⒃易：治也。

「吾聞用夏變夷⒃者，未聞變於夷⒃者也。陳良，楚產⒃也。悅周公仲
尼之道，北學於中國。北方之學者，未能或之先⒃也。彼所謂豪傑之士
也。子之兄弟，事之數十年，師死而遂倍⒃之。昔者孔子沒，三年⒃之
外，門人治任⒃將歸，入揖於子貢⒃，相嚮而哭，皆失聲⒃，然後歸。
子貢反，築室於場⒃，獨居三年，然後歸。他日子夏、子張、子游⒃以
有若⒃似聖人，欲以所事孔子事之，彊曾子⒃。曾子曰：『不可。江漢以
濯之，秋陽以暴⒃之，皜皜⒃乎不可尚⒃已。』今也南蠻鴃舌之人⒃，非
先王之道，子倍子之師而學之，亦異於曾子矣。吾聞出於幽谷⒃，遷於
喬木⒃者；未聞下喬木，而入於幽谷者。〈魯頌〉⒃曰：『戎狄是膺，荊
舒是懲。』周公方且膺之；子是之學⒃，亦為不善變矣。」

　⒃用夏變夷：夏是高度文明的民族，應該用文化去啟導野蠻民族，使其也變
成文明。夏，指中國。夷，指蠻夷。　⒃變於夷：變化為夷狄之人。　⒃楚
產：生長於楚國。產，生也。　⒃先：過也。　⒃倍：背也。　⒃三年：古
者師死，心喪三年，若喪父而無服。　⒃治任：整理行李。任，擔也。　⒃
子貢：衛人，姓端木，名賜。在孔門七十子中最為富有。　⒃失聲：悲極，
哭不成聲也。　⒃場：塚上的壇場。或云：塚旁的空地。　⒃子夏、子張、

子游：皆孔子弟子。子夏，姓卜，名商。子張，姓顓孫，名師。子游，姓言，名偃。　⑰有若：孔子弟子。　⑰曾子：孔子弟子，名參，字子輿。　⑱秋陽以暴：秋陽，夏日也。周建子，其七八月，即夏正建寅之五六月；其秋，即夏正之夏。暴，同「曝」。　⑱皜皜：潔白的樣子。　⑱尚：加也。　⑱南蠻鴃舌之人：南蠻，指楚。鴃舌之人，謂口音特別，講話像鳥聲的人。指許行，其並耕之說，亦不合先王之道。鴃，音ㄐㄩㄝˊ，同鳩，是一種名叫伯勞的小鳥。　⑱幽谷：很深的山谷，喻黑暗低下的地方。　⑱喬木：高大的樹木，指光明高大的地方。　⑱〈魯頌〉：《詩經》中魯國的頌詩。引文見〈魯頌·閟宮〉。　⑱子是之學：謂陳相以其南蠻許行之學為是。之，同「其」。

「從許子之道，則市賈⑱不貳⑱，國中無偽，雖使五尺之童⑲適市，莫之或欺⑲。布帛長短同，則賈相若；麻縷絲絮輕重同，則賈相若；五穀多寡同，則賈相若；屨大小同，則賈相若。」

⑱賈：通「價」。　⑲貳：同「二」。　⑲五尺之童：言幼小無知的孩子。　⑲莫之或欺：即莫或欺之。言絕無人會欺騙他。

曰：「夫物之不齊，物之情⑲也；或相倍蓰⑲，或相什百，或相千萬；子比⑲而同之，是亂天下也。巨屨小屨同賈，人豈為之哉⑲？從許子之道，相率而為偽者也，惡⑲能治國家？」（〈滕文公上〉）

⑲情：性也，常情也，自然之理。　⑲倍蓰：一倍曰倍；五倍曰蓰。蓰，音ㄒㄧˇ。　⑲比：音ㄅㄧˋ，並列。　⑲巨屨小屨同賈，人豈為之哉：若使巨屨小屨價錢相同，則製鞋者豈肯做細屨？巨，粗屨。小，細屨。　⑲惡：音ㄨ，何。

參、解讀

一、墨子兼愛交利

　　墨子姓墨名翟，戰國初年的魯國人，約生於周敬王三十一年（西元前 489 年）左右，卒於周威烈王二十二至二十三年（西元前 404 至前 403 年）之間。墨子終身乃一介平民，善於製作車轄與車輗，並能在片刻的時間，斲三寸的木板，承擔五十斤的重量，且曾花了三年的時間製作了一隻木鳶，可是飛了

一天就壞了。

　　兼愛是墨子的中心學說，而他所以提出兼愛的原因，是看到當時人與人之間，國與國之間，所以發生詐欺、盜竊、乖忤、篡奪、戰爭，皆由於不相愛。不相愛，一旦利害衝突，便可能虧人自利，所以提出了愛人之身若己之身，愛人之室若己之室，愛人之家若己之家，愛人之國若己之國的平等無差別的愛，但他又怕這種新的思想不被接受，便以天對人的一切作為兼愛的理論根據，作為最高的價值規範，他認為天的運行廣大無私，施人厚恩不求回報，日月星照耀永不停止，可知天對人是平等普遍的愛，平等普遍的利，平等普遍的擁有，平等普遍的養育，而且天也希望人能相愛相利，像古代的聖王堯、舜、禹、湯、文、武，都是最能夠效法上天的普遍性、深厚性、永久性而兼愛天下的仁君，所以我們應該上體天心，下法仁君，平等普遍的去愛所有的人像愛自己一樣，以達到天下太平，人人幸福。

　　兼愛的兼字，依照〈墨經〉中的解釋是代表全體的意思，所以兼愛也是全體的愛，所謂全體的愛，就是對任何人都不遺漏或排斥，而且沒有人我之分，才能愛人如己，愛己如人，人與我混然一體，界限全無。且不可受時空的限制，永存愛心。

　　兼愛也是無條件的愛，若愛而附有條件，出於心計，希求利益，那叫做利愛，利愛不是仁，也不是兼愛。譬如我們愛自己，並非是自己有用或長得美才愛自己，只因為那是自己就愛自己，是沒有任何條件的，不像我們愛馬，自己的馬因為可以供鞭策驅馳才愛，別人的馬就不愛，驊騮因為可日行千里才愛，駑駘就不愛，像這種附有條件的愛，不是出自真心真意，而我們愛人當如愛己，應出於真心真意，而不附帶任何條件。

　　兼愛也是涵利的愛，《墨子》書中凡提到「兼相愛」，往往必提到「交相利」，因為愛是存在內心的，是無形的，而利才是表現在外的，是有形的，所以主張實利主義的墨子，不只要我們把愛存在內心，更要把愛完全表達出來，而表達愛的最好方法，是屬於精神的關懷，也是物質的實利，雖然在實行這個愛的時候，人的理智會判別利的先後遠近，但利的程度卻是一樣的，也就是墨子要把遠人與近人放在同一平面上，同時的愛他們，同量的利他們，惟在利的行為上分遠近而施之。

　　兼愛在我們一般看來，也許無法實行，但墨子卻不以為然，他認為兼愛

就是愛己，因為你愛別人，別人也一定會愛你，這個社會本就是互相濟助的。兼愛也是愛親，並不違背孝，因為愛利人之親，人必愛利己之親，所以孝子想要人愛利己之親，必先愛利人之親，若使人人都能愛利自己的父母，便是大孝，焉可稱不孝。而且古聖王均能行兼愛於天下，如〈泰誓〉中記載的文王，像日月一樣光照四方；〈禹誓〉中記載的大禹，為興天下之利，除天下之害，才遠征有苗；〈湯誓〉中記載的商湯，雖貴為天子，富有天下，卻不怕以身為犧牲，以詞說於上帝，這都是能實行兼愛的聖王，所以他們享有天下，擁有萬民。

二、楊朱為我貴己

楊朱，字子居，衛國人，約生於周景王二十四年（西元前 521 年），卒於貞定王十六年（西元前 453 年）❸。楊朱的生平事跡最主要的是見過老子，老子以為他不可教❹，而且從《列子》中的〈仲尼〉、〈力命〉兩篇所說的楊朱，已透露了他天人不相應，輕天重人的訊息，同時經過老子的教訓以後，便循著老子反強權、反現實的路線而反君權，再進而轉變為個人主義。

楊朱無書，除《孟子》外，《尸子・廣澤》、《呂氏春秋・不二》均說楊朱「貴己」，而《韓非子・顯學》說他「輕物重生」，《淮南子・氾論》則說他「全生保真，不以物累形」。再從《列子・楊朱篇》❺加以探討，我們可以把楊朱的思想歸納數點如下：

（一）為我輕物

楊朱為我，是以自我為中心，是個標準的個人主義者。就我與物而言，要役物而不被物所役。雖然他主張以物養身，以全其生，但物乃身外之物，所以不可私其物，亦不可私其身，倘若人人如此，必可達到天下太平。而他

---

❸　詳見楊家駱《老子新傳》。

❹　《列子・黃帝》。

❺　《列子》一書非列禦寇所著，乃魏晉研究道家思想者，就先秦簡冊中有關列子之資料所偽造者。故〈楊朱〉一篇所記載楊朱的事跡，雖與《孟子》、《尸子》、《呂氏春秋》等對楊朱之批評有相吻合之處，但亦非完全不可疑，所以讀書必須先了解這一點。

所說的物，乃指年壽、名譽、地位、財貨，因為此四者，皆無所可貴，既無補實際於生前，又不能暢懷快意於死後。

（二）貴生輕死

楊朱主張放縱情欲，其最大的理由，在乎人生短暫，死歸虛空，而在此短暫的人生過程中，可供吾人快然享樂的部分更為渺小，故應把握此一難得機會，享盡美厚之食，聲色之樂，不必違反本性，受禮義名教的約束，以自尋苦惱。而人無論十年、百年，總有一死，且仁聖亦死，兇愚亦死。不管生前是堯舜或桀紂，死後均為腐骨，而腐骨相同，焉可分辨。所以他對於生死不迎不將，順其自然，不臨危蹈險以尋死，亦不岌岌努力以求壽，死後既無知覺，無論如何處置，均不在意。

（三）自由主義的政治論

道家思想崇尚無為，以為天下之亂，在於有為，而且愈有為愈亂，反不如無為任化之妙，楊朱認為政府只可以是象徵性的，一切道德刑政的措施，均不可對個人過分約束，或妨害個人的自由。因為所有的政治措施，均屬於「治外」，而他重視的是「治內」，治內則在充實自我生命從心靈的培育，一切要求人人能自治、自愛、自重，使每一個個體生命都能健全起來，如果每一個體健全，便不必用「君臣上下」管制，所以他自由主義的政治思想，是建立在「各守其位，各安其分」的自主自重的理想基礎上。

三、許行君民並耕

《漢書・藝文志》農家有《神農》二十篇，班固自註云：「六國時，諸子疾時怠於農業，道耕農事，託之神農。」可知《神農》一書，應為當時農家依託神農而為，而許行亦為當時農家之一。《商子・畫策》云：「神農之世，公耕而食，婦織而衣，不用刑政而治。」《北堂書鈔》引《尸子》云：「神農氏並耕而食。」《呂氏春秋・愛類》稱述神農之教，亦言身親耕，妻親績。神農氏的主張或許為適應當時的社會，果真如此，但已無信史可考。許行的君民並耕，而託於神農之言，必因當時已有此傳說，所以不怕路途勞頓，千里迢迢，從楚國來到滕國，勸滕文公推行仁政，一定要和人民共同耕種，自己炊爨而

食，而且兼治民事，才不會傷害到人民。

四、孟子執中通權

儒家的倫理價值觀，是君臣主義，父子主仁，楊子的為我，雖然是回到自我的真實生命，而不干擾他人，但為我之極，就是「拔一毛而利天下，不為也」，這種極端的自私，等於心中無君國的地位。墨子的兼愛，果然是為天下興利除害，壯烈感人，但是兼愛的最終理想，則是「摩頂放踵利天下，為之」，視人人之親若其親，只要對天下人有利，便會奉獻一切，也就很容易忽視自己父母的存在。若此，孟子認為必定會破壞人倫大綱，毀掉人間社會文化，而退回到原始狀態。同時墨子兼愛的理論根據，只能理論的、超越的、外在的在他所肯定的天或天志，而不是從道德心、性中提出的真實的愛。同時楊子和墨子雖有利己利天下的不同，但其所取決的價值標準，都是落在「功利」上。

孟子能遵守孔子之道，認為仁義禮智均由人心性中開出，而在人心之仁的真實感應上，就由輕重厚薄的分別，也就是由親而疏而物，由近而遠而物，所以他說：「親親而仁民，仁民而愛物」，「老吾老以及人之老，幼吾幼以及人之幼」❻，既顯出了差別性，亦推廣為普遍性。因為孟子重心性，因此只言仁義，而不談功利。孟子曾說：「執中無權，猶執一也。」中道，無論《尚書》、《周易》、《論語》、《中庸》等，均非常重視，但是孟子又提出了「權」，權，就是因應權宜，他說「窮則獨善其身，達則兼善天下」，「窮」與「達」是不同的處境，而「獨善」與「兼善」，即是不同的因應，所以孟子的「獨善」或「兼善」，不是執一不變，而是仁心義路的價值取捨。

至於許行所提出「君民並耕」之說，雖然難知其詳，但就《孟子》書中看來，實在沒有什麼深義。從思想理論觀之，正如孟子所說，只是「比而同之」的辦法，而實際上則涉及到價值原則，價值所重視的是「質」而不是「量」，價值的高低，主要在於品質的精粗，不在於數量的多少，所以數量相同之物，價值並不相同，有時甚至相差很多。許行的主張很明顯的與價值原則相違背，所以孟子說從許子之道，正可使國人相率而為偽，怎麼能治理國家。

❻ 《孟子·盡心上》。

肆、教學活動

活動一： 請於課前先翻閱《墨子》〈法儀篇〉、〈兼愛〉上中下三篇，及有關墨子兼愛說的著作。

活動二： 請於課前參考有關記載楊朱思想的書籍。

活動三： 請於課前先翻閱、探討有關農家主張及後人依託神農之言的書籍。

活動四： 墨子兼愛說與現在國際紅十字會、獅子會等公益團體是否相同？對今日社會是否應全力提倡？

活動五： 墨子的兼愛主義與今天的社會主義是否相同？

活動六： 墨家的組織十分嚴密，與今天的幫派組織是否相同？與革命組織是否相同？

活動七： 楊朱的個人主義是否有積極意義？孟子對他是否有所誤解？

活動八： 許行的主張可推行嗎？其是否與我國重農主義有關？歷代帝王所持之態度如何？

伍、參考資料

《四書廣解》　蔣伯潛　啟明書局

《孟子義理疏解》　王邦雄、曾昭旭、楊祖漢　鵝湖月刊雜誌社　1983 年 10 月

《孔孟荀哲學》　蔡仁厚　學生書局　1990 年 2 月

《道家哲學系統探微》　黃公偉　新文豐出版社　1981 年 8 月

《墨學新探》　王冬珍　世界書局　1990 年 3 月

「中庸」是圓融恰當不是折衷

陳麗桂

壹、引言

　　中國文明在周以後是以農耕文明為主的，伴隨著農耕文明而來的，是家族制度的建立。農耕文明追求安定，家族制度重視和諧，大自然必須均衡和諧，萬物才能欣欣向榮；人與大自然必須統一協調，民生才能安和樂利；人與他人之間、人與群體之間，也都必須維持一種和諧融通的關係，家庭社會的安寧進步才有可期。作為中國文明重要代表的儒家哲學，因此也推崇一種均衡穩定、無所偏執的人生哲學，要求達到外物與自性、宇宙與人生相需相濟，圓滿融通。在較早的典籍《尚書》裡，已有部分理論一再提出一種講求剛柔並濟、避免偏頗、調和適中的政治道德；在後儒的著作《中庸》一書裡，對於這個主題，尤有詳細而專門性的探討。而從孔孟二聖的言行表現中，我們更可以找到這些理論的具體印證；以下我們便來探討《四書》中相關於此的一些理論。

　　——中道觀念是怎麼形成的？它如何推衍成為儒家的崇高道德？

　　——「中庸」的重要內涵與關鍵工夫是什麼？

　　——「中」的處位一定是事物的中間點嗎？

　　——過與不及如何區分？

　　——平凡的生命如何去達到「中庸」的至境？

　　——什麼是「誠」？

　　——如何透過誠的工夫去「成己成物」、「與天地參」？

這些都是下文所要探討的。

貳、原典及註釋

一、《論語》

1.咨，爾舜！天之歷數①在爾躬②，允③執厥中，四海困窮，天祿永終。（〈堯曰〉）

　　①歷數：指帝王相繼的次序。　②在爾躬：傳承至你。爾，你。躬，自身；自己。　③允：信也；誠也；真能；確能。

2.子曰：「中庸之為德也其至矣乎，民鮮久矣。」（〈雍也〉）

3.子曰：「質勝文則野④，文勝質則史⑤，文質彬彬⑥，然後君子。」（〈雍也〉）

　　④野：粗鄙。　⑤史：嫻熟識故而多誇飾。　⑥彬彬：文采勻稱的樣子。

4.子貢問：「師⑦與商⑧也，孰賢？」子曰：「師也過⑨，商也不及⑩。」曰：「然則師愈⑪與？」曰：「過猶不及。」（〈先進〉）

　　⑦師：指子張。子張姓顓孫，名師。　⑧商：指子夏。子夏姓卜，名商。　⑨師也過：子張才高意廣，做起事來，往往貪功勉強。　⑩商也不及：子夏端肅謹嚴，一板一眼，略嫌格局狹小，放不開。　⑪愈：較勝。

5.子曰：「吾有知乎哉？無知也。有鄙夫問於我，空空如⑫也，我叩其兩端⑬而竭焉。」（〈子罕〉）

　　⑫空空如：空，音ㄎㄨㄥ，同「悾」。悾悾然，誠懇的樣子。　⑬叩其兩端：叩，問也。詳問其始末，澈底了解疑難所在。

6.子曰：「周監於二代⑭，郁郁⑮乎文哉！吾從周。」（〈八佾〉）

　　⑭周監於二代：周代總察夏商兩代文化而集其大成。監，視也；察也。　⑮郁郁：文采繁盛的樣子。

7.子曰：「〈關雎〉⑯樂而不淫⑰，哀而不傷⑱。」（〈八佾〉）

　　⑯見《詩經・周南》首篇〈關雎〉。　⑰淫：樂而失其正。　⑱傷：哀而失其和。

8.子溫而厲⑲，威而不猛，恭而安⑳。（〈述而〉）

　　⑲厲：端肅不苟且。　⑳安：自然詳和不拘謹。

9. 子曰：「君子和而不同㉑，小人同而不和。」(〈子路〉)

　　　　㉑同：朋比阿私。

10. 子曰：「君子貞㉒而不諒㉓。」(〈衛靈公〉)

　　　　㉒貞：堅守正理。　㉓諒：堅守小信，不問是非。

11. 子曰：「君子矜㉔而不爭，群㉕而不黨㉖。」(〈衛靈公〉)

　　　　㉔矜：莊重自持。　㉕群：隨和處眾。　㉖黨：結黨營私。

12. 子曰：「君子惠而不費，勞而不怨，欲而不貪，泰㉗而不驕，威而不猛。」
　　(〈堯曰〉)

　　　　㉗泰：安舒。

13. 孟懿子㉘問孝，子曰：「無違㉙。」……孟武伯㉚問孝，子曰：「父母唯其
　　疾之憂。」子游問孝，子曰：「今之孝者是謂能養，至於犬馬皆能有養，
　　不敬，何以別乎?」子夏問孝，子曰：「色難㉛。有事弟子服其勞，有酒
　　食先生饌㉜，曾㉝是以為孝乎?」(〈為政〉)

　　　　㉘孟懿子：魯大夫仲孫何忌。　㉙無違：不背理。　㉚孟武伯：孟懿子之子
　　　　仲孫。　㉛色難：和顏悅色以承歡為難。　㉜饌：飲食之。　㉝曾：音ㄗㄥ，
　　　　竟；難道。

14. 子路問：「聞斯行諸㉞?」子曰：「有父兄在，如之何其聞斯行之?」冉求
　　問：「聞斯行諸?」子曰：「聞斯行之。」公西華曰：「……赤也惑，敢問?」
　　子曰：「求也退㉟，故進㊱之；由也兼人㊲，故退㊳之。」(〈先進〉)

　　　　㉞諸：之乎。　㉟退：遲弱退縮。　㊱進：鼓勵其前進。　㊲兼人：剛勇過
　　　　人，逞強躁進。　㊳退：抑制阻止。

15. 顏淵問仁，子曰：「克己復禮為仁。」(〈顏淵〉)

16. 仲弓問仁，子曰：「……己所不欲，勿施於人。」(〈顏淵〉)

17. 司馬牛問仁，子曰：「仁者其言也訒㊴。」(〈顏淵〉)

　　　　㊴訒：音ㄖㄣˋ，忍也；難也。話不輕易出口。

18. 樊遲問仁，子曰：「愛人。」(〈顏淵〉)

19. 子曰：「甯武子邦有道則知，邦無道則愚。」(〈公冶長〉)

20. 子曰：「篤信好學，守死善道，危邦不入，亂邦不居，天下有道則見，無
　　道則隱。」(〈泰伯〉)

21. 子曰：「可與言而不與之言，失人；不可與之言而與之言，失言；智者不

失人，亦不失言。」（〈衛靈公〉）

22. 子曰：「侍於君子有三愆⑩：言未及之而言謂之躁，言及之而不言謂之隱，
未見顏色而言謂之瞽⑪。」（〈季氏〉）

⑩愆：音ㄑㄧㄢ，過失。　⑪瞽：音ㄍㄨˇ，瞎眼，不能察言觀色。

23. 有子曰：「禮之用，和為貴⑫；先王之道斯為美，小大由之⑬，有所不行，
知和而和⑭，不以禮節之，亦不可行也。」（〈學而〉）

⑫和為貴：出於自然而從容不迫始為可貴。　⑬小大由之：無論小事大事莫
不循此而行。　⑭知和而和：徒知從容不迫為貴，而一味力求從容不迫。

24. 子曰：「恭而無禮則勞⑮，慎而無禮則葸⑯，勇而無禮則亂，直而無禮則
絞⑰。」（〈泰伯〉）

⑮勞：煩累。　⑯葸：音ㄒㄧˇ，畏怯。　⑰絞：急切。

25. 子曰：「鄉愿⑱，德之賊也。」（〈陽貨〉）

⑱鄉愿：外貌忠誠，內心巧詐，以取媚於一鄉之人。

二、《孟子》

1. 湯執中，立賢無方①。（〈離婁下〉）

①無方：賢則立之於位，不問其類。

2. 孟子曰：「仲尼不為已甚者。」（〈離婁下〉）

3. 孟子曰：「伯夷隘②，柳下惠不恭③；隘與不恭，君子不為也。」（〈公孫丑
上〉）

②伯夷隘：伯夷清介，於人於事多所不可，少所能容，胸襟略顯狹窄。隘，
狹窄。　③柳下惠不恭：柳下惠個性寬和簡易，對人對事無所不能容，自己
固能持守不亂，對外卻無所堅持，不免略嫌簡易。不恭，簡慢不端肅。

4. 孟子曰：「楊子取為我，拔一毛而利天下，不為也；墨子兼愛，摩頂放踵
利天下，為之；子莫執中④，執中為近之⑤，執中無權⑥猶執一⑦也。
所惡執一者，為其賊道也，舉一而廢百也。」（〈盡心上〉）

④子莫執中：子莫，魯國賢人，有鑑於楊墨各持極端而失中，因主張執守二
者之間。　⑤之：指「道」。　⑥權：變通。　⑦執一：膠著於定點。

5. 道之所貴者中，中之所貴者權。（〈盡心上〉）

6. 可以仕則仕，可以止則止，可以久則久，可以速則速，孔子也。（〈公孫丑

上》）

7.孔子，聖之時者也。（〈萬章下〉）

8.孟子曰：「可以取，可以無取，取，傷廉；可以與，可以無與，與，傷惠；可以死，可以無死，死，傷勇。」（〈離婁下〉）

9.陳臻問曰：「前日於齊，王餽兼金⑧一百而不受；於宋，餽七十鎰而受；於薛，餽五十鎰⑨而受。前日之不受是，則今日之受非也；今日之受是，則前日之不受非也，夫子必居一於此矣。」孟子曰：「皆是也。當在宋也，予將有遠行，行者必以贐⑩，辭曰：『餽贐⑪』，予何為不受？當在薛也，予有戒心⑫，辭曰：『聞戒，故為兵餽之⑬。』予何為不受？若於齊，則未有處⑭也，無處而餽之，是貨之⑮也，焉有君子而可以貨取乎？」（〈公孫丑下〉）

　　　　⑧兼金：成色上好之金，其價倍於常品。　⑨鎰：音一ˋ，二十兩為一鎰。　⑩贐：送人遠行的路費。　⑪餽贐：贈送路費。　⑫有戒心：因有人暗中圖害，而存戒備之心。　⑬為兵餽之：為防衛兵備贈送費用。　⑭處：名義。　⑮貨之：以財貨賄人。

10.孟子曰：「大人者言不必信，行不必果，唯義所在。」（〈離婁下〉）

三、《大學》

1.《詩》①曰：「邦畿②千里，唯民所止。」《詩》③曰：「緡蠻④黃鳥，止於丘隅⑤。」於⑥止！知其所止，可以人而不如鳥乎？《詩》⑦云：「穆穆⑧文王，於輯熙⑨敬止⑩。」為人君止於仁，為人臣止於敬，為人子止於孝，為人父止於慈，與國人交止於信。《詩》⑪云：「瞻彼淇澳⑫，菉竹猗猗⑬，有斐君子，如切如磋⑭，如琢如磨⑮，瑟兮僩兮⑯，赫兮喧兮⑰，有斐君子，終不可諠⑱兮。」如切如磋者，道學也；如琢如磨者，自脩也；瑟兮僩兮者，恂慄也；赫兮喧兮者，威儀也；有斐君子終不可諠兮者，道盛，德至善，民之不能忘也。（第三章）

　　　　①見《詩經‧商頌‧玄鳥》。　②邦畿：王都。　③見《詩經‧小雅‧綿蠻》。　④緡蠻：緡，音ㄇㄧㄢˊ，同「綿」，鳥叫聲。　⑤丘隅：山腳草木茂盛處。　⑥於：音ㄨ，嘆美詞。　⑦見《詩經‧大雅‧文王》。　⑧穆穆：莊敬奮勉的樣子。　⑨輯熙：繼續光大其德。輯，繼續。熙，光明。　⑩敬止：戒慎從事，

以達至善之境。　⑪見《詩經·衛風·淇澳》。　⑫淇澳：淇，水名。澳，音ㄩˋ，水涯曲折處。　⑬猗猗：音ㄧˊ ㄧˊ，美盛的樣子。　⑭如切如磋：切，治骨角者以刀鋸鋸出形狀。磋，治象牙者以椎鑿挖出彎孔。　⑮如琢如磨：琢，治玉者以鑢錫使其光滑。磨，治石者以砂石磨出光澤。　⑯瑟兮僩兮：瑟，嚴密戒慎。僩，音ㄒㄧㄢˋ，威武剛強。　⑰赫兮喧兮：赫，盛大。喧，顯著。　⑱諠：音ㄒㄩㄢ，忘也。

2.身有所忿懥⑲，則不得其正；有所恐懼，則不得其正；有所好樂，則不得其正；有所憂患，則不得其正。心不在焉，視而不見，聽而不聞，食而不知其味。（第七章）

　　⑲忿懥：音ㄈㄣˋ ㄓˋ，發怒。

3.人之其所親愛而辟⑳焉，之其所賤惡㉑而辟焉，之其所畏敬而辟焉，之其所哀矜㉒而辟焉。之其所敖惰㉓而辟焉。故好而知其惡，惡而知其美者，鮮矣。故諺有之曰：「人莫知其子之惡，莫知其苗之碩。」（第八章）

　　⑳辟：同「僻」，偏也。　㉑賤惡：惡，音ㄨˋ。輕蔑厭惡。　㉒哀矜：哀憐。　㉓敖惰：傲慢不敬。

4.所謂誠其意者，毋自欺也；如惡惡臭，如好好色，此之謂自謙㉔，故君子必慎其獨也。……曾子曰：「十目所視，十手所指，其嚴㉕乎！」（第六章）

　　㉔謙：音ㄑㄧㄝˋ，通「慊」，滿足。　㉕嚴：敬畏。

四、《中庸》

1.喜怒哀樂之未發謂之中，發而皆中節謂之和。中也者，天下之大本也；和也者，天下之達道也。致中和，天地位焉，萬物育焉。（第一章）

2.子曰：「中庸其至矣乎，民鮮能久矣。」（第三章）

3.子曰：「天下國家可均①也，爵祿可辭也，白刃可蹈也，中庸不可能也。」（第九章）

　　①均：平治。

4.君子之道費而隱②。夫婦之愚可以與知焉，及其至也，雖聖人亦有所不知焉；夫婦之不肖可以能行焉，及其至也，雖聖人亦有所不能焉。……語大，天下莫能載焉；語小，天下莫能破焉……君子之道造端乎夫婦，

及其至也，察③乎天地。（第十二章）

　　②費而隱：功能廣大而本體精微。費，廣大。隱，精微。　③察：昭著。

5. 子曰：「道不遠人，人之為道而遠人，不可以為道。《詩》④云：『伐柯⑤伐柯，其則不遠。』執柯以伐柯，睨⑥而視之，猶以為遠。」（第十三章）

　　④見《詩經‧豳風‧伐柯》。　⑤伐柯：拿著舊斧柄，伐木以製新斧柄。柯，斧柄。　⑥睨：音ㄋㄧˋ，斜視。

6. 道也者，不可須臾離也；可離，非道也。（第一章）

7. 子曰：「鬼神之為德也，其盛矣乎，視之而弗見，聽之而弗聞，體物而不可遺，使天下之人齋明盛服，以承祭祀，洋洋乎如在其上，如在其左右，……夫微之顯，誠之不可掩如此乎。」（第十六章）

8. 子曰：「素隱⑦行怪，後世有述焉，吾弗為之矣。」（第十一章）

　　⑦素隱：深求隱僻的道理。素，索也；求也。

9. 君子之道辟⑧如行遠必自邇⑨，辟如登高必自卑。《詩》⑩曰：「妻子好合，如鼓琴瑟；兄弟既翕⑪，和樂且耽⑫。宜爾室家⑬，樂爾妻孥⑭。」子曰：「父母其順⑮矣乎。」（第十五章）

　　⑧辟：同「譬」。　⑨邇：音ㄦˇ，近處。　⑩見《詩經‧小雅‧常棣》。　⑪翕：音ㄒㄧˋ，合也，感情和睦。　⑫耽：音ㄉㄢ，歡樂。　⑬宜爾室家：善處你的家庭。　⑭孥：音ㄋㄨˊ。　⑮順：安樂。

10. 忠恕違道不遠，施諸己而不願，亦勿施於人。君子之道四，丘未能一焉，所求乎子以事父，未能也；所求乎臣以事君，未能也；所求乎弟以事兄，未能也；所求乎朋友先施之，未能也。庸德之行⑯，庸言之謹⑰，有所不足，不敢不勉；有餘，不敢盡⑱；言顧行，行顧言，君子胡不慥慥⑲焉。（第十三章）

　　⑯庸德之行：平日德行盡力踐履。　⑰庸言之謹：平日言語力求謹慎。　⑱盡：暢其所欲言。　⑲慥慥：音ㄗㄠˋ ㄗㄠˋ，誠篤實在的樣子。

11. 君子以人治人，改而止。（第十三章）

12. 子曰：「人皆曰予知，驅而納諸罟擭陷阱⑳之中，而莫之知辟㉑也；人皆曰予知，擇乎中庸，而不能期月守也。」（第七章）

　　⑳罟擭陷阱：罟，音ㄍㄨˇ，捕魚鳥的網。擭，音ㄏㄨㄛˋ，捕獸的機檻。陷阱，捕獸的坑坎。　㉑辟：同「避」。

13. 子曰：「舜其大知也與，舜好問而好察邇言㉒，隱惡而揚善，執其兩端㉓，用其中於民，其斯以為舜乎。」（第六章）

　　㉒邇言：尋常淺近之言。　　㉓執其兩端：把握始末兩頭之理，指澈底弄清事物的全部狀況。

14. 子曰：「道之不行也，我知之矣：知者過之，愚者不及也。道之不明也，我知之矣：賢者過之，不肖者不及也。人莫不飲食也，鮮能知味也。」（第四章）

15. 子路問強，子曰：「南方之強與？北方之強與？抑而強與？寬柔以教，不報無道，南方之強也，君子居之；衽金革㉔，死而不厭，北方之強也，而強者居之。故君子和而不流，強哉矯㉕！中立而不倚，強哉矯！國有道，不變塞㉖焉，強哉矯！國無道，至死不變，強哉矯！」（第十章）

　　㉔衽金革：以兵戈甲冑為臥席。衽，音ㄖㄣˋ，席也。金革，兵戈甲冑。　　㉕矯：音ㄐㄧㄠˇ，剛強的樣子。　　㉖塞：音ㄙㄜˋ，阻礙不通，指未顯達時的持守。

16. 君子戒慎乎其所不睹，恐懼乎其所不聞，莫見乎隱，莫顯乎微，故君子慎其獨也。（第一章）

17. 知遠之近㉗，知凡之目㉘，知微之顯，可與入德矣。《詩》㉙云：「潛雖伏矣，亦孔之昭㉚。」故君子內省不疚，無惡於志㉛。君子之所不可及者，其唯人之所不見乎！《詩》㉜云：「相㉝在爾室，尚不愧於屋漏㉞。」（第三十三章）

　　㉗知遠之近：知遠與近相反而相通之理。其下「知凡之目」，「知微之顯」，義皆同此。　　㉘知凡之目：本作「知風之自」，與上下文例不相配合，俞樾以為當作「知凡之目」；「大凡」與「細目」，與上下文「遠」與「近」、「微」與「顯」皆兩兩相對。　　㉙見《詩經・小雅・正月》。　　㉚亦孔之昭：孔，大也。昭，明也。依然會大白於世。　　㉛無惡於志：無愧於心。　　㉜見《詩經・大雅・抑》。　　㉝相：視也，看。　　㉞屋漏：室內西北角，安放神主，人所不察處。

18. 子曰：「回之為人也，擇乎中庸；得一善，則拳拳㉟服膺而弗失之矣。」（第八章）

　　㉟拳拳：謹慎奉守。

19. 仲尼曰：「君子中庸，小人反中庸。君子之中庸也，君子而時中；小人之

反中庸也，小人而無忌憚也。」（第二章）

20.君子遵道而行，半途而廢……君子依乎中庸，遯世不見知而不悔，唯聖者能之。（第十一章）

21.君子素其位㊱而行，不願㊲乎其外。素富貴，行乎富貴；素貧賤，行乎貧賤；素夷狄，行乎夷狄；素患難，行乎患難。君子無入而不自得焉。在上位不陵下，在下位不援上，正己而不求於人，則無怨。上不怨天，下不尤人。故君子居易以俟命，小人行險以徼幸，子曰：「射有似乎君子，失諸正鵠，反求諸其身。」（第十四章）

　　㊱素其位：安於其位。　㊲願：欣羨。

22.《詩》㊳曰：「衣錦尚絅㊴。」惡其文之著也。故君子之道闇然而日章㊵，小人之道的然而日亡㊶。君子之道淡而不厭，簡而文，溫而理㊷。（第三十三章）

　　㊳《詩經・衛風・碩人》與〈鄭風・豐〉引此都作「衣錦褧衣」。褧，音ㄐㄩㄥˇ，同「絅」。　㊴衣錦尚絅：穿著彩色綢衣，外加單層罩衫。衣，音一ˋ，穿也。錦，彩色綢衣。尚，外加其上。絅，襌衣，單層罩衫。　㊵闇然而日章：起初光彩隱晦不露，其後卻日益顯著。闇，同「暗」，隱晦。　㊶的然而日亡：起初光彩鮮明顯著，其後卻日益消失。的，音ㄉㄧˋ，明也。　㊷溫而理：溫和而自有條理。

23.君子尊德性而道問學，致廣大而盡精微，極高明而道中庸，溫故而知新，敦厚以崇禮。是故，居上不驕，為下不倍。國有道，其言足以興；國無道，其默足以容㊸。《詩》㊹曰：「既明且哲㊺，以保其身。」其此之謂與？（第二十七章）

　　㊸容：使自己能為亂世所容，而免於災禍。　㊹見《詩經・大雅・烝民》。　㊺哲：智也。

24.唯天下至聖唯能聰明睿智，足以有臨㊻也；寬裕溫柔，足以有容也；發強剛毅㊼，足以有執㊽也；齊㊾莊中正，足以有敬也；文理密察㊿，足以有別也。溥博51淵泉52，而時出之；溥博如天，淵泉如淵，見而民莫不敬，言而民莫不信，行而民莫不從。是以聲名洋溢乎中國，施及蠻貊，舟車所至，人力所通，天之所覆，地之所載，日月所照，霜露所隊53，凡有血氣者，莫不尊親54，故曰配天。（第三十一章）

㊻臨：居上位臨下民以治政。㊼發強剛毅：積極振作，堅定不移。㊽執：裁斷。㊾齊：音ㄓㄞ，同「齋」，端肅不苟。㊿文理密察：有文彩而富條理，詳細且明辨。㊿①溥博：周遍廣大。溥，音ㄆㄨˇ。㊿②淵泉：幽靜深浚。㊿③隊：音ㄓㄨㄟˋ，同「墜」。㊿④尊親：尊之親之。

25.誠者物之終始，不誠無物。是故君子誠之為貴。（第二十五章）

26.誠則形㊿⑤，形則著㊿⑥，著則明㊿⑦，明則動㊿⑧，動則變㊿⑨，變則化⑥⓪。（第二十三章）

㊿⑤形：表露於外。㊿⑥著：益加顯明。㊿⑦明：煥發光彩。㊿⑧動：感動人心。㊿⑨變：改變風俗。⑥⓪化：大動天下。

27.誠之者，擇善而固執之者也。博學之，審問之，慎思之，明辨之，篤行之。有弗學，學之弗能，弗措⑥①也；有弗問，問之弗知，弗措也；有弗思，思之弗得，弗措也；有弗辨，辨之弗明，弗措也。人一能之，己百之；人十能之，己千之。果能此道矣，雖愚必明，雖柔必強。（第二十章）

⑥①措：廢置不行。

28.天地之道可壹言而盡也，其為物不貳⑥②，則其生物不測。天地之道，博也，厚也，高也，明也，悠也，久也。今夫天，斯昭昭⑥③之多；及其無窮也，日月星辰繫焉，萬物覆焉。今夫地，一撮土之多，及其廣厚，載華嶽而不重，振河海而不洩，萬物覆焉；今夫山，一卷石之多，及其廣大，草木生之，禽獸居之，寶藏興焉；今夫水，一勺之多，及其不測，黿鼉蛟龍魚鱉生焉，貨財殖⑥④焉。（第二十六章）

⑥②不貳：至誠專一。⑥③昭昭：小有光明。⑥④殖：積生貨利。

29.誠者，非自成己而已也，所以成物也。（第二十五章）

30.唯天下至誠為能盡其性；能盡其性，則能盡人之性；能盡人之性，則能盡物之性；能盡物之性，則可以贊⑥⑤天地之化育；可以贊天地之化育，則可以與天地參⑥⑥矣。（第二十二章）

⑥⑤贊：助也。⑥⑥參：並立而為三。

參、解讀

一、中庸精神的歷史淵承

我國以「中」為名，文明開發較早，古人自以為居天下四方之中，為世界中心，對四鄰有安寧穩定的天職。從文字的結構上看，《說文》說：「中，從□、丨，上下通也。」□像四方之界，丨通於上下，平分左右，正是居處中央之象❶。因自稱「中國」、「中邦」、「中土」，稱四方為戎夷蠻狄。這樣的稱呼最早可上推至《尚書・禹貢》❷，在先秦的典籍中，「中國」和「夷狄」往往是對稱的，「中」字反映我民族之自信與自尊。《左傳・僖公廿五年》說：「德以威中國，利以威四夷。」這些都強烈透發著一種絕對自我肯定的情緒。因此，它便被推衍成為一種崇高的標準與理想。

《尚書・洪範》記載箕子告武王，古來相傳天所賜禹治天下之九類大法（九疇），其居中作為最高政治準則的第五疇「皇極」，嚴正告訴人君：

> 無偏無頗，遵王之義；無有作好，遵王之道；無有作惡，遵王之路；
> 無偏無黨，王道蕩蕩；無黨無偏，王道平平；無反無側，王道正直。

這種大中至正的王道極則，基本上正是前述我族居中，以安天下的觀念，在道德層面的延伸。緊接著，在第六疇「乂用三德」裡，〈洪範〉又說：

> 一曰正直，二曰剛克，三曰柔克。平康正直，彊弗友剛克，燮友柔克；

---

❶ 參見《正中形音義大字典》，頁 16，高樹藩，正中書局，1974 年 8 月增訂版。但羅振玉根據甲金文字形，以為「中」字的本義當是旗子。「中」，籀文作 ，古金文及卜辭皆作 ，或作 ，正像旗幅、旗桿及旗游因風而左右飄動的形狀（參見羅振玉《鐘鼎彝器增訂考釋》中卷頁 14）。而旗子恆直立於天地之間，無所傾斜，因有「不偏」、「正道」之意，程子因釋「中」為「不偏」、為「正道」，這又是另一種說法，一併列出，以供參考。

❷ 〈禹貢〉說：「中邦賜土姓。」《史記》引此作「中國賜土姓。」

沉潛剛克，高明柔克。

說明如何透過正直和剛柔互濟的手法，巧妙裁制天下，使胥納入大中至正的「皇極」之中。〈皋陶讚〉言人君治政亦有九德：「寬而栗、柔而立、愿而恭、亂而敬、擾而毅、直而溫、簡而廉、剛而塞、強而義」都是講求如何在性質相近或相反的兩德之間，妥善捏拿分寸，或互濟互補，以成就高度的政治藝術。先賢甚至認為：一個王朝政權能否持久，往往取決於是否能將這種大中至正的政治藝術運作得很好。《尚書·大禹讚》把這種大中至正的極則濃縮為「允執厥中」四個字，說舜把天下傳給禹的時候，叮囑禹，治天下要長懷憂患意識，並且說：「惟精惟一，允執厥中。」《論語·堯曰》把它的來源推斷得更早，說遠在大禹之前，堯給舜的治政心得時就有了「允執厥中」的話了，〈大禹讚〉的話因此也就變成〈堯曰〉的延續，《孟子·離婁下》說，以後商湯代夏而有天下，用的也是這個無所偏頗的「中」道。從此，這個能剛能柔、大中至正的「皇極」中道，成為儒家所推崇，代代聖君賢相相傳，治天下的不二心法。

　　從地理居「中」，到政治運作剛柔互濟、平穩不偏，「中」字的層次提昇了不少。其實，不論是我族居中的地理認定、靖寧四夷的責任自許、還是平康正直的「皇極」要求、精一不怠的政治技術，「中」都蘊含著崇高的意義，這種蘊含著崇高意義的中道哲學，經過儒家的努力推闡，到了「中庸」，發展到了極致，成為儒家一切人文層面事物的崇高標準與象徵。

二、《四書》的中庸哲學

（一）何謂「中」、「庸」？

　　孔子視「中」為一種少人能踐及的至德，其踐及比率之低，甚至遠下於通得過大利祿的誘惑，大生死的考驗等高難度行徑。什麼叫做「中」？從本體上說，「中」是一切事物內質穩定平衡的存在狀況，宇宙事物必得處於這樣的狀態下，才能正常運作，透發生機與光彩。因此，從表現上說，「中」又是一切事物合理合度的圓滿呈現。就機率而言，它應該是百分之百，零失敗；就程度而言，它不多不少，恰如其分寸。它既是一種事物存在最完美的狀態，

也是一種解決問題最高明恰當的方法；它可以是一種澄澈靈明的內在心境，也可以是一種圓熟睿智的行為表現。大自然風調雨順、山明水秀是「中」；做事能把握要害，圓滿順成也是「中」；光風霽月、胸懷磊落是「中」，「博施於民而能濟眾」也是「中」。它要求內在本質與外在形式的和諧統一，更重要的，它是一種可以透過尋常事物的踐履，去臻至的極境。朱子解釋「中」為「不偏」，解釋「庸」為「不易」，為「平常」，說明了「中庸」是一種均衡和諧、卻又淺近平實的真理。其圓滿和諧的至高層次，是奠基於淺近平常的事物之上的。

（二）平淺踏實，切身緊要

　　宇宙間一切事物都有它存在的形態與條件，鳥棲茂林，竹瀨水涯，那是促使它們生命滋潤，生機挺現的活源。人的生命也應該有一個紮實的目標或方向來挺進，來堅持，才能穩定平衡，恆保豐潤鮮活，亮麗光彩。這個目標與方向絕不是架空的幻境，它與我們的生活緊密相連；它就在人群社會裡，就在我們的前後左右，甚至與我們脈息相契、相合。它極高貴，也極尋常；極深遠，也極淺近。我們日常生活裡的每一件尋常事物都有路可以通向它，它是最全備、圓滿的標竿，卻絕對不是特異的尖端事物，只是切身的普遍之理，日常的生活通則。因此，你不必向高山大海中去探尋，儘可向人群社會中去踐履。

　　原本，在我們的生活裡，太特殊、太棘手，需要強大超異能力才能解決的事物並不多。我們的日子所以過得不痛快，主要往往是因為那些尋常事物處理不好。絕大多數的日子裡，我們總在重複著同樣的錯誤，因此，腳步邁不開，生命沒進度。其實，決定我們生命快樂與否的癥結，往往是那些每天都不免要碰到的事物；它淺近到匹夫匹婦了無困難，淺近到就在一家人的相親相愛裡，淺近到就由個人自身一言一行的認真在乎做起。總之，它不是艱澀難懂的道理，只是做人做事最起碼的態度，生命生活最基本的軌則。高遠與淺近，完美與平凡是一貫相通，而非相反對立的；只有過程的先後，起點與終點的不同，沒有永遠的距離。聖賢了解這一層道理，因此，舜與孔子待人接物、立身行事，就從體察切身淺近的事物開始，對任何人事都能從頭到尾做澈底而通盤的了解，然後做恰當的裁決。

（三）戒懼謹慎，幽隱不遺

　　然而它儘管平常，卻無論如何是個嚴肅的課題。它淺近平易，卻不苟且容易；自然溫和，卻非放鬆軟弱；人人能，卻人人做不好。其原因固不在內容本身的複雜，而在尺寸的把握難以準確穩定，不是輕忽失察，就是緊張錯認。個性輕佻的人，生命態度不謹嚴，既不規劃，也不堅持，固然做不好；太在乎的人，焦慮太甚，捏拿太緊，一樣失去準頭。長久如恆地處理日日近乎雷同的事物，固然叫人缺乏耐性；切身事物中，注意力掃射不到的死角，尤其容易叫人鬆懈姑息。一刻鬆懈自逸，便可能前功盡棄。如何以平和堅穩的定力和耐心，去進行一場只許贏，不許輸的拔河，變成了一件長期而持續的奮鬥，而且必須純熟到隨時隨地不假思索，卻如吃飯睡覺一樣輕鬆容易。穩得住、耐得下、細得了成了關鍵性的工夫，中道之難，難在這裡。

　　從淺近的起點看，它要讓匹夫匹婦人人當下可能；從高遠的終點看，它使大聖大賢永遠有行不盡的途程，努力不完的餘地。它所處理的，絕大部分雖是經常性的行為事物；然而卻重視由細微處去區辨善惡、提昇品質。這一頭從匹夫匹婦進去，那一頭絕對可能成為不凡的大聖大賢出來；其間關鍵性的界點就在這幽暗細微的區辨工夫：和以處眾和搞小圈圈不同，堅守誠信和死心眼也不一樣；有威嚴固不同於兇暴，舉止安舒和態度輕慢也有區別；滿足欲望不同於非分奢求；常存愛心，多所施予，也未必須龐大的耗費。不似是而非，不過度偏曲。是與非，好與壞，表面上有時候是很類近的；但實質上，它確是絕對不同；失之毫釐，謬以千里。如何區分？孔子說以「禮」，孟子說以「義」。「禮」是合度，「義」是合宜。是謹慎，還是畏縮？是勇敢，還是躁進？是君子，還是小人？孔子說，都以「禮」去區分。

　　一個好惡情緒的萌生，一個偏私念頭的湧現，一個對象親疏遠近的不同，都可能牽動這穩定平衡主體之正常運作，使它產生偏差；在情感與理智之間，我們往往很難找到一個恰當的平衡點；情感稍多一分，理智便少一分，分寸的捏拿隨即失去準頭。常常，在毫不懷疑的理直氣壯或自我肯定裡，我們其實已經既不直，又不正了；往往，在過度的自信中，我們其實已經轉向剛愎了。禮與非禮，義與不義，中與非中，都必須在這些地方謹慎從事。

　　因此，我們必須懷著戒慎謙沖的心去檢討生命，這不是知不知的問題，

而是做不做得到的問題；一般人總是知道卻做不到。它不一定是先天的才性問題，卻絕對是後天的修養問題；它不是先天血氣才性的赤裸表現，卻絕對是後天長期認真實踐的結果。因此，當子路問強時，孔子所告訴他的，正是這種透過後天長期工夫所淬瀝出來的堅穩，那是分寸點滴開發先天血氣，所馴至的和平統一的境界，因此，渣滓瀝盡，甘淬獨存，品質穩定高貴，效果絕對可期。南方之強、北方之強、子路之強，剛柔強弱程度容有不同，同樣帶著濃厚的先天質性。「中庸」所講求的，卻是透過嚴密理性思辨過程，砥礪出來的成果。有時，它須遠遠超脫世俗的價值批判之上，堅定不悔，耐得住寂寞，抵得住誘惑，使生命的雜質經過不斷的排除與沉澱後，日益清澄。

（四）通權達變，活潑靈動

從另一方面說，這個平衡穩定的「中」道，同時也是活潑靈動，不膠不滯的。楊龜山對於「中」的處位，曾有很好比喻，他說：

> 猶坐於此室，室自有中；移而至於堂，則向之所謂中者，今亦不中矣。堂自有中，合堂室而觀之，蓋又有堂室之中焉。如一尺之物，約五寸而執之，中也；一尺而厚薄大小之體殊，則所執者大小厚薄不等矣；猶執五寸以為中，是無權也……唯輕重之知，而其中得矣。❸

朱子也說：「中無定體，隨時而在。」中的處位會隨著事物範圍的擴大或縮小，時空條件的改變，事物對象的不同而轉移。「執中」因此必須知時、通權而達變。孟懿子、孟武伯、子游、子夏都曾向孔子問孝，孔子的回答各不相同；子路、冉求同問「聞斯行諸」，顏淵、仲弓、司馬牛、樊遲同問仁，孔子因著各人才性、氣質所偏，回答也不一樣。與人交談，孔子也認為應隨著時間、場合、對象、交情之不同，而有不同的應對。他欣賞一種能隨環境條件而不斷調整生活態度的處世哲學，平常的進退出處如何收放，一一審慎講求，因此，能當下有效，時時愜意，處處圓滿。使呈現的衝突得以統一，可能的矛盾無由產生；貧賤、富貴、夷狄、患難一體通視，子由、子夏、顏淵、仲弓

---

❸ 見《中庸集解》卷上頁 25 引楊氏曰，石墪子重編道光己酉仲秋莫氏影山草堂據宋衛正叔本校刊。

人人各得其意。

　　孟子最崇拜孔子這種通權達變、隨時恰當的行為表現，甚至認為那是孔子成為一代大聖最重要的標幟。他心儀孔子，也效法孔子，對於生死取予的分際體察入微，審慎裁斷，分毫不苟，務求名正言順，恰當合理。他譏評子莫式的「執中」為「執一」，只因他拘泥膠滯，不知權變。所著重的，仍是這個變通調整的問題。同樣的行為，時空條件不同，是的可能變為非，對的可能轉為錯，分寸的恰不恰當、合不合理，與此密切相關，真是苟且不得，中道的靈活彈性生命，與嚴肅不苟精神，在這裡一體呈現。

（五）成己成物，一體圓融

　　總之，中庸之道是平穩紮實的，也是活潑靈動的，它周遍而深入、全面而客觀，理想而穩定，要求從平凡中去走出偉大，平凡與偉大之間是一條絕對走得通，卻永遠走不完的途程。沒有捷徑，走一程是一程；認真而澈底，實在而不花巧，這種工夫叫「誠」，「中庸」須用「誠」的工夫去踐履。朱子說，「誠」就是真實無妄。「誠」是認真而平和，「誠」是不含雜質的細膩與體貼，堅定而了無遺漏。它是一種孜孜矻矻、積沙成塔的工夫，需要長期用心呵護、培養、和擴充，透過審慎嚴密的學、問、思、辨過程，點點滴滴的累積，才能逐漸地透發彰顯，轉平凡為偉大，化朽腐為神奇。它不只是一己一心之德而已，也重視群己關係。它物我通育，不僅要求個人行為的圓滿和諧，也樂見，並且扶持他人生命的幸福圓滿。除了陶鑄自己、提昇自己外，對於周遭的人群、時代、社會同時兼有一分責任。一個人必須通過全備自我與拯濟時代兩段路程，才算圓滿了「中庸」事業。

　　有人問朱子：「自古衰亂之世，所以病乎中庸者多矣，天地豈以是而失其常邪?」朱子的回答是：天地山川不中和，外物外境有顛沛，當然有非我所能為力者；但此心中和不中和，卻絕對可執可守，操之在我。經過一番自我調適的工夫，則天地雖不中和，我心卻恆可以煦煦如春，不懾不亂。陽明先生說：

　　　　天地萬物與人原是一體，其發竅之最精處，是人心一點靈明，風雨露雷、日月星辰、禽獸草木與人原只是一體。❹

天沒有我的靈明，誰去仰它高？地沒有我的靈明，誰去俯它深？鬼神沒有我的靈明，誰去辨它吉凶災祥？天地鬼神萬物離卻我的靈明，便沒有天地鬼神萬物了；我的靈明離卻天地鬼神萬物，亦沒有我的靈明。如此，便是一氣流通的，如何與他人間隔得？❺

你未看此花時，此花與汝心同歸於寂；你來看此花時，則此花顏色一時明白起來。❻

這便是「誠」的深入體貼處，也同時是「中庸」的親切精微處。「誠」是自我內在對外物外境的認知主體，一切宇宙事物存在的內容或價值，都必須透過這個認知主體，才能呈顯。主體越澄明，感知也越敏銳、越真切。反之，抽離了這個美惡雜揉、可喜可嗔的宇宙人生，我心的主體靈明同樣沒有著落。「誠」也是要從天地萬物、宇宙人生中去體現的，「誠」與天地萬物一體同在，中道必須落實在實際的人生裡，聖賢事業也必須從人群社會中去做。做到極處，天地萬物的曼妙與我心的靈明一齊朗現，我心與天地一齊靈明，吾心即天地，天地即吾心，彼此界限消除，生命互相輝映交流，這就是「中庸」之道「成己成物」、「與天地參」的極致。

肆、教學活動

活動一：

1. 請於課前翻閱工具書，查出「中」與「庸」兩字之字形、本義與引申義。
2. 請就所查工具書中，有關「中」、「庸」兩字之辭例，辨識其出現比率較多之涵義。

活動二：

1. 請於課前翻查《四書》，找出有「中」、「中庸」、「中立」、「執中」、「權」、「時中」、「誠」等字辭的章句，把它摘錄下來。
2. 請於課前翻查《四書》，找出含有調和、注意分寸、避免偏差、不走極端之類思想的章句，把它摘錄下來。

---

❹、❺、❻ 同見《傳習錄》。

3.將上面所摘錄章句，依《論》、《孟》、《學》、《庸》之序，以思想之類
　近性為原則略加歸併。同類中，屬理論者列前，屬事例者居後。

活動三：問題與討論
　1.《四書》裡的「中」至少有幾層涵義？其中有否折衷對分之義？與工
　　具書中出現的情況有多少異同？
　2.「中庸」以「中」與「庸」合稱，其間有什麼關聯？

伍、參考資料

《中庸釋義》　趙龍文　中央警官學校編譯委員會　1958 年 4 月

《中庸本義》　杜為　臺灣商務印書館　1975 年 5 月

《中庸思想研究》　陳滿銘　文津出版社　1980 年 3 月

〈中庸之道〉　錢穆　《國魂》　三四八期　1974 年 11 月

〈中庸思想體系新探〉　王開府　《孔孟學報》　四十期　1980 年 9 月

〈中庸說義〉　鄭琳　《孔孟月刊》　二十卷十期　1982 年 6 月

〈中庸與易簡〉　錢穆　《故宮季刊》　十七卷四期　1983 年夏

〈中道探微〉　王甦　《孔孟學報》　四十六期　1983 年 9 月

〈中庸的思想體系〉　王邦雄　《鵝湖》　九卷十期（總 106 期）　1984 年
　4 月

〈用中之道〉　王甦　《孔孟學報》　五十期　1985 年 9 月

〈中庸〉　羅光　《哲學與文化》　十五卷二期（總 165 期）　1988 年 2 月

〈王道正直──中，中國哲學的精神〉　羅光　《哲學與文化》　十七卷六
　期（總 193 期）　1990 年 6 月

〈儒家中庸概念的歷史演變〉　葛晉榮　《哲學與文化》　十八卷九期（總
　208 期）　1991 年 9 月

美之旅

王開府

壹、引言

　　周朝禮樂文物燦然大備，而農業生產及青銅手工藝製造的發達，也給音樂及造型等藝術提供了良好的發展條件。目前出土的大量古物，對當時發展的實況，作了最直接而具體的說明。如湖北出土戰國初期曾侯乙墓的青銅編鐘，共有六十四件，音域寬廣，音階完整，非常接近現代的樂律。周朝音樂的發達，可見一斑。難怪孔子在齊國聽了韶樂，竟然「三月不知肉味」，而讚嘆道：「不圖為樂之至於斯也。」（《論語・述而》）音樂及其他藝術的蓬勃發展，對先秦美學的萌芽、茁壯，產生莫大的助益。

　　孔子對音樂、詩歌等藝術予以極度的重視，並首先在美學的方面，提出若干影響深遠的主張的。孟子在這方面也有卓越的貢獻。

　　《四書》中有不少地方談到「美」，到底儒家如何看待「美」呢？

　　——感官的美算不算一種美？

　　——儒家是主張自然美，還是人為美？

　　——「美」是外物本身的客觀性質，還是人心裡所產生的一種美感？

　　——「美」有沒有基本的條件或規律？如果有，那是什麼？

　　——有道德的就是美的嗎？沒有道德的就是醜的嗎？

　　——「美」與「善」有什麼關係？「美」能不能獨立於「善」之外呢？「美」有沒有它自身的價值？

　　——儒家重不重視藝術？藝術的功能有哪些？

　　——儒家對於藝術的創作與鑑賞，有沒有自己的主張？

　　——儒家比較重視哪幾種藝術？

這些問題都值得我們探討。現在就讓我們開始這一趟「美之旅」吧！

貳、原典及註釋

一、《論語》

1. 子謂韶①：盡美矣，又盡善也。謂武②：盡美矣，未盡善也。（〈八佾〉）
　　①韶：舜樂。　②武：武王樂。

2. 子曰：「知者樂③水，仁者樂山。」（〈雍也〉）
　　③樂：音一ㄠˋ，喜好。

3. 子曰：「如有周公之才之美，使驕且吝，其餘不足觀也已。」（〈泰伯〉）

4. 子張曰：「何謂五美？」子曰：「君子惠而不費，勞而不怨，欲而不貪，泰而不驕，威而不猛。」（〈堯曰〉）

5. 子曰：「里④仁為美，擇不處仁，焉得知？」（〈里仁〉）
　　④里：居處。

6. 子曰：「人而不仁，如禮何？人而不仁，如樂何？」（〈八佾〉）

7. 子曰：「禮云禮云，玉帛云乎哉？樂云樂云，鐘鼓云乎哉？」（〈陽貨〉）

8. 子曰：「質勝文則野，文勝質則史。文質彬彬⑤，然後君子。」（〈雍也〉）
　　⑤彬彬：物互相摻雜而均衡、協調。

9. 子曰：「先進於禮樂，野人也；後進於禮樂，君子也。如用之，則吾從先進。」（〈先進〉）

10. 棘子成曰：「君子質而已矣，何以文為？」子貢曰：「惜乎！夫子之說君子也。駟⑥不及舌。文猶質也，質猶文也。虎豹之鞹⑦，猶犬羊之鞹？」（〈顏淵〉）
　　⑥駟：一車的四馬。　⑦鞹：音ㄎㄨㄛˋ，去毛的皮。

11. 子夏問曰：「『巧笑倩兮，美目盼兮，素以為絢兮。』⑧何謂也？」子曰：「繪事後素。」曰：「禮後乎？」子曰：「起⑨予者，商⑩也，始可與言詩已矣。」（〈八佾〉）
　　⑧第一、二句見《詩經‧衛風‧碩人》，第三句是逸詩。倩，口頰含笑的美貌。盼，眼睛黑白分明。素，繪畫的白色底子。絢，音ㄒㄩㄢˋ，彩色的繪飾。　⑨起：啟發。　⑩商：子夏的名。

12. 子曰：「弟子入則孝，出則弟，謹而信，汎愛眾，而親仁。行有餘力，則以學文。」（〈學而〉）

13. 子曰：「惡紫之奪朱也，惡鄭聲之亂雅⑪樂也，惡利口之覆邦家者。」（〈陽貨〉）

　　　　⑪雅：正。

14. 子曰：「……放鄭聲，遠佞⑫人。鄭聲淫，佞人殆。」（〈衛靈公〉）

　　　　⑫佞：音ㄋㄧㄥˋ，有口才。

15. 子曰：「志於道，據於德，依於仁，游於藝⑬。」（〈述而〉）

　　　　⑬藝：六藝，指禮、樂、射、御、書、數。

16. 子曰：「興於詩，立於禮，成於樂。」（〈泰伯〉）

17. 子曰：「詩可以興，可以觀，可以群，可以怨。邇之事父，遠之事君。多識於鳥獸草木之名。」（〈陽貨〉）

18. 有子曰：「禮之用，和為貴，先王之道，斯為美，小大由之。有所不行，知和而和，不以禮節之，亦不可行也。」（〈學而〉）

19. 子曰：「君子和而不同，小人同而不和。」（〈子路〉）

20. 子曰：「〈關雎〉⑭，樂而不淫，哀而不傷。」（〈八佾〉）

　　　　⑭〈關雎〉：《詩經‧國風‧周南》的首篇。雎，音ㄐㄩ。

二、《孟子》

1. 孟子曰：「……今夫麰麥①播種而耰②之。其地同，樹之時又同，浡然③而生，至於日至④之時，皆熟矣。雖有不同，則地有肥磽⑤雨露之養、人事之不齊也。故凡同類者，舉⑥相似也，何獨至於人而疑之？聖人與我同類者。故龍子⑦曰：『不知足而為屨⑧，我知其不為蕢⑨也！』屨之相似天下之足同也。口之於味，有同耆⑩也，易牙⑪先得我口之所耆者也。如使口之於味也，其性與人殊，若馬之於我不同類也，則天下何耆皆從易牙之於味也？至於味，天下期⑫於易牙，是天下之口相似也。惟耳亦然，至於聲，天下期於師曠⑬，是天下之耳相似也。惟目亦然，至於子都⑭，天下莫不知其姣⑮也，不知子都之姣者，無目者也。故曰：口之於味也，有同耆焉；耳之於聲也，有同聽焉；目之於色也，有同美焉。至於心，獨無所同然⑯乎？心之所同然者何也？謂理也，義也。聖

人先得我心之所同然耳。故理義之悅我心，猶芻豢⑰之悅我口。」（〈告子上〉）

　　①麰麥：大麥。麰，音ㄇㄡˊ。　②耰：音一ㄡ，用土覆種。　③浡然：興起的樣子。浡，音ㄅㄛˊ。　④日至：夏至。　⑤磽：音ㄑㄧㄠ，瘠薄。　⑥舉：皆。　⑦龍子：古時賢人，事跡不詳。　⑧屨：音ㄐㄩˋ，鞋。　⑨蕢：音ㄎㄨㄟˋ，草器。　⑩耆：同「嗜」。　⑪易牙：齊桓公的大夫，知味並且精於烹調。　⑫期：希求。　⑬師曠：晉的樂師。　⑭子都：古時一位美貌的人，見《詩經‧國風‧山有扶蘇》。　⑮姣：美好。　⑯然：肯定；許可。　⑰芻豢：芻，音ㄔㄨˊ，草食性的，如牛羊。豢，音ㄏㄨㄢˋ，用穀物養的，如犬豕。

2. 公孫丑……「敢問何為浩然之氣？」曰：「難言也。其為氣也，至大至剛，以直養而無害，則塞於天地之間。其為氣也，配義與道，無是餒也。」（〈公孫丑上〉）

3. 孟子曰：「存乎人者，莫良於眸子。眸子不能掩其惡。胸中正，則眸子瞭⑱焉；胸中不正，則眸子眊⑲焉。聽其言也，觀其眸子，人焉廋⑳哉？」（〈離婁上〉）

　　⑱瞭：明亮。　⑲眊：音ㄇㄠˋ，昏暗不明。　⑳廋：音ㄙㄡ，藏匿。

4. 孟子曰：「……君子所性，仁義禮智根於心。其生色也，睟㉑然見於面，盎㉒於背，施於四體，四體不言而喻㉓。」（〈盡心上〉）

　　㉑睟：音ㄙㄨㄟˋ，潤澤。　㉒盎：盈滿。　㉓喻：明白。

5. 浩生不害㉔問曰：「樂正子㉕，何人也？」孟子曰：「善人也，信人也。」「何謂善？何謂信？」曰：「可欲之謂善，有諸己之謂信，充實之謂美，充實而有光輝之謂大，大而化之之謂聖，聖而不可知之之謂神。樂正子，二之中，四之下也。」（〈盡心下〉）

　　㉔浩生不害：齊人。　㉕樂正子：孟子弟子，在魯國做官。樂正，姓。

6. 孟子曰：「……說詩者，不以文害辭，不以辭害志㉖，以意逆㉗志，是為得之。」（〈萬章上〉）

　　㉖志：指詩人的本意。　㉗逆：迎取；領會。

7. 孟子謂萬章曰：「……頌其詩，讀其書，不知其人可乎？是以論其世也。」（〈萬章下〉）

三、《大學》

1. 富潤屋，德潤身。（傳六章）
2. 有斐君子，終不可諠①兮者，道盛德至善，民之不能忘也。（傳三章）

　　　①諠：忘。

四、《中庸》

1. 喜怒哀樂之未發，謂之中；發而皆中節，謂之和。中也者，天下之大本也；和也者，天下之達道也。致中和，天地位焉，萬物育焉。（第一章）
2. 君子和而不流①，強哉矯②；中立而不倚，強哉矯。（第十章）

　　　①流：移，指隨環境而改變，不能堅守德性。　②矯：剛強的樣子。

3. 君子之道，淡而不厭，簡而文，溫而理。（第三十三章）
4. 故至誠無息，不息則久，久則徵③，徵則悠遠，悠遠則博厚，博厚則高明。博厚所以載物也，高明所以覆物也，悠久所以成物也。博厚配地，高明配天，悠久無疆。如此者，不見④而章，不動而變，無為而成。天地之道，可以一言而盡也：「其為物不貳，則其生物不測。」……《詩》云：「維天之命，於穆不已。」⑤蓋曰天之所以為天也。「於乎不顯，文王之德之純。」⑥蓋曰文王之所以為文也，純亦不已。（第二十六章）

　　　③徵：有效驗。　④見：同「現」。　⑤這是《詩經・周頌・維天之命》的句子。維，發語詞。於，音ㄨ，嘆詞。穆，深遠。　⑥這也是《詩經・周頌・維天之命》的句子。於乎，同「嗚呼」，嘆詞。不顯，大顯。不，通「丕」，作「大」解；或以為「不」是語首助詞，無意義。朱子則釋「不顯」為「豈不顯」。純，不雜。

參、解讀

一、先秦美學的初期發展❶

❶ 按「美學」一辭，為英文 aesthetics 的譯名。英文此字又源於希臘字 aisthesis，意為「知覺」，指見到一事物而有所知，此即義大利美學家克羅齊 (Benedetto Croce,

周人最早注意的，自然是感官愉快的美，如口味、聲色的美感。「美」字的原義就是「甘」，而「甘」正是五味的一種，五味可口都可以稱為「甘」。「美」字從「羊」造字，「羊」是美味的代表。從「羊」造的字，都與美味或美有關。就連「善」字也不例外。

　　依據《左傳》昭公元年（西元前 541 年，這時孔子十一歲）的記載，當時秦國的名醫——醫和就曾指出：天的六氣，生出五味、五色、五聲，如果六氣中某一氣發展過度，便會導致疾病❷。後來鄭國的子產也有類似的話❸，他認為人民效法天地，於是有五味、五色、五聲的功能，一旦淫亂，人民便失去天生的性能，所以必須用「禮」來調養本性。他將屬於道德的「禮」，與屬於自然的天地、六氣、五行、五味、五色、五聲，視為一個統一的系統。「禮」是對各種口味、聲色的自然的調節，使不致過度。偏於某一種的過度刺激，會損及人的自然性能。為了避免這樣偏頗有害的刺激，周人提出「和」的觀念。

　　「和」字有順從相應的意思。「和」表現在五行的協合相應上，表現在五味的調和相濟上，表現在五色的對比相配上，表現在五聲的和諧相映上。「和」成了構造感官之美的最主要條件。口味、聲色給予感官自然的快感，是屬於

1886～1952) 所說的「直覺的知」。這種知有別於運用概念的知識。因為美感係生於直覺的知，所以一般把研究直覺的學問稱為美學。美學是研究普遍的美，進而研究自然美與藝術美，因此美學（aesthetics 或 philosophy of the beautiful）並不等於藝術哲學 (philosophy of the art)。

❷　《左傳·昭公元年》引醫和云：「天有六氣，降生五味，發為五色，徵為五聲，淫生六疾。六氣曰陰、陽、風、雨、晦、明也。……陰淫寒疾，陽淫熱疾，風淫末疾，雨淫腹疾，晦淫惑疾，明淫心疾。」

❸　《左傳·昭公廿五年》引子產云：「夫禮，天之經也，地之義也，民之行也。天地之經，而民實則之。則天之明，因地之性，生其六氣，用其五行。氣為五味，發為五色，章為五聲。淫則昏亂，民失其性，是故為禮以奉之。」五行與五味、五色、五聲的配當關係如下：

五行	水	火	木	金	土
五味	鹹	苦	酸	辛	甘
五色	黑	赤	青	白	黃
五聲	羽	徵	角	商	宮

自然美的一部分；而透過「和」，避免了過度的刺激，使自然的快感不僅得以保持，並且增加它的美感。古人不僅把「和」的觀念用在感官之美上，更廣泛地應用在道德、政治，甚至人與神、人與宇宙的關係上，成為一切美感的共同原理。

《尚書・堯典》有過這樣的記載：舜任命夔主管音樂，以音樂教育貴族子弟，陶冶他們的性情，使他們「直而溫，寬而栗，剛而無虐，簡而無傲」。舜要求夔以「律和聲，八音克諧，無相奪倫」，並以為和諧的音樂將導致「神人以和」。夔則自稱：「予擊石拊石，百獸率舞。」

與子產同時的齊國之晏嬰，曾把「和」的觀念發揮得很透徹，他說：

> 和如羹焉。水火醯醢鹽梅以烹魚肉，燀之以薪。宰夫和之，齊之以味，濟其不及，以泄其過。君子食之，以平其心。……先王之濟五味，和五聲也，以平其心，成其政也。聲亦如味，……清濁、小大、短長、疾徐、哀樂、剛柔、遲速、高下、出入、周疏，以相濟也。君子聽之，以平其心。心平德和。……若以水濟水，誰能食之？若琴瑟之專壹，誰能聽之？同之不可也如是。❹

同醫和、子產一樣，晏嬰也主張避免過與不及，而以「和」為美的重要原則。他明確指出如烹調、音樂等藝術，對道德修養及政治的助益，這可說是儒家藝術觀的先驅。晏嬰並主張由清濁、小大、短長、疾徐……等兩端的相反而相濟，以尋求藝術之美。他認為由重複相同的事物，如「以水濟水」，無法引起美感，所以他反對「同」。換句話說，他已看出「美」存在於多樣性（如五味、五聲）的和諧統一之中，並存在於對立性（如清濁、小大等）的和諧統一之中。這可以說是一種辯證的思想，由辯證論美的產生。這的確是先秦美學的一大進展。

周人認為，「和」不僅是美感對象本身的多樣性或對立性的和諧統一，也是人與人，個人與社會，人類與自然的和諧統一。人與社會、自然的和諧統一，有了物我的和諧交感，在和諧交感中產生了情趣，也就創造了美。由客觀對象本身的和諧統一，進而更重視物我主客觀間的和諧交感，這樣建立了

❹ 見《左傳・昭公廿年》。

先秦美學的主要特徵和最高原理。這與古希臘以及後來的西方美學，是大異其趣的❺。

先秦美學由注意感官的自然快感，到論人與社會、自然的精神上的美，這樣的發展是有一定的歷史條件的。

周人在推翻殷之後，常常想到這麼敬神拜祖的一個大帝國，頃刻間就覆亡了，國家的興亡，並不取決於宗教信仰，而是決定於對政治的責任感。這就是周人所謂的「宜鑒于殷」❻。由於這種憂患意識，周人擺脫了對神無條件的畏懼與崇拜，使理性思想和人文精神擡頭。人的地位得到肯定，人對自身的尊嚴及文化活動的價值有了覺醒。理性與人文精神的發揚，使人超越了動物性欲望的滿足，而進一步追求富於精神性的審美和藝術活動❼。

在經濟方面，因農業及青銅、鐵器手工業的巨大發展。工藝上的成就，也鼓舞了審美和藝術發展。人利用自然的能力顯著提高，增加人的自信，促進人對人文價值的認識和肯定。人可以利用自然，而不必與自然對立。人是自然又自由的。人與自然達到和諧統一，遂產生生活上的美感。

在政治上，周代的宗法禮樂制度，係依氏族血緣關係而建立，特別重視相親相愛的社會倫理道德，肯定了個人與社會和諧統一的正當性。因此，周人強調審美和藝術的社會性，主張美與善的一致。

強調人與人、與社會的和諧統一，重視美與善的關聯，發展出儒家的美

❺　根據李澤厚、劉綱紀《中國美學史》（第一卷頁 154～160），古希臘由於科學、民主的發展，重視審美的認知意義，以「美」是個別事物的屬性，而藝術的要務在模仿自然物。柏拉圖的美學，則以理念是靜止不動的絕對永恆之物，對理念的觀照即是「美」，因而他的美學帶有神祕意味以及貴族氣息。這些觀點深刻地影響後來西方美學的發展。中國美學則重視由主客體動態發展的和諧關係中求美，重視這種關係所展現的境界之美，而不重視對自然物的模仿或對現實社會的寫實，並以「美」與人世生活有密切關係，富平民氣息而無神祕性。中西美學特徵的異趣，由此可見。

❻　見《詩經・大雅・文王之什・文王》。

❼　按「審美」一辭來自英文 aesthetic。英文此字作形容詞，有二義：美學的或審美的。此字原譯為「美感底」，朱光潛先生認為譯作「審美底」較好，因「審」是主動的、帶有「覺」的；「感」偏於被動而不必有「覺」。（參見朱譯克羅齊《美學原理》頁 162）

學；強調人與自然的和諧統一，重視美與真的關聯，則發展出道家的美學。儒、道兩家的美學，影響深遠，成為中國美學的兩大支柱。

二、《四書》美學的主要內涵

孔子欣賞大自然的美，而且這種欣賞已具有相當的理性成分在內。在他看來，大自然既非威嚇人的可怕力量，不必把它當作宗教的崇拜對象；大自然也不只是滿足人功利需要的工具或資產而已；它其實具有某些可以感動人、令人愉悅的性質。人感應於自然，能產生美感。並且具有不同品質的人會感應於不同的自然之美，所謂「知者樂水，仁者樂山」，當人主體的品質應合於客體的特性時，就形成美。所以，主體與客體的統一，促成了美感經驗。

孔子也談論人才之美，如周公的美，但他更重視不驕吝的人格之美。而政治倫理的「五美」（其實就是五種善），也是他所稱頌的。相對於自然之美（如山水或人才之美），孔子毋寧更喜愛道德之美，所謂「里仁為美」。

儒家的美學，特別關心美與善的問題。孔子明白地指出，美並不等於善，盡美的武王之樂並不盡善。他清楚地區分了美與善，承認美具有獨立性。不過，他認為盡善盡美，美善兼備，才具有最高的價值。孔子兼顧了美與善，他不像墨子那樣狹隘的功利主義者，因為善而否定美的追求（如非樂）；也不像道家那樣，因為追求絕對自由之美而傾向於否定社會倫理之善。

孔子不認為美要服從善，他並未主張盡善即等於盡美，或主張只要盡善即可。但如以善與美相比，他認為善是屬於更內涵的東西。一個人如果不仁，則音樂對他又能產生什麼作用呢？孔子並不認為單是藝術本身就有圓滿的價值。他要求藝術須以道德（仁）為根源，所以道德成為審美判斷、藝術創作與鑑賞的重要條件。

其實，對孔子來說，音樂又豈只是鐘鼓等樂器的演奏而已，它應有更深一層的內涵。這涉及美的內容與形式，所謂質與文的問題。「質」是人內在、先天的、與道德有關的品質；「文」是外在的形式美。同一內在的品質（質），可以表現在美的形式（文）中，也可以表現在不美的形式（野）中。如果太過注重形式美，而缺乏內在的品質，也將導致不美（史）。孔子認為，必須以外在的美的形式圓滿地表現內在的善的品質，所謂「文質彬彬」，才是真正的完美。

不過，如果以質與文相比，質顯然更重要、更具有優先性。所以孔子同意子夏「禮後」之說，並主張「行有餘力」然後才「學文」。雖然「紫」「鄭聲」「利口」也能引起美感，但因會導致淫亂正色、雅樂而覆家邦的後果，都在孔子深惡之列。美不是功利上的滿足，而是精神上的感受和喜悅。孔子固然喜好肉味之美，但更醉心於韶樂的美，因為韶樂是盡美又盡善的。

　　孔子相當重視技藝與藝術對道德修養的功能，他自稱「吾不試，故藝」（〈子罕〉），並勸人要「游於藝」。他認為人格修養，必須由「詩」啟發，而完成於「樂」之中。興、觀、群、怨既是藝術創作的四種動機和動力，也是藝術的道德功能。興和怨，是由抒發人的性情來涵養人格；觀和群，是由了解和參與社會活動來發展人格。詩的道德教育功能，還包括家庭倫理（事父）和政治倫理（事君）兩方面。孔子的藝術哲學，一方面注意個人性情的陶冶；一方面注意達成社會的和諧。他既重視個人性情的自由，也重視社會群體的規律。他相信自由與規律終究可統一起來。他自己便親身證驗了這種可能性，所謂：「七十而從心所欲，不踰矩。」（〈為政〉）在此，自然與社會、自由與規律、情與理、美與善達到和諧之境。所以，孔子強調的是「為人生而藝術」。道德充實了藝術的內容；藝術美化了道德的形式，增加了道德的感染力。

　　「禮」不只是外在玉帛等器物的齊備，更應是內在精神的和諧，所謂「禮之用，和為貴，先王之道，斯為美」。由此可知，「和」是產生美的一個重要條件。「和」就是情理圓融，使自然的情感達到無過無不及的理想境地。因此，子游說：「喪致乎哀而止。」（〈子張〉）孔子也說：「《關雎》，樂而不淫，哀而不傷。」

　　「和」的無過不及，正含有禮的自然節制。如果為了和諧的目的，一味地求和而無所節制，也不行。孔子也像晏嬰一樣，明確地區別了「和」與「同」，他說：「君子和而不同，小人同而不和。」

　　此外，「和」所達成的對立性之和諧統一，也在孔子自己的人格之美上顯露無遺，所以《論語》說：「子溫而厲，威而不猛，恭而安。」（〈述而〉）這印證了上文所提到舜對樂教的看法，他主張和諧的音樂，能養成人格的「直而溫，寬而栗，剛而無虐，簡而無傲」。「和」表現在藝術上，是美；表現在人格與行為上，是美與善。

　　孟子繼承了孔子美與善和諧統一的思想，而又有進一步的發揮。

　　孟子由人的生理構造及感官對口味、聲色的嗜好相同，論證人的美感有普遍性。再由人心也相同地喜好理義，論證人的性善有普遍性。也由於人心之喜好理義，肯定了人的道德活動具有審美的性質。不同於西方的美學，中國人重視精神主體之美，尤其是道德人格之美，這可溯源於孟子。

　　對於道德的人格美，孟子提出所謂「浩然之氣」。這種氣至大至剛，塞於天地之間，是一種「壯美」。這人格精神的美，可以通於整個宇宙，顯然比一般自然美偉大。人格美表現在具體形象上，便是「眸子瞭焉」、「其生色也，睟然見於面，盎於背，施於四體，四體不言而喻」；表現在精神上，便是「富貴不能淫，貧賤不能移，威武不能屈」的「大丈夫」氣概（〈滕文公下〉）。在中國美學中，以「氣」作為審美概念，是開始於孟子。後來藝術上重視「氣韻生動」、「氣勢磅礴」、「氣象萬千」，多少與此有關。

　　孟子在品評人格時，提出善、信、美、大、聖、神等概念。他明確地區分了美與善、信（即「真」）等。美與善、信不同，但人格美卻由善、信而來。人格美包含善與真，真、善與美在此是統一的。當「善」真切地成為自己人格的內涵，進而充分地實現在生命或生活之中，便展現出「美」來。充實之美，是以善性為基礎，透過「持志」、「養氣」的修養而得到。當「善」充分實現而光輝昭著，顯耀於天地之間時，便可稱之為「大」了。道德人格的偉大，能教化人群，贊天地之化育，已到達不思不勉的化境，就是「聖」。就聖人化境妙用的不可思議來說，就是「神」。

　　孟子也強調審美活動的社會性。他認為「獨樂樂」、「不若與眾」，一個人欣賞音樂，不如和許多人共同欣賞來得快樂。墨子因為當時國君耽溺於音樂享樂，而主張「非樂」；孟子卻鼓勵國君要「與百姓同樂」（〈梁惠王下〉）。他不計較世俗之樂與先王之樂的差異，而說「今之樂，由古之樂也」（同前）。比起墨子，孟子對審美活動的態度顯然更積極、寬大、開放而富於人性。

　　孟子主張在讀「詩」時，不可因為藝術上必須的誇大表達形式（如詩的文辭），而誤解了作者的思想、情感（志）。他認為讀者在詮釋作品時，必須以自己的情意，同情如理地追溯作者原初的情意。他所謂的「以意逆志」，被後人普遍地用在藝術批評上，影響極為深遠。

　　其次，孟子認為頌讀詩書時，必須了解作者的個人的身世背景。這種「知人論世」的主張，也被後人視為藝術批評的重要原則。

由「以意逆志」與「知人論世」可知，美感經驗的產生，一方面必須逆溯作者的心志；一方面必須了解作者的創作背景。

　　《大學》與《論》、《孟》相同，認為道德可以潤飾生命，「盛德至善」的人格，可以表現出令人難忘的文采。

　　《中庸》則進一步指出，順著本性的「中」，所發的情感都能合於節度，這就是「和」。實現了中和，能使天地萬物都得到安頓與發展。與萬物和諧而又不隨俗習非，這才是真正剛強的人格。君子的人格，在平淡、簡樸而溫和中，表現了文理繁然、令人永不厭倦的美感。

　　實現本性的最高人格境界是「至誠」。到達這個境界，本性的實現無所間斷而能持久，表現出的效驗是悠遠、博厚與高明。文王便因道德的純粹不已，表現令人讚嘆的文采，而博得「文」的美稱。

　　以上，大略地介紹了《四書》美學的內涵。由此可知，儒家是正面肯定審美和藝術的價值，尤其重視審美和藝術對人格修養的功能。儒家極度強調美與善的和諧統一，並以之為最高的價值，這對中國文化的影響是毋庸贅言的。即使在今天，這樣的美學觀點仍然有它深刻的意義，而值得我們再三玩味呢！

肆、教學活動

活動一：
1. 請在課前翻查辭典、《說文解字》等工具書，查出「美」字的字形構成原理、本義及各種引申義。
2. 再查出從「羊」構造的字，如「祥」、「羞」、「羨」、「鮮」、「養」、「義」、「善」……等字的造字與字義，它們跟「美」有關嗎？
3. 查出「和」字的造字與字義。

活動二：
1. 請在課前翻檢《四書》，查出出現「美」字的章句，把它們摘錄下來。
2. 請將上述章句中所提到的「美」加以分類，看看可以將「美」分成哪幾類？

活動三：請於課前分組蒐集先秦的藝術資料，如有關青銅器、樂器（如編鐘）、

陶器等資料，如有圖片、幻燈片或錄影帶更好。將有關資料在課堂
上展示，並略作說明。先秦的音樂、手工藝、服飾、建築等皆可以
略作介紹。

活動四： 問題與討論（有 ＊ 號的題目比較難，可免予討論）

  1.儒家認為「美」與「善」有什麼關係？「美」能不能獨立於「善」之外
呢？

  2.對「美」來說，「文」與「質」哪一個重要？

  3.儒家美學的優點在哪裡？ 不足之處在哪裡？

＊ 4.儒家與道家對「美」的看法，有什麼差異？

伍、參考資料

《談美》 朱光潛 臺北 國文天地雜誌社 七十九年三月一版

《華夏美學》 李澤厚 臺北 時報文化出版公司 七十八年四月初版

《美的歷程》 李澤厚 臺北 蒲公英出版社 七十五年八月版 原由北平
中國社會科學出版社於七十三年初版

《中國美學史》 李澤厚、劉綱紀主編 北京 中國社會科學出版社 七十
三年七月一版 另由臺北漢京文化公司於七十五年出版

  按： 這部《中國美學史》預計編撰五卷，目前僅出版前二卷。第一卷有緒論、先秦
美學思想、兩漢美學思想三部分；第二卷專論魏晉南北朝美學思想。此書所蒐
集、運用的中國美學文獻資料，頗為豐富，論述也很詳盡。雖然書中有些觀點，
尚可商榷，但整體看來仍具參考價值。本單元「解讀」部分，參考此書處不少，
讀者若有興趣，不妨找到原書細讀。至於對本書的批判，可讀以下二文： 1.〈一
顆蒙塵的金剛鑽： 評李澤厚等著「中國美學史」〉，馮滬祥，《中華文化復興月
刊》22 卷 3 期，頁 14～21，七十八年三月出刊，該文已收入氏著《中國古代
美學思想》一書中； 2.〈李澤厚「中國美學史」孔子部分商榷〉，陳懷恩，《鵝
湖月刊》12 卷 12 期，頁 25～32，七十六年六月出刊。

《中國古代美學思想》 馮滬祥 臺北 臺灣學生書局 七十九年二月初版

《中國藝術精神》 徐復觀 臺北 臺灣學生書局 五十五年二月初版

《中國美學論集》 漢寶德等 臺北 南天書局 七十八年五月二版

《美學原理》　朱光潛譯、克羅齊著　臺北　正中書局　五十一年十一月臺
　　二版

〈儒家美學研究〉　傅佩榮　《中國文化月刊》　九八期　頁37～61　七十
　　六年十二月

〈孔子論美與善的關係〉　陳懷恩　《中國文化月刊》　一〇六期　頁90～
　　111　七十七年八月

中華文化的活水源頭(二)
——《論語》中的禮

邱德修

壹、引言

　　大家都知道,《論語》原本是這樣的一部書,它一方面記載著孔子個人的言語行事,另一方面也記載著孔子的若干弟子的言語行事。關於這一點,班固的《漢書‧藝文志》說得最清楚,他說:

> 《論語》者,孔子應答弟子、時人及弟子相與言而接聞於夫子之語也。
> 當時,弟子各有所記,夫子既卒,門人相與輯而論纂,故謂之《論語》。

由此可知,班氏所云,正是《論語》成書特質的寫照。同時,《文選‧辯命論》注引《傅子》也說:

> 昔仲尼既歿,仲弓之徒追論夫子之言,謂之《論語》。

既然,我們已經釐清《論語》一書的特質,自然透過本書來看孔子及其弟子們對「禮」的詮釋、了解與重視,是最直接、最貼切的了。

　　孔子一向重視「禮」的問題,他曾告誡自己的兒子 (孔鯉) 說:「不學禮,無以立。」(〈季氏〉) 又於〈堯曰〉之末章強調說:

> 不知禮,無以立也。

所以,孔老夫子對一個人的人格之養成,主張由三方面同時進行,他說:

　　　　興於《詩》，立於禮，成於樂。

從此可見，孔子是多麼強調禮對於人的重要性呀！

　　其次，孔子「愛禮」，總希望將古禮保存得越多越好，愈完善愈好，《論語・八佾》有這樣的一段文字，記載著孔子「愛禮」的實錄：

　　　　子貢欲去告朔之餼羊。子曰：「賜也！爾愛其羊，我愛其禮。」

我們嘗試把它翻成白話，文意是這樣子的：

　　　　子貢打算要把魯國每個月初告祭祖廟的那隻活犧牲──羊──省去而
　　　　不用。孔子（知道了之後）道：「端木賜呀！你吝惜那隻活羊，我可惜
　　　　那種禮制呢！」

古代「告朔」用「餼羊」為牲是一種禮儀制度。每年到了秋冬之交，周天子把第二年的曆書頒布給諸侯，這是行之已久的節目。這部曆書包括那年之內有無閏月，每月初一是在那一天，使天下諸侯可以統一遵循，不會發生錯誤。那種儀式就叫它做「頒告朔」。諸侯接受了這部曆書，就把它典藏在祖廟裡。每逢初一，便殺一隻羊牲先祭於祖廟，然後將該月的行事曆公諸國內，再回到朝廷聽政。這種祭告祖廟之禮叫做「告朔」，聽政叫做「視朔」，或者「聽朔」。到了子貢的時代，每月初一，魯君不但不親臨祖廟「告朔」，而且也不在朝廷「聽政」，只知殺一隻羊牲「虛應故事」罷了。所以，子貢認為與其徒具形式，不如乾脆連羊牲也不必了。孔子深愛周禮，認為保留這一代表性的禮制也比什麼都不留下來的好❶。

　　從這一則小小的故事，可以想見孔子為了保留周禮遺制，表現出處處處心積慮，設想周到，煞費苦心，全力以赴的樣子。

　　我們今天雖然強調民主、法制，雖然強調現代化、國際化，希望早日擠入已開發國家的行列。但是，我們可曾想過：我們經濟發展，富有了之後，社會卻變成了光怪陸離，無奇不有的亂象。這些亂象都是導源於我們富而無

---

❶　這個說法，參考楊伯峻《論語譯注》，32 頁。

禮的偏頗以及對人文科學的無知所產生的後遺症。如果我們有心消弭這種亂象，唯有依賴政府、社會、學校、家庭重視人文科學的教育，培養每一個國民具有「富而好禮」的共識。長此以往，久而久之，我們勢必可以成為一個一方面擁有驕視世人的外匯存底，一方面也擁有彬彬有禮、安和樂利，太平盛世的現代化國家。

貳、原典及註釋

《論語》

1. 曾子曰：「慎終①追遠②，民德歸厚③矣。」（〈學而〉）
   ①慎終：鄭玄的《注》云：「老死曰終。」可見「終」字是指父母的死亡。慎終，就是〈為政〉孔子所云：「死，葬之以禮。」　②追遠：具體地說是指「祭祀盡其敬」；這就是〈為政〉孔子所云：「死，……祭之以禮。」　③民德歸厚：社會風氣自然趨於篤實，不致澆薄。

2. 有子曰：「禮之用，和為貴④；先王之道，斯為美⑤，小大由之。有所不行⑥，知和而和⑦，不以禮節之⑧，亦不可行也。」（〈學而〉）
   ④和為貴：和，就是恰到好處的意思。言禮的作用，凡事都能恰到好處為最可貴。　⑤斯為美：斯，指稱詞，這裡。言可寶貴的地方就在這裡。　⑥有所不行：若有行不通的地方。　⑦知和而和：言便只知道為著恰到好處而專門講求恰到好處。　⑧以禮節之：運用固定的規矩典範來加以節制或約束。

3. 有子曰：「信近於義，言可復也⑨；恭近於禮，遠恥辱也⑩。因不失其親⑪，亦可宗也⑫。」（〈學而〉）
   ⑨言可復也：可以實踐諾言。　⑩遠恥辱也：遠，ㄩㄢˋ，動詞，使動用法，「使之遠離」的意思。此處也可以概括其義，譯作「避免」。言就能不致遭受侮辱了。　⑪因不失其親：因，動詞。依靠；憑藉。言所依靠，所憑藉的都是關係密切的人。　⑫亦可宗也：宗，動詞，主，可靠。言也就可靠可信賴了。

4. 子貢曰：「貧而無諂，富而無驕，何如⑬？」子曰：「可也；未若貧而樂⑭，富而好禮⑮者也。」子貢曰：「《詩》云：『如切如磋，如琢如磨⑯。』其斯

之謂與⑰?」子曰:「賜也⑱! 始可與言《詩》已矣! 告諸往而知來者⑲。」(〈學而〉)

⑬何如: 表疑問,《論語》中的「何如」,都可以譯作「怎麼樣」　⑭未若貧而樂: 未若,表比較,可譯作「還不如」。言但是還不如雖貧窮卻樂於道的了。　⑮富而好禮: 而,又。言縱使有錢卻又能謙虛好禮。　⑯如切如磋, 如琢如磨: 兩語典出《詩經・衛風・淇澳》。言為學和自修要像對待骨、角、象牙、玉石一樣,切磋它,琢磨它,精益求精,益發精進。　⑰其斯之謂與: 與,表疑問,相當於白話文的「吧」。言那就是這樣的意思吧。　⑱賜也: 上文稱「子貢」,為端木之字;此稱「賜也」,為端木之名。蓋古人稱名稱字有其固定的禮節: 長輩(包括老師)直呼其名,晚輩(包括學生)尊稱其字。　⑲告諸往而知來者: 諸,在這裡的用法同「之」字一樣。往,指過去的事,這裡譬喻為「以前的事」。來者,指未來的事,這裡譬喻為「未知的事」。言告訴你一件事,你能有所發揮,推知另外一件了。

5. 子曰:「道之以政⑳, 齊之以刑, 民免而無恥㉑;道之以德, 齊之以禮, 有恥且格㉒。」(〈為政〉)

⑳道之以政: 言憑藉著政治來誘導他們。　㉑民免而無恥: 先秦古籍若單用一個「免」字,一般都是指「免罪」、「免刑」、「免殺」的意思。言人民只是講究暫時地免於罪過,卻沒有廉恥羞愧的心。　㉒有恥且格:《禮記・緇衣》云:「夫子,教之以德, 齊之以禮, 則民有格心;教之以政, 齊之以刑, 則民有遯心。」這話可以看作孔子此章的最早注解,較為可信。言人民不但要有廉恥、有羞愧的心,而且人心都能歸服政府。

6. 孟懿子㉓問孝。子曰:「無違㉔。」樊遲御㉕, 子告之曰:「孟孫問孝於我, 我對曰:『無違。』」樊遲曰:「何謂也?」子曰:「生, 事之以禮㉖;死, 葬之以禮, 祭之以禮。」(〈為政〉)

㉓孟懿子: 人名。孔子弟子。魯國的大夫,三家之一,姓仲孫,名何忌,「懿」是他的諡號。　㉔無違: 言不要違背禮節。　㉕樊遲御: 樊遲,人名。孔子學生,名須,字子遲,當姓與字連用時可以省稱作「樊遲」。御,動詞,駕御馬車。言樊遲替孔子趕車子。　㉖事之以禮: 古代的禮儀有一定的差等,天子、諸侯、大夫、士、庶人各不相同。言按照不同的等差,來對待自己的父母。

7.子張問:「十世可知也㉗?」子曰:「殷因於夏禮㉘,所損益㉙,可知也;周因於殷禮㉚,所損益,可知也。其或繼周者,雖百世,可知也。」(〈為政〉)

　　㉗十世可知也:一世,三十年;十世,就是三百年。從下文孔子的答語看來,便足以斷定子張是問今後十代的禮儀制度,而不是屬於泛問。這「也」字同「耶」,表疑問。言今後十代(的禮儀制度)可以預先知道嗎。　㉘夏禮:言夏代的禮儀制度。　㉙所損益:損,減。益,饒。言所廢除的,所增加的。㉚殷禮:言殷朝的禮儀制度。

8.孔子謂季氏㉛:「八佾㉜舞於庭,是可忍也,孰不可忍也?」(〈八佾〉)

　　㉛季氏:這裡的「季氏」可能是指季平子,即季孫意如。　㉜八佾:佾,音一ˋ。古代舞蹈奏樂,八個人為一行,這一行有個專稱叫做「一佾」。八佾就是由八個人所組成的八行,八八六十四人,只有天子身分才能用。諸侯用六佾,即六行,凡四十八人;大夫用四佾,凡三十二人。「四佾」才是季氏所應該用的舞蹈組合。

9.三家㉝者以〈雍〉㉞徹。子曰:「『相維辟公㉟,天子穆穆』;奚取於三家之堂㊱?」(〈八佾〉)

　　㉝三家:言魯國執政的三卿。　㉞雍:《詩經‧周頌》的一篇。字也可寫作「雝」。言諸侯始見乎武王廟的事情。　㉟相維辟公:相,音ㄒㄧㄤˋ,名詞,助祭者。言助祭的是諸侯。　㊱奚取於三家之堂:這兩句話,用在三家祭祖的大廳上,在意義上取它哪一點呢。

10.子曰:「人而不仁,如禮何㊲?人而不仁,如樂何?」(〈八佾〉)

　　㊲如禮何:言怎樣來對待禮儀制度呢。

11.林放問禮之本。子曰:「大哉問!禮,與其奢也,寧儉㊳;喪,與其易也㊴,寧戚。」(〈八佾〉)

　　㊳與其奢也寧儉:「與其……寧」,表選擇性連接詞,與白話文「與其……不如」用法近似。言與其奢侈鋪張,寧可樸素儉約。　㊴與其易也:易,把事情辦妥的意思。言就喪禮來說,與其儀文周到,寧可過度悲哀。

12.子曰:「夷狄之有君,不如諸夏之亡也。」(〈八佾〉)

13.季氏旅於泰山㊵。子謂冉有曰:「女弗能救與?」對曰:「不能。」子曰:「嗚呼!曾謂泰山不如林放乎㊶?」(〈八佾〉)

㊵季氏旅於泰山：旅，動詞，祭山。言季氏要去祭祀泰山。在當時，只有天子與諸侯才有祭祀「名山大川」的資格。季氏只是魯國大夫的身分，竟去祭祀泰山，有違周禮規定，因此孔子認為是件「僭禮」的行為。　㊶曾謂泰山不如林放乎：言難道竟可以說，泰山之神還不及林放（的懂得禮，居然接受這不合規矩的祭祀）嗎？孔子這種說法含有反諷的意味。

14.子曰：「君子無所爭，必也射乎㊷！揖、讓而升㊸，下而飲㊹，其爭也君子。」（〈八佾〉）

㊷必也射乎：必，表肯定的副詞。言一定是比射箭吧。　㊸揖讓而升：古代賓主升階上堂，必須經過三揖、三讓的禮節，然後才可登堂或入室。　㊹下而飲：飲，音ㄧㄣˋ，動詞，喝酒。言射者走下堂來，而後（作揖）喝酒。

15.子夏問曰：「『巧笑倩兮㊺，美目盼兮㊻，素以為絢兮㊼』，何謂也？」子曰：「繪事後素㊽。」曰：「禮後乎㊾？」子曰：「起予者商也㊿！始可與言《詩》已矣。」（〈八佾〉）

㊺巧笑倩兮：倩，音ㄑㄧㄢˋ，臉頰長得好看。言有酒渦的臉蛋笑得美呀！　㊻美目盼兮：盼，音ㄆㄢˋ，黑白分明。言黑白分明的大眼流轉得媚。　㊼素以為絢兮：絢，音ㄒㄩㄢˋ，富有文采。言潔白的底子上畫著花卉。　㊽繪事後素：素，指素底。言先有白素底子，然後畫上花卉的繪畫技巧。　㊾禮後乎：言禮儀制度產生在什麼後面呢。意指「禮」是誕生在「仁義」之後。　㊿起予者商也：商，子夏的名。言卜商呀！你真正是能啟發我發現問題的人。

16.子曰：「夏禮，吾能言之，杞不足徵也﹝51﹞；殷禮，吾能言之，宋不足徵也﹝52﹞。文獻﹝53﹞不足故也。足，則吾能徵之矣。」（〈八佾〉）

﹝51﹞杞不足徵也：杞，音ㄑㄧˇ，國名，夏禹的後代，舊城在今河南省的杞縣。徵，動詞，徵信。言它的後代杞國不足以作證。　﹝52﹞宋不足徵也：宋，國名，商湯的後代，故城在今河南省的商邱縣南。言它的後代宋國不足以作證。　﹝53﹞文獻：《朱註》：「文，典籍也；獻，賢也。」由知《論語》的「文獻」包括歷代的歷史文件和當時的賢者兩項。

17.子曰：「禘﹝54﹞自既灌﹝55﹞而往者，吾不欲觀之矣。」（〈八佾〉）

﹝54﹞禘：這是古代一種極為隆重的大祭之禮，只有天子才能舉行。魯君即「僭」用這種大禮，因此孔子不想觀看。　﹝55﹞灌：字本作「祼」，它是古祭祀禮程中的一個節目。祭祀時，用活人（祭祖以孫為尸，一般由幼小的男女擔任）以

代受祭者（即鬼神），這個活人便叫他做「尸」。主祭者第一次獻酒給尸，使他（她）的的確確地聞到「鬱鬯」（一種配合好香料悶煮而成的馨酒）的香氣，這種儀式叫做「祼」。

18. 或問「禘」之說。子曰：「不知也；知其說者之於天下也，其如示諸斯乎㊾？」指其掌。（〈八佾〉）

㊾其如示諸斯乎：示，是假借用法，本該寫作「置」，含有擺、放的意思。乎，表讚嘆的語尾助詞。言會像把東西擺在這裡一樣容易罷。

19. 「祭如在」㊿，祭神如神在。子曰：「吾不與祭，如不祭⑤。」（〈八佾〉）

㊿祭如在：此句宜譯作：「『祭如在』這句成語的意思就是」。 ⑤吾不與祭，如不祭：與，音ㄩˋ，參預的意思。言我若是不能親自參加祭祀，是不請別人代理的。

20. 王孫賈問曰：「『與其媚於奧，寧媚於灶⑤。』何謂也？」子曰：「不然；獲罪於天，無所禱也⑥。」（〈八佾〉）

⑤與其媚於奧，寧媚於灶：這兩句係當時成語。屋內西南角，光線冥暗處，叫做「奧」；造飯做菜的設備，叫做「灶」。「奧」與「灶」，古人都以為那裡有神明存在，因而必須祭祀它。言與其巴結房裡西南角的神，寧可巴結灶君司命。 ⑥獲罪於天，無所禱也：這兩句也是成語，王孫賈使用成語設問，孔子也用成語回答，顯現出兩人的對話機鋒凌利。言若是得罪了老天爺，即使用盡了祈禱也毫無辦法的。

21. 子曰：「周監於二代，郁郁乎文哉⑥！吾從周⑥。」（〈八佾〉）

⑥郁郁乎文哉：言多麼豐富多麼精彩呀！ ⑥吾從周：吾，指孔子。言我呀！主張依從周朝的。

22. 子入太廟⑥，每事問。或曰：「孰謂鄹人⑥之子知禮乎？入太廟，每事問。」子聞之，曰：「是禮也⑥！」（〈八佾〉）

⑥太廟：古人稱開國之君叫做太祖，供奉太祖之廟便叫做「太廟」。周公姬旦是最初受封於魯的君王，由知這個太廟是指周公之廟。 ⑥鄹人：鄹，音ㄗㄡ，又可寫作「郰」，地名，即今山東省曲阜縣東南十里的西鄹集。鄹人，指孔子父親叔梁紇，他曾經做過鄹邑大夫。古人經常喜歡把某地的大夫稱為「某人」，所以這裡也把鄹大夫叔梁紇稱做「鄹人」。 ⑥是禮也：言這正是禮呀。

23. 子曰：「射不主皮⑥，為⑥力不同科⑥，古之道也。」（〈八佾〉）

⑥射不主皮：皮，部分代表全體，指射箭用的箭靶子。古代的箭靶子叫「侯」，有用布做的，也有用皮做的。然後在當中畫著各種猛獸或者別的東西。侯之最中心的又叫做「正」或者「鵠」。孔子在此所強調的射應該是指演習禮樂的射，而不是武射，因此是以中不中為主，而不是以穿破皮侯與否為主。言比賽射箭，不一定要賣命地用箭射穿靶子。　⑥為：音ㄨㄟˋ，因為。　⑥力不同科：同科，同等。言各人的氣力大小不一樣。

24.子貢欲去⑥告朔之餼羊⑦。子曰：「賜也！爾愛其羊⑦，我愛其禮⑦。」（〈八佾〉）

⑥去：讀作上聲，它在這兒作為及物動詞，言去除不用。　⑦告朔之餼羊：告，讀作ㄍㄨˋ，入聲。朔，初一，每月的第一天。餼，音ㄒㄧˋ，生牲叫做「餼」。言每月初一告祭祖廟用的那隻活羊。　⑦爾愛其羊：爾，第二人稱代名詞，你。愛，動詞，吝惜的意思。言你吝惜那麼一隻活羊。　⑦我愛其禮：言我可惜那種禮制。

25.子曰：「事君盡禮⑦，人以為諂也⑦。」（〈八佾〉）

⑦事君盡禮：言服事君主，應該一切依照做臣子的禮節去做。　⑦人以為諂也：諂，音ㄔㄢˇ，動詞，諛媚。言別人卻以為他在下諂媚的工夫哩。

26.定公⑦問：「君使臣，臣事君，如之何？」孔子對曰：「君使臣以禮⑦，臣事君以忠⑦。」（〈八佾〉）

⑦定公：人名。魯君，名宋，昭公之弟，繼昭公而立，在位十年，「定」是他的諡號。　⑦君使臣以禮：使，動詞，任用。言君主應該依禮制來任用臣子。　⑦臣事君以忠：忠，《朱註》說：「盡己之謂忠。」言臣子應該忠心地服事君主。

27.哀公問社⑦於宰我。宰我對曰：「夏后氏以松，殷人以柏，周人以栗⑦。曰：『使民戰栗⑦。』」子聞之曰：「成事不說，遂事不諫，既往不咎⑦。」（〈八佾〉）

⑦社：名詞，土神叫做「社」，祀奉土神的所在也叫做「社」。不過魯哀公所要問的社，從宰我的答話中可以推知是指「社主」而言。古人祭祀土神，要替祂立一個木製的牌位以為象徵，而這種牌位就叫它「主」。　⑦周人以栗：言周代用栗木來製造木主。　⑦使民戰栗：栗，即「竦慄」的「慄」。言使人民戰戰慄慄，害怕不已。　⑦既往不咎：咎，音ㄐㄧㄡˋ，用作動詞，追咎的意思。言已經過去的事不便再追咎（罪過）了。

28. 子曰:「管仲⑫之器小哉!」或曰:「管仲儉乎?」曰:「管氏有三歸⑬,官事不攝⑭,焉得儉?」「然則管仲知禮乎?」曰:「邦君樹塞門⑮,管氏亦樹塞門;邦君為兩君之好⑯,有反坫⑰,管氏亦有反坫。管氏而⑱知禮,孰不知禮?」(〈八佾〉)

⑫管仲:人名。春秋時代齊國人,名夷吾,做了齊桓公的宰相,九會諸侯,尊王攘夷,一匡天下,使桓公成為春秋五霸之一。 ⑬管氏有三歸:關於「三歸」的解釋有多種,依市租常例歸諸於公家的說法,似乎比較正確。言他收取了人民大量的市租,歸於私有。 ⑭官事不攝:攝,動詞,兼職。言他手下的人員(一人一職),從不兼差。 ⑮邦君樹塞門:樹,動詞,樹立。塞門,為了顧及個人的隱私權,用以間隔內外視線的一種直而扁的東西,形式和作用類似今天的照壁。言國君宮殿的門前,一定樹立一道塞門。 ⑯好:音ㄏㄠˋ,友好。 ⑰坫:音ㄉㄧㄢˋ,名詞,用來放置器物或酒杯的設備,用土築成的,形似土堆,故名。 ⑱而:假設連詞,假若。

29. 子曰:「居上不寬⑲,為禮不敬⑳,臨喪不哀㉑,吾何以觀之哉?」(〈八佾〉)

⑲寬:心胸開闊,寬宏大量。 ⑳敬:嚴肅認真,一絲不苟。 ㉑哀:哀戚悲傷。

30. 子曰:「能以禮讓為國乎,何有㉒? 不能以禮讓為國,如禮何㉓?」(〈里仁〉)

㉒何有:表疑問的句法,這裡表示「有何困難」的意思。 ㉓如禮何:表疑問的句法。言又怎樣來對待禮儀呢。

31. 子曰:「君子博學於文,約之以禮㉔,亦可以弗畔矣夫㉕!」(〈雍也〉)

㉔博學於文,約之以禮:言君子先廣泛地學習文獻,再用禮節來加以約束。 ㉕亦可以弗畔矣夫:畔,音ㄆㄢˋ,同「叛」字。矣夫,這種詞組,除有「矣」字的作用外,再加「夫」字,兼表推測、估量的語氣,「夫」相當白話文的「吧」。言也就可以不至於離經叛道了吧。

32. 子見南子㉖,子路不說㉗。夫子矢之㉘,曰:「予所否者㉙,天厭之㉚!天厭之!」(〈雍也〉)

㉖子見南子:南子,女子名。衛靈公夫人,把持著當日衛的政治,而且有脫軌的行為,名聲欠佳。 ㉗不說:說,動詞,通「悅」。言不高興。 ㉘夫子

矢之：矢，動詞，通「誓」，發誓。言孔老夫子發了誓。　㊾予所否者：所，假設連詞，但只用於誓詞中，表示「如果」、「假如」的意思。言我假若有做不對的話。　⑩天厭之：厭，動詞，厭棄。言老天爺一定會厭棄我吧。含有「天誅地滅」的意思。

33. 子曰：「自行束脩⑩以上，吾未嘗無誨焉⑩！」〈〈述而〉〉

　　⑩束脩：脩，是乾肉條，又叫它做「脯」。每條脯叫做「一脡（挺）」，十脡為「一束」。束脩，就是指十條乾肉，古人用它來充作初次拜見人家的禮物。這個習慣，是從田獵社會所保留下來的；但這一種禮物在當時而言是屬於菲薄不成敬意的。　⑩吾未嘗無誨焉：未嘗無，表示「從沒有不」的意思。誨，動詞，教誨。言我從來沒有不加以教誨的。

34. 子所雅言⑩：《詩》、《書》、執禮⑩，皆雅言也。〈〈述而〉〉

　　⑩雅言：雅，正常的；作為標準的。言當時官方通行的標準話。　⑩執禮：此處可譯作「行禮」。

35. 陳司敗⑩問：「昭公⑩知禮乎？」孔子曰：「知禮。」孔子退，揖巫馬期而進之，曰：「吾聞君子不黨，君子亦黨乎？君取於吳⑩，為同姓⑩，謂之吳孟子⑩。君而知禮，孰不知禮？」巫馬期以告。子曰：「丘也幸，苟有過⑩，人必知之。」〈〈述而〉〉

　　⑩陳司敗：「司敗」是官名，如《朱註》云：「陳，國名；司敗，官名，即司寇也。」　⑩昭公：人名。魯昭公，名裯，襄公庶子，繼承襄公為魯君。「昭」是他死後的諡號。　⑩君取於吳：取，這裡用作「婚娶」的「娶」字。言魯君從吳國娶了位姬姓夫人。　⑩為同姓：魯係周公旦之後，姬姓；吳為太伯之後，也是姬姓。言「吳」和「魯」是兩個同姓的國家。　⑩吳孟子：人名。周公制禮作樂，強調同姓不婚的理念。春秋時代，國君夫人的稱號一般是用所生長之國名加上她的本姓。魯娶女於吳，這位夫人本來就應該稱呼她為「吳姬」。但這又觸犯了「同姓不婚」的禮法，只好迴避，改稱作「吳孟子」，以為掩飾。「孟子」可能是這位夫人的字，考《左哀公十二年傳》亦書作「昭夫人孟子卒」。由此可見，孔子也好，《左傳》之作者也好，都存心為魯昭公諱。　⑩苟有過：苟，假設連詞，假若的意思。言假若有什麼錯誤。

36. 子曰：「奢則不孫⑪，儉則固⑫；與其不孫也，寧固。」〈〈述而〉〉

　　⑪不孫：孫，同「遜」，謙遜。言顯得驕傲。　⑫儉則固：固，固陋；寒傖。

言省儉樸素就顯得寒傖。

參、解讀

一、殷因夏禮周因殷禮考

《論語‧為政》孔子說：

> 殷因於夏禮，所損益，可知也；周因於殷禮，所損益，可知也。

《論語‧八佾》孔子又說：

> 夏禮，吾能言之，杞不足徵也；殷禮，吾能言之，宋不足徵也。

《禮記‧中庸》又說：

> 吾說夏禮，杞不足徵也；吾學殷禮，有宋存焉；吾學周禮，今用之。

孔子非常明瞭一種文化，必定會有其歷史淵源，必定會有其承襲之所自。這是前代與後代禮制有其相同的地方之理由所在；同時，一種文化也必會有因時間之不同，或地域之不同，或人為之不同，而導致其演變自然形成彼此殊異的地方。想要探討這個問題，必須先追溯其遠古，探討其源流，然後才能真正了解夏、商、周三代之禮制的真相。我們先從田野考古來觀察：試從史前「西安半坡」與「大汶口」二遺址為例證，以為說明其禮制淵源有自的歷史事實。大家都知道，考古學上最能顯現出禮制特色者是在葬禮，即「西安半坡」遺址所看到的現象而言，有以下諸端值得我們注意的：

1.成人與稚子各有其固定埋葬之所在，質言之，彼此異地而葬，於斯時墓葬遺址可以清楚看見，原報告說：

> 成人墓多埋葬在大溝北部的氏族公共墓地上，……小孩和成人基本上

是異地而葬的，小孩埋在居住區房屋的近旁，而成人則遠在聚落居址之外。」(《西安半坡》，198～200頁)

因此可見成人之葬禮與殤禮於半坡文化期已有顯著的不同。

2.成人墓葬坑位之排列，則相當整齊──縱橫排成相當劃一之行列，彼此間距多在一公尺左右，近者止在半公尺而已。至於被葬者的頭向基本上亦頗一致，大多數向西而葬(《西安半坡》，200頁)，原報告說：

> 半坡埋葬的頭向……應該是在一定的信仰的支配下形成的。……他們把人從生到死比如太陽東昇西落一樣，人死後就隨著太陽落下；因此，在埋葬時，背朝東，面向西。我國的佤族埋葬死者頭向也向西，他們認為日落西方，死者的頭向必須朝西，否則家人不吉利。(《西安半坡》，219頁) ❷

由此可見，西安半坡人的信仰是太陽神，於是他們的葬首的儀式也是依循著日出日落的模式來制定自己的葬禮，訂定制度，遂成禮制，為該時代的人所必須遵循的法則。

3.埋葬稚子於住屋近旁的事實，係受到「來世觀念」與「情感作用」之雙重支配。所謂「來世觀念」的意思，就是指稚子仍尚未成年，企期他們能再度降生入世的理念。所謂「情感作用」的意思，就是初民以為稚子死後，其親人不忍遠離，於是埋之於住居近處，俾能就近照拂；此係完全根源於人類母愛的關係所致。(《西安半坡》，220頁)

基於半坡人有如此的信仰，自然而然形成如是葬禮形制，實際上是受到靈魂不滅的信仰所支配之結果：

> 一個是普遍地相信人死後靈魂不死，在另一個世界繼續生活；同時，又覺得死者的精靈能夠對生者起作用，因而對死者發生崇敬和恐懼的

---

❷ 這種將死者的頭向西而葬的觀念，到了東周的儒家，已不復類似，《禮記・檀弓下》說：「望反諸幽，求諸鬼神之道也；北面，求諸幽之義也。」(卷三，3頁)據此由知，東周時代死者的頭向是以向北尚幽為是，不再西向了。

心理。生與死，敬與畏，在人們的意識中形成了複雜的心理狀態，所以人們便採取各種各樣的儀習，以求與這種意識相調和。(《西安半坡》，218 頁)

初民蓋基於如是的理念，遂有為死者舉行固定的葬禮。自此而後，葬禮約定俗成，大家沿用既久，則成定制，演變而成特定持久的禮制，勢必為上自達官貴人，下至凡夫走卒所遵行，此即我國古代葬禮之所由生了。試以這種尺度來看西安半坡之葬制，可以發現斯時之民所作所為已是擁有完善的葬禮制度而非止於單純之習俗而已。考半坡遺址之絕對年代，根據碳元素十四測試結果，其數據為六〇八〇加減一一〇年至五六〇〇加減一〇五年之間，估算結果則其年代上限為距今六一九〇年，下限為五四九五年❸。

其次，試就山東「大汶口」史前遺址墓葬為例，來探討上古禮制；我們根據考古學家所研究的結果，它有以下八種特徵：

㈠死者都埋葬在氏族公共墓地，頭向一般向東；

㈡葬式以單人仰身直肢為主，亦有側身葬，偶見俯身葬和屈肢葬；

㈢有成對的成年男女同坑合葬墓出現；

㈣有拔牙和頭人工變形的習俗；

㈤死者多數手持獐牙，有的用豬牙束髮器束髮；

㈥有用龜甲和豬頭隨葬的習俗；

㈦部分墓葬使用原始木槨；

㈧隨葬品比較豐富，墓葬規模大小，隨葬品的多寡，質量水準相當懸

---

❸　這個絕對年代的數據，是根據以下諸書而求得的：

㈠張光直〈中國考古學上的放射性碳素年代及意義〉，臺大《考古人類學刊》第卅七、卅八期合刊，29～43 頁，1975 年；

㈡鄭德坤〈中國田野考古與史前學〉，香港《中國文化研究所學報》，八卷一期，18 頁，1976 年；

㈢拙稿〈中國考古學放射性碳素十四年代表〉，1981 年；

㈣中國社會科學院考古研究所編著〈中國考古學中碳十四年代數據集〉(1965～1981)，127～128 頁，1983 年。

殊。(《大汶口》，115～116 頁)

　　自上述八大特徵觀之，山東大汶口史前遺址墓葬所顯示之事實，自屬「葬禮」之固定形式。唐蘭依此形式進而以為是上古人民禮制的表現，他說：

> 從大汶口文化的遺物來看，在那時已經有很多禮制：
> 一、葬禮採用木槨。
> 二、隨葬陶器已有組合。
> 三、隨葬用豬頭，後期只用豬的下頜。……曲阜西夏侯的隨葬豬頭是盛在淺盤的大陶豆裡面，可以證明其為葬禮之一，是為葬禮而宰殺的牲畜。
> 四、死者手中都拿著獐牙製的鉤，晚期還有含玉。
> 五、當時已經出現專為殉葬用的明器，因此在文化層內出土的大型陶器，在墓葬中往往是小型的，象徵性的。……
> 六、尤其重要的是這些刻有文字的陶缸，應該是祭祀典禮中的用具，可能是最早的盛放飲料的陶尊。這些禮制顯然只能在文明時代裡，貴賤尊卑的界線已經明確，專為貴族統治階級所設的。❹

唐氏視大汶口文化遺物所呈現出來的種種現象乃古禮制之具體表現，這個見解至為確實剴切，其說可從。考其絕對年代，根據碳元素十四測試結果，其數據為五五五五加減九五年至五五〇五加減一〇五年之間，估算結果則其年代上限為距今五六五〇年，下限為五四〇〇年❺。

　　綜觀上述二史前遺址的絕對年代均視文獻資料所載虞夏之世為早，藉此可以佐證傳世資料所載有關「五禮」於上古虞夏之世，蓋早已具備之說，實非子虛。虞夏之世，五禮之制，既已確立，則孔子所謂「殷因於夏禮」之說，自可確信而無疑了。

　　我們透過墓葬形制，及其出土自墓葬中之鼎彝，考察出土禮器（包括青

---

❹　唐蘭〈中國有六千多年的文明史〉，刊於《大公報三十週年紀念文集》，上卷，31～32 頁，香港，1978 年。

❺　同❸。

銅與陶器）的組合；進而分析其器物形制，統計其器數以及與其他禮器之間
的關係，從而將殷商中、晚期基葬之分型別類所得到的結論，在在說明殷人
之於人與人之間「等差性」觀念特別強烈，並且自然而然地體現在其基葬制
度之中。此其一❻。

　　又據拙作《商周用鼎制度之理論基礎》一書所考定，西周用鼎制度並非
周人所獨創，實則確係因襲自殷商中晚期之鼎制而來。具體地說，殷商用鼎
制度為：大牢九鼎陪羞鼎三與酒器之斝、爵、觚各九個相對應；大牢七鼎陪
羞鼎三與酒器之斝、爵、觚各七個相對應；少牢五鼎陪羞鼎二與酒器之爵、
觚各五個相對應；特牲三鼎陪羞鼎一與酒器之爵、觚各三個相對應；特鼎陪
羞鼎一與酒器之爵、觚各一個相對應。質而言之，殷商食器之「鼎」與酒器
中之「觚」、「爵」、「斝」之彼此對應關係為一與一之比，而實非兩周鼎制「鼎
簋配合律為：九鼎配八簋，七鼎配六簋，五鼎配四簋，三鼎配二簋，特鼎配
二簋（或無簋）之制」所能相提並論的。此其二❼。

　　此外，遠在周文化以前，關中、陝北龍山文化遺存中，從未見到「陶鼎」
出土❽，只有「陶鬲」的存在。由此現象顯示，西秦之地，知道使用「陶鼎」
若「銅鼎」者，實自東土文化傳入以後的事實；進而言之，周人知道使用鼎
形器，而且進一步也懂得使用用鼎制度，顯然係承受自殷文化而來。分析而

---

❻　詳拙作《商周禮制中鼎之研究》，609～638 頁，1981 年。

❼　詳拙作《商周禮制中鼎之研究》，673～674 頁，1981 年。

❽　㈠詳拙稿《殷周青銅鼎研究》，1981 年；
　　㈡龍山文化與殷文化地層層位關係有如下表所表示者：

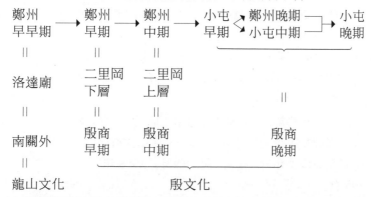

（本對照表依據日本松崎壽和《中國考古學概說》一書，24 頁，加以修正而成。）

言，殷商用鼎係鼎與酒器（斝、觚、爵的組合）的結合而有其固定的制度；至兩周時代，由於周人禁止酗酒，則將「鼎」與「簋」組合而成「鼎簋配合律」。這是殷周文化有其相同的地方，也有它殊異的地方。此其三❾。

再自周原所出土先周甲骨第一片 (H 11:1) 所記載者而言，先抄錄其文字於下，俾供參考：

　　癸巳彝文武帝乙宗。貞：王其邥（邵）祭成唐牭鼎禦（禦禦）及二女。
　　其彝血（盟）牡三、豚三，重（唯）又（有）足？❿

由周原甲骨卜辭的記載，考知：「從周王祭祀成湯、太甲，反映了周與商王朝的隸屬關係。」⓫由此看來，在政治上早周既與殷商係屬於君臣之間的關係，那麼在文化傳承上自必有其彼此因循傳承之因素在焉。此其四。

我們從這四個角度來看商周文化的傳承，益發足以作為孔子「周因於殷禮」之說為可信從的證據。職是之故，孔子所謂夏、商、周三代之禮，相互因襲的看法，自亦可以確立，實係毋庸置疑。

總之，孔子的「殷因於夏禮」，「周因於殷禮」之觀點，實具有永恆而不朽的價值。這種不待辨而自明，昭然若揭的事實，並非二、三十年代《古史辨》之流的學者，所考所論之似是而非的說法，所能輕易否定的⓬。胡原宣曾云周人入主中土，在文化傳承而言，確係完全襲自殷商文化者，他說：

　　據吾人觀之，周起西土，在早周幾無文化之可言，及入主中土，乃全

---

❾　詳拙作〈試以所見資料蠡測殷商用鼎制度〉，《商周禮制中鼎之研究》，669～675
　　頁，1981 年。

❿　周原甲骨釋文，參考下列資料，然而隸定而成的：

　　㈠徐錫臺〈周原出土的甲骨文字所見人名・官名・方國・地名淺釋〉，《古文字研
　　　究》㈠，195 頁，1979 年；

　　㈡王宇信《西周甲骨探論》，中國社會科學出版社，1984 年；

　　㈢徐錫臺編著《周原甲骨文綜述》，三秦出版社，1987 年；

　　㈣陳全方《周原與周文化》，上海人民出版社，1988 年。

⓫　詳❿㈠，195 頁。

⓬　詳顧頡剛編著《古史辨》，㈠～㈦冊，明倫出版社，1970 年。

襲殷商之文化，幾乎無所變革，故殷與西周實為一個文化單位，其劇變不在殷周之際，乃在東周以來。周初之文化制度，不特非周公一人所獨創，且亦非周代所特有。舉凡周初之一切，苟非後世有意之傅會，則皆可於殷代得其前身也。❸

胡氏之說，今據周原出土先周甲骨文字得以徵實，誠屬真知灼見，為可信據之論。至若殷禮之確立，遠在春秋時代之孔子即已肯定，他說：

> 殷因於夏禮，所損益，可知也；周因於殷禮，所損益，可知也。其或繼周者，雖百世可知也。（《論語・為政》）

馬融《注》說：

> 所因，謂三綱五常；所損益，謂文質三統。（何晏《論語集解》引）

馬氏所說，蓋籠統之言，至於詳加論之，試以殷商祭禮為例，殷王之於先公先妣的祭祀，有：翌、祭、壹、劦、彡等五種祭典，董作賓命之為「五統祭」（《殷曆譜》，下編卷二，祀譜），陳夢家名之曰「周祭」（《殷墟卜辭綜述》，386～392頁），島邦男叫它做「五祀」（《殷墟卜辭研究》，108～173頁），許進雄稱之作「五種祭祀」（《殷卜辭中五種祭祀的研究》，2頁）。其名稱雖互殊，然所實指的本是相同。考殷人五種祭祀所祭的對象為：「見於卜辭及彝器上的，計先王共三十三位，先妣為二十四位。」（《殷卜辭中五種祭祀的研究》，2頁）考究其特徵，凡有三端，許進雄說：

> 1. 它祭祀時選擇日子的不同。殷人先王、先妣的廟號都是十干取名的，而新派的五種祭祀舉行的日子，都必在所祭先王、先妣取名的同干那天，從不例外；
> 2. 於祭祀之前旬有舉行工典祭的習慣；
> 3. 祭祀先妣時，都稱呼其先妣為「祖某奭妣某」，或「妣某祖某奭」。

❸ 〈殷代封建制度考〉，刊於《商史論叢初集》（上），38頁，1944年，成都。

「奭」之意義除配偶外，還表示某種特殊的身分，是祖甲時所創的。（《殷卜辭中五種祭祀的研究》，4、10、14 頁）

根據許氏的研究，這五種祭祀既已有如此的特徵，進而主張：「祖甲雖創五種祭祀的統系，而未定格的事仍多，到第五期才是完備的時候。」（《殷卜辭中五種祭祀的研究》，15 頁）許說（1968 年）視董氏《殷曆譜》（1945 年）、陳氏《殷墟卜辭綜述》（1958 年）、島邦氏《殷墟卜辭研究》（1958 年）為晚，自是「譬若積薪，後來居上」；又如「薪火相傳，後出轉精」，誠足採信。由知殷人五種祭祀至卜辭第五期既已是完備無闕，則殷人祭祀先王先妣本有其固定禮制，正為甲骨學者及研究殷史的人所公認矣。當然，這種祭祀制度，也同樣地被周人吸收消化而演變成為周人的祭祀制度，薪火相傳，永不熄滅，層層相因，永無止境了。

二、無違說

《論語・為政》：

> 孟懿子問孝。子曰：「無違。」樊遲御，子告之曰：「孟孫問孝於我，我對曰：『無違。』」樊遲曰：「何謂也？」子曰：「生，事之以禮；死，葬之以禮，祭之以禮。」

首先對「無違」一詞提出質疑的是漢儒王充，他在《論衡・問孔》說：

> 問曰：孔子之言「毋違」者，毋違禮也。孝子亦當先意承志，不當違親之欲。孔子言「毋違」，不言「違禮」；懿子聽孔子之言，獨不為嫌於毋違志乎？樊遲問何謂，孔子乃言「生，事之以禮；死，葬之以禮，祭之以禮」。使樊遲不問，遂不可知也。懿子之才，不過樊遲，故《論語》篇中，不見言行，樊遲不曉，懿子必能曉哉？（《論衡校釋》，卷九，398～399 頁）

揆諸王氏的意思，是說他質問孔子，為什麼不講清楚些說是「無違禮」，反而

故意省略講為「無違」，難道不怕讓人誤會為「毋違志」嗎？可見，孔子所謂的「無違」之「違」字（《漢石經》作「毋違」，《開成石經》同），其含義到了東漢之儒已經不易被人所了解了。

想要解答這個問題，必須從春秋時代的人所使用的語言習慣著手，我們在《春秋經傳》找到使用「違」與「無違」的例子，如：

△君人者將昭德塞違（二〇／隱一〇／七左）；

△今滅德立違（二六／桓二／六左）；

△君違，不忘諫之以德（二六／桓二／六左）；

△失禮違命（一七九／宣二／一左）；

△其弗敢違（二一八／成三／附一）；

△民之多違（二六五／襄八／八左）；

△正其違而治其煩（三一一／襄二六／五左）；

△王心不違（三五四／昭四／四左）；

△棄禮違命（三八二／昭一三／附一(4)）；

△君令而不違（四二三／昭二六／附五）；

△且其違者不過數人（四八八／哀一四／三左）；

△而況將昭違亂之賂器於大廟（二六／桓二／六左）。

以上係《春秋經傳》所見使用「違」一詞的例子。又如：

△謂其上下皆有嘉德而無違心也（三二／桓六／附一）；

△無違教也（一七七／文一八／九左）；

△禮無違者（三四九／昭三／附三）；

△自郊勞至于贈賄禮無違者（三五七／昭五／三左）；

△無違命（三六九／昭八／九左）；

△動無違事（四〇二／昭二〇／附四）；

△君無違德（四二二／昭二六／附四）；

△無違同（四四二／定四／附四）。

以上係《春秋經傳》所見使用「無違」一詞的例子。

　　由此看來，「無違」確係春秋時代的人所經常使用的成語，尤其是貴族社會（或高層階級）所常用的成語。所以董式三《論語後案》說：

> 《左傳桓公二年》云：「昭德塞違」，「滅德立違」，「君違，不忘諫之以德」；《六年傳》云：「有嘉德而無違心」；《襄公二十六年傳》云：「正其違而治其煩」；《昭公二十六年傳》云：「君無違德」，「君令而不違」；《哀公十四年傳》云：「且其違者不過數人」。古人凡背禮者，謂之「違」。（《論語集釋》，卷三，70～71頁引）

根據董氏的說法，可以證明我的意見是可以成立的；那就是說「無違」，就是「不要背禮」，也就是「不要違背禮節」的意思。

　　但是，我們回過頭來看看朱熹《論語集註》，他說：

> 無違，謂不背於理。……生事葬祭，事親之始終具矣。禮，即理之節文也。（卷一，55頁）

朱氏又說：

> 禮者，天理之節文，人事之儀則也。（卷一，51頁）

朱氏以「理」訓「禮」的事實，確已犯了宋明理學家經常得到的通病，所以程樹德批評他說：

> 朱子因欲伸其師「窮理之說」，其註《論語》到處塞入「理」字；於「仁」，則曰：心之德，愛之理；於「禮」，則曰：天理之節文。如水銀瀉地，無孔不入。自古無如此解經法也。然有絕不可通者，如此章「無違」明是不背於禮，乃偏作「理」，而於下節言「禮，天理之節文」，以自圓其說，可謂心勞日拙者矣。昔人謂《大學》自經朱子補《傳》後，已非孔氏之書而為朱子之書；吾於《論語》亦云。（《論語集釋》，卷三，

71 頁）

程氏批駁朱說，至為恰當。這是使用《論語集註》為課本的我們，必須隨記在心，深自警惕的。

至於對孟懿子強調「無違」的重要性的背景說明，朱熹《論語集註》說：

> 是時三家僭禮，故夫子以是警之。然語意渾然，又若不專為三家發者，所以為聖人之言也。（卷一，55 頁）

關於這種論調是正確的，所以《皇疏》引衛瓘說云：「三家僭侈，皆不以禮，故以禮答之也。」此外，方歡旭《論語偶記》也說：

> 〈檀弓〉云：「三家視桓楹」，葬僭禮也；〈八佾〉：「三家者以〈雍〉徹」，祭僭禮也。惟是懿子之父仲孫玃，《春秋》書其卒，在昭二十四年。樊遲少孔子三十六歲，是玃卒時，樊遲尚未生。今懿子問孝時，有樊遲御，而夫子備告以生事葬祭者，懿子或尚有母在與？（《論語正義》，卷二，47 頁引）

這是外在的因素，促成孔子告訴孟懿子凡孝貴在「無違」的層次上。

另外，劉寶楠《論語正義》也提出他的看法，說：

> 夫子告樊遲言事親當以禮，則告懿子以「無違」者，是據「禮」言。故《論衡》引此文，說之云：「毋違者，禮也。」考懿子為僖子之子，嘗學禮於孔子，故孔子即以「禮」訓之。「無違」者，無違乎禮以事親也。凌氏鳴喈《論語解義》：「大夫以上能備禮，生事葬祭不違乎禮，即順乎親矣。」（卷二，46 頁）

其說若然，則可見孔子告訴孟懿子「無違」一詞者，蓋懿子為從孔門習禮之人，自然嫻熟禮學詞彙，因此孔子一提到「無違」一詞，懿子自然可以心領神會，毋庸再問。這也就是孔子用「無違」即可與懿子溝通意思的內在因素。

具有這兩層因素（外在因素與內在因素），「子曰：無違」，自然可以溝通孔子與懿子彼此想要表達的意思。同時，我們前面提過，「無違」在《春秋經傳》是一句成語，為流行於當時貴族社會，而懿子為僖子之子，亦屬貴族之後，自然而然，他們對「無違」一詞有著共同的領略，也有著彼此約定俗成的默契了。至於樊遲這個孔門弟子由於出身比較低賤，自然無從領略「無違」一詞的含義，自然而然地要再請示孔老夫子「何謂也?」那是理所當然的。所以孔子就不厭纍詳地告訴他說「生，事之以禮；死，葬之以禮，祭之以禮」了。

三、揖讓而升下而飲說

　　《論語‧八佾》云：

　　　　子曰：「君子無所爭，必也射乎！揖、讓而升，下而飲，其爭也君子。」

關於本章的題目，可以分成兩部分來討論：一是揖、讓而升的揖入讓升問題；一是下而飲的飲酒禮問題。這兩個問題都是牽涉到古禮儀節的介紹及其詮釋；同時，透過這些介紹與詮釋，即可古為今用，可以讓我們體會到如何去營造一個「富而好禮」的社會，如何在日常生活、禮儀規範去著力了。

　　首先，介紹「揖、讓而升」的禮節，關於「揖」、「讓」之禮，在《儀禮》一書有完整的記載：古人到人家的家（或廟）裡做客，主人必須在大門外迎接，向賓客行再拜的大禮，賓客答拜（有的情況是不答拜的）；然後主人作揖請賓客進大門，入門後，接著舉行三揖、三讓的禮節。在此先介紹「三揖」，例如：

　　　　△〈士冠禮〉：「至于廟門，揖入，三揖。」
　　　　《鄭注》云：「入門，將右曲，揖；將北曲，揖；當碑，揖。」
　　　　《賈疏》云：「主人將右，欲背客，宜揖；將北曲與客相見，又揖；
　　　　　碑是庭中大節（碑在堂下，三分庭一在北），又宜揖。是知三揖，據
　　　　　此而言也。案：《昏禮注》入三揖者，至內霤將曲，揖；既曲北面，
　　　　　揖；當碑，揖。及〈聘禮〉、〈鄉飲酒〉入三揖，《注》雖不同，皆據

此三節為三揖義不異也。」

△〈士昏禮〉：「納采，……（使者）至于廟門，揖入，三揖。」（卷一，8 頁）

《鄭注》云：「入三揖者，至內霤、將曲，揖；既曲、北面，揖；當碑，揖。」（卷二，1 頁）

△〈鄉飲酒禮〉：「主人揖，先入；……主人與賓，三揖。」（卷四，3 頁）

《鄭注》云：「三揖者，將進，揖；當陳，揖；當碑，揖。」

凌廷堪云：「將進，揖：即入門將右曲，揖。當陳，揖：即將北曲，揖。陳，堂塗也。『陳』與『門』不相直，故入門必再曲，然後當陳。」（《禮經釋例》卷一，7 頁）

△〈聘禮〉：「介皆入門左，北面，西上，三揖。」（卷八，11 頁）

《鄭注》云：「君與賓也。入門，將曲，揖；既曲，北面，又揖；當碑，揖。」

《賈疏》云：「公先在庭南面，賓入門將曲，揖；既曲，賓又揖；二者主君皆向賓揖之，再揖訖，主君亦東面向堂塗北行；當碑，賓主又相向揖。是君行一，臣行二，非謂賓入門時，主君更向內霤相近而揖也。」

△〈公食大夫禮〉：「及廟門，公揖入；賓入，三揖。」（卷九，2 頁）

《鄭注》云：「每曲，揖（謂右曲，揖；北曲，揖）；當碑，揖。相人偶。」

修案：此亦是公先揖入，賓後入，主尊賓卑；與〈聘禮〉立于中庭者小異。

△〈聘禮〉：主君使卿歸聘賓饔餼之禮，「及廟門❶，賓揖入，大夫奉束帛入，三揖，皆行。」（卷八，19 頁）

修案：此賓主相敵，而聘賓先入者；《鄭注》以為「賓與使者揖而入，使者止執幣，賓候之于門內，謙也。」《賈疏》云：「聘時，主君揖入，立于庭，尊卑法。此賓與使者敵，故賓在門內，謙也。」又聘賓問卿時，卿受于祖廟，賓主相敵，及廟門，亦「大夫先揖入」，然後「賓

---

❶　此廟門，是指聘賓所舍之廟。《鄭注》云：古者，天子適諸侯，必舍于太祖廟；諸侯行，舍于諸公廟；大夫行，舍于大夫廟。

奉束帛入，三揖，皆行」。凡此都是主人先入，導賓行禮，古禮壹皆如此。

從以上引述《儀禮》資料，可以清楚看出古人進入大門（或廟門）賓主必須互相三揖行禮，它的規定是：第一「入門，將右曲」的時候，作一揖；第二「將北曲」的時候，作一揖；第三「當碑」的時候，作一揖。賓主所以必須相互「三揖」的理由，凌廷堪曾作這樣的解釋，他說：

堂塗與門不相直，而與階相直，故賓主入門，至內霤，將右曲就堂塗，則賓主必相背，故揖；既至堂塗，俱曲而北面，則賓主又相見，故再揖；當碑，則將及階矣，故三揖。非此，固無緣相揖也。（《禮經釋例》卷一，8頁）

凌氏的解釋最為精彩，也最為清楚。他的說法，可以幫助我們了解《論語》所謂「揖讓而升」的「揖」之相關問題了。

　　我們了解了「揖」的問題之後，再來談談「讓」的題目。關於「讓」的問題，於《儀禮》也有較全面而完整的記載：古人至別人的家（或廟）裡，先行賓主三揖之禮之後，就步入堂前的階下，主人在阼階（東階）的位置，客人在賓階（西階）的位置，到這個時候準備升階，就必須行賓主相互「三讓」的禮節。例如：

△〈士冠禮〉：「至于階，三讓，主人升，立于序端，西面，賓西序，東面。」
《鄭注》：「主人、賓俱升，立相鄉。」
△〈士昏禮〉：「納采，至于階，三讓，主人以賓升，西面，賓升西階，當阿東面。」
《賈疏》：「禮之通例，賓、主敵者，賓、主俱升，若〈士冠〉與此文是也。」
　修案：凡此諸例，都是賓、主相敵，彼此同時俱升階級了。
△〈士昏禮〉：「壻親迎，至于階，三讓，主人升，西面，賓升，北面。」

修案：此時主人（即壻）與婦不相鄉，也是表現出尊卑之法。

△〈鄉飲酒禮〉：「至于階，主人升，賓升。」

修案：此時的主人身分是大夫，賓的身分是士。又案：凡此諸例，此時賓主不敵（一是壻，一是婦；一是大夫，一是士），也是同時俱升階的理由，是盛其禮，尊賓的緣故，使他們與敵者享有同等的禮遇。

△〈鄉射禮〉：「及階，三讓，主人升一等，賓升。」

《鄭注》云：「三讓，而主人先升者，是主人先讓于賓，不俱升者，賓客之道，進宜難也。」

△〈聘禮〉：「至于階，三讓，公升二等，賓升。」

《鄭注》云：「先賓升二等，亦欲君行一，臣行二。」

△〈公食大夫禮〉：「至于階，三讓，公升二等，賓升。」

《鄭注》云：「遠下人君。」

△〈覲禮〉：「郊勞，至于階，使者不讓，先升。」

《鄭注》云：「不讓先升，奉王命，尊也。升者，升壇。」

《賈疏》云：「以帷宮，無堂可升。」

修案：凡此諸例，是賓、主彼此不敵者，不同時俱升階了。

△〈聘禮‧歸饔餼〉：「至于階，讓，大夫先升一等，賓從，升堂。」

修案：這裡的「大夫」，就是歸饔餼的使者。

△〈聘禮‧聘賓儐歸饔餼使者〉：「賓升一等，大夫從，升堂。」

《鄭注》云：「賓先升，敵也。」

修案：此文中的「賓」，即謂「聘賓」，此時聘賓為主人。又案：蓋〈聘禮〉歸饔餼時，大夫奉主君之命來，則使者尊，故大夫先升；已致命完畢，則賓尊，所以聘賓先升了。

△〈聘禮‧聘賓問卿之禮〉：「至于階，讓，賓升一等，大夫從（修案：大夫，即主國之卿），升堂。」

《鄭注》云：「賓先升，使者尊。」

修案：凡此諸例，都是賓主相敵，反而不同時俱升的緣故，旨在尊其君，故尊使者，讓賓先升一等，表示尊敬對方的意思。

此外，值得討論的是〈聘禮‧歸饔餼於賓介〉：

> 賓皮弁迎大夫于外門外，再拜，大夫不答拜。揖入，及廟門，賓揖入，
> 大夫奉束帛，入，三揖，皆行；至于階，讓，大夫先升一等。（卷八，
> 19 頁）

《禮經》此章只言「讓」不說「三讓」的原因何在，《鄭注》曾作解釋，他說：

> 「讓」不言三，不成三也。凡升者，主人讓于客三，敵者則客三辭，
> 主人乃許升，亦道賓之義也。使者尊，主人三讓，則許升矣。今使者
> 三讓，則是主人四讓也。公雖尊，亦三讓乃許升，不可以不下主人也。
> 古文曰「三讓」。

關於《鄭注》的說法，《賈疏》則再加以補充說明，他說：

> 是三讓、三辭，成也。今賓三讓，大夫即升，無三辭，則不成三也。
> ……《經》雖言「讓」，大夫先升，大夫之讓不明，故鄭君兩言之，但
> 使尊終先升。若主人三讓，使人亦三讓，主人又一讓，則主人四讓，
> 使者乃升，故鄭復言此也。案：《周禮‧司儀》云：諸公之臣，相為國
> 客，大夫郊勞，三讓，登，聽命。又云：致饔餼如勞之禮，即得行三
> 讓之禮。此中古文云「三讓」，與彼合。鄭不從者，《周禮》統心，舉
> 其大率而云「三讓」；此《儀禮》據屈曲行事。觀此《經》直云：「讓」，
> 大夫先升；是主人或三讓，大夫無三讓，故不從古文也。（卷二二，4
> 頁）

清儒張爾岐也有他的看法，他說：

> 《註》意謂：凡升者必三讓，敵者則客三辭，主人先升以道之，是成
> 三讓也。客尊，則主人三讓而客即升，如此《經》「大夫先升」是也。
> 主人三讓，客不三辭，故云「不成三也」。假使客三辭而猶先升，則是

主人四讓矣。禮：固無四讓法也。故即《經》文「大夫先升」，知大夫未嘗三辭，是謂「不成三也」。公雖尊，當其為主人，亦必三讓乃先升。此主人自下之義也。（《儀禮鄭注句讀》，卷八，19 頁）

自《鄭注》至張氏的說法，可知〈聘禮〉此章不言「三讓」者，乃是特例而已。

總之，古人到人家的家裡（或廟裡），入門之後，賓主要相互三揖；至階，則要互相三讓，然後才能升階上堂。所以要這樣做的原因，《禮記‧聘義》說：

（入廟門）三揖而後至階，三讓而後升；所以致尊讓也。（卷二〇，14頁）

這種看法，是完全正確的。為了讓讀者有完整的印象，試列表如下，以表示「三揖」與「三讓」在儀禮節目中的地位：

主人迎賓于外門外，再拜；賓答拜（或不答拜）→主人揖入→及廟門（或家門）→主人揖入→入→賓主相互三揖（①入門，將曲，揖；②既曲，北面，又揖；③當碑，揖）→至階→賓主互相三讓（①賓主相敵，俱升；②賓尊主卑，賓先升；③主尊賓卑，主先升；④賓主相敵，賓先升時，旨在尊賓者之君；尊賓者之君，亦所以尊賓了）→升（升階）→登堂

其次，介紹「下而飲」的禮節。這裡的「下而飲」的「下」字，與上句「揖讓而升」是對文，簡單地說：「升」，是經由堂前的階級而登至堂上；「下」，則是自堂上下階級至庭除。「飲」，音一ㄣˇ，動詞，《說文》寫作「歠」形，說解作「歠也」（卷八下，26 頁）。劉熙《釋名‧釋飲食》云：「飲，奄也。以口奄而引咽之也。」漢儒喜歡利用同音字來解釋被解釋的字，這種方法就叫它做「音訓」；這裡的「飲，奄也」的講法，就是音訓的例子。

關於射禮比賽射箭方面，依據《禮經》中〈鄉射〉與〈大射儀〉的記載是這樣的：

> 凡射皆三次：初射，三耦射，不釋獲；再射，三耦與眾耦皆射；三射，
> 以樂節射；皆釋獲，飲不勝者。（《禮經釋例》，卷七，177頁）

由此可見，古人正式射箭比賽，參賽者，一定要比三次：那就是初射、再射、三射了。比賽結果，勝利的人可以飲不勝者（即贏的人可以罰輸的人喝酒）。

《禮記・射義》引《論語》此章，除改「子曰」為「孔子曰」之外，其餘之文字與此相同。《鄭注》說：

> 「必也射乎」，言君子至於射，則有爭也。下，降也。飲射爵者，亦揖、讓而升降。勝者袒，決遂，執張弓；不勝者襲，說決拾，卻左手，右加弛弓於其上，而升飲。君子恥之，是以射則爭中。（卷二〇，12頁）

還原鄭氏此《注》，完全依據《儀禮・大射儀》之文，於射禮在三耦第二番射，這是射禮中所以決勝負的比賽，比賽完畢之後，《禮經》之文說：

> 司射命設豐，司宮士奉豐，由西階升，北面坐，設于西楹西。降，復位。勝者之弟子，洗觶，升酌散，南面坐，奠于豐上。降，反位。司射遂袒，執弓，挾一个，撎扑，東面于三耦之西。命三耦及眾射者：勝者皆袒，決遂，執張弓；不勝者皆襲，說決拾，卻左手，右加弛弓于其上，遂以執拊。司射先反位；三耦及眾射者皆升飲射爵于西階上。小射正作升飲射爵者，如作射。一耦出，揖，如升射，及階，勝者先升，升堂少右。不勝者進，北面坐，取豐上之觶，興，少退，立卒觶，進，坐奠于豐下，興，揖。不勝者先降，與升飲者相左，交於階前，相揖；適次，釋弓，襲，反位。僕人師繼酌射爵，取觶實之，反奠于豐上，退俟于序端。升飲者如初，三耦卒飲。（卷七，22～23頁）

這是三耦第二番射彼此揖讓及其飲不勝者的禮節。

於射禮在三耦第三番射之後，《禮經》又有這樣的一段文字，其言曰：

> 司射猶挾一个，以作射，如初。一耦揖升如初。……（司射）北面請

以樂于公，公許。司射反搢扑，東面命樂正，曰：「命用樂！」樂正曰：
「諾！」司射遂適堂下，北面眡（視）上射。命曰：「不鼓不釋！」**⑮**……
三耦卒射，賓待于物如初。……司射命設豐，實觶，如初；遂命勝者
執張弓；不勝者執弛弓，升飲如初。卒，退豐與觶，如初。（卷七，27～
28 頁）

這是射禮於三耦第三番射彼此揖讓及其飲不勝者的禮節。

從《禮經》原文看來，這種以勝者（贏的）罰飲不勝者（輸的）的禮節，
就是《論語》所謂的「君子之爭」了。

進一步地說，《禮記‧射義》說：

> 故射者，進、退、周還必中禮。內志正，外體直，然後持弓矢審固；
> 持弓矢審固，然後可以言中。此可以觀德行矣。（卷二〇，9 頁）

又說：

> 孔子曰：「射者何以射？何以聽？循聲而發，發而不失正鵠者，其惟賢
> 者乎！」若夫不肖之人，則彼將安能以中？（卷二〇，12 頁）

由此看來，射箭比賽射中確實是君子所崇尚，務必於平時講肄，到了比賽的
時候以不勝（輸，失敗）為恥辱；蓋孔子以為不勝嫌於不肖，所以君子必須
追求射中為最重要。這種求射中的心態就是《論語》所謂的「爭」，亦即是爭
為賢者，而唾棄不肖者；所以說「其爭也君子」。惟有大家爭為君子，所以說
於比射箭而後才有競爭呢！此其一。

前面提到過，凡射都是比賽三次，為什麼呢？凌廷堪曾作過這樣的解釋，
他說：

---

⑮ 《鄭注》說：「不與鼓節相應，不釋算也。鼓，亦樂之節，〈學記〉曰：『鼓，無
當於五聲，五聲不得不和。』凡射之鼓節，投壺其存者也。」（《儀禮鄭注句讀》，
卷七，27 頁下）

是凡射皆三次也。射必三次者,《大射儀・注》云:「君子之於事,始
取苟能,中課有功,終用成法,教化之漸也。」射用應樂為難,孔子曰:
「射者何以聽?循聲而發,發而不失正鵠者,其惟賢者乎!」(《禮記・
射義》文)以樂節射者,即禮射也;所謂其容體比於禮,其節比於樂
也。然則「射」以應「樂」為上,中「侯」次之,故《論語》曰:「射
不主皮,……古之道也」。(《禮經釋例》,卷七,178 頁)

既然,古者之禮射主張「射」以應「樂」,至於「中侯」則是在其次;所以透
過射禮一方面可以觀射者之德行,一方面可以飲不勝者以測驗他在酒禮上的
造詣,一方面可以驗收射者應樂的情形而知道他在音樂上的素養。凡此種種,
都是孔子所謂的「君子無所爭」,「其爭也君子」的君子風範與禮射所臻於武
力之外的情操與境界了!

　　這裡附帶一提的是:古人飲酒之禮,有獻、酢、酬、旅酬和無算爵等五
種層級與歷程。前三者,又可合稱作「一獻之禮」。簡單地說,「獻」,是主人
請賓客喝酒;「酢」,是賓客回敬主人的酒;「酬」,是賓主互相敬酒。雖有三
種儀式,但賓主只各喝二杯酒。這種套式叫做「一獻之禮」(也就是後來的人
所稱「酒過一巡」),也可以叫它做「正獻」。凡正獻既畢之後賓主所喝的酒叫
做「旅酬」。《禮經》於〈鄉飲〉、〈鄉射〉與〈燕禮〉、〈大射〉都有「旅酬」
的節文,依〈燕禮〉、〈大射〉而言,正獻之後行「旅酬」凡四次,它的作用:
一方面為了留住賓客,一方面是為了酬正獻。凡旅酬既畢之後所喝的酒就叫
它做「無算爵」。所謂「無算爵」者,顧名思義,就是「賓主燕飲,爵行無數,
醉而止也。」(《鄉飲酒・鄭注》語)。基於「旅酬」有次數的限制,對善飲者
而言,無法盡歡,所以於「旅酬」之後,再行「無算爵」來加以彌補,這就
是所以逮賤,營造賓主盡歡的場面與氣氛。質言之,酒禮中的獻、酢、酬,
所以「申敬」;旅酬、無算爵,所以「為歡」了。試將它的歷程與追求的目標
列表於下,更可清楚地了解古聖先賢設酒禮的用心之所在:

目的：所以申敬　　　　目的：所以為歡

獻 → 酢 → 酬　　　　→ 旅酬 → 無算爵

一獻之禮　　　　　　　貴所以逮賤
（正獻）

四、禘祭說

孔子對於「禘祭」的看法，在《論語》中有兩章的記載：一是〈八佾〉的第十章說：

> 子曰：「禘自既灌而往者，吾不欲觀之矣。」

另一是〈八佾〉的第十一章說：

> 或問「禘」之說。子曰：「不知也；知其說之於天下也，其如示諸斯乎？」指其掌。

第一，讓我們先來探究一下「禘」是屬於哪一種禮制。《論語・鄭氏注》關於這兩章的問題，曾作如此的詮釋，他說：

> 既，已也。禘祭之禮，自血星（腥）始；至於尸灌而神士（事）訖。不欲觀之者，尸灌已後人士（事）耳，非禮之盛。（《唐寫本論語鄭氏注及其研究》，20頁）

鄭氏又說：

> 或，仁（人）不顯，略之。為說之，猶不曉，故不答王（之）也。（同前）

又說：

> 孔子啟手指掌，曰：月或仁（人）知大祭之說者。其人於□中之物然，
> 言其無不明達。蓋斥聖人不答其敏（問）為□之也。（同前）

《鄭氏注》最後一條有殘文，用「□」表示。從《鄭氏注》看來，他認為「禘
祭」就是「大祭」了。

朱子《集註》引唐人趙伯循（名匡）的說法，云：

> 禘，王者之大祭也。王者既立始祖之廟，又推始祖所自出之帝，祀之
> 於始祖之廟，而以始祖配之也。成王以周公有大勳勞，賜魯重祭。故
> 得禘於周公之廟，以文王為所出之帝，而周公配之，然非禮矣。（64 頁）

朱子又云：

> 先王報本追遠之意，莫深於禘。（同前）

從《集註》看，朱子把「禘」看作「報本追遠」的祭祀。到底「禘」的真相
如何？這是本節所要討論的主題。甲骨、金文與文獻資料都有有關「禘祭」
的記載。首先，自甲骨卜辭中可以歸納出殷人禘祭的情形，其梗概是這樣的：

1. 禘祭的對象，都是上甲以前遠祖中尤遠的祖先，表現出尊尊的意義；
2. 禘祭是所有祭禮中最為尊貴的，不同於宗廟一般祭典；
3. 凡禘祭或是特祭一個祖先，或是群祖合食之禮；
4. 「契」是殷商的始祖，「嚳」為契父，如果卜辭❤為殷人先公「夋」的
   話，那麼，殷人有禘嚳之禮；這個事實，殆即《禮記‧祭法》禘嚳、
   〈大傳〉禘其祖的說法之所自出；
5. 禘之所祭對象，上達先公下及於先王。

其次，再從文獻資料來看，關於兩周禘祭，綜合《三禮》，遍考《春秋經
傳》，其結論可以條陳其義於下，俾供參考：

1. 周禮禘祭有二：一是宗廟大禘，一是三年喪畢的吉禘，但無時祭的意

　思；

2. 宗廟「大禘」所祭祀的對象，上達遠祖，下及親廟，其禮既尊且大，所以說「不王不禘」，為天子所專有；

3. 宗廟「大禘」雖貴為天子所專，但有分有合，彼此相歧而行：合者，已遷及未遷之主，皆共合食於大廟，或謂之「禘之祫」；分者，群主先共合食於大廟,而有廟之主復有各於其廟之祭，或謂為「禘之祪」。「祪」、「祫」都不是祭名，係指祭時有分合之事實罷了。

4. 吉禘是貴族階級三年喪畢除服之後的專祭；

5. 吉禘為天子、諸侯的通禮；

6. 吉禘有合食大廟之禮，也是兼各自在自己祖廟舉行個別的祭祀，禮儀與「大禘之祪」類似；

7. 吉禘既是終喪之後的吉祭，所以每世一舉，除喪即吉（依禮：吉凶互不干涉），祭無常月。

　　最後，我們嘗試利用卜辭、金文史料與「禘」字形構，來分析「禘祭」的真相，經過我們的詳細考證，可使它水落石出，真相大白，獲得比較正確的結論。讓我們看看金文有關「禘祭」的資料，例如：

　　△小盂鼎銘：「隹（惟）八月既望，……用牲啻（禘）周王、（武）王、成王。」（《商周金文集成》，一四四二號）

　　△剌鼎銘：「辰才（在）丁卯，王啻（禘），用牲于大室，啻（禘）邵（昭）王。」（《商周金文集成》，一三八三號）

　　△大作大仲簋銘：「用啻（禘）于乃考。」（《商周金文集成》，三〇四〇號）

　　△鮮盤銘：「既望戊午，王在莽（芳）京，啻（禘）于珝（昭）王，鮮茷曆（曆），祼玉朝（璋），祼玉三品，貝廿朋（合文）。」（《匯編》，一五六號）

　　純就銘文來看，依《小盂鼎銘》而言，是在盂攻克戠（鬼）方之後，凱旋歸來，獻馘告捷之時，於周太廟舉行禘祭；依《大作大仲簋銘》而言，則是周王賞賜大臣之後，命禘祭其祖考；依《鮮盤銘》而言，周王在鎬京為昭王舉

行禘祭。另外，禘祭的對象有合祭諸王者，如：周王、武王、成王的例子（《小盂鼎》），有專祭一王者，如昭王（《剌鼎》、《鮮盤》）。所以董盛璋說：

> 《剌鼎》與《小盂鼎》皆用牲，《鮮盤》未記，當亦相同（《小盂鼎》與《鮮盤》皆有祼）。而記有祼璋之《庚嬴鼎》，所記為「王客□宮，衣事」；大丰殷有「衣祀于丕顯考文王，熹上帝」；「衣事」、「衣祀」均即「殷祀」。祭名之「衣」在甲文中所見甚多，皆衣祭先王，而「自上甲以至多后」，全皆用「衣」，列舉某至某，如：「卜貞，王賓至武丁至于武乙衣，亡尤。」（《後》上一二〇六）；凡數十見。或逐一列舉先王之名，如：「甲辰卜，貞：王賓祖乙、祖丁、祖甲、康祖丁、武丁，衣，亡尤。」（《後》上二〇五）；也有不少。……案：「殷，盛也」，殷祭必為一種盛祭，可以合祭多人，《小盂鼎》也是祭「周王、武王、成王」，禘屬于殷祭，即使只祭一人，亦必為一種盛祭。（《穆世標準器——鮮盤的發現及其相關問題》，40 頁）

至於「禘」字，依《說文》的解釋，是「諦祭也。从示，帝聲。」（卷一上，10 頁下）依形聲字凡从某聲必有某義的定律看來，「禘」字从「帝」得聲勢必有它固定的涵義。基於這個理念，董盛璋說：

> 「禘」从帝聲，甲文只作「帝」，得名必和上帝有關。然不論甲文與金文，所祭皆為先祖，非祭上帝，但《大丰殷》衣祀文王，後面明確記有「熹上帝」，是以上帝與文王配，同時而祭。這是衣祀最主要的特點。以先王配上帝祭，其祭禮必盛，與一般日常的祭祀有所不同，殷祭得名主要以此。我們以為「禘」就是殷祭，對象雖為先王，但以上帝為配，祭先王亦即祭帝，「禘」之得名，應來自此。（同前）

董氏又說：

> 甲文天上之「帝」與人間之「帝」皆可稱帝，西周金文則嚴格區分，「帝」僅限稱上天之「帝」。人間之王，不論生死，皆只稱「王」，不

能稱「帝」。周人以文王「德配上帝」，武王克殷後，最初僅以文王與上帝同祭，謂之「衣祭」，《大丰殷》之「衣祭丕顯考文王，熹上帝」，地下實物資料已提供確證。衣祭就是殷祭，也就是禘，其後新王繼位，當然也要包括其「丕顯考」的，如《剌鼎》與本器之「禘昭王」，雖未記與上帝同祭，但「禘」既从示帝，制度已確定為「賓帝」之祭，故可以不提「帝」，亦猶「祫」為合祭，但經傳亦皆不提合祭先王。（同前，42 頁）

董氏之說富有啟發性，但與其說祭祖時與上帝同祭，不如說殷人祭上帝時，將祖先同配而祭；後來，到了周初，周人只知「文王與上帝同祭」；晚至春秋時代，儒家者流只知「禘」是宗廟的大祭與三年喪畢的吉禘而已。代代相傳，世世相因，遂使「禘」的真相湮沒而不復可聞了。簡單地說，「禘」之於先殷原本是以祭上帝為主，以祭祖先為從；自盤庚遷殷之後，則是上帝與先公先王合祭；到了周初，則以「文王與上帝同祭」，猶沿襲殷禮；晚至春秋時代則將「禘」分為「宗廟的大祭」與「三年喪畢之吉禘」，則完全歸屬於祭祀祖先之禮，根本似乎已與祭祀「上帝」毫無干涉了。為了清楚起見，試列表如下，或可清眉目，或可供參考：

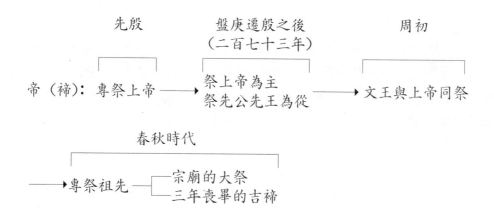

第二，讓我們來探索一下「灌」的儀式。從文獻資料來看，前修先賢對「灌禮」有種種說法，例如莊述祖《別記》說：

宗廟有灌，天子、諸侯之禮同也。〈明堂位〉：「季夏六月，以禘禮祀周
公於大廟，鬱尊用黃目，灌用玉瓚大圭。」〈郊特牲〉曰：「黃目，鬱氣
之上尊也。」《鄭注》：「黃目，黃彝也。周所造，於諸侯為上也。」《正
義》云：「〈明堂位〉『灌尊，夏后氏以雞彝，殷以斝，周以黃目。』天
子則黃彝之上，有雞彝、斝彝，備前代之器，諸侯但有黃彝，故曰：
於諸侯為上也。」又《周禮・司尊彝職》曰：「春祠夏禴，祼用雞彝、
鳥彝；秋嘗冬烝，祼用斝彝、黃彝；追享朝享，祼用虎彝、蜼彝。」今
魯禘灌用黃彝，不備前代之器，從諸侯禮也。至迎牲以後，朝踐再獻
之時，則白牡山罍，兼用四代之禮。其餘可以類推，故夫子曰：「吾不
欲觀之矣。」

凌曙於《典故覈》也提出他的看法，說：

> 天子宗廟禮有九獻，魯亦如之。君灌為一獻，夫人灌為再獻。既灌之
> 後，君出迎牲、視殺，而薦血、腥于堂為朝獻，是三獻、四獻。薦孰
> 于室為饋食，是五獻、六獻。獻尸食畢，而君與夫人咸酳尸，是七獻、
> 八獻。賓長酳尸是九獻。九獻之後，又有加爵其間，有獻祝宗、獻賓、
> 獻卿大夫士，及餕而禮畢。

由此看來，灌者，確係祭禮的開始，故〈祭統〉說：「獻之屬，莫重於祼也。」
鄭玄於此《注》說：「禘祭之禮，自血、腥始。」鄭氏認為「灌」後即迎牲、
砍殺，而薦血、薦腥為三獻、四獻之禮。可見既灌之後往往即行是禮。既然
禘禮自血、腥始，那麼，血、腥前尚非禘禮。又如《禮記・郊特牲・疏》引
崔氏之說，云：

> 周禮之法，郊天燔柴為始，宗廟以祼地為始。（卷二五，6頁）

又引熊氏之說，云：

> 凡大祭並有三始：……祭宗廟亦以樂為致神始，以灌為歆神始，以腥

為陳饌始。（卷二二，24頁）

所以我們知道是血、腥前當有二始，鄭以致神、歆神與他祭同，未用禘禮，故不數之也。

考《易·觀》說：

盥而不薦。

馬融《注》說：「盥者，進爵灌地以降神也。」依此由知，馬氏以為《易經》之「盥」就是三禮的「祼」，言其假借。

以上所引莊述祖、凌曙、《鄭注》、《馬注》等家之說，都是指祭祀盛時，及神降薦牲，其禮簡略，不足觀也。祭祀之盛，莫過於初盥（祼）降神，故孔子曰：「禘自既灌而往者，吾不欲觀之矣。」我們根據前修先賢之說，試將「灌禮」與「禘祭」間的關係，列表於下，一則可清眉目，一則可供參考：

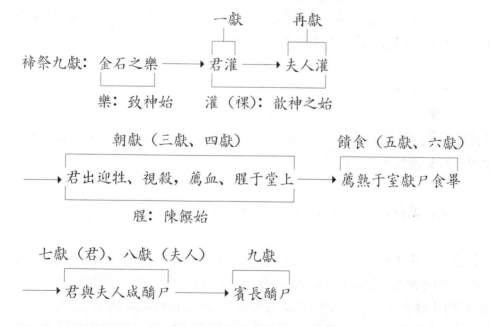

第三，舉行灌禮時，所灌者是用些什麼禮器呢？

《禮記‧明堂位》說：

> 季夏六月，以禘禮祀周公於大廟，牲用白牡，尊用犧、象、山罍，鬱尊用黃目，灌用玉瓚大圭，薦用玉豆雕篹，爵用玉琖仍雕，加以璧散璧角，俎用梡嶡。（卷九，14 頁下）

《鄭注》說：「季夏，建巳之月也。禘，大祭也。周公曰大廟，魯公曰世室，群公稱宮。白牡，殷牲也。尊，酒器也。犧尊以沙羽為畫飾，象骨飾之。鬱，鬯之器也，黃彝也。灌，酌鬱尊以獻也。瓚，形如槃，容五升，以大圭為柄，是謂圭瓚。篹，籩屬也，以竹為之，雕刻飾其直者也。爵，君所進於尸也。仍，因也，因爵之形為之飾也。加，加爵也。散、角，皆以璧飾其口也。梡，始有四足也，嶡為之距。」（卷九，14 頁下～15 頁上）

《禮記‧郊特牲》說：

> 周人尚臭，灌用鬯臭，鬱合鬯，臭陰達於淵泉，灌以圭璋，用玉氣也。

《鄭注》云：「灌，謂以圭瓚酌鬯，始獻神也。」又〈祭統〉說：

> 君執圭瓚灌尸，大宗執璋瓚亞灌。

依禮而言，「灌尸」即是表示「灌神」的意思。是故《論語‧皇疏》引鄭玄《尚書傳‧注》說：

> 灌，是獻尸，尸乃得獻，乃祭酒以灌地也。

由此看來，古人行灌禮是用圭瓚、圭璋之類的玉器來酌鬯酒灌尸獻神。前文所謂「鬱合鬯」，也就是「鬱鬯」；那麼，鬱鬯是指什麼東西呢？考《禮記‧郊特牲》「鬱合鬯」與下文的「蕭合黍稷」，依文意而言，皆謂二物。《詩‧江漢》說：「秬鬯一卣。」《毛傳》云：「秬，黑黍也；鬯，香草也。築煮合而鬱之，曰鬯。」《周禮‧春官‧鬯人‧注》引鄭司農說，云：「鬯，香草。」《王度

記》說：「天子以鬯，諸侯以熏，大夫以蘭芝，士以蕭，庶人以艾。」如果這些說法是正確的話，那麼，「鬯」就是屬於香草的一種。

《毛傳》主張「合而鬱之」，此「鬱」是動詞，為鬱積，並不以「鬱」為「草」為「香草」。《周禮・春官・鬱人》說：

> 凡祭祀賓客之祼事，和鬱鬯以實彝而陳之。

《鄭注》云：「築鬱金以煮之，以和鬯酒。鄭司農云：『鬱，草名。十葉為貫，百二十貫為築，以煮之鑊中，停于祭前。鬱，為草若蘭』。」由是可知，二鄭並以「鬱」為「草」，與毛說異。鬱，又名「鬱艸」，就是「芳艸」；所以《說文》說：「鬯，以秬釀鬱艸，芬芳攸服，以降神也。」（卷五下，4頁下）「鬱，芳艸也。十葉為貫，百廿貫，築以煮之為鬱。一曰：鬱鬯，百草之華，遠方鬱人所貢芳草，合釀之以降神。鬱，今鬱林邵也。」（卷五下，4頁下～5頁）揆諸許說，許以「鬯」為芬芳，即毛、鄭以「鬯」為「香草」之義者同。「鬱」與「鬱」同字，當即鬱金。許氏解釋「鬱」二說，前者與先鄭說合，後者則兼備異聞，可供學者參考。唯「鬱」為「百草之華」者，董仲舒《春秋繁露・執贄篇》則以「暢」為「百香之心」。其中「暢」與「鬯」，同音假借。又考《白虎通・考黜篇》說：「鬯者，以百艸之香鬱金合而釀之，成為鬯。」凡此二說，均與許君後說雷同也。

第四，《論語》本篇第十一章說：「或問禘之說」云云，孔安國《注》云：「答以不知者，為魯諱。」孔子為什麼要替「魯諱」呢？《禮記・祭統》說：

> 昔者周公旦有勳勞於天下，周公既沒，成王、康王追念周公之所以勳勞者，而欲尊魯，故賜之重祭：外祭，則郊社，是也；內祭，則大嘗禘，是也。夫大嘗禘，升歌〈清廟〉，下而管〈象〉；朱干玉戚，以舞〈大武〉；八佾，以舞〈大夏〉。此天子之樂也。康周公，故以賜魯也。（卷一四，25頁）

《鄭注》說：「康，猶襃大也。《易・晉卦》曰：康侯用錫馬。」（卷一四，25頁下）

《禮記・明堂位》又說：

> 季夏六月，以禘禮祀周公於大廟；……升歌〈清廟〉，下（而）管〈象〉；
> 朱干玉戚，冕而舞〈大武〉；皮弁素積，裼而舞〈大夏〉。昧，東夷之
> 樂也；任，南蠻之樂也；納四夷之樂於大廟，言廣魯於天下也。

凡此諸證，可知魯周公廟得有禘禮，出自周天子成、康二王所賞賜。即《詩
經》考之，〈閟宮〉云：「秋而載嘗，夏而楅衡。」此載嘗，即是指嘗祭；楅衡，
即是指禘祭；亦即〈祭統〉所說「大嘗禘」（見前引）是也。毛氏彼《傳》說：
「諸侯夏禘則不礿，秋祫則不嘗，惟天子兼之。」此是說魯當「禘」、「祫」之
年，則需擇一而行，必廢其中一種時祭。這裡所說的「諸侯」，係據魯稱之。
他國諸侯，雖有特祀，既不得名「禘」，且不可用其禮。其說若然，魯國大嘗
祭之禮皆成、康二王所賜，而《禮記・禮運》載孔子言以魯郊禘非禮，又嘆
周公其衰者時說：

> △魯之郊禘，非禮也。周公其衰矣！

《鄭注》說：「非，猶失也。魯之郊牛口傷，鼷鼠食其角；又有四卜郊，不從；
是周公之道衰矣。言子孫不能奉行興之。」（卷七，4頁下）

> △孔子曰：「鳴呼哀哉！我觀周道，幽、厲傷之。吾舍魯何適矣！」（卷
> 七，4頁下）

《鄭注》說：「政亂，禮失，以為魯尚愈。」（卷七，4頁下）衡諸《記》的意
思，此夫子譏伯禽之失周禮，不當受賜，亦以非天子「不王不禘」，郊禘之禮
大的緣故。試以《春秋經傳》為例，依其凡例，常事不書，所書非常，如：

> △《春秋閔公二年二月經》「吉禘于莊公」，時閔公年幼，政在大夫，
> 始僭用禘禮於群廟，故《春秋》書而譏之。
> △僖公豎君，復魯舊制，終僖公之世只八年書「禘于大廟」，若群廟未

　　有書其僭者，則臆文、宣以後，禮樂征伐出自大夫，始踵前失而復
　　僭越魯君之禘禮。
　△《春秋左氏昭十五年傳》：「禘于武宮」。
　△《春秋左氏昭廿五年傳》：「禘于襄公」。

凡此諸例，是魯國諸大夫的群廟皆舉行禘祭了。

　△《春秋左氏襄十六年傳》：「晉人曰：『寡君之未禘祀。』」

由此看來，晉人也僭越周禮而有禘祭了。
　　考魯國宗廟大禘原本是在六月（詳《禮記・明堂位》），而僖公八年以七
月，昭公十五年以三月，定公則以十月；凡此諸例，魯禘皆已踰越周禮的規
範而發生混亂的現象。又《禮記・雜記下》說：

　　孟獻子曰：「正月日至，可以有事於上帝；七月日至，可以有事於祖。」
　　七月而禘，獻子為之也。（卷一二，18頁下）

《鄭注》云：「記魯失禮所由也。孟獻子，魯大夫仲孫蔑也。魯以周公之故，
得以正月日至之後郊天，以亦始祖后稷配之。獻子欲尊其祖，以郊天之月對
月禘之，非也。魯之宗廟，猶以夏時之孟月爾。〈明堂位〉曰：『季夏六月，
以禘禮祀周公於大廟。』」（卷一二，18頁下～19頁上）由此看來，魯大夫僭
竊魯禮之失，遂使宗廟大禘無法定制了。所以《史記・禮書》說：

　　是以君臣、朝廷、尊卑、貴賤之序，下及黎庶車輿、衣服、宮室、飲
　　食、嫁娶、喪祭之分，事有宜適，物有節文。仲尼曰：「禘，自既灌而
　　往者，吾不欲觀之矣。」周衰，禮廢樂壞，大小相踰，管仲之家，兼備
　　三歸。

即如史公所說，孔子之所不欲，旨在不欲觀魯大夫僭竊魯宗廟的大禘祭。凡
此可知，斯時魯禘老早已在群廟而不在魯大廟（周公廟）了。試將此史實中

禮制演變過程列表於下，一則可清眉目，一則可供參考：

宗廟大禘（不王不禘）────┌─ 成王康王追念　　┌─ 尊魯
　　　　　　　　　　　　　　　周公之勳勞　　　　　賜之重祭────→

　┌─ 外祭：郊社
　└─ 內祭：大嘗禘（季夏六月魯大廟）───→ 禮崩　───→ 大小相踰────→
　　　　　　　　　　　　　　　　　　　　　樂壞

僭竊宗廟大禘────→┌─ 大夫群廟皆行大禘
　　　　　　　　　　└─ 不依時限（三月、七月、十月）舉行大禘

五、祭如在說

《論語・八佾》云：

> 「祭如在」，祭神如神在。子曰：「吾不與祭，如不祭。」

《論語》的前半章，朱子先引程頤的話說：

> 祭，祭先祖也。祭神，祭外神也。祭先，主於孝；祭神，主於敬。（卷
> 二，24 頁）

然後朱子自己說：「愚謂：此門人記孔子祭祀之誠意。」（同前）《論語》的後
半章，朱子說：

> 又記孔子之言以明之。言己當祭之時，或有故不得與，而使他人攝之，
> 則不得致其「如在」之誠。故雖已祭，而此心缺然，如未嘗祭也。（卷
> 二，64 頁）

朱子又引范祖禹的話說：

君子之祭，七日戒，三日齊，必見所祭者，誠之至也。是故，郊，則天神格；廟，則人鬼享；皆由己以致之也。有其誠則有其神，無其誠則無其神，可不謹乎？「吾不與祭，如不祭」，誠為實，禮為虛也。（卷二，64～65頁）

這一章的關鍵是在「祭如在」一詞之上，即語義而言，「祭如在」與「祭神如神在」二者之間並沒有什麼分別。但是孔子的學生（或再傳弟子）為什麼要記下這樣的一筆呢？是頗令人懷疑的問題。就問題來看問題，朱子的說解以及他引用程頤與范祖禹的說法，對我們解決這個問題上而言，確實沒有多大幫助。既然如此，我們也就必須捨棄宋理學家的說法，而另起爐灶，看看兩宋以前的前賢或當代的其他人有沒有比較妥當的解釋。為了解決這個疑難，我們翻遍了所有有關《論語》的著述，後來，我們在鄭玄《鄭氏注》與邱光庭《兼明書》上找到一些線索。

首先，讓我們看看鄭康成對「祭如在」一語怎樣說解，他說：

時仁（人）所存賢聖之言也。（《唐寫本論語鄭氏注及其研究》，20頁）

又說：

恐時仁（人）不曉「如在」之意，故為解之。（同上）

到了宋代邱光庭《兼明書》說：

「祭如在」，孔安國曰：「言事死如事生」；又曰：「祭神如神在」，孔安國曰：「謂祭百神也」。明曰「祭如在」者，是孔子之前，相傳有此言也。孔子解之曰：「祭神如神在」耳，非謂：「兩般鬼神」也。（卷三，30頁）

邱氏所謂的「兩般鬼神」是在駁孔安國的說法，孔安國認為「祭如在」就是「事死如事生」，即指祖先而言；孔安國又認為「祭神如神在」就是「祭百神」，

即指天神地祇而言。兩者合謂「兩般鬼神」。孔安國把「祭如在」與「祭神如神在」分為二事二義，邱光庭則把「祭如在」與「祭神如神在」合為一事一理。邱氏進一步的點出《鄭氏注》所謂「時人所存賢聖之言也」就是確指「孔子之前，相傳有此言也」的意思；質言之，「祭如在」就是古語，就是格言，也許就是懸掛在祖廟或天壇的匾額，孔子弟子指著它問是「什麼意思」？孔子就用當時通行的、流行的語言來加以解釋：「祭神如神在」云爾。這也就是《鄭氏注》所謂的「(孔子)恐時人不曉『如在』之意，故為解之。」到了宋儒邱光庭所謂的「孔子解之曰：祭神如神在耳」的說法。

　　再進一步地說，邱氏所謂「孔子之前，相傳有此言」的意思，宋人陳善《捫蝨新語》認為就是「古語」，他說：

　　　　《論語》中有因古語而為說者，如「祭如在」二句正是古語。(《論語集釋》，卷五，175頁引)

綜合鄭氏、邱氏與陳善的意見看來，我們對《論語》「祭如在」與「祭神如神在」二句，已經有了很清楚的概念：「祭如在」是孔子時代的「古語」，因去古已遠，所以孔子弟子們大多已經不知道它的確實意義了；孔子唯恐學生誤解「古語」此句的意思，所以特別為它下了注腳，自然而然地說「祭神如神在」云爾。換句話說，「祭神如神在」是著眼在詮釋「祭如在」的古語上。「祭如在」是世世代代流傳下的「古語」，「祭神如神在」是孔子在春秋時代對學生們所作新的說解。表面上看來「祭如在」與「祭神如神在」在語義上是重複的，事實上，卻不盡然，而是孔子為學生訓詁「古語」的傑作呢！

　　如果我們勉強要把「祭如在，祭神如神在」翻譯成白話的話，它的意思就是：

　　　　「祭如在」這句古語的意思就是：祭祀鬼神的時候，便好像鬼神千真萬確地存在那裡。

　　附帶一提的是本章下半段「子曰：『吾不與祭，如不祭。』」的句讀及其「與」字的讀音的問題。我們先來討論句讀的問題，向來有兩種句讀的方法：一是

舊讀以「吾不與祭」為句，這種句讀法最早見於董仲舒的《春秋繁露》一書。後來有人主張應在「與」字斷句，例如《群經義證》說：

> 愚謂：當以「與」字斷。〈大宗伯〉：「若王不與祭祀，則攝位。凡大祭祀，王后不與，則攝而藻豆籩徹」；〈外宗〉：「王后不與，則贊宗伯」；〈祭僕〉：「王之所不與」；《周官》歷著可據。

又如《經讀考異》說：

> 舊讀以「吾不與祭」為句，愚謂：以「與」字斷。「祭如不祭」，義自豁然矣。朱子《集註》明言「或有故不得與」，正可舉證。近人篤信朱子，于此反從舊讀，義所未安也。

又如董氏《論語後案》說：

> 韓子〈讀墨子篇〉云：「孔子祭如在，譏祭如不祭者」；洪氏注言：「祭如不祭，吾所不與。與，許也。」如此句讀，解義皆異，亦一說也。

以上所引三家之說，都是主張宜在「與」字斷開的。

其次，關於「與」字的音讀，有讀去聲，音ㄩˋ的，為「參與」意思，這種讀法譯成白話就是：

> 孔子又說：「我若是不能親自參加祭祀，是不會請別人代理的。」

有人主張「與」仍讀作上聲，音ㄩˇ，為「贊同」的意思，而且在這裡一讀，便是成了「吾不與，祭如不祭」的句讀法，譯文便應改作：

> 若是我所不同意的祭禮，祭了如同沒祭一般。

想要解決這些爭端（兩句讀與「與」字兩讀），必須從兩方面來看。第一，

《鄭氏注》注解這一章時說：

> 孔子或出、或病，而不自親祭，使攝者為之，為其不致肅敬之心，與不祭同。（《唐寫本論語鄭氏注研究》，20 頁）

從《春秋繁露》與《論語鄭氏注》看來，為近古之說，似乎本章宜從舊注句讀作「吾不與祭，如不祭」；而「與」字宜讀去聲，音ㄩˋ。

第二，《禮記·祭義》記載孔子於祭祀時身親執事的描述，說：

> 仲尼嘗，奉薦而進，其親也愨，其行也趨趨以數。（卷一四，6 頁）

《鄭注》說：「嘗，秋祭也。親，謂身親執事時也。『愨』與『趨趨』，言少威儀也。趨，讀如『促』；『數』之言『速』也。」（同上）從這段文字簡短的描述，可以看出孔子與祭時那種迫不及待，全神貫注，慌慌忽忽，與神明及交的寫照。這種寫照，豈不正是孔子自己所說的「吾不與祭，如不祭」一語最好的詮釋及其佐證呢？

我們嘗試從這兩個不同的角度來看《論語》此章，似乎應該尊重「舊讀」的句讀與讀「與」為ㄩˋ（去聲）才是正確的。為了讀者有完整印象起見，我們試把全章白話翻譯一遍，俾供參考：

> 「祭如在」這句古語的意思就是：祭祀鬼神的時候，便好像鬼神千真萬確地存在那裡。孔子又說：「我若是不能親自參加祭祀，是不會請別人代理的。」

肆、教學活動

活動一：請學生將「非禮勿視」、「非禮勿聽」、「非禮勿言」、「非禮勿動」四個德目，用海報的方式（或四格漫畫的方式）表現出來。

活動二：請學生讀完《論語》有關「禮」的章節之後，以集體研討的方式來座談，題目是：如何重建一個富而好禮的社會？

活動三：　請學生以賓主的方式來表演三揖三讓的動作，具體體驗賓主之間那
　　　　　種彬彬有禮，賓主盡歡的待客（或作客）的經驗。

活動四：　請學生分成兩組論辯「博學於文」重要，還是「約之以禮」重要。

伍、參考資料

《論語鄭氏注輯述》　　鄭靜若撰　　學海出版社

《唐寫本論語鄭氏注及其研究》　　王素編著　　文物出版社

《論語集解》　　何晏撰　　天祿琳瑯叢書景印元盱郡刊本

《論語注疏》　　邢昺疏　　日本澀澤榮一景印宋刊本

《論語集註》　　朱熹撰　　學海出版社景印中華書局排印本

《論語集釋》　　程樹德撰　　中華書局標點排印本

《論語譯注》　　楊伯峻撰　　河洛圖書出版社景印中華書局排印本

《禮記鄭注》　　鄭玄注　　學海出版社景印宋建安余氏萬卷堂校刊本

《儀禮鄭注句讀》　　鄭玄注、張爾岐句讀　　學海出版社景印清乾隆八年刊刻
　　本

《禮經釋例》　　凌廷堪撰　　商務印書館標點排印本

《新譯四書讀本》　　謝冰瑩等撰　　三民書局

《商周金文集成》　　邱德修編著　　五南圖書出版公司

論　學

邱燮友

壹、引言

　　學與為學，對每個人在人格上的修養與完成，是一項主要的關鍵。每個人在一生中，為了生存，都會本能地不斷地學習，對不會的要去學，學會了還要時時刻刻的溫習或實習，學會之後，你會有一分成就感的喜悅。就如同《論語・學而》孔子在開宗明義第一章便說到：

　　學而時習之，不亦說乎？有朋自遠方來，不亦樂乎？人不知而不慍，不亦君子乎？

　　學的含義何在？每個人為什麼要學習？學些什麼？學的目的何在？學習的方法和過程如何？這一連串的問題值得我們去思考、去省察、去實踐。

　　何況古今因時代的不同，對學的看法而有所不同；中外因地理環境和文化背景的不同，對學的方法和內容也有差異。然後我們才能有所取捨，有所抉擇，進而對自己所學，才能配合自己的志趣，發揮專長，而肯定自己。

　　現在每個國家都很重視教育，也就是強調國民學的重要。從前的教育只重視基礎教育或養成教育，指國民滿六歲後的「國民教育」，以及「中等教育」或「高等教育」；如今教育的年限前後延伸，已擴展到「學前教育」和「進修教育」。學前教育是指六歲以下學童教育，而進修教育是指就業後的在職進修。因此，從出生前的胎教，到出生後的母教，學前教育、養成教育、在職進修教育，人生的每一階段中，都離不開學習，誠如諺語所云：「活到老，學到老。」

　　在《論語》中，提到「學」字，凡六十五次；在整部《四書》中，提到「為學」僅一次，提到「學」，共七十三次。今擇取其中重要的章句，陳列於後，並加以註釋。

貳、原典及註釋

一、《論語》

1. 子曰：「學①而時習之，不亦說②乎？有朋自遠方來，不亦樂乎？人不知而不慍③，不亦君子乎？」（〈學而〉）

   ①學：仿效；覺悟。　②說：音ㄩㄝˋ，同「悅」，喜悅。　③慍：生氣；不高興。

2. 子曰：「弟子④入則孝，出則弟，謹而信，泛愛眾⑤而親仁，行有餘力，則以學文⑥。」（〈學而〉）

   ④弟子：為人弟與子，指晚輩。　⑤泛愛眾：博愛眾人。　⑥文：古之遺文，指詩書六藝。

3. 子夏曰：「賢賢易色⑦，事父母能竭⑧其力，事君能致其身，與朋友交言而有信，雖曰未學，吾必謂之學矣。」（〈學而〉）

   ⑦賢賢易色：更換好色之心來好賢人。朱熹《註》：「賢人之賢，而易其好色之心，好善有誠也。」或作找對象重德不重色。程樹德《論語集釋》：「賢賢易色，明夫婦之倫也。」又云：「在婦為嫁德不嫁容，在夫為好德非好色也。」　⑧竭：盡其所能。

4. 子曰：「君子食無求⑨飽，居無求安，敏於事而慎於言，就有道而正焉⑩，可謂好學也已。」（〈學而〉）

   ⑨無求：不必強求。　⑩就有道而正焉：親近有道德的人而糾正自己的缺失。就，親近。有道，有品德的人。

5. 子曰：「學而不思則罔⑪，思而不學則殆⑫。」（〈為政〉）

   ⑪罔：迷惘而無所得。　⑫殆：危殆而不安。

6. 子張學干祿⑬。子曰：「多聞闕疑⑭，慎言其餘，則寡尤⑮；多見闕殆⑯，慎行其餘，則寡悔。言寡尤，行寡悔，祿在其中矣。」（〈為政〉）

   ⑬干祿：求取俸祿和職位。　⑭多聞闕疑：多聽別人說的話，把有疑的擱置一邊。闕，空也，擱置的意思。疑，心有所未信的。　⑮尤：過錯，指外來的指責。　⑯殆：心有所未安的。

7. 子曰：「十室之邑⑰，必有忠信如丘⑱者焉，不如丘之好學也。」(〈公冶長〉)

⑰十室之邑：十戶人家的小地方。　⑱丘：孔子名丘。孔子自白中稱自己的名字。

8. 子曰：「君子博學於文⑲，約之以禮⑳，亦可以弗畔㉑矣夫。」(〈雍也〉)

⑲文：文章典籍。　⑳約之以禮：約束自己的行為，使合於禮。　㉑弗畔：不叛離正道。

9. 子曰：「加我數年㉒，五十以學《易》，可以無大過矣。」(〈述而〉)

㉒加我數年：《史記‧孔子世家》作「假我數年」，加、假通用。指再增加我數年，也就是讓我再多活幾年。

10. 子路使子羔為費宰。子曰：「賊夫人之子㉓。」子路曰：「有民人焉，有社稷焉。何必讀書，然後為學？」子曰：「是故惡乎佞㉔者。」(〈先進〉)

㉓賊夫人之子：指學未成便派他擔任費城的地方官，是反而害了他。賊，害。夫人之子，指子羔尚幼。　㉔佞：理屈而以口舌逞強。

11. 樊遲請學稼。子曰：「吾不如老農。」請學為圃。曰：「吾不如老圃。」……(〈子路〉)

12. 子曰：「古之學者為己，今之學者為人。」(〈憲問〉)

13. 子曰：「莫我知也夫！」子貢曰：「何為其莫知子也？」子曰：「不怨天，不尤㉕人；下學而上達㉖，知我者其天乎！」(〈憲問〉)

㉕尤：非也，責怪。　㉖下學而上達：下學於人事，上達於天理。

14. 子曰：「賜㉗也，女以予為多學而識之者與㉘？」對曰：「然，非與？」曰：「非也！予一以貫之㉙。」(〈衛靈公〉)

㉗賜：子貢名。　㉘多學而識之者與：博學而強記的人嗎？識，記。與，同「歟」，疑問語助詞。　㉙予一以貫之：言學雖博，可以一基本道理將它貫串起來。

15. 子曰：「君子謀㉚道不謀食。耕也，餒在其中㉛矣；學也，祿在其中矣。君子憂道不憂貧。」(〈衛靈公〉)

㉚謀：謀求。　㉛耕也，餒在其中：耕田所以謀食，但遇荒年有時也不免挨餓。餒，餓。

16. 孔子曰：「生而知之者㉜，上也；學而知之者，次也；困㉝而學之，又其次也。困而不學，民斯為下矣！」(〈季氏〉)

　　㉜生而知之者：不學而能者，惟有聖人。　　㉝困：有所不通，指遇到困難。

17. 陳亢問於伯魚曰：「子亦有異聞㉞乎？」對曰：「未也。嘗獨立，鯉趨㉟而
過庭。曰：『學《詩》乎？』對曰：『未也。』『不學《詩》，無以言！』鯉退
而學《詩》。他日，又獨立，鯉趨而過庭。曰：『學禮乎？』對曰：『未也。』
『不學禮，無以立！』鯉退而學禮。聞斯二者。」陳亢退而喜曰：「問一得
三：聞《詩》，聞禮，又聞君子之遠其子㊱也。」(〈季氏〉)

　　㉞異聞：異乎弟子之所聞。　　㉟趨：疾走。古禮晚輩過長者必趨。　　㊱君子
之遠其子：朱《註》引尹氏曰：「孔子之教其子，無異於門人，故陳亢以為遠
其子。」遠，無偏私。

18. 子之武城，聞弦歌之聲㊲。夫子莞爾㊳而笑曰：「割雞焉用牛刀㊴？」子
游對曰：「昔者，偃也聞諸夫子曰：『君子學道則愛人，小人學道則易使
㊵也。』」子曰：「二三子！偃之言是也。前言戲之耳！」(〈陽貨〉)

　　㊲弦歌之聲：以禮樂為教，故謂弦歌之聲。　　㊳莞爾：微笑貌。　　㊴割雞焉
用牛刀：比喻治小邑何必用禮樂大道。　　㊵小人學道則易使：庶民學禮樂之
道，便容易聽從教令。小人，庶民。

19. 子夏曰：「日知其所亡，月無忘其所能㊶，可謂好學也已矣。」(〈子張〉)

　　㊶日知其所亡二句：日知其所亡，指不斷求取新知。月無忘其所能，指既學
之後，便當溫習，使其不忘。亡，無也。

20. 子夏曰：「仕而優則學，學而優則仕。」(〈子張〉)

二、《孟子》

1. 昔者子貢問孔子曰：「夫子聖矣乎？」孔子曰：「聖，則吾不能；我學不厭，
而教不倦①也。」子貢曰：「學不厭，智也；教不倦，仁也。仁且智，夫
子既聖矣。」夫聖，孔子不居。(〈公孫丑上〉)

　　①我學不厭，而教不倦：孔子自謂學習而不厭棄，教導別人不倦怠。與《論
語‧述而》所述：「子曰：『默而識之，學而不厭，誨人不倦，何有於我哉？』」
意思相同。

2. 設為庠序學校②以教之。庠者，養也；校者，教也；序者，射也。夏曰
校，殷曰序，周曰庠，學則三代共之；皆所以明人倫也。人倫明於上，
小民親於下；有王者起，必來取法，是為王者師也。(〈滕文公上〉)

②庠序學校：古代的鄉學和國學，皆教育的場所。朱《註》：「庠以養老為義，校以教民為義，序以習射為義，皆鄉學也。學，國學也。」

3.孟子曰：「博學而詳說之，將以反說約③也。」（〈離婁下〉）

　③博學而詳說之二句：指博學於文而詳說其理，融會貫通後，便能說出簡要的原理。約，精要之理。

4.孟子曰：「天之生此民也，使先知覺後知，使先覺覺後覺也。予，天民之先覺者也；予將以斯道覺斯民也，非予覺之而誰也！思天下之民，匹夫匹婦，有不被堯舜之澤者，若己推而內之溝中④，其自任以天下之重如此。」（〈萬章上〉）

　④有不被堯舜之澤者二句：謂如有庶民不沾堯舜恩澤的，就好比是自己把他們推入溝壑中一樣。內，音ㄋㄚˋ，同「納」。

5.孟子曰：「仁，人心也；義，人路也；舍其路而弗由，放其心而不知求，哀哉！人有雞犬放，則知求之；有放心而不知求！學問之道無他，求其放心而已矣⑤。」（〈告子上〉）

　⑤學問之道無他二句：指研究學問沒有其他途徑，只是把放失的良心找回來。

6.孟子曰：「有為者，辟若掘井，掘井九軔而不及泉，猶為棄井也⑥。」（〈盡心上〉）

　⑥有為者此章：用掘井比喻學，不可中途而廢。辟，通「譬」。軔，通「仞」，八尺為一仞。

三、《大學》

大學①之道，在明明德②，在親民③，在止於至善④。知止而后有定，定而后能靜，靜而后能安，安而后能慮，慮而后能得⑤。物有本末，事有終始，知所先後，則近道矣。（經一章）

　①大學：本為《禮記》中的一篇，大學的名義，乃指博大的學問，使人學後，能治其國。朱《註》：「大學之書，古之大學所以教人之法也。」又云：「大學者，大人之學也。」　②明明德：顯明吾人得自於天的理性。上明字，動詞；下明字，形容詞。　③親民：一作新民，使民眾能革其舊染之汙，進步不已；一作親近百姓，即親愛其民。　④止於至善：達到至善的境界。至善，事理當然之極也。　⑤知止而后有定五句：是指止於至善的程序，也可以作為治

學的方法，在定、靜、安、慮、得五個層次。定，志有定向。靜，心不妄動。安，所處而安。慮，慮事精詳。得，得其所止。

四、《中庸》

子曰：「好學近乎知，力行近乎仁，知恥近乎勇①。知斯三者，則知所以修身；知所以修身，則知所以治人；知所以治人，則知所以治天下國家矣。」又曰：「博學之，審②問之，慎思之，明辨之，篤行之。有弗學，學之弗能弗措也；有弗問，問之弗知弗措也；有弗思，思之弗得弗措也；有弗辨，辨之弗明弗措也；有弗行，行之弗篤弗措也。人一能之，己百之；人十能之，己千之。果能此道矣，雖愚必明，雖柔必強。」（第二十章）

①好學近乎知三句：朱《註》引呂氏云：「好學非知，然足以破愚，力行非仁，然足以忘私，知恥非勇，然足以起懦。」　②審：詳細。

參、解讀

一、何謂「學」

學的含義何在？學是一種行為，一種實踐。小時候，模仿母親和家人，由家人教導你長大；長大後，到學校讀書，在教學的場所，老師教導你，跟同學在一起觀摩、切磋。畢業後，到社會一邊做事，一邊學習、進修，所謂「不經一事，不長一智」，在一生中不斷地學習，不斷地體驗。

《論語》中，對「學」的解釋，只提到：「學而時習之」的「學習」，「學」與「思」並重，博學而多問的「學問」，「學而多識」的學習與記誦，以及〈述而〉篇中的「舉一隅而三隅反」的啟發作用。

在「學」字的含義上，古人曾有明確的解釋，可與《論語》中的「學」相引證。許慎的《說文解字》云：

　　斅，覺悟也。从教，从冂。冂尚朦也。臼聲。學，篆文「斅」省。

又《白虎通·辟雍》篇云：

　　　　學之為言，覺也，以覺悟所未知也。

先儒對「學」的釋義為「覺悟」，經過學後，使未知的變為知。

　　朱熹的《四書集註》也有很好的解釋，他將「學」和「習」作精確的說明，指出學包括模仿和覺悟：

　　　　學之為言，效也。人性皆善而覺有先後，後覺者必效先覺之所為，乃
　　　　可以明善而復其初也。習，鳥數飛也。學之不已，如鳥數飛也。既學
　　　　而又時時習之，則所學者熟而中心喜說，其進自不能已矣。

以上數句，是對「學而時習之」作詳盡的解釋，因此，學是仿效，也是覺悟，仿效先覺者之所為，而是學好的、學善的，學會後，還得時時練習，如同鳥學飛一樣，要屢次的反覆學習，才有成效。

二、學些什麼

　　從《四書》原典中，很明顯地可以看出孔門論學，究竟該學些什麼？大抵所學，包括所學何事、所學何為兩大類；何況古代的社會環境與現代的社會環境不同，古人的生活方式也跟今人的生活方式不一樣，因而孔門論學，能否適用於今日，也是我們要探討的問題。

　　首先，我們來了解孔門論學，該學些什麼？今將資料歸納，並分析如下：

（一）學道

　　學道首在明人倫。《孟子‧滕文公上》有云：「學則三代共之，皆所以明人倫也。」文中說明夏、商、周三代設立庠、序、學校的用意，在教導百姓實踐人倫之道，孝悌親長，撫育慈幼，勤習六藝，以達修己以安人的境地，使人人得以發揮仁愛之心，由親及疏，由近而遠，克盡「老吾老以及人之老，幼吾幼以及人之幼」的職責。

　　何謂人倫？人與人相處的道理。人倫的類別有五，稱為五倫，《中庸‧第二十章》有云：

> 天下之達道五，所以行之者三。曰：君臣也，父子也，夫婦也，昆弟
> 也，朋友之交也，五者，天下之達道也；知、仁、勇，三者，天下之
> 達德也。

　　五倫是指君臣、父子、夫婦、兄弟、朋友五者彼此之間的關係，以己身所處的身分與他人相互對待的道理，這五種倫常關係，便是天下人所共同履行的倫理。至於五倫的要點，《孟子·滕文公上》曾提及：

> 后稷教民稼穡，樹藝五穀；五穀熟，而民人育。人之有道也，飽食煖
> 衣，逸居而無教，則近於禽獸。聖人有憂之，使契為司徒，教以人倫：
> 父子有親，君臣有義，夫婦有別，長幼有序，朋友有信。

由此可知，人倫之道的重點，在父子有親，君臣有義，夫婦有別，長幼有序，朋友有信。《論語·學而》中也有一段類似的話：

> 子夏曰：「賢賢易色，事父母能竭其力，事君能致其身，與朋友交，言
> 而有信，雖曰未學，吾必謂之學矣。」

文中「賢賢易色」，可解釋為夫婦之道，也就是找對象重賢德，輕容貌姿色。其他事父母之道在竭其力，事君之道在致其身，與朋友交往，言而有信。在此尚缺兄弟之道，如補上長幼有序，或兄友弟恭，則五倫的要點均已論及。子夏並認為：如果一個人能實踐人倫之道，雖自謙說不曾學過，但也可以說他已經學習過了。今日雖無「君臣」的名分，但上下的關係依然存在，上對下要義，下對上要忠，這是上下相對待的道理。因此學習的要點，是在學做人，而學習做人的道理，便在於實踐人倫之道為首務。

　　儒家之道，道在仁義，唐韓愈〈原道〉篇曾謂：「博愛之謂仁，行而宜之之謂義，由是而之焉之謂道。」在《論語·陽貨》提到「學道」，是子游引孔子的話：「君子學道則愛人，小人學道則易使也。」漢人的解釋，「學道」是指學禮樂，樂以和人，人和則易使。今人楊伯峻對學道的解釋，指受教育。做官的學習了，就會有仁愛之心；老百姓學習了，就容易聽指揮、聽使喚，因

此學習就是教育，教育總是有用的。

（二）下學而上達

孔子曾自白：「不怨天，不尤人，下學而上達，知我者其天乎!」（《論語・憲問》）孔子不用於世，而不怨天；人不知己，而亦不尤人，下學人事，上知天命。下學於人事，是指習練世事，然後能上達於天理，了解天命之所在。換句話說：學習一些世事之後，便可以透澈了解高深的道理。因而學習能使人通達事理，明瞭生命價值之所在。

（三）博文約禮

《論語》中提及「學文」或「博學於文」有好幾次，而「文」，是古之遺文，指詩書六藝等，學文學藝為末，修德行仁為本，在《論語・學而》中，孔子曾說：「弟子入則孝，出則弟，謹而信，泛愛眾而親仁，行有餘力，則以學文。」告訴後生晚輩先做到入孝出悌，行為有常，言而信實，廣愛眾人而親近仁者，以上諸項均已做到，然後有餘力，才去學習詩書六藝之文。

在《論語》中，一再提到「博學於文，約之以禮」，「文」便是詩書六藝等，有時分別提到「學《詩》」、「學禮」、「學《易》」、「習射」等，這些也都列入「學文」的範圍，希望做到「博學於文，約之以禮」，重視學術與品德平衡發展的境地。

由此可知，儒家教人學習的可分為兩大類：一是所學何為，重視行為的修道和實踐，實踐人倫之道，學習做人的道理，包括學道，約之以禮的部分。學習人與人相處之道，以五倫為基礎。今日社會人與人相處，除五倫之外，可擴充至第六倫，如校園倫理、工廠倫理、社區倫理等均屬之。一是所學何事，重視知識和技能的培養和訓練，包括博學於文的部分。在古代是指六經、六藝的訓練，在今日是指學習專業的知識和技能，與就業謀生有關。

三、學習的目的何在

儒家重要的經典，在《四書》、《五經》，是中國知識分子數千年來必讀的書籍，尤其其中《論語》一書，更是自古以來，視為青年修養必讀的經典，可算是中國人的聖經，維繫著數千年文化道統的精神。在《論語》中論為學

的目的，在個人便是使自己修養成為一個君子。就如〈憲問〉篇云：

> 子路問君子。子曰：「修己以敬。」曰：「如斯而已乎？」曰：「修己以安人。」曰：「如斯而已乎？」曰：「修己以安百姓。修己以安百姓，堯舜其猶病諸！」

　　因此學習的目的，在完成個人的修養，進而修己以安百姓，做到博施於民的境界。與《大學》首章所說的：「大學之道，在明明德，在親民，在止於至善。」說法是一致的。

　　如果縮小範圍，學習某一經典，便能獲得某項目標，便如《論語》中所記載的：「興於《詩》，立於禮，成於樂。」學《詩》使人振奮，學禮使人在社會上站得住，學樂使人所學得以完成，與「不學《詩》，無以言」、「不學禮，無以立」意思相似，且學易可以寡過。

　　一般人為學的目的，在創造就業，改善生活，孔子也不諱言為學在解決謀生之道，《論語》中也提及「學干祿」、「學而優則仕」等觀念，但主要的在提昇為人的境界，就如〈衛靈公〉所云：「君子謀道不謀食。耕也，餒在其中矣！學也，祿在其中矣。君子憂道不憂貧。」君子只耽憂得不到道，不耽憂得不到財富。

　　因此，學習可以增廣見聞，增長智慧，可以培養志趣，了解做人的道理；學習可以創造就業，改革命運，甚至「窮則獨善其身，達則兼善天下」，達到修己以安人的仁者的懷抱。

四、論治學方法

　　在《四書》中，論為學或治學方法的章句頗多，古人讀書，很重視方法，如此才能達到事半功倍的效果，今將其論治學的方法，歸納其要點，分條敘述如下：

　　㈠興趣的培養：讀書做學問，重興趣的培養。《論語‧雍也》：「子曰：『知之者不如好之者，好之者不如樂之者。』」

　　㈡好學與博學：孔子論學，極力主張好學，而好學的定義，在「君子食無求飽，居無求安，敏於事而慎於言，就有道而正焉，可謂好學也已」。（《論語‧

學而》）同時孔子盛讚顏回好學，並自述自己也是好學者，以勸勉天下士子。其次，讀書要求「博學」，廣泛閱讀，博覽群書，以廣視野，在《論語》中，時時提及，由此可知「博學」的重要。

　　㈢學與問並行，學與思並重：孔門論學，主張學與問並行，「學問」離不開「學」與「問」，要好學好問，才能求得真知，且要做到「以能問於不能，以多問於寡，有若無，實若虛」，謙恭下問，不恥不問。同時，學與思不可偏廢，《論語・為政》：「學而不思則罔，思而不學則殆。」

　　㈣溫故知新：《論語・為政》：「子曰：『溫故而知新，可以為師矣。』」又《論語・子張》：「子夏曰：『日知其所亡，月無忘其所能，可謂好學也已矣。』」「溫故」就是「月無忘其所能」，把學會的時加溫習，不要忘記；「知新」就是「日知其所亡」，把新知加以學會，明儒顧炎武的著作《日知錄》，便取名於此。

　　㈤博學、審問、慎思、明辨、篤行：為學的層次，在此五者，在強調言與行的配合及知行合一的道理。《中庸・第二十章》：「博學之，審問之，慎思之，明辨之，篤行之。有弗學，學之弗能，弗措也；有弗問，問之弗知，弗措也；有弗思，思之弗得，弗措也；有弗辨，辨之弗明，弗措也；有弗行，行之弗篤，弗措也。人一能之，己百之；人十能之，己千之，果能此道，雖愚必明，雖柔必強。」

　　㈥定靜安慮得：古代大學，教人完成大人之學，今日大學，培養獨立思考的能力。在《大學》首章中，教人從志有定向，到心不妄動的靜，所處而安的安，慮事精詳的慮，然後才能得其所止。這是一套治學的方法，依次而進，才有心得，《大學》云：「知止而后有定，定而后能靜，靜而后能安，安而后能慮，慮而后能得。」如此看來，這雖是古人的話，對今日大學教育還是具有啟發作用。

五、結語

　　為學，是立身處世的基礎，從小到老，無一日可以離開學，為學要及時，要持之以恆，一暴十寒，無以成德立業，《禮記・學記》云：「時過然後學，則勤苦而難成。」《漢樂府・長歌行》：「少壯不努力，老大徒傷悲。」古人都勸勉人要苦學、勤學、多學、博學，學習可以創造事業，改變命運，這是古今不可移易的因果律。因此，只要有一棵菩提樹，便可以得道；只要有一盞讀

書燈，便可以照亮前程。

肆、教學活動

活動一： 從《禮記‧學記》來探討儒家論學的原理。

活動二： 教與學的差異性何在？

活動三： 古人論治學方法與今人治學運用科學方法，在治學方法上，有何異同？

活動四： 從孔子自白中，了解孔子為學的過程。

伍、參考資料

《十三經注疏本》 （其中包括《論語》、《孟子》，以及《禮記》中的〈大學〉、〈中庸〉） 藝文印書館

《四書集注》 朱熹 世界書局

《四書釋義》 錢穆 學生書局

《新譯四書讀本》 謝冰瑩、李鍌、劉正浩、邱燮友、賴炎元、陳滿銘 三民書局

《論語集釋》 程樹德 中華書局

《論語譯注》 楊伯峻 中華書局

《論語正義》 劉寶楠 世界書局

〈論語論學〉 王開府 《國文天地》 第 102 期

〈論語學〉 邱燮友 收列於《六十年來之國學》 程發軔主編 正中書局

科幻世界的哲學凝視　　陳瑞麟／著

　　科幻是未來的哲學；哲學中含有許多科幻想像。科幻與哲學如何結合？相信許多人會感到好奇。

　　本書試圖分析、詮釋科幻創作的哲學意涵，包括小說《正子人》、《童年末日》、《基地》、《基地與帝國》、《第二基地》，以及電影《千鈞一髮》、《魔鬼總動員》、《強殖入侵》、《駭客任務》。透過科幻創作的分析，本書試圖與讀者一起探討「我是誰」、「人性是什麼」、「真實是什麼」、「科學是什麼」、「如何改革社會」等根本的哲學問題。

信不信由你—從哲學看宗教　　游淙祺／著

　　本書從哲學角度看待宗教問題，以八個子題循序漸進地簡介西方哲學向來處理宗教的方式。西方哲學從古希臘到十九世紀末為止，其論辯、批判與質疑的焦點集中在「上帝是否存在」上。而二十世紀的西方哲學家，在乎的是「宗教人的神聖經驗」、「宗教語言」、「宗教象徵與神話」等新議題。至於身為世界公民的我們，如何面對宗教多元的現象？應該怎樣思考宗教多樣性與彼此相互關係的問題呢？

　　一切，就從「信不信由你」開始吧……

這是個什麼樣的世界？　　王文方／著

　　在街上遇到郭靖？有100個自己？雞有三隻腳？天啊，這是個什麼樣的世界！

　　本書透過生動鮮明的舉例，為讀者淺介「形上學」中各個重要主題，包括因果、等同、虛構人物、鬼神、矛盾、自由意志等。哲學家說「形上學是研究世界基本結構」的一門學問，但是什麼是「世界」、什麼是「世界的基本結構」呢？好奇寶寶別擔心，本書論述淺明、舉例豐富，適合所有對哲學有興趣的朋友，更能滿足愛胡思亂想的你喔！

哲學輕鬆讀

中國人性論　　臺大哲學系／主編

　　「人性論」是研究中國哲學的主要課題。「人性論」不僅是一種哲學思想，甚且是中國哲學的核心思想。中國哲學中天道性命等重要觀念，皆以「人性論」之論證為主要思想內容或證成之者。本書的文章可謂是中國哲學界有關「人性論」研究的代表作，也是哲學思想的精華，相信能獲得社會的肯定和迴響。

中國百位哲學家　　黎建球／著

　　以往讀哲學史最大的困難，就是不知如何能從卷帙浩繁的大部頭著作中，很快的掌握該時代、該學派或哲學家的中心思想。本書即針補時弊，從哲學家的觀點來介紹每一位哲學家的生平、著作與學說，以便讀者循序而進窺堂奧。深盼本書的出版，能有助於哲學教育的廣泛推展。

中國哲學史　　周世輔／著　　周玉山／修訂

　　本書四十餘萬言，分論中國古代、中古、近代、現代的哲學思想，另有序論及總結論，綱舉目張，言必有據，立論公允，而皆本原典。本書探究中國哲學的起源與演進，並與西洋哲學對照比較，期見中國哲學之未來趨勢，以促中華文化之復興。

sanmin.com.tw
三民網路書店